航空经济系列教材

河南省高等学校哲学社会科学创新团队支持计划(2018-CXTD-06)
河南省高等学校哲学社会科学应用研究重大项目(2020-YYZD-14)

航空保险

Aviation Insurance

张 伟　　郝爱民 ◎ 主编

经济管理出版社
ECONOMY & MANAGEMENT PUBLISHING HOUSE

图书在版编目（CIP）数据

航空保险/张伟，郝爱民主编．—北京：经济管理出版社，2021.8
ISBN 978 - 7 - 5096 - 8197 - 8

Ⅰ．①航…　Ⅱ．①张…②郝…　Ⅲ．①航空保险　Ⅳ．①F840.63

中国版本图书馆 CIP 数据核字（2021）第 157232 号

组稿编辑：魏晨红
责任编辑：魏晨红
责任印制：黄章平
责任校对：陈晓霞

出版发行：经济管理出版社
　　　　　（北京市海淀区北蜂窝 8 号中雅大厦 A 座 11 层　100038）
网　　　址：www. E - mp. com. cn
电　　　话：（010）51915602
印　　　刷：北京晨旭印刷厂
经　　　销：新华书店
开　　　本：787mm×1092mm/16
印　　　张：19.5
字　　　数：439 千字
版　　　次：2021 年 8 月第 1 版　　2021 年 8 月第 1 次印刷
书　　　号：ISBN 978 - 7 - 5096 - 8197 - 8
定　　　价：68.00 元

前　言

在现代综合交通运输体系中，航空运输以安全、快捷、通达、舒适的独特优势，已经成为国家战略性、先导性产业。相应地，航空保险需要为航空运输乃至航空经济保驾护航，支撑民用航空和通用航空高质量发展，推动社会的现代化转型。

航空保险起源于 20 世纪初英国伦敦保险市场。英国劳埃德（Lloyd's）公司于 1911 年签发了第一张银翼航空保险单（White Wings Aviation Policy），承保机体险和第三者责任险。美国同英国伦敦几乎具有同样悠久的航空保险发展历史，美国于 1918 年由皇后保险公司（Queen Insurance Company）签发了第一张航空保险单。经过 100 多年的发展，英国伦敦航空保险市场已成为全球航空保险市场的中心，美国作为传统航空大国，其航空保险市场也在全球航空保险市场中占有很大份额。英美航空保险市场现已开发和经营保险种类齐全的航空保险，且已形成十分完善的航空保险运作规则和惯例。全球包括中国在内的许多其他国家和地区的航空保险人，在承保本国的航空风险后，通常又将大部分保险份额转向英美航空保险市场再保险。英美航空保险人也已开始在其他国家和地区设立独资保险公司（如伦敦劳合社 2007 年在中国上海设立"劳合社保险（中国）有限公司"），直接参与这些国家的航空保险和再保险业务，并在这些国家和地区使用其所在保险市场的航空保险单，沿用其保险规则和惯例开展业务。

中国的航空保险起步很晚，且深受英美航空保险市场的影响，航空再保险大多也转向英美航空保险市场。因此，中国航空保险业务的各参与人（保险人、保险代理人、被保险人、保险经纪人等）和保险理赔相关人（公估师、律师及法院或仲裁机构人员）有必要熟悉和了解英美航空保险市场中的保险业务运作规则和惯例，以便能切实有效维护和保障航空保险各方当事人的合法利益。但是，目前中国的航空保险立法极少，而且由于航空保险的高度专业性、复杂性及业务狭窄特点，加上参考资料稀缺，国内对航空保险的研究也极少，航空保险知识相应缺乏，在涉及航空保险索赔的争议时，往往因不了解航空保险承保的规则和惯例，而不得不求助于国际航空保险市场的专家出具专家报告。

我国开设保险专业的高等院校很多，但开设航空保险课程的却极少，目前国内尚未发现针对本科生的航空保险教材，甚至有关航空保险的专著及科研论文也很少。为提升本科生教学质量，帮助学生系统梳理航空保险知识，弥补国内航空保险教材短缺，甚或对航空保险从业人员有些帮助，我们编著此教材，并请国内外同行批评指正。

本书由张伟、郝爱民总体规划和编纂，黄国轩、李建平、谢金静、王桂虎、许鼎参与编写。其中，张伟编写第九、第十二章，黄国轩编写第二、第五、第八章，李建平编写第

三、第七、第十章，谢金静编写第一、第四章，王桂虎编写第十三、第十四章，许鼎编写第六、第十一章。

本书编写过程中得到了中国保险学会姚飞副会长、郭金龙副会长的悉心指导和大力支持，河南省保险学会牛新中主任耐心细致的审校，还得到了航空保险相关专家的大力支持，其中包括中国民航大学郝秀辉教授、中国民航干部管理学院肖艳颖副教授、北京直方律师事务所刘潭槐律师，在此对他们表示深深的感谢！

郝秀辉、肖艳颖、刘潭槐从航空保险法律、条款等专业背景方面给予本书较多滋养。在此，笔者一并深表谢意！

《航空保险》编委会

2020 年 6 月 20 日

目 录

第一章　航空保险概述 ··· 1

　第一节　航空保险及其特征 ·· 1

　第二节　航空保险的种类 ·· 3

　第三节　世界航空保险发展史 ······································ 7

　第四节　我国航空保险发展史 ····································· 14

　本章小结 ··· 19

第二章　航空保险基础及保险原则 ··································· 20

　第一节　风险概述 ··· 20

　第二节　风险管理 ··· 23

　第三节　保险的基本知识 ··· 29

　第四节　航空保险的基本知识 ····································· 35

　第五节　航空保险的基本原则 ····································· 37

　本章小结 ··· 42

第三章　机身险 ·· 44

　第一节　飞机机身一切险 ··· 44

　第二节　零备件险 ··· 50

　第三节　责任险 ··· 51

　第四节　超额责任 ··· 55

　第五节　机身保险一般规定和条件 ································· 57

　第六节　附加保障和条件 ··· 62

　第七节　总除外条款 ··· 64

　第八节　通用航空机身一切险及责任险条款 ······················· 66

　本章小结 ··· 73

第四章　航空人身意外险 ·· 74

　第一节　航空人身意外伤害险概述 ································· 74

第二节　航意险合同内容及承保条件 ……………………………………… 82

第三节　航意险的除外责任 ………………………………………………… 88

第四节　航意险的产品类型 ………………………………………………… 89

本章小结 …………………………………………………………………… 94

第五章　航空第三方责任保险 ……………………………………………… 95

第一节　航空第三方责任保险概述 ………………………………………… 95

第二节　航空第三方责任制度 ……………………………………………… 99

第三节　欧盟法中的航空第三方责任险制度 ……………………………… 112

第四节　伦敦保险市场的第三方责任保险 ………………………………… 114

第五节　国内法中的航空第三方责任险制度 ……………………………… 116

本章小结 …………………………………………………………………… 121

第六章　机场财产险 ………………………………………………………… 123

第一节　机场资产定制保险 ………………………………………………… 123

第二节　机场建筑工程保险 ………………………………………………… 133

第三节　机场责任保险 ……………………………………………………… 138

本章小结 …………………………………………………………………… 142

第七章　常见轻型航空器保险 ……………………………………………… 143

第一节　无人机保险 ………………………………………………………… 143

第二节　飞艇保险 …………………………………………………………… 146

第三节　滑翔伞和热气球保险 ……………………………………………… 147

本章小结 …………………………………………………………………… 150

第八章　航空货物保险 ……………………………………………………… 151

第一节　航空货物运输责任保险制度 ……………………………………… 151

第二节　航空货物运输保险 ………………………………………………… 161

本章小结 …………………………………………………………………… 170

第九章　航空相关其他险 …………………………………………………… 172

第一节　航空延误险 ………………………………………………………… 172

第二节　航空旅客责任险 …………………………………………………… 174

第三节　航空旅客行李保险 ………………………………………………… 181

第四节　战争及劫机保险 …………………………………………………… 183

第五节　航空器融资保险 …………………………………………………… 190

本章小结 ··· 196

第十章　航天保险 ··· 198

第一节　航天保险的含义和种类 ································· 198
第二节　航天保险的基本内容 ···································· 203
本章小结 ··· 209

第十一章　航空保险精算 ··· 211

第一节　航空保险精算概述 ·· 211
第二节　损失分布模型 ··· 212
第三节　非寿险费率厘定基础 ···································· 225
本章小结 ··· 235

第十二章　航空保险实务 ··· 236

第一节　航空保险的承保 ··· 236
第二节　航空保险的理赔制度 ···································· 241
第三节　航空保险争议的处理方式 ····························· 249
本章小结 ··· 251

第十三章　航空再保险 ··· 252

第一节　再保险 ··· 252
第二节　机身再保险 ·· 264
第三节　货运再保险 ·· 266
本章小结 ··· 269

第十四章　航空保险的市场结构与效率 ···················· 271

第一节　航空保险的市场结构 ···································· 271
第二节　航空保险的市场效率 ···································· 278
本章小结 ··· 285

附　录 ··· 287

参考文献 ··· 299

后　记 ··· 301

第一章　航空保险概述

即便在航天科技发展日新月异的今日，任何一家航空公司均无法拍胸脯保证零事故发生，航空器机械故障、人为操作疏失或天候不佳等，均可能导致航空事故的发生，轻则造成人员、物品运送的延误，严重者更酿成机上乘客、机组成员乃至地面第三人的死伤，而其后续的赔偿问题更显复杂，不仅使消费者对该航空运输业者的飞航安全产生负面印象，而且巨大的赔偿额度也可能使企业濒临破产。因此，国内外的航空运输业者为求永续经营，就其因运送所产生的相关责任，应运而生。

第一节　航空保险及其特征

一、航空保险的概念

航空保险与风险文化密切相关。航空器自离开地面起飞开始，至着陆为止，面临各种危险，航空运输业者无不希望这些危险均能获得充分的保障，而航空保险便是指专为承保有关航空器的危险而设计，航空保险所承保的标的，包括有形的财物、无形的利益或责任。故航空保险是指承保有关航空器所面临的各种航空危险的保险。

二、航空保险的特征

1. 补偿责任的多样化、迅速演变性、巨大性

由于航空器的种类繁多，因其类型的不同，而用途也有差别，除了用于航空运输外，还包括私人娱乐、业务航行、其他用途等，正因其用途广泛，故在发生保险事故时，运送人（被保险人）应对乘客、货物托运人或第三人负损害赔偿责任，保险人对被保险人这些责任损失予以补偿。大型的航空运输企业还为其运送衍生的责任投保责任保险。

在国际航空运输的竞争下，大规模的航空运输企业竭尽所能引进、添购新型的航空器，以期为消费者提供更为舒适、便捷的服务。一种新型的航空器加入飞行行列时，会带来新的危险，同样也为保险人带来新型的补偿责任。

航空保险事故的发生，将使航空保险人对被保险人负担庞大金额的补偿责任。例如，航空器于人口密集的城市发生意外坠机时，除对机上乘客、行李或货物进行赔偿外，也应

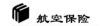

对地面第三人的死伤或财物毁损负责，相对增加了保险人的补偿责任。

2. 国际性

航空事业活动遍及全世界，因而航空保险如同海上保险般具有国际性。航空事故一旦发生，航空保险人的承保责任也许无法计数，因此保险公司多半不单独承保航空保险，而以共同承保或通过再保险的方式将风险分散。

航空保险的金额均相当巨大，单一保险公司独立承保则有违经营安全及稳健的原则，因而航空保险的再保险市场发展相当快速，常须动员国际再保险市场的承受能力，签单契约有赖于国际再保险市场所能接受的条件与费率。空难事件发生后，世界各大航空保险业者，往往也同时担负赔偿责任，由此可见航空保险具有国际性。

3. 风险的高度集中性

科技日新月异的发展，也使航空器不断地推陈出新，以提高载运量与提供更快捷的服务，相对地，航空器的造价也愈创新高，不论是指对飞机机体保险（Aircraft Hull Insurance），还是指飞机责任保险（Aircraft Liability Insurance），航空保险的保险金额均不断攀高。就保险公司的立场考虑风险，一架航空器即相当于一个危险单位（One UnitRisk），风险量大而集中，一旦保险事故发生，赔偿金额巨大，形同"巨灾损失"（Catastrophe Loss），航空保险人所承担的责任额，比其他种类的财产保险或责任保险要高，一次事故发生造成巨大的损失，航空保险的风险高度集中性特质于此表露无遗。

4. 强制性

1966 年《蒙特利尔协议》规定，乘客为取得赔偿限制外的保障，须向保险公司购买保险；1999 年《蒙特利尔公约》第五十条进一步建立了强制航空运送人投保足额保险的制度，以保障航空事故被害人的求偿权益。

我国民用航空法要求实施强制责任保险，规定航空器所有人应于申请登记前，民用航空运输业应于申请许可前投保责任保险。前项责任保险，经交通部订定金额者，应依订定的金额投保。航空客货损害赔偿办法中明确规定，航空器使用人或运送人，应以不低于该办法所定的对乘客、行李或货物的损害赔偿额，投保责任保险。

不仅本国籍的航空器须强制保险，外籍航空器也有强制保险制度的适用。外籍航空器经特许在中国领域飞航时，交通部得令其先提出适当的责任担保金额或保险证明，未经提供责任担保的，民航局可扣留其航空器；其因而致人或物发生损害时，应依法赔偿。

责任保险是指以被保险人对第三人依法应负的赔偿责任为保险标的一种财产保险。责任保险与一般损害保险不同，前者是指以填补由于被害人的责任所形成的损害为目的，即以填补间接的损害为目的；后者是指以填补被保险人财产上的直接损害为目的。

航空公司可以长期没有机体保险，却不可一日没有责任保险。世界上大多数国家对本国籍的飞机，均有法律上的或行政上的强制责任保险；对外国籍的飞机，若无适当的责任保险，则不准其在国内机场降落或起飞。

5. 承保方式的特殊性

因保险金额非常庞大，非单一保险公司得以负荷，因此仅于其能力所及的范围内予以承保，余则通过再保险或共同承保的方式将风险分散，使航空保险业者安全经营。

航空保险业者多以联营（Pool）或辛迪卡（Syndicate）的方式承保航空保险，前者是指数家保险公司或再保险公司按事先约定的比例，联合承保某一特定形态危险的保险团体；后者则是指企业集团的组织形态。其承保航空保险的方式有二：一是指以联营本身为保险人承保后，再以一定比例的额度，分别加入联营的各会员公司；二是指以各保险人单独承保原保险，而于承保后再经由联营或辛迪卡再保险。

第二节　航空保险的种类

航空保险的种类繁多，包括的范围也相当广泛。作为一种综合性保险，航空保险的学术分类并未达成一致意见，主流观点认为，航空保险主要包括机身险、责任险、战争险和其他四大类[①]。依据航空保险实践，我国航空保险的具体险别业务有：①航空机身及零备件一切险；②航空公司综合责任险；③机身战争险（包括战争、劫机、暴动、罢工等风险）；④航空第三者责任险；⑤机场责任险；⑥航空驾驶员责任险；⑦航空驾驶员人身意外险；⑧航空旅客法定责任险；⑨航空产品责任险（具体包括航空产品制造商责任险、航空修理人责任险即航空机库责任险、机场所有人及经营者责任险、航空注油责任险、航空特种车辆责任险、航空食品责任险、其他）；⑩航空机身免赔额保险；⑪航空展览责任险；⑫飞行表演机身及责任一切险；⑬试飞保险；⑭空中交通管制责任险；⑮其他航空险。[②]

航空保险是随着航空航天业的发展需要和保险业的发展实践，在海上保险和人身意外伤害保险的基础上发展起来的一个保险领域。下面对航空保险的主要类型进行介绍。

一、航空责任保险

（一）航空责任险及其特点

航空责任险（Aviation Liability Insurance）主要承保的是在航空器的生产、设计、运营、使用过程中以及相关航空领域因意外事故导致人身伤亡或财产损失而应由被保险人承担的赔偿责任或依规定承担相关费用的风险。

与其他责任险相比较而言，航空责任险具有如下特点[③]：

1. 航空保险种类最多

航空活动涉及众多环节，会产生各种各样的航空责任。例如，航班运输飞行、航空娱

---

① 刘伟民. 航空法教程［M］. 北京：中国法制出版社，2001：420 – 425；崔祥建等. 民航法律法规与实务［M］. 北京：旅游教育出版社，2007：195 – 202.

② 中国保险监督管理委员会2000年2月4日印发的《财产险法定分保条件实施细则》（保监产〔2000〕3号）。

③ 张洪涛，王国良. 保险核保与理赔［M］. 北京：中国人民大学出版社，2006.

乐飞行、抢险救灾飞行、执行公务飞行等不同的飞行目的，会有不同的航空责任保险范围。

2. 补偿差异较大

有的航空事故可能会使被保险人面临巨额赔偿责任，经常出现乘客责任、第三者责任、货物运输责任和行李运输责任等交织在一起，尤其是现代大型客机所载乘客和燃料也较多，因此，航空责任保险的补偿数额往往巨大。但有些航空事故因航空器的种类、技术性能、用途和风险程度不同，航空责任保险的补偿额并不是很大。

3. 经营技术困难大

由于航空器类型多、性能更新快，事故概率统计数据难以及时建立和计算，较多人为因素的影响和各种航空设施设备的不断变动等，使航空危险较难准确评估和定性，保险双方利益衡量较为困难，航空责任保险的经营和新险种的开发有一定难度。

4. 补偿责任庞大，多人共同参与承保

因各航空运输企业拥有或使用航空器的有限性，在所付保险费和所获补偿的计算上，难以和保险人达到利益平衡。

5. 专业性很强

航空责任险的被保险人所从事的工作或经营的业务一般都与航空器的生产、运营、使用、维修等活动相关；有些被保险人或其雇员在履行职责的过程中会直接且频繁地接触到航空器，常因工作的疏忽或过失引发保险事故；有些被保险人的活动范围相对集中在机场或机场周围。

（二）航空责任险的分类

1. 航空旅客责任险

承保的是航空旅客在乘坐飞机的过程中发生意外，造成旅客人身伤亡及其行李（包括手提行李和交运行李）物品的损坏或灭失，依法应由航空承运人负担的赔偿责任。

2. 航空第三者责任险

承保的是在营运中由于飞机坠落或从飞机上坠人、坠物而造成的第三者人身伤亡或财产损失，依法应由被保险人承担的赔偿责任。但对于被保险人的雇员（包括机上和机场工作人员）、被保险飞机上的旅客的人身伤亡或财产损失则不属于第三者责任险承保范围。该险是一种法定责任险。

3. 机场（航空港）责任险

承保的是机场经营人或其雇员在从事机场经营人的业务活动中因疏忽或过失行为，或保单列明的机场经营人的场地、设施或作业因缺陷引起的事件造成第三者人身伤害或财产损失，机场经营人依法应负的赔偿责任。

4. 航空货物运输责任险

承保的是航空货物在运输过程中因遭受自然灾害或意外事故造成货物毁损或灭失，依法应由航空承运人承担的赔偿责任。

5. 注（储）油责任险

承保的是注（储）油人在航空油料储存和航空器注油等活动中因疏忽或过失行为造成第三者人身伤害或财产损失，依法应由注（储）油人承担的赔偿责任。

6. 航空食品责任险

承保的是航空食品生产人和运送人在从事航空食品的生产和运送过程中因疏忽或过失行为造成的旅客或第三人等人身伤害或财产损失，依法应负的赔偿责任。

7. 航空展览责任险

承保的是航空展览承办商在承办展览会期间因疏忽或过失行为发生事故致第三人人身伤害或财产损失，依法应由航空展览承办商承担的赔偿责任。

8. 航空机库责任险（航空修理人责任险）

承保的是被保险人及其雇员在对非被保险人拥有、租赁或租借的航空器或航空设备进行照料、保管、控制、保养、处理或维修期间因疏忽或过失行为所致事故造成航空器或航空设备损毁、损坏或第三人人身伤害或财产损失，依法应由航空器维修人员承担的赔偿责任。

9. 航空延误责任险

承保的是旅客、行李或货物在航空运输过程中，在保险单载明的时间内未送抵的，保险人按照约定，以保险单上所载明的相应保险金额支付保险金。

10. 航空产品责任险

承保的是被保险人——航空器生产制造商或设计商因设计错误、制造不良、维修缺陷、零部件不合格等造成飞机损失以及人身伤亡或财产损失，依法应由生产商或设计商承担的赔偿责任。

11. 空中交通管制责任险

承保空中交通管制单位或代理行使空中交通管制职责的机场在区域、进近或塔台等不同场所以及在空中交通管制、通信、导航、监视、气象和航行情报等相关活动中因履行职责和义务时出现疏忽或过失导致意外事故造成第三人人身伤亡或财产损失时，依法应由空中交通管制人员承担的赔偿责任。

12. 空中表演责任险

承保的是空中表演举办人在空中表演时因发生意外事故导致第三人人身伤亡或财产损失，依法应承担的赔偿责任。

13. 航空行李责任险

承保的是被保险人在运送乘客行李时，因发生意外事故，造成行李毁损、灭失或延误，依法应由被保险人承担赔偿责任或依约支付保险金的损失。该保险包括行李毁损赔偿责任险和行李延误责任险两种类型。

二、航空飞行器机身险

航空飞行器机身险（Hull Insurance）主要是指在飞行、滑行或在地面停航时，被保

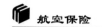

险飞机的机身发动机及附件设备的灭失、损坏、失踪以及发生碰撞、跌落、爆炸、失火等而造成的飞机全损或部分损坏，由保险公司予以赔偿。

该类保险的客体是各种类型的客机、货机、客货两用机以及从事各种专业用途的航空器。航空器机身包括机壳、推进器、机器及设备。机身险的承保范围一般包括：航空器在飞行、滑行中以及在地面上，因自然灾害或意外事故造成飞机及其附件的损失；航空器起飞后超过规定时间尚未得到行踪消息所构成的失踪损失；因意外事故引起飞机拆卸、重装和运输费用；清理残骸的合理费用；航空器发生自然灾害或意外事故时，所支付的合理施救费用，但最高不得超过航空器机身保险金额的一定比例。其除外不保事项包括：①战争、罢工、骚扰或民众暴动。②自然耗损、机件或电子设备等的损坏。③原子能污染危险（此为所有航空保险单的除外危险）。

三、航空战争险

在一般的航空保险单中，战争、劫持等风险是除外不保的，或支付较少费用通过扩展责任批单予以承保。但随着国际恐怖主义活动的猖獗和国际政治局势的动荡，劫机、战争等带来的风险严重危及了国际航空运输业的发展，战争险则成为航空保险中较为重要的险种。

航空战争险主要承保的是航空器因战争、劫持、敌对行为、武装冲突、罢工、民变、恐怖袭击、飞机被扣留和没收等造成的飞机损坏、旅客和第三人人身伤亡或财产损失、货物毁损，应由被保险人承担的赔偿责任，以及由此引起的被保险人对旅客或第三人应负的法律责任。战争险包括飞机机身（零备件）战争险、旅客责任战争险、第三人责任战争险、货物运输责任战争险几类。保险人有时对战争险以航空承运人综合责任战争险的形式进行承保。

四、航空人身意外险

航空人身意外险是以人的身体为保险标的，主要包括航空旅客人身意外伤害保险和机组人员人身意外伤害保险，简称航意险。航意险是一种自愿保险，与旅客责任险并行不悖，具有补充旅客责任险的功能。

五、航空器试飞险

航空器试飞险承保的是从生产线上下来、出厂前或被维修后交付客户之前的航空器，为验证其性能而进行试飞的过程中因意外事故造成的飞机毁损或第三人人身伤亡和财产损失的赔偿责任。试飞保险的保险期间一般自该航空器拖出总装配线开始，至该航空器的移交合同签署时止。

六、航空执照丧失险

航空执照丧失险承保的是飞行员因保单列明的原因（如身体不再适合飞行、发生飞行事故驾驶执照被吊销或暂时停飞等）造成的暂时或永久不能从事飞行而遭受的经济损失。该保险一般采取集体投保的方式，保险金额以飞行员的工资为基础确定。

七、航空机票取消险

航空机票取消险的标的是因航空旅程取消而对被保险人造成的损失。在保险期间内，若航空承运人因被保险人旅行出发地或者目的地发生暴动，或航空承运人雇员罢工、怠工，或恶劣天气，或自然灾害，或发生突发性传染病，在运输合同约定航班起飞前七日内取消航班，且无任何可替代航班，保险人应按照保险合同的约定赔偿被保险人。

第三节　世界航空保险发展史

关于世界上第一张航空保险单是何时签署的，学术界和实业界并未达成一致意见。但可以肯定的是，飞机首次成功飞离地面是在 1903 年，到 1910 年前后，飞机制造业已有一定的发展，飞机保险开始有所需求；航空保险在 20 世纪早期起源于英国，在发明飞机之前还没有证据表明存在气球和飞艇的保险单。由此推测，航空保险的历史不过百余年[①]。一般而言，国际航空保险的发展历程可以划分为以下四个阶段：

一、国际航空保险起步阶段："一战"（1914～1918 年）后

1914～1918 年，航空运输的发展保险需求增加，航空风险投保的理论认识有所提高，但因航空运输涉及风险巨大，类型差异较大，保险界对飞机的稳定性和安全性心中没底，又缺乏一批精通专业知识的人才对该种风险进行准确评估，因此，保险公司并没有很积极地回应这种挑战，即使有保险公司愿意承担这种风险，但开出的承保条件极高，致使航空承运人宁愿出资采用先进技术改善飞行安全条件也不愿对保险进行投入，由此造成了航空保险发展的障碍。因此，航空保险虽产生于"一战"前，但直到"一战"后，随商业航空的发展，航空保险的重要性才实际显现和起步，并逐渐成为航空工业的生命线。

第一次世界大战中对飞机和飞艇的运用，使其价值得以体现。1919 年，第一家民用航空公司开始了定期飞行。"一战"后，航空保险成为各保险公司的一个新市场商机。分散航空风险的需求越来越大，并且急迫和严峻，尤其是战后一些飞行员纷纷加入保险业和经纪公司，成为保险业中一个独立的特殊阶层，极大地促进了航空保险的发展。同时，"一战"后的航空保险领域，因分散高风险的需要，出现了保险联营，随后保险联营成为全球航空保险市场的一个重要特点。

---

① 郑森．航空保险的历史和市场［J］．保险专刊，1992（27）．

（一）英国

例如，"一战"后迅速形成的第一个航空保险联营是伦敦航空保险联盟。该联盟由劳合社和承保航空保险业务的几家大保险公司共同组成。1922 年，该联盟与 1919 年开始承保航空业务的 Union of Canton 保险公司联营，形成了英国航空保险集团。1931 年，英国航空保险集团改组为英国航空保险有限公司[①]，该公司由劳合社的许多保险人组成。1935年成立第二个不列颠航空保险公司，即航空及通用保险公司（Aviation & General Insurance Company）。这两个航空保险公司都有强大的承保能力，成长甚为迅速，分别经过 15 年和10 年就使保险费的收入总额增长了一倍多，至今依然都是航空保险市场的重要参与者[②]。但到 1922 年，航空责任保险业务因竞争激烈、费率回扣盛行以及补偿支出庞大而导致恶化。

（二）法国和德国

法国最早的一张航空保险单是 1919 年由法国政府创办的法国保险公司共同体签发的。德国最早的航空保险单是德国法兰克福市的 Providentia 保险公司针对齐柏林飞艇空难之一的机组人员意外伤害风险签发的。之所以出现飞艇的保险，在于"一战"爆发后，因飞机出现时间较短，空中载量较小，对地面轰炸威胁不大，飞机性能也很脆弱，因此，德国当时航空部队的重点不是飞机而是齐柏林飞艇。1915～1918 年，德国共出动飞艇 208 艘次对英国实施空袭，在"一战"中大显神威。"一战"后，飞艇和飞机都被用于民用航空[③]。直到 1919 年，德国还没有完全的机身保险。由此可见，航空保险的发展历史与民用航空的发展密切相关，但民用航空发展的最大推动力是军用航空事业的发展，因为到"一战"的前一年，在伦敦也只有少量的航空保险单。

（三）日本

日本的航空保险承保是 1936 年由东京海上、帝国海上及东京火灾三家公司以及 1937年大正海上公司分别取得航空保险营业执照后开始的。到"二战"前，共有 13 家公司承保了航空保险业务。但因当时民用飞机数量有限，航空保险的重点主要是承保军用飞机的试飞和民用飞机空运货物的运输保险，保险费的规模并不大。

（四）美国

"一战"后的美洲，航空保险业也得到了发展。1918 年，美国皇家保险公司签发了国

---

① 英国航空保险有限公司（British Aviation Insurance Company Ltd，BAIC）是英国航空保险集团与承保航空保险的几家公司联合形成的。1983 年再次更名为伦敦航空保险集团。1991 年，BAIC 与一些竞争者包括航空与通用保险公司、伦敦航空保险集团（London Aviation Insurance Group）、鹰星保险公司的航空部门（Aviation Division of the Eagle Star Insurance Company）、普通事故保险公司（General Accident Insurance Company）、商业联合保险公司（Commercial Union Insurance Company）联合形成了一个保险实体，再次命名为英国航空保险集团（British Aviation Insurance Group，BAIG）。随后，（日本）东京海上火灾保险公司（the TokioMarine & Fire Insurance Company）、慕尼黑村保险公司（Munich Reinsurance Company）、三井海上火灾保险公司（Mitsui Marine & Fire Insurance Company）、（瑞士）苏黎世金融服务（Zurich Financial Services）加入了 BAIG。目前，BAIG 是伦敦市场最大的航空保险集团。

② 邱垂星. 航空责任保险研究［D］. 逢甲大学硕士学位论文，1976.

③ 德国人的骄傲：曾经的空中霸主齐柏林飞艇［EB/OL］. http：//bbs. tiexue. net/post2_3571419_1. html，2020 - 01 - 17.

内第一张航空保险单。20 世纪 20 年代，美国的飞机保险有很大发展，在美国的几家航空保险联营中，最大的是 1928 年成立的由美国航空保险商经营的美国航空器保险集团（United States Aircraft Insurance Group，USAIG）和 1929 年成立的联合航空保险公司（Associated Aviation Underwriters，AAU）。

（五）《华沙公约》与国际航空保险人联盟

1929 年通过的《统一国际航空运输某些规则的公约》（即《华沙公约》）不仅对国际航空运输的业务范围、运输票证进行了统一，更重要的是确立了承运人损害赔偿责任的统一标准和限额制度，这极大地调动了保险市场承保航空保险业务的积极性，航空保险开始逐渐发展成为一个单独的险种①。

1934 年，保险人的国际利益导致了国际航空保险人联盟（International Union of Aviation Insurers，IUAI）创立。国际航空保险人联盟是由国际海事保险人联盟（International Union of Marine Insurers，IUMI）的航空小组委员会成员建议，由八家当时最大的保险公司和协会建立。联盟的秘书处设在伦敦，由秘书负责世界各地成员之间的联系，秘书一般还代表联盟受邀参会。联盟经常与国际航空运输协会（IATA）、国际原子能机构（IAEA）、航空公司驾驶员协会国际联合会（IFALPA）、国际商会（ICC）等组织进行利益合作。

联盟的目标是非政治性的，主要是以一个主体的身份为国际航空保险利益建立中心；代表航空保险利益进行商谈；为成员提供一个讨论航空保险的平台；为成员之间的信息交流提供一个中心场所；促进国际航空保险的合作和理解，推动其更好地发展。尽管国际航空保险人联盟只是讨论和分析国际保险事务的一个场所，会对航空保险法则的发展产生重要影响，但它并不试图调整保险费率和调控航空保险实践②。

联盟的成员资格对依法登记的从事航空保险和再保险的保险公司、由授权从事航空保险业务的保险利益集团构成的保险联营、有特殊成员资格的其他航空保险主体开放。联盟自成立以来已成为航空保险领域具有重大影响的国际组织，重点关注国际航空保险市场状况、某些航空保险和航空技术发展和新风险的可保性等问题。目前，已在全世界 34 个国家中拥有 34 个成员，中国人民保险公司是其会员之一③。

二、国际航空保险的快速发展阶段："二战"（1939～1945 年）后

"二战"期间，飞机被广泛运用于战争，航空技术的进步推动了航空工业的发展。"二战"后，民用航空发展迅速，大量的军用运输机转为商用，在商业服务中还出现了大型的运输机，如 Constellation 和 DC－7。承保机身价值和潜在责任的保险需求空前增长，航空保险的承保由此迅速增多，如 1945 年以后，英国一些保险公司都设立了航空险部；

---

① 郭颂平等. 企业风险管理与保险［M］. 北京：中国经济出版社，1993.

② Rod D. Margo. AviarionInsurance：The Law and Practice of Aviarion Insurance Including Hovercraft and Spacecraft Insurance（3rd ed.）［M］. London：Butterworths，2000.

③ 佚名. 国际航空保险人联盟简介［EB/OL］. http：//www. chinesetax. com. cn/guojimaoyi/shiijzh/jinrongbaoxin/200508/255456. html，2019－09－28.

1947 年，美国成立了第三个航空保险公司。同时，一些先前只是作为专业联营成员承保航空业务的公司都开始自愿地加入航空保险市场中来。"二战"结束后，一些从空军退役的人员来到英国劳合社和伦敦的其他保险公司就职，从而使保险公司拥有了一批懂得航空技术的人才，在劳合社形成了几个专营航空保险的委员会。20 世纪 50 年代中期至 60 年代初，专门的航空保险市场逐步得到完善，伦敦市场变成全世界航空保险的中心，世界各地所有重要的航空器生产商或航空承运人都把他们的保险放在了伦敦市场。

在美国，如英国一样，随着世界战争期间技术发展的复兴，航空保险获得了快速发展。最初，美国保险公司因为在伦敦市场上有可利用的直接保险和再保险，承保航空经营风险的保险能力大大提高。劳埃德保险商为支付美国的索赔，1939 年在美国设立了信托基金（Trust Fund），该基金被称为劳埃德美国信托基金（Lloyd's American Trust Fund）。根据基金协议，基金根据纽约州的法律进行管理，劳埃德保险商根据美国的保单以美元接收的所有保险费都存放进劳埃德美国信托基金，这些保单的所有索赔都从基金中支付。

1945 年，美国国会通过了至今仍对美国保险业有重要影响的《麦卡伦—福尔格春法案》（McCarran - Fergueont，MFA），规定联邦政府有权监管保险行业，但作为一项公共政策，国会建议美国各州在大多数情况下继续监管保险业，豁免适用联邦反托拉斯法必须满足三个条件：①保险公司的行为属于保险业务；②行为必须受州法调整；③协议不能构成联合抵制、强迫或者胁迫性协议，或者行为不能构成联合抵制、强迫或者胁迫。MFA 为美国保险业的发展发挥了积极作用。因此，根据 MFA，保险企业包括航空保险企业在美国各州要接受费率和保单格式等方面的监管。

"二战"后的日本，从 1950 年开始恢复国内航空运输，其后相继成立了几家航空公司。尽管政府在"二战"之前已经将航空保险业务授权给了（日本）东京海上火灾保险有限责任公司，但是日本"二战"后真正的航空保险单则始于 1952 年，是由日本航空保险集团签发的。因为"二战"后的日本很贫困，一些保险公司无力承保巨额的航空保险，因此，1952 年 8 月，由当时持有航空保险执照的 13 家保险公司共同成立了"航空保险集团"，该集团对日本航空保险的发展贡献巨大，至今仍发挥着巨大作用。

20 世纪 50 年代末，随着波音 707 和 DC -8①等商用喷气式运输机的出现，航空责任保险的业务量有所增加，同时也因新技术和新风险的出现，如喷气发动机的吸入损害等，航空保险的新发展需求日渐迫切。

20 世纪 60 年代，空中劫机事件骤增，尤其是 60 年代末，发生了大规模的商用喷气式飞机的政治性袭击和破坏活动，由此引起了伦敦市场中战争和劫机风险承保的巨大变化。在一般的航空保险单中都将战争劫持等风险列为除外不保事项，或要求增加附加战争劫持保险费。面对逐步上升的保险费率，20 世纪 60 年代末，在国际航空运输协会（IA-

---

① DC -8 是美国道格拉斯公司（Douglas Aircraft Company）研制的四发动机大型喷气式客机，1955 年 6 月开始设计，1958 年 5 月 30 日首飞，1959 年 9 月交付投入使用。DC -8 是民航历史上第一代喷气式客机，动力装置采用喷气式发动机以及使用后掠式机翼。DC -8 是波音公司的波音 707 的最大竞争对手。

TA）和美国空运协会（Air Transport Association of America，ATA）的鼓动下，承运人开始考虑建立航空公司控股的保险公司。这种保险公司最初在瑞士组建，随后在百慕大建立。有关保险费率、保险单条件、索赔协议都遵循的是传统做法，但由于各种原因，这些公司从未运营。

20 世纪 70 年代，英国加入欧共体促进了伦敦市场和欧洲保险共同体之间的紧密合作。尽管如此，伦敦市场的航空保险实践并未发生任何根本性的变化。宽体喷气式飞机如波音 747、Lockheed L1011. DC - 10 以及协和式超音速喷射客机的引进，虽然这些客机机身价值昂贵，乘客、货物和第三者的潜在责任会增大，但也并没有发生特殊的变化。

三、市场调整阶段：20 世纪八九十年代至"9·11"事件

20 世纪八九十年代，世界局势动荡不安，苏联解体、世界从美苏两极对抗转向主极纷争的格局。国家和地区性的争端以及民族宗教边界纠纷层出不穷。例如，中东冲突、以色列与巴勒斯坦之间的战争、印度与巴基斯坦之间的战争、英美与伊拉克之间的战争、英美与阿富汗之间的战争等，航空保险业颇受影响。例如，伊拉克战争打响以后，劳合社战争费率委员会在一个月内先后发布三个通知，就战争险加费问题给全球保险人提供了一些指导性的意见。因保险公司是一种商业运作，当它要提供保障的风险增加时，费率自然会相应增加。因此，在伊拉克局势紧张时，各保险公司按照国际通行惯例，在战争险合同中都添加了一条特别说明，即根据战争局势，保险公司将随时调整保险费率，或者取消承保。因此，当时根据战争的风险情况，机身险等保险费率是一天一变。

1999 年《蒙特利尔公约》确立了双梯度责任制度，因公约具有一般国际法的通行性，该制度无疑成为航空旅客责任保险的一个纲领性标准。公约对惩罚性赔偿及精神损失赔偿进行了特别限制，从某种意义上说它对航空保险业是一个"利好"消息，但第五管辖权的引入将会导致更多的原告寻找一切机会尽可能在日本、美国等发达国家进行诉讼，以提高其赔偿标准，这对于航空旅客责任险的保险人来说是一个必须引起重视的问题。

总体而言，在 20 世纪最后的 20 年，国际航空保险呈现如下变化和特点：

（一）航空保险的选择性增多

波音 767，波音 777，空客 A310、A320、A340 等新型客机相继投入运营以及电子商务的到来都对航空保险市场产生了重要影响，世界范围内的航空保险人和被保险人都有了多种选择的可能性。

（二）航空保险公司出现连续亏损

1995～1996 年，航空保险承保人曾有满意的业绩，一些航空保险公司也分享了一笔相当大的保费与赔偿余额，但这种业务周期非常短促。自 1997 年开始，航空保险市场中，一些保险公司出现了连续的亏损，甚至破产。例如，安德鲁·威尔保险有限公司（Andrew Wei Insurance Co Ltd. ）和英美保险有限公司（The English & American Insurance Co Ltd.），甚至劳合社的名誉也遭受了重大损失。

1999 年，直接保险公司在总的基础方面损失明显，虽然许多损失是由再保险公司来

承担的，但许多机身损失和消耗损失也使直接保险公司遭到净损失，总损失率非常接近年平均率，航空公司飞机设备坠毁的数额仅为年平均率的一半，在给乘客所造成的大赔偿案件中，美国承保人几乎要占其10%。

（三）空难频发保险赔款增高、市场萧条

20世纪80年代后，全球空难不断发生，例如，1983年韩国波音747被苏联击落、1988年泛美航空公司的洛克比空难、1985年日航波音747客机坠毁等，其中，日航1985年空难的保险赔偿达5亿美元，成为全球第一件航空失事保险大额赔偿案。进入90年代后，更是空难频频。据统计，1994~2000年，世界上就发生了38起重大空难事故，造成3900多人遇难。

由于市场承保能力过剩、费率下调，保费收入减少，频发的空难又使承保人赔款持续上升，世界航空保险市场呈萧条景象，尤其是一些大型喷气式航空器发生的空难使航空保险人的赔款日益高昂，例如，1998年航空保险市场赔款达18亿美元，而当年瑞士航空空难的机身险及责任险赔款就达6亿美元，约占1998年总赔款额的1/3，相当于当年航空险保费收入的3/4。

（四）航空保险诉讼增加

《蒙特利尔公约》不可避免地导致旅客伤亡的赔偿较高，由此造成有关诉讼费用增加，进而使保险成本包括保险费增高。在伦敦保险市场，涉及保险人和再保险人的诉讼数量有很大增加。保险代理人和保险经纪人涉诉、被追索责任的情形也较以往有所增加。美国激增的产品责任诉讼产生的补偿性和惩罚性赔偿责任数额庞大，导致与通用航空器相关的产品责任保险承保能力降低，美国只好在1994年通过《通用航空复兴条例》，采取了一些振兴通用航空产品责任保险市场的方法。

（五）伦敦保险市场业务收缩

因多年的连续亏损，在1999年中期，许多主要的航空保险公司为了自己的利益更换了保单，尝试提高费率，但一些承保者提高费率后突然发觉自己的竞争者却降低了相同航空险的费率，因此，到1999年底，保险费率整体下降趋势极为明显，因连年的航空险赔偿超过了保费，导致若干家保险公司和辛迪加退出了航空保险市场。澳大利亚和百慕大的许多公司已主动停止了对航空险的承保，特别是在航空再保险方面。劳合社和美国也决定退出大的承保项目。美国、法国、德国、瑞士、意大利、日本等国的航空保险人也减少了伦敦市场投保的业务量。航空保险业务在伦敦市场的缩减，不仅是因为航空保险的复杂性和竞争性增加，还有一个重要原因是各国航空保险的承保能力日渐增强，此国家的立法也开始要求其航空保险业务应尽力安排给国内保险人承保。

（六）电子商务兴起的冲击

1994年，伦敦保险市场开始应用电子承保系统（ESP），由此极大地提高了交易运转速度。在保险行业中，慕尼黑再保险公司首先建立了电脑增值服务网（PINET），促进了全球再保险交易的自动化网络的发展，不仅改变了保险机构与客户相互联系的方式，也改变了保险企业的服务方式、产品推销方式和交易处理方式，以至影响到保险体系的组织形式和保险业的运作机制。通过国际互联网，客户与公司之间、公司与公司之间可以迅速达成各种交易。同时，在保险公司的内部管理中，从内部文档处理，数据的发送、存储、查询、修改到承保，理赔，资金的周转，企业的决策等各个环节，电子化和计算机系统的应用可以说是达到了无所不包的程度。

四、国际航空保险收缩阶段："9·11"事件至今

2001 年发生的"9·11"航空恐怖袭击事件给全球的航空保险业造成了极大损失，四架航空器 264 名旅客和难以计数的地面第三人伤亡与财产损失的保险理赔无疑是对航空保险人和再保险人的一场灾难性打击。据统计，全球所有的保险公司因"9·11"事件赔付了四五百亿美元，占损失总数的 50% 以上，为此"9·11"之后保险公司的财务状况急剧跳水，例如，德国安联公司 2002 年出现了历史上第一次亏损 12 亿欧元，瑞士再保险公司2002 财务年度的经营亏损也高达 1 亿瑞士法郎，德国慕尼黑再保险公司仅在 2002 年第四季度就亏损了 22 亿欧元。

受"9·11"恐怖事件的影响，国际航空险承保人取消了所有保单中的战争第三者责任险条款（AVN52C），并以 AVN52D/E 替代。国际航空险承保人对全球航空公司发出通知，原有的战争险保单于七日后作废，必须重新拟定承保条件，签订新保单。新保单于格林威治时间 9 月 25 日 0 时 0 分起生效，新的保险条件包括大幅提高保费、降低第三者责任赔偿限额、每次事故赔偿最高不超过 5000 万美元。原来保险公司为航空公司提供的战争第三者责任赔偿限额最高可达 20 亿美元。全球各大航空公司必须在 25 日之前解决5000 万美元以上差额部分的保险问题，否则将面临停飞的风险。

商业保险市场上的 AVN52D/E 远远不能满足航空公司的战争恐怖风险保障需求，因此，航空保险市场在使用 AVN52D/E 后不久，推出了 AVN52 超赔保障措施，但其征收的额外保费给航空公司带来了沉重的财务负担。于是，航空公司纷纷要求本国政府为民航业提供保险支持。许多国家与地区政府，包括中国、新加坡、美国、澳大利亚及欧洲主要国家的政府最后都决定拨款对战争责任险赔偿限额的超额部分给予担保，保证航空公司飞机的正常运营。

随着近年民航安全形势的好转，商业市场的 AVN52 超赔保障不断得到改善，一些国家纷纷撤销政府提供的保险保障，截至 2004 年，各国政府结束了对航空公司的担保，一些航空公司不得不选择从商业市场上购买 AVN52 超赔保障。

"9·11"事件之后的几年间，频繁的恐怖袭击让保险公司面临越来越多的恐怖主义风险，恐怖主义风险保单随之热销。怡安保险经纪公司的研究报告表明，在美国超过57% 的企业购买了恐怖主义风险保单；欧盟航空公司支付的恐怖主义保费从 2001 年的8000 万欧元猛增到 2003 年的 4 亿欧元，整整高出 5 倍。

近年来，全球航空保险公司依然亏损严重。到 2007 年，全球各航空公司的机身和航空责任险保费为 15.1 亿美元，平均减少 11%，有 28% 的航空公司的相关保费上调。2008年，全球各航空公司的机身与航空责任险总保费为 16 亿美元，平均增长 7%，有 63% 的

航空公司机身和责任险保费上调，但由于 2008 年保险业已赔付 1.45 亿美元，虽比 2007 年相关赔付总额低约 25%，但加上其他因素（包括固定成本和再保险费用），许多保险公司依然面临亏损。2009 年，全球航空险保费虽整体增长了 20%，坠毁飞机总数从 2008 年的 76 架下降至 44 架，但坠机事件造成的死亡人数却从 2008 年的 474 人上升至 609 人，因此，保险费收入还是低于保险公司的运营成本，与实际给付额之间仍存在巨大缺口，承保机构仍继续面临亏损。2010 年，全球民航空难事件 28 起，较 2009 年增加 5 起，共造成 828 人死亡，同比增长 13%。2001 ~ 2010 年，全球空难死亡人数平均每年为 794 人，平均每年的重大空难事件数从 20 世纪 90 年代的 37.6 起降到了 27.2 起。2010 年保险公司赔付费用达到 21.5 亿美元，高于 21 亿美元的保费收入。

第四节　我国航空保险发展史

整体而言，我国航空保险发展历史相对较短。按照发展历程，我国航空保险发展历史可以划分为以下六个阶段。

一、新中国成立前

中国筹办民用航空运输始于 1918 年，1920 年 5 月正式开始了中国最早的民航飞行，载运旅客和邮件。1928 年 6 月，"中华民国"开办民用邮运航空，1929 年成立了第一家中美合资的民航公司——中国航空公司（简称"中航"）；1931 年，由中国和德国汉莎航空公司合办了"欧亚航空公司"；1943 年 3 月，欧亚航空公司改组为中国中央航空公司；1939 年，"中华民国"和苏联合资组建中苏航空公司（亦称哈阿航空公司），并于当年 12 月正式通航，1948 年该公司撤销。

在新中国成立之前，"航空保险制度，已通行先进各国，唯有中国尚还欠缺"。中国国内的保险公司基本没有开展飞机保险业务，一些飞机保险都由外国保险公司承保。例如，欧亚航空公司 1936 年为乘客投保了意外险，该险是由德国斯图加特联合保险公司承保的，赔付标准为（以国币计算）：死亡 1 万元；完全残废 1 万元；因伤致短期内完全不能工作时，每日给付至多 10 元的养伤费。

该种乘客意外险在当时中国的航空事业中还属首创，使"欧亚"在与同业竞争中占有独到的优势。中国航空公司（"中航"）在 1934 年为 12 架飞机投保火险，保险金额为 30 万元国币，保费按每年国币 22.50 元计算。抗日战争期间，"中航"购进的 6 架 DC - 4 型飞机是在美国的保险公司进行保险的，每月保险费为 12.250 美元。但抗日战争爆发后，国外保险公司不愿承担战争风险，各航空公司的飞机保险便不再继续。1947 年，"中航"在第三次董事会议上专门讨论了飞机保险问题，总经理请求董事会研究责任保险问题，并与保险公司进行了必要的商议。

在新中国成立前的航空保险中，曾发生保险索赔。例如，1932 年 12 月 12 日，"中航"使用的洛宁型 15 号飞机在汉口失事焚毁后，美国的保险公司对"中航"赔付了国币 120990.02 元的保险金。欧亚航空公司的 W34 型 1 号飞机在 1935 年 7 月 4 日因尾舵操纵机件失效失事坠毁，"欧亚"获得了德国保险公司的赔偿款。1939 年 3 月 12 日，JU52 型欧亚 23 号飞机在贵州威宁县撞山焚毁，获得保险费 20 万马克。

二、20 世纪 50~60 年代

1949 年 11 月，中国航空公司和中央航空公司留在香港的员工宣布起义，回归新中国的怀抱。1950 年 1 月，经聂荣臻代总参谋长批准，将中央人民政府革命军小委员会民用航空局改称军委民用航空局。1950 年 7 月，中华人民共和国政府和苏联政府正式成立中苏民用航空股份公司，1955 年 1 月撤销中苏民用航空股份公司，其下属机构全部划归中国民用航空局。1952 年 5 月，根据中央军委、政务院的《关于整编民用航空的决定》，军委民用航空局改为空军建制，设民用航安局和民用航空公司。1952 年 7 月，在中国民用航空局下设立中国人民航空公司，1953 年 6 月公司撤销，其空运业务由中国民用航空局直接经营。20 世纪 50~60 年代，新中国的民用航空公司虽为企业法人，但因计划经济体制，民航企业在购买飞机、修建机场和购买相关飞行器材等方面都是通过国家财政贷款进行的，企业之间没有竞争，飞行事故损失全部由国家财政核销。由此，民航企业的保险意识非常淡薄，航空商业保险发展动力不足。立法上也仅有 1951 年 4 月中央财政经济委员会颁布的《旅客意外伤害强制保险条例》。

在 20 世纪 60 年代远东和华航成立之初，我国台湾地区的航空保险还是在国外投保的。1967 年，因中华航空公司开辟国际航线的需要，我国台湾地区的航空保险承保业务才开始。

三、20 世纪 70 年代

20 世纪 70 年代，中国民航开始进行国际航空运输飞行时，国外的航管部门和机场要求中国民航必须提供飞机保险单和保险凭证。因此，1974 年 9 月 14 日，国务院要求国内航空公司对从事国际航线飞行的所有飞机都必须办理保险，尤其是必须购买第三者责任险；同时国外航空公司的飞机凡是经停中国机场的，也必须办理飞机保险。到 1974 年 10 月，我国民航向当时国内唯一的保险公司——中国人民保险公司办理了机队保险，但当时投保的飞机只有 6 架，包括 4 架波音 707 和 2 架工 -62 飞机，投保总金额也只有人民币 1.5 亿元。尽管与悠久和兴旺发达的世界航空保险业相比，中国民航涉足飞机保险的时间有些晚，但毕竟是开了新中国航空保险的先河。

1974~1979 年，中国航空保险的险种有机身险、战争劫持险、旅客责任险、第三者责任险和航空货物责任险，起初仅对国际航线的班机和包机办理，后来扩大到国内航班。但受当时特殊历史时期的限制，国内保险业务基本处于停办状态，航空保险并没有实质性的发展。

四、20 世纪 80 年代

党的十一届三中全会后，中国民航拉开了全面改革的序幕。1980 年，国务院、中央军委发布了《关于民航管理体制若干问题的决定》，民用航空局不再由空军代管，归属国务院，此即民航史上著名的"军转民"壮举。于是，在民航实行政企分开的体制下，航空业开始了发展的步伐，但因飞机价值昂贵和国家外汇储备的限制，航空公司的飞机大多数是通过民用航空总局（以下简称民航总局）谈判帮助租赁来的，而其中采用的杠杆租赁形式，不仅要求提供国内保险，而且要求至少有 60% 要向国外进行分保。中国人民保险公司应国家航空事业发展的需求，首次承保了大型西式客机。1981 年 5 月 1 日，中国人民保险公司修订了飞机保险条款。

1982 年后，中国国内航空保险业开始进入真正飞跃式的发展时期，各航空公司陆续对所使用的三叉戟型、DG－9 型、空中客车 310－200 型、BAe－146 型和运 7 型、肖特 360 型等飞机投保了机身险。1985 年，民航总局发布《关于飞机保险的有关问题的通知》，要求对所有投保的飞机，不管发生事故和损失的大小，都应立即通知保险公司。1986 年，国务院颁布《关于通用航空管理的暂行规定》，要求经营通用航空业务的企业向中国人民保险公司投保机身险和第三者责任险。随着国际航线与日俱增，国内民航飞机飞往国外的数量增多，20 世纪 80 年代末，航空保险所涉及的第三者、旅客、货物、邮件等责任险及战争险险种陆续开展起来。鉴于空中客车 310－200 型、300－600R 型，波音 707 型以及麦道 82 型等飞机的免赔额很高，中国人民保险公司还开设了免赔额保险。

该时期的航空保险保费支付币种包括人民币和美元，例如，上海民航的运 7 型飞机机身险是以人民币投保的，其他所有型号飞机的机身险和机身战争险（包括运输货机的责任险）都是以美元投保的。航空保险的保险费率一般由中国人民保险公司与民航总局商定，例如，1989～1990 年"东航"飞机保险的续转条件和人民币结算费率经商定后作出调整，机身一切险费率为 0.78%，地面险费率为 0.39%。投保的所有飞机（以一个航空公司为单位计算）在一年的保险期限内无任何赔款，保险期满可按实交保险费总额的10% 退还给被保险人。

此外，中国人民保险公司还与民航总局对各航空公司湿租飞机作出有关保险规定：承保飞机险的原则是机身险及责任险一起承保，不单独承保责任险；若出租人坚持只投保责任险需满足下述两个条件：一是湿租飞机的航空公司需提供该飞机已在境外保险公司投保机身险的保险凭证；二是其责任险能否加入民航机群保险需得到民航总局的书面认可。

由此也引发了航空保险索赔，例如，1988 年 2 月 26 日，中国国际航空公司 B－2448 号飞机在上海着陆时，因东方航空公司地面指挥原因，致使该机吸入帆布罩，造成发动机损坏，索赔后获得中国人民保险公司保险赔偿金 273152 美元。

五、20 世纪 90 年代

进入 20 世纪 90 年代后，国内航空公司采用经营性或融资性租赁的方式引进了大量飞机，中国民航租赁飞机数量剧增。为了统一飞机保险的各种手续，提供快捷的保险服务，1993年，中国人民保险公司发布了《关于民航机队保单启用AVN（航空）67A条款的通知》，规定机队保险单从1993年7月8日开始统一使用67A条款，这种国际市场通用的航征总保险单，条款更加详细、清楚，使用更加方便。

1993年9月，中国人民保险公司发布了《关于1993年度民航外币机队续传条件及费率的通知》，规定月计划外加入机队且免赔额在50万美元以上的飞机，均需按照下述条件按日计收保险费：宽体飞机（如空中客车300、310，麦道11等型）每架飞机每年收取保险费1.66万美元；窄体飞机（如麦道82型）每架飞机每年收取保险费1.13万美元。

由于航空事故频发，不断发生航空保险索赔情形，例如，1990年10月在广州白云机场发生的重大事故，造成3架波音737、707、757飞机烧毁和撞坏，121名旅客和7名机组人员死亡，90余名旅客受伤，直接损失9000万美元（包括8000万美元的机身损失和1000万美元的旅客伤亡赔偿）。受损的3架飞机均向中国人民保险公司投保了机身险、责任险和战争险，并通过经纪人向劳合社办理了分保，机身险分出比例是80%，责任险分出比例是85%，因此，中国人民保险公司承担了1500万美元赔款，其余7500万美元赔款由劳合社的有关承保人组合承担。1990年12月，东航运7型B-3493号飞机在江西南昌向塘机场滑行时，飞机右翼与空军停在5号道口执行任务的伊尔14型3256号飞机机头相撞，造成空军飞机机头严重损坏，中国人民保险公司给予保险赔偿金59264美元。为规范保险事故索赔程序，1990年12月，民航总局召开了民航保险工作会议，1991年3月下发《民航飞机保险及事故索赔程序的通知》，对民航机队保险工作及索赔程序进行了规定。

1993年4月，"东航"自上海至美国洛杉矶的MU583航班麦道11型B-2171号飞机受损，全部损失约550万美元，经中国人民保险公司派员赴美国洛杉矶核查，"东航"获得了法定的保险额。同年10月，"东航"的麦道82型B213号飞机，在福州义序机场降落时发生严重事故。"东航"曾就该机投保2000万美元保险，中国人民保险公司对其机身险部分索赔给予了赔偿。

由于频发的索赔大大超过总收入，因而进入20世纪90年代，我国保险市场出现了前所未有的新变化，1991年保险费率增加了100%~200%，1992年机身险和责任险的费率继续增加，增长率为30%~60%。

六、21世纪以来

进入21世纪以来，我国航空保险的险种不断丰富，例如，机场责任险、空中交通管制责任险、航班延误险、航空机票取消险等新型专属险产品纷纷出现，填补了国内该类产品的空白。

同时，为压缩航空保险的销售成本和扩大航空保险市场份额，各保险公司积极开拓新的销售渠道，在维持传统公司销售和代理销售的同时，开始加大对银行、邮政等机构销售网点的利用程度，并充分利用电话、互联网等现代化手段，实现航空保险产品销售渠道的多样化，提高了经营效率和经济效益。

由于航空业具有一定的资金实力、经营规模以及庞大的航空保险需求，为将航空资本转化为金融资本，实现多元化经营的目标，并争取到航空保险市场的话语权和一定的自主权，一些实力雄厚的航空公司开始将资本注入保险公司，从而开拓和推进了航空保险市场的发展。例如，2005 年 2 月，"东航"与我国台湾"国泰人寿"各出资 2.5 亿元合资成立"国泰人寿"，由此拉开了航空资本进入保险业的大幕；2005 年 10 月，国航集团和韩国三星生命保险株式会社也各出资 1 亿元共同设立中航三星保险公司；2005 年 11 月，由南方航空公司投资 2 亿元参股的阳光财险也正式开业；2009 年 3 月，海航集团出资 2.5 亿元和我国台湾地区"新光人寿"合资成立"新光海航人寿"。目前，中国三大航空集团投入保险公司的资金分别为：东航集团为 4 亿元、中航集团为 1 亿元、南航集团为 2 亿元。航空公司和保险公司的这种"结合"，给双方带来一定的协同效应。

案例

国际航空运输协会（IATA）

国际航空运输协会从组织形式上看是一个航空企业的行业联盟，属非官方性质组织，但是由于世界上大多数国家的航空公司是国家所有，即使非国有的航空公司也受到所属国政府的强力参与或控制，因此航协实际上是一个半官方组织。它制定运价的活动，也必须在各国政府授权下进行，它的清算所对全世界联运票价的结算是一项有助于世界空运发展的公益事业，因而国际航协发挥着通过航空运输企业来协调和沟通政府间政策，解决实际运作困难的重要作用。

IATA 的宗旨是为了世界人民的利益，促进安全、正常而经济的航空运输，对于直接或间接从事国际航空运输工作的各空运企业提供合作的途径，与国际民航组织以及其他国际组织通力合作。协会的基本职能包括国际航空运输规则的统一、业务代理、空运企业间的财务结算、技术上合作、参与机场活动、协调国际航空客货运价、航空法律工作、帮助发展中国家航空公司培训高级和专门人员。

IATA 前身是 1919 年在海牙成立并在"二战"时解体的国际航空业务协会。1944 年12 月，出席芝加哥国际民航会议的一些政府代表和顾问以及空运企业的代表聚会，商定成立一个委员会为新的组织起草章程。1945 年 4 月 16 日在哈瓦那会议上修改并通过了草案章程后，国际航空运输协会成立。同年 10 月，新组织正式成立，定名为国际航空运输协会，总部设在加拿大的蒙特利尔。第一届年会在加拿大蒙特利尔召开。在全世界近 100个国家设有办事处，280 家会员航空公司遍及全世界 180 多个国家。在中国有 13 家会员航空公司（除香港、澳门和台湾外）。凡国际民航组织成员国的任一经营定期航班的空运企业，经其政府许可都可成为该协会的会员。经营国际航班的航空运输企业为正式会员，只经营国内航班的航空运输企业为准会员。

截至 2016 年 11 月，国际航空运输协会共有 265 个会员：北美 16 个，北大西洋 1 个，欧洲 100 个，中东 21 个，非洲 36 个，亚洲 50 个，南美 21 个，太平洋 6 个，中美洲 14

个。年度大会是最高权力机构；执行委员会有27个执行委员，由年会选出的空运企业高级人员组成，任期三年，每年改选1/3，协会的年度主席是执委会的当然委员。常设委员会有运输业务、技术、财务和法律委员会；秘书处是办事机构。

国际航空运输协会的会员分为正式会员和准会员两类。国际航空运输协会会籍向获得符合国际民航组织成员国身份的政府所颁发执照的任何提供定期航班的经营性公司开放。国际航空运输协会正式会员向直接从事国际经营的航空公司开放，而国际航空运输协会准会员身份只向国内航空公司开放。国际航空运输协会现有两百多家会员航空公司。申请加入国际航空运输协会的航空公司如果想成为正式会员，必须符合下列条件：①批准其申请的政府是有资格成为国际民航组织成员的国家政府；②在两个或两个以上国家间从事航空服务。其他航空公司可以申请成为准会员。国际航空运输协会的执委会负责审议航空公司的申请并有权决定接纳航空公司成为正式会员或准会员。

本章小结

航空保险是航空业发展的产物，具有补偿责任的多样化、迅速演变性、巨大性，国际性，风险的高度集中性，强制投保性，承保方式的特殊性五大特征。航空保险分类较为复杂，本书将其划分为航空责任保险、航空飞行器机身险、航空战争险、航空人身意外险、航空器试飞险、航空执照丧失险和航空机票取消险等。航空保险的适用原则包括保险利益原则、最大诚信原则、损失补偿原则、损失分摊原则、保险代位原则、近因原则六大原则，航空责任保险也有此六大原则的适用。

思考题

（1）简述航空保险及其特征。
（2）简述航空保险的种类。
（3）简述航空保险的适用原则。

第二章 航空保险基础及保险原则

第一节 风险概述

说起保险，大家都比较熟悉，关乎每个人的切身利益，如车险、航空意外险、人寿保险等。但真要想了解保险，还要深入了解它的特有内涵，因为它是一个独立的系统科学，要从风险、风险管理、保险等逐步深入理解和领会。

一、风险的概念与特征

（一）风险的概念

保险界有一句流行语，叫作"无风险，无保险"。可见保险和风险的密切关系，风险的存在和保险之间存在着必然的联系，在学习保险之前，我们需要了解什么是风险，什么是风险管理，以及什么样的风险是可以进行保险的。

广义的风险概念，风险是指在特定客观条件下，特定时期内，某一事件其预期结果与实际结果的变动程度。变动程度越大，风险越大；反之，则越小。将实际结果与预期结果比较有三种可能：无损失、正收益、负收益。这种概念，在财务管理和投资管理中广泛存在。变动甚至可以是收益，不一定单指损失。

而保险学的风险概念，通常指狭义的风险概念，主要指损失发生的不确定。

在特定的环境和限定的时期内，观察某一风险的存在，风险损失是不确定的。即在一定时期内某个事件 A 发生的概率在 0~1 的开区间，$P(A) = (0, 1)$，$P(A) = 0.5$ 时，不确定性最大，风险可能性最大；风险是客观存在的，可以用概率度量风险发生可能性的大小，保险风险的测定一般属于客观概率风险，是与人类经济活动相伴的概念。

在保险学中所涉及的风险属于狭义的风险概念：风险是指在特定的客观情况下，在特定的期间内，某种损失发生的不确定性。

（二）风险的特征

1. 客观性

风险的客观性是指风险必须客观存在的某种自然现象、生理现象和社会现象，是独立于人的意识之外的客观事实，而不是人们头脑中主观想象或主观估计的抽象概念。自然现象有台风、地震、洪水等表现形式；人们生理现象有生老病死等生命运动形式；社会现象有战争、盗抢、政变和恐怖事件等。正是因为风险具有客观性，使得人们直到现在只能在有限的空间和时间内控制风险，降低其发生的频率和减少其损失程度，而不能完全消除风险。

2. 损失性

只要风险存在，就有发生损失的可能，所以凡是风险都会给人们的利益造成损失，通常用货币损失来度量，可理解为经济上的损失。

3. 不确定性

风险不确定性通常包括：一是导致损失的随机事件是否发生不确定。二是损失发生的时间不确定，如人什么时候生病不确定。三是损失发生的地点不确定，如虽然某建筑物都有损失风险，但具体哪一栋就不确定。四是损失发生后造成的损失程度和范围不确定，即不可预见和不可控制，如飞机在市区坠毁，损失非常大；而在农田坠毁，损失就相对小一些。

4. 可测性

风险的不确定性说明风险基本是一种随机现象，是不可预知的，这是对具体个别危险单位而言的。就危险总体来说，根据数理统计中的大数定理，随机现象服从某种概率分布，在一定情况下是可测的。如人群中生命表就统计了各个年龄段死亡人数及比例，便于寿险公司研究对应人群死亡概率和损失，从而开发寿险产品，合理收取保险费。风险的可测性为保险公司核算风险费用、厘清保险费率奠定了科学基础。

5. 发展性

随着人类社会发展和社会进步，有些风险在一定空间和时间范围内被消除，如天花。但有些风险却被人类创造出来，如太空发射卫星、大飞机安全、核电站辐射泄漏风险和新冠肺炎等。就人类来说，人类面临的风险越来越多了，风险发生频率也越来越高，风险造成的损失也越来越大。

二、风险的构成要素

为了更好地理解风险的含义，需要分析风险的三个构成要素：风险因素、风险事故和损失。

（一）风险因素

风险因素是指促使某一特定损失发生或增加其发生可能性的原因。如天气炎热和干燥是森林大火的风险因素、雨雪天气是增加交通事故的风险因素、疏忽大意是工伤事故的风险因素。风险因素根据性质不同，又分为物质风险因素、道德风险因素、心理风险因素。

1. 物质风险因素

物质风险因素是指引起或增加损失发生机会，或增加损失发生概率、扩大损失严重程度的客观物质条件。如心脏的物理功能、蝙蝠携带的病毒传染肺炎等、刹车系统功能、发动机功能、建筑位置和材质等都属于实实在在引发身体健康、汽车失灵、房屋失火与否等

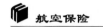

的客观物质条件。

2. 道德风险因素

道德风险因素是指与人的品德修养有关的一种无形风险因素，它源于一个人的社会心理态度，即由故意行为而引起的损失或者损失扩大。例如，为了骗保故意伪造保险事故现场、虚报损失等，均属于道德风险因素。

3. 心理风险因素

心理风险因素是指由于人们主观的疏忽或者过失，以至引起风险事故发生或者增加风险事故的发生机会，或扩大损失程度的非故意因素。例如，不能根据天气的冷暖变化增减衣服导致其感冒的概率增加；驾驶员驾驶过程中走神，就会增加交通事故；购买保险后放松对标的物的责任感等行为，致使发生风险的可能性大大增加，这些都属于典型的心理风险因素。

（二）风险事故

风险事故是指可能引起人身伤亡或者财产损失的偶然事件，是造成风险损失的直接原因，也是风险因素所诱发的直接结果。如车祸、飞机失事、煤气中毒等，都是风险事故。它使风险的可能性变成了现实结果，也就是说，风险只有通过风险事故的发生才导致损失。而风险事故中还要特别提到二次事故，在现实生活中，不管谁遇到汽车事故都想下车与对方理论一番，但结果往往起不到作用，甚至造成二次事故，造成更大损失。尤其在高速公路上汽车发生事故后，只要车辆还能驾驶最好将车挪到应急车道，此时再进行协商报警处理，避免二次追尾等二次事故。

（三）损失

在风险管理中，损失是指非故意、非预期、非计划的经济价值的减少、灭失及额外费用的增加。显然，它包括两方面的含义：一方面，损失是经济损失，即必须以货币来衡量。当然有许多损失是无法用货币来衡量的，如亲人去世，谁也无法计算出其家人在精神上所受到的打击或痛苦是多少钱。尽管如此，在衡量人身伤害时，还可从这个事件引起的对本人及家庭产生的经济困难或其对社会所创造经济价值的能力减少的角度来给出一个货币度量的评价。另一方面，损失是非故意、非预期、非计划的。而折旧虽然也是经济价值的减少，但它是固定资产自然而有计划的经济价值的减少，不属于保险学中的损失概念。

在保险实务中，通常将损失分为两种形态，即直接损失和间接损失。直接损失是指风险事故导致的财产本身损失和人身伤害，也可称为实质损失；间接损失是指由直接损失引起的其他损失，包括额外费用损失、收入损失和责任损失等。在某些情况下，间接损失的金额非常大，甚至会超过直接损失。

从风险因素、风险事故与损失的关系看，风险因素引起了风险事故，而风险事故则导致了损失的发生。也就是说，风险因素只是风险事故产生并造成损失的可能性或使这种可能性增加的条件，它并不直接导致损失，只有通过风险事故这个媒介才产生损失。这里面要解释的是，有时风险因素可以直接是风险事故。例如，冰雹直接砸伤路人，冰雹就是风险事故。而冰雹下至地面上，引起路滑，导致汽车事故，冰雹只是风险因素，车祸才是风险事故。

三、风险的分类

主要按照风险损失对象分类,而针对不同风险保险公司会有对应的财产保险、人身保险等。

(一)财产风险

财产风险是指财产遭受损毁、灭失或者贬值的可能性。个人和家庭或者企业对其所有的、使用的和保管的财产都有发生这类风险的可能。例如,房子、设备有遭受火灾、水灾、地震等损失的风险;汽车行驶过程中有遭受碰撞、倾覆等损失的风险;船舶在航行中有翻船、搁浅的风险;等等,这些都属于财产风险。

(二)人身风险

人身风险是指由于人的生理成长规律及各种灾害事故的发生导致的生、老、病、死、残的风险。这些虽然是人生的必然现象,但是何时发生并不确定,一旦发生,就会给其本人或者家属在精神和经济生活上造成一定的困难。这些风险会造成人们经济收入的减少或支出的增加。

(三)责任风险

责任风险是指个人或团队因行为上的疏忽或者过失造成他人的财产损失或人身伤亡,依照法律、合同或道义应负的经济赔偿责任的风险。这类民事赔偿责任给承担责任者带来较大损失,因而是种风险。例如,生产或者销售有缺陷的产品给消费者带来损害;医疗事故造成病人的病情加重、伤残或死亡;驾驶机动车不谨慎造成对方伤残或死亡;等等,均属于责任风险。

(四)信用风险

信用风险是指在经济交往中,权利人与义务人之间,由于一方违约或违法行为给对方造成经济损失的风险,即失信风险。例如,在信用贷款中,贷款人就面临着借款人不能及时还贷款的信用风险,国际贸易中,因进口商到期不付款、不提货或破产等给出口商造成损失的风险,就属于信用风险。又如租赁汽车不按约交纳租金、房屋分期付款购买者拖欠房款等,都是信用风险。

第二节　风险管理

在了解了风险的相关知识后,就要研究如何面对风险,如何对风险进行管理与控制。风险管理作为一门系统性的管理科学还只有几十年的历史,普遍认为它起源于 20 世纪 50 年代的美国。因为一些工业生产事故促使人们开始系统性研究风险管理,并且广泛应用在企业财务管理和投资管理等活动中。

一、风险管理的概念

风险管理是指各经济单位通过对风险的识别、估测、评价，并选择适当的风险处理技术，对风险实施有效的控制和妥善处理风险所引起的损失，以最小成本实现安全保障的科学管理方法。

可以从以下几个方面来理解风险管理的概念。

（1）风险管理的主体是各种经济单位，包括个人、家庭、企业以及其他法人团体都可以看成独立的经济单位。风险管理不是孤立事件，需要全社会参与。

（2）风险管理强调的是人们的主动行为。在风险管理的过程中，首先需要对风险进行识别和衡量，对风险进行评价，才能对症下药，采取合理的首预案，主动有目的、有计划地控制风险和处理风险，风险的识别和度量是风险控制与处理的前提条件。

（3）风险管理的最终目标是以尽可能小的成本换取最大的安全保障和经济利益。

（4）风险管理的对象是风险，在风险管理过程中，风险识别和风险衡量是基础，风险管理工具的选择和实施是关键。

二、风险管理的意义

（1）有利于减少因风险所致的所有费用开支，从而提高利润水平和提高工作效率。

（2）有利于减少家庭和企业对风险的恐惧与忧虑，有助于调动企业管理人员和职工个人的积极性和创造性。

（3）有利于避免社会经济的波动。

（4）有利于减少社会资源的浪费。

（5）有利于改进社会资源的分配和利用。

风险管理的目标包括损失发生前的风险管理目标和损失发生后的风险管理目标。损失发生前，风险管理的目标是避免或者减少风险事故形成的机会，包括实现节约成本、消除精神忧虑、履行社会义务等；损失发生后，风险管理的目标是努力使损失的标的恢复到损失发生前的状态，包括维持企业的继续生存、生产服务的持续、稳定的收入、生产的持续增长、社会责任。二者有效结合，构成完整而系统的风险管理目标。

三、风险管理的基本程序

风险管理的活动是由风险识别、风险衡量、风险控制和风险管理效果的评价等基本程序构成的周而复始的过程。

（一）风险识别

风险识别是指经济单位对所面临的已经存在及潜在的风险加以判断、归类和鉴定的过程。风险识别是风险管理的基础环节。

在生产经营过程中，经济单位面临来自不同性质的风险威胁，因此，必须采取有效方法和途径识别企业面临的各种风险。风险识别是整个风险管理过程的第一步，也是最重要的一步，首先要找到风险的源头在哪里。常见的方法有财务报表分析法、保险调查法、流程分析法、风险因素预先分析法。

（1）财务报表分析法。是指根据经济单位的资产负债表、损益表等会计记录，从财务角度分析，发现企业等可能存在的风险。

（2）保险调查法。是关联企业利用保险专业人员以及有关咨询、研究机构、学术团体，对企业等单位可能遭受的风险进行认真的调查和分析，编制风险调查表格，据此识别可能存在的风险。

（3）流程分析法。是指企业将所有生产经营环节，按照其内在的联系绘制出流程图，用以发现生产和经营过程中可能存在的风险。

（4）风险因素预先分析法。是指在某一项经济活动进行之前，对该项活动所存在的风险类型、产生的条件及可能的后果进行分析。

风险识别是风险管理中最重要的环节，不仅要识别所面临的已经存在的风险，还要对各种潜在的风险进行识别。

（二）风险衡量

风险衡量是指在风险识别的基础上，利用概率论和数理统计方法对所收集的大量详细损失资料加以分析，估计和预测风险发生的概率和损失幅度。为了进行有效的度量，就必须抓住潜在损失的两个重要特性：损失频率和损失程度。损失频率是对损失发生的规律性描述，指单位时间内损失发生的次数。如在1000栋房屋里面有4栋房子发生火灾，则损失发生频率是4‰，损失程度是指在一定时期内一事故所致的损毁规模。统计意义上，可以通过资料分析损失频率、损失的程度（期望）、损失的变异性（方差分析）。初步风险公式是：风险＝发生概率×后果，由此结果可以判断风险是否可以接受。

（三）风险控制

风险控制是指根据风险衡量的结果，为实现风险管理目标，优化组合各种风险管理工具并予以实施的过程。以风险事故的发生为标准，风险管理工具可以分为两大类：一类为控制型风险管理工具，另一类为财务型风险管理工具。前者的目的是降低损失程度，重点在于改变引起意外事故和扩大损失的各种条件。后者是以提供基金的方式，消化发生损失后的成本，即对无法控制的风险所做的财务安排。

（四）风险管理效果的评价

风险管理效果的评价是指对风险管理技术适用性及其收益性情况的分析、检验、修正和评估。一是风险管理的过程是个动态的过程，风险是不断变化的，原来制订的方案会随着风险变化而不适用，通过风险绩效评价可以发现新的风险，并且及时调整风险管理方案。二是风险管理决策的正误只有通过检查和评价才能确定，这也是调高风险管理绩效的重要环节。三是风险管理评价标准会不适应风险管理的需要。由于评价标准是根据以往经验制定的，可能不适应新风险、新状况要求的情形，需要根据风险管理的实践不断修改风险评价的标准。四是通过风险管理绩效评价可以提高风险管理工作的效率，以及提高风险管理资金的使用效率，确保风险管理单位的财产和人身安全。

四、风险管理的方法

风险管理的方法主要有风险控制法和风险损失的财务管理法两大类。前者注重降低风险损失的发生概率，防止或减少风险的发生或降低风险的损失程度；后者主要用来应付风险发生后的经济补偿。

（一）风险控制法

风险控制法包括避免风险和控制损失两种。

（1）避免风险，简称避险。即设法回避可能发生的损失。这个是最简单、最常用、最彻底的风险处理方法。

该方法将风险降为零，但这是一种处理风险的消极技术。例如江边低洼地方的工厂，常年容易水灾，可以将工厂搬迁到地势高的地区；一个怕坐飞机发生空难事故的人，可以一生不乘坐飞机而回避这种空难风险，但改坐了汽车仍然有翻车风险，所以风险回避也有一定的局限性。

风险回避技术在以下两种情况下采用：一是在某特定风险所致损失频率和损失幅度相当高时；二是在处理风险时其成本大于产生的收益时。

（2）控制损失。控制损失指全面消除风险因素、降低风险损失的程度。相对于其他方法，控制损失更积极、合理、有效。它克服了回避风险某些消极性，比到时候补偿这类风险的转嫁风险等财务手段，更能有效减少实质性财务损失和人员伤亡。控制损失的手段主要包括风险防范和风险事故发生后的施救两个方面。

控制损失的主要手段是风险防范，包括纯预防性措施和保护性措施。纯预防性措施主要指消除造成损失的因素，而保护性措施是指对已经处于危险中的人或者物予以保护。例如，汽车加油站内禁止吸烟、建筑物使用耐火材料、安装防盗门以防财产被盗、安装避雷针等都是纯预防性措施。而对高速运转的机器加配安全罩、给骨折病人加上石膏板等是保护性措施。

控制性损失是辅助性手段，是事故发生后的施救，即事故发生后尽可能地保护人身安全、减少财产损失。例如，安装自动报警装置；建立自动喷淋系统，火灾发生时自动喷水等，这样可以及时发现或者迅速扑灭大火，减少火灾蔓延风险。

应用财务控制损失法关键在于对风险因素的识别和估测，只有充分发现风险隐患，才能防患于未然。但局限性是很多风险尚未被人认识，而有些风险虽然被认识，但尚未有合理的解决办法。另外，即使一些方法可以，但价格过高，经济上不可行。

（二）风险损失的财务管理法

1. 自留风险

自留风险也称自保，是企业或个人自己承担部分或者全部后果的方法。实际是依靠自身的财力，经过计算，合理提取风险基金，经过长时间和较大范围的积累，弥补在发生风险事故后的经济损失。

自留风险分主动的自留风险和被动的自留风险，主动的自留风险是在充分掌握某些风险发生规律的情况下，有意识、有计划地利用自身财力补偿风险损失的方法。而被动的自留风险通常是这种情况造成的：不知道风险的存在，或者虽然知道风险的存在，但由于预测失误而导致损失，后果只能自己承担。

自留风险的优势在于它节约了管理费用的支出，自留风险的管理费通常要低于保险公司的附加费用。同时，自留风险所提取的风险基金具有储备作用，必要时还可以灵活运用这笔资金，给企业或个人带来收益，增加现金流量。因为保费是先支付的，而自留损失则是随着时间推移在风险发生之后分别支付的。但是，其也有不少局限性：

第一，自留风险基金的提取缺乏准确性，基金额度难以确定，而基金有可能一块受到损失，资金的补偿缺乏稳定性。

第二，自留风险需要储备大量风险基金，违背资金运用的效率原则，并且不能免税。

第三，受单位技术水平、管理能力的影响，自留风险很可能形成更高的管理费用，或因为对风险危险的危害估计不足，而给自己造成超出自身补偿能力的巨大风险损失。

2. 转移风险

转移风险是指一方将自己面临的风险转移给他人承担。例如，在高通货膨胀预期下，人们不断用货币购买商品，将货币贬值的风险转嫁给他人。风险转移有非保险转移方式和保险转移方式。

（1）非保险转移方式。包括通过签订合同条款的方法转移风险、签订免除责任协议、签订转移风险源的合同、套期保值等。

（2）保险转移方式。包括保险责任的选择、保险商的选择、条款的商定、保险责任的信息传播、保险计划的定期复查。

五、风险管理与保险

（一）风险是保险和风险管理的共同对象

风险的存在是保险得以产生、存在和发展的客观原因与条件，并且成为保险经营中的对象。但是，保险不是处置风险的唯一方法，更不是所有的风险都可以保险。而风险管理所管理的风险要比保险的范围广泛得多。保险只是风险管理的一种财务安排，它着眼于可保风险的分散、转嫁和风险损失发生后的经济补偿。而风险管理则侧重风险事故发生前的预防、发生中的控制和发生后的综合治理。尽管在处置风险手段上存在这些区别，但它们所管理的共同对象都是风险。而可保风险需要承保的风险是纯粹风险，风险损失必须是意外的，风险事故造成的损失要有重大性和分散性，风险损失是可以用货币衡量的。

（二）保险是风险管理的基础，风险管理又是保险经济效益的源泉

（1）风险管理源于保险。从风险管理历史上看，在风险管理理论形成以前相当长的时间里，人们主要通过保险的方法来管理企业和个人的风险。即使风险管理现代化理论引进多学科分析以来，保险仍然一直是风险管理的重要工具，并且在不断完善和丰富中。保险公司的风险管理职能，更多是通过承保其他风险管理手段无法处置的风险，是风险管理的主力军。

（2）保险为风险管理提供了丰富的经验和科学资料。保险业起步早，积累了大量丰富的经验和技术资料，掌握了很多风险发生的规律，制定了大量的预防和控制风险措施。这些都为风险管理理论和实践的发展奠定了基础。

（3）风险管理是保险经济效益的源泉。保险公司是经营风险的企业，同样也需要风险管理。一个优秀的保险公司是通过承保大量的同质风险，通过自身防灾、防损等管理活动，尽量降低保险理赔率，如大家熟悉的汽车安全气囊就是德国安联保险公司开发出来的。保险经营效益要受风险管理技术的制约，风险管理技术水平的高低，直接影响着保险公司的收益。

六、航空风险管理

航空领域仍然适用于四个象限的风险管理办法：第一象限方法是危机管理，尽可能预防并控制损失；第二象限方法是风险转移，主要采用的航空保险在后面章节具体介绍；第三象限方法是风险自留，成立自己专属的保险职能部门，承担或者忽视风险；第四象限方法是安全管理方案，预防并降低风险。

（一）预防—降低风险策略

本策略主要是针对可以降低损失频率的各种事前行动采取的。在航空公司的飞行安全管理上，航空公司经常采用：

1. 组员资源管理（Crew Resource Management，CRM）与疏忽管理（Error Management，EM）

CRM 包含所有影响飞行任务的人员，有效运用可供运用的资源，以获得安全、有效率的飞行。疏忽管理更是预估和分析导致事故原因，塑造全员对安全的认知，以塑造出理想的安全文化。

2. 飞机作业品质保证系统

飞行记录仪记录了飞机与操作人员的相关数据资料，通过地面的分析系统解读，来检查操作技术上的瑕疵及不安全的操作行为，现在已经成为保障飞行安全的最重要工具。

3. 安全管理系统（Safety Management Systems，SMS）

SMS 以结构化的系统方法来确认、描述、沟通、控制并排除追踪风险，将营运、科技系统与财务、人力资源管理相结合，所有的活动都与企业相关。SMS 为提高企业的安全责任建立的企业安全文化，以提高航空公司的安全绩效为目标。为了达到有效性，这些系统要求所有的中高层都能提高安全标准的坚定承诺。

（二）转移风险策略

航空保险是很重要的转移风险手段。除此以外，非保险性的转移就是利用契约方式，将自身的风险转移由他方来负责，转移包括了经济上的损失和法律责任等。

（三）承担风险策略

航空公司较为积极的做法是：

（1）自负额。在保险契约中制定自负额的目的，除了保险公司可以减少理赔的不经济外，还可以加强航空公司对风险的管理，对于航空公司来说，当时可以减少保险费负担。

（2）专属保险公司。大规模企业出于节省保险费及规避租税等方面的考虑，会投资成立一家保险机构，来专营母公司及相关子公司的保险业务，虽然专属保险公司开办费用高，但所缴的费用可以被视为支出不被扣税，从而国际上有许多大型航空公司单独或者联合成立了专属保险公司。

（四）避免及控制损失策略

为了避免损失的扩大及灾害的蔓延，有效的危机管理才能将损失及危害加以控制。危机管理就是对危险状况的预防、缓和、反应及复原之过程，需要一个计划以确保自身及公众的安全。危机管理计划分三部分：

（1）危机发生前。在各项状况良好时，管理阶层应该就组织可能面临的各项危机及其发生的可能性，尽可能地草拟各项准备工作。

（2）危机发生后。是最剧烈、最不稳定也是最危险的时期，由于时间紧迫，必须在许多不确定的状况下做出决策，此时管理层会致力于将危机本身及媒体的不当报道降至最低。

（3）善后阶段。管理层应该调整重组架构、企业文化、风险管理政策，以快速恢复士气并重整企业声誉。

第三节 保险的基本知识

一、保险的概念

马歇尔的定义："保险是当事人一方收受商定的金额，对于对方所受的损失或发生的危险予以补偿的合同。"

《保险法》对保险的定义："保险，是指投保人根据合同约定，向保险人支付保险费，保险人对于合同约定的可能发生的事故因其发生所造成的财产损失承担赔偿保险金责任，或者当被保险人死亡、伤残、疾病或者达到合同约定的年龄、期限时承担给付保险金责任的商业保险行为。"

从经济角度来看，是分摊意外事故损失的一种财务安排；从法律角度来看，是一种合同行为；从社会角度来看，是社会生产和生活的"稳定器"；从风险管理角度来看，是风险转移的一种方法。

现实中意外的发生是不能预见的，但我们可以做好准备。

现代社会是一个异彩纷呈的多元化社会，每个人在享受繁华富饶的同时，又深深感受到个人前途的不确定性和各种风险的存在，买保险已经成为大多数现代人必不可少的选择。

二、保险合同中的相关概念

投保人要和保险公司签订合同，保险公司才会在投保人出了事故后赔偿投保人，具体条款要看合同。

保险合同中常用概念包括保险的当事人、关系人、辅助人及有关保险概念，也是学习保险必须知道的基本概念。

（1）保险人。或者叫保险公司，是接受投保人的风险，并收取一定费用，保险标的在其承保的风险范围内出现事故时对投保人的损失进行赔偿的企业。

（2）投保人，又称保户。在财产保险中，是指对保险标的具有保险利益，向保险公司申请订立财产保险契约并且负有缴纳保险费义务的人。投保人必须是对投保人具有保险利益的人，如果没有保险利益，保险契约就会失去效力。同时，投保人自身必须有法律规定的行为能力。

（3）被保险人。保险的被保险人是指其财产或者有关经济利益，或者人身受保险合同保障，享有保险金请求权的人。

财产保险的被保险人既可以是自然人，也可以是法人，但对于人身保险合同而言，被保险人只能是自然人，不能是法人。《保险法》第四十八条规定："保险事故发生时，被保险人对保险标的不具有保险利益的，不得向保险人请求赔偿保险金。"人身保险合同一般还存在对保险人年龄、健康状况和职业等要求。

（4）受益人。受益人是指人身保险合同由被保险人或者投保人指定的享有保险金请求权的人。

（5）保险标的。保险标的是指作为保险对象的财产及其有关利益，或者人的寿命和身体，在财产保险中，它就是被保险的财产及有关利益。保险标的是保险利益的物质载体，明确保险标的，便于确定保险合同的种类，判断保险利益是否存在以及保险人承担保险责任的范围。

（6）保险利益，又称可保利益。指投保人对保险标的具有法律上承认的利益。

（7）保险费，简称保费。指投保人交付给保险人的以期将来获得风险损失赔偿的资金。

（8）保险单，简称保单。指保险公司给投保人的凭证，证明保险合同的成立及内容。保单上载有参加保险的种类、保险金额、保险期间等保险合同的主要内容。保险单是一种具有法律效力的文件。

（9）保险责任。指保险公司承担赔偿或者给付保险金责任的项目。

（10）除外责任。指保险公司不予理赔的项目，如违法行为或故意行为导致的事故。

（11）保险代理人。是根据保险人委托，向保险人收取代理费并在保险人授权的范围内办理保险业务的单位或者个人。

（12）保险经纪人。是基于投保人的利益，为投保人与保险人订立保险合同，为投保人与保险人订立合同提供中介服务，并按约定收取佣金的单位或个人。

（13）保险公估人。保险公估人是指接受保险当事人或者关系人的委托，专门从事保险标的的评估、勘探、鉴定、估损、理算等业务的单位或者个人。保险公估人是指以第三者的立场，凭借其专业知识与技术及客观、公正的态度，处理保险合同当事人双方委托办理的有关保险业务公证事项，其报酬由委托人支付。

（14）费率。是单位保险金额的保险费，通常称为购买保险的价格。

（15）保险金的索赔与理赔。索赔与理赔是指在保险合同有效期内发生约定的保险事故，并且受到损失后，被保险人或者受益人要求保险人赔偿或者给付保险金的申请，保险人对被保险人的索赔申请进行赔偿处理的活动。保险赔偿处理是保险基本职能的最终体现。

三、保险的分类

（一）依据保险标的分类

1. 人身保险

人身保险是以人的寿命和身体作为保险标的的保险。保险人对因意外灾害、疾病、衰老以至丧失工作能力、伤残、死亡或年老退休时给付约定的保险金。其主要目的是为生、老、病、死、残等提供保障，解决因此造成的财务困难。按照保障范围，人身保险又细分为人寿保险、意外伤害保险和健康保险。

其中，人寿保险的标的是被保险人的寿命，并以被保险人在保险期满时仍生存或在保险期间内死亡为条件，给付约定保险金。人寿保险包括定期寿险、终身寿险、两全保险、年金保险、养老保险等。

意外伤害保险是指以人的身体和寿命作为保险标的，当被保险人在保险期间因遭遇意外事故致使身休遭受伤害而残废或死亡时，由保险人按约定给付保险金的保险。

健康保险是指保险公司通过疾病保险、医疗保险、失能收入损失保险和护理保险等方式对因健康原因导致的损失给付保险金的保险。

2. 财产保险

财产保险是以财产及其相关利益作为保险标的的保险，在保险期间保险人对于因保险合同约定的保险事故发生所造成的保险标的的损失承担经济赔偿责任的一类保险。由于航空保险更多险种属于财产保险，所以本章我们对财产保险的有关内容叙述更为详尽一些。

财产保险有狭义的财产保险和广义的财产保险之分。狭义的财产保险是以各类物质财产（有形财产）作为保险标的；而广义的财产保险除了承保有形财产外，还承保与有形财产有关的利益、费用、责任、信用等无形财产。

（1）财产损失保险。财产损失保险是以各类有形物质财产作为保险标的，在保险期间，因保险事故发生致使保险标的遭受损失时，由保险人承担经济赔偿责任。包括企业财产保险、家庭财产保险、运输工具保险、货物运输保险、建筑工程保险等。

（2）责任保险。责任保险是以被保险人的民事损失赔偿责任作为保险标的的保险。

由于被保险人的过失、疏忽等行为，给他人造成了经济损失，根据法律或者契约规定应由被保险人对受害人承担的经济赔偿责任。

（3）信用保险。信用保险是以信用行为作为保险标的的保险，是债权人因债务人不能偿付或拒绝偿付债务而遭受的经济损失为保险标的的保险，包括商业信用保险、出口信用保险、信用卡保险。

（4）保证保险。保证保险是由被保险人（债务人）要求保险人对本人的信用提供担保。如果由于被保险人不能履行合同义务致使权利人受到经济损失，应该由担保人赔偿责任。在保证保险中，保险人承担的风险较小，由于保险人采用反担保；而在信用保险中，保险人承担的是实实在在的风险。保证保险属于担保业务，被保证人所交付的费用是一种担保手续费，是对保险公司出具信用的一种报酬；而信用保险属于保险，因此投保人交付的保险费是将被保证人的信用风险转移给保险人的价金，保险人收取的保险费主要用于建立赔偿基金。

（二）依据经营目的分类

依据经营目的的不同，保险可以分为商业保险、社会保险和政策保险。

（1）商业保险是营业性保险，具有以营利为目的的性质，并遵循自愿原则。商业保险是一种合同关系，由投保人与保险人双方根据平等自愿、协商一致的原则订立，保险对象可以是自然人，也可以是财产或者责任。保险费完全由投保人承担。

（2）社会保险是保障性保险，具有社会政策性质，遵循强制性原则，是国家通过立法形式，对社会成员在年老、疾病、伤残、伤亡、生育、失业情况下的基本生活需要给予物质帮助的一种社会保障制度。社会保险的保险对象通常只能是自然人，保险费通常由国家、雇主和个人三方面负担，保险待遇根据国家法律规定的标准、个人贡献和社会经济发展水平决定。

（3）政策保险。政策保险是依据经济政策的目的实施有政府财政税收等政策支持的保险，如出口信用保险、投资保险、政策性农业保险等。这类保险业务要完全由商业保险机构以自由竞争方式来经营，难度较大。所以，一般由政府自己经营，也可以在政策支持下，给一定的保险费和管理费补贴，由商业保险机构经营。

一般来说，社会保障和社会保险特别发达的国家，商业保险发展就受到一定限制。而实行低福利和不充分的社会保障制度的国家，其商业保险的深度和广度都会高于前者。

（三）按照保险实施方式不同分类

1. 自愿保险

自愿保险是指保险人和投保人在自愿原则基础上通过签订保险合同而建立保险关系的一种保险。大部分的保险业务都采用自愿保险的方式，以适应人们对不同种类、不同层次的保险需求。

2. 法定保险

法定保险又称强制保险，是以国家的有关法律为依据而建立保险关系的一种保险。它是通过法律规定强制实行的，如基本养老保险、基本医疗保险、失业保险等。

（四）依照保险人承保方式分类

依据保险人承保方式的不同，保险可以分为原保险、再保险、共同保险和重复保险。

1. 原保险

原保险是指投保人和保险人直接订立保险合同，当保险标的发生该保险合同责任范围损失时，由保险人直接对被保险人承担经济赔偿责任的保险。在实务中，原保险也叫直接保险。

2. 再保险

再保险，也称分保，是指保险人或再保险人将其承担的保险业务部分或者全部转移给其他保险人或者再保险人而形成的保险关系，其目的是减轻自身承担的保险风险和责任，并且符合银保监会有关风险额度不能高于保险公司自有资本金额度的比例限制等决定。

3. 共同保险

共同保险，简称共保，是指由于两个或者两个以上保险人，使用同一风险合同对同一保险标的共同承担同一风险责任的保险。

4. 重复保险

重复保险是投保人对同一保险标的、同一保险利益、同一保险事故分别与两个以上保险人签订若干份保险合同，且保险金额总和超过保险价值。索赔时通常几个保险公司共同赔偿，但赔偿金额按照合同有关约定确定。

（五）依据投保方式分类

依据投保主体的不同，保险可以分为个人保险和团体保险。

1. 个人保险

个人保险是指以个人作为投保人、被保险人的保险，如个人养老保险、家庭财产险等。

2. 团体保险

团体保险是指以团体或者单位为投保人，以团体或者单位员工为被保险人的保险。团体保险的投保人应该为该团体的单位或者法定代表人，投保人一般为该团体或单位人数的75%以上。

（六）依据承保风险分类

依据承保风险的不同，保险可以分为单一风险保险和综合风险保险。

1. 单一风险保险

单一风险保险是指在保险合同中只承担一种风险责任的保险。根据合同规定，保险人只对该种风险事故的损失进行补偿。

2. 综合风险保险

综合风险保险是指在保险合同中，保险人承保两种及两种以上的风险责任的保险。根据保险合同规定，凡是约定的风险事故损失，保险人都要进行经济补偿。保险人承保风险责任多而广泛的保险，在业务上称为全险保险。

四、保险的功能

保险公司是非银行金融机构的一种形态。保险公司的功能可分为两组：一是作为组织保险经济活动和经营保险业务的专业公司的功能，有组织保险经济补偿（简称组织经济补偿）功能、掌管保险基金功能和防灾防险功能。二是作为金融机构的功能，有融通资金和吸收储蓄的功能。

作为组织经济活动的保险有下列功能：

（一）分散危险功能

为了确保经济生活的安定、分散危险，保险把集中在某一单位或个人身上的因偶发的灾害事故或人身事件所致经济损失，通过直接摊派或收取保险费的办法平均分摊给所有被保险人，这就是保险的分散危险功能。

（二）补偿损失功能

保险把集中起来的保险费用于补偿被保险人合同约定的保险事故或人身事件所致经济损失，保险所具有的这种补偿能力就是保险的补偿损失功能。

分散危险和补偿损失是手段和目的的统一，是保险本质特征的最基本反映，最能表现和说明保险分配关系的内涵。因此，它们是保险的两个基本功能。

同时又有下列两个派生功能：

1. 积蓄基金功能

保险分散危险包含了两层意思：空间上分散和时间上分散。

从时间上分散来看，分摊经济损失就带有预提分担金的因素，预提而尚未赔偿或给付出去的分摊金则必然形成积蓄。保险这种以保险费的形式预提分摊金并把它积蓄下来，实现时间上分散危险的功能，就是保险的积蓄保险基金功能。当然，不实行预收保险制的合作保险形态，因不具备时间上分散危险损失机制，因而也就不具有该项功能。

从概念的内涵上可以看出，积蓄保险基金是为了达到时间上分散危险，可见，该功能是由保险的基本功能之中的分散危险功能派生而来的。

2. 监督危险功能

分散危险的经济性质表现为保险费的分担，保险人必然要求尽可能减轻保费负担而获得同样的保险保障。因此，他们之间必然要发生相互间的危险监督，以期尽量消除导致危险发生的不利因素，达到减少损失和减轻负担的目的。保险的这种功能，就是监督危险功能。监督危险在行会合作保险和相互保险中是在其会员之间进行的，商业保险则是在保险人与被保险人之间进行的。

监督危险是为了减少损失补偿，所以该功能是保险基本功能之中的补偿损失功能的派生功能，也是使保险分配关系处于良性循环的客观要求。

第四节 航空保险的基本知识

有了风险、风险管理、保险的基本知识后，我们就不难理解航空保险的相关问题了，因为航空保险属于财产保险中运输风险的一种，也就是说，风险、保险等有关概念都是可以用在航空保险上的，只不过将其具体化在航空运输中了。

保险发展和交通发展紧密相连，每出现一种新的交通方式，都会给人类和财产带来各种新的危险，因而需要创设新的风险防范方法。例如，由火车的出轨翻车风险、汽车撞车风险、汽车被盗等造成人员的伤亡和财产损失，保险行业开始承保和赔偿对应的伤亡和损失。

航空保险是指从事航空活动的当事人与保险公司之间约定的，由保险公司对民用航空活动中发生的各种意外活动造成的财产和人身损失进行补偿的经济行为。航空保险以民用航空活动中涉及的财产及相关经济利益作为投保标的。

民用航空活动是一项复杂的经济活动，涉及众多经济利益。民用航空中发生的事故等会给国家造成巨大的经济损失，还危及人们的生命财产安全。而航空保险则可能为航空运输中提供经济上的保障，在一定程度上可以弥补因航空事故造成的财产损失和人身伤害，因此，对民用航空活动实行强制保险有一定的意义，各个国家普遍对航空运输保险做了强制性要求。

一、航空保险的概念

航空保险主要是为与航空运输和航空运动相关的各方利益主体——航空公司、机场、飞机和零部件制造商、维修商、旅客、机组人员以及私人飞机等，提供风险分散和损失补偿服务的一种保险。可以分为航空财产保险和航空责任保险，主要是指机身险和责任险。

赔偿是由飞行事故造成经济损失的保险业务。经营航空运输或其他航空业务的企业或个人向保险公司支付一定数额的保险费，就可以在保险期间内若发生飞行事故遭受损失而得到经济赔偿。

航空保险的市场不限于商业客机，还包括机场责任险、产品责任险、飞机库保管人员责任险等。

航空保险是广义财产保险的一个组成部分。由于航空保险的各个险种都紧密围绕着航空运输业，因此很多书籍中都将航空保险列为广义财产保险中运输保险的范畴。

针对航空风险哪些可以投保，国际上公认的有：飞机机体的损失；乘客及其行李等的损失；飞机以外的第三者的损失；空运货物的损失；有关机场设施及业务的损失；飞机制造者、修理者的产品责任；驾驶员、乘务员、乘客等在搭乘飞机中受到的伤害。

而从航空运输系统流程上面，从下面的工作清单中，即整个航空运输系统可能面临以

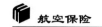

下风险：

（1）设计因素，包括设备、工作任务等。

（2）程序和实际运行工作，包括文件体系和检查单。

（3）沟通，包括沟通方式、术语和语言。

（4）组织因素，如公司招录人员政策及资源分配。

（5）工作环境因素，如噪声、震动、气温、灯光和防护用具以及服装等。

（6）规章因素，包括违章的适用性和执行力度，人员、设备和程序的认证，以及足够的行业监督。

（7）防护措施，包括事故探测和警告系统以及设备的容错能力等。

（8）人员表现，包括身体状况和体能限制等。

要规避这些风险，需加强航空安全管理体系建设，对相关人员进行培训，以及采取激励措施，但提高航空安全水平不是简单行政命令就可以的，是需要在完善管理、法律、法规方面下功夫，这是一个漫长的过程，因为随着市场环境的变化以及旅客结构的变化，自然气候、经济及新技术、机型等各种因素的出现，总会有各种各样的潜在风险存在，尤其是在各个运行环节中，我们无法每时每刻都确保所有员工都准确无误地按照规定指令完成操作，因为人毕竟不是机器人，人为因素造成的事故始终不能克服或者完全避免。所以，除了上述积极地从组织自身采取措施规避风险外，选择适当的保险产品进行风险转移便成为航空运输领域不可或缺的一个内容，这时也更显示出航空保险的特殊作用，尤其是对于航空运输业来说，它的作用比其他行业更具有深刻的意义和价值。

航空保险的类别包括自愿航空保险与强制航空保险、航空财产保险、航空人身保险和航空责任保险、原保险与再保险。

二、航空保险的特点

航空运输体系中涉及的资产价值高、技术性强，一旦发生事故不但影响航空公司的生产经营，还对旅客、货物和第三者的人身与财产造成巨大的损失，损失金额可以高达数千万或者上亿美元。如此巨大的损失对于一家航空公司来说是难以承受的，因此，投保航空保险，不失为一种防灾防损的明智选择。与普通的企业财产险、车险、货运险等常规险种相比，航空保险具有以下显著特点。

1. 高价值

高价值是指保险标的的保额比常规险种高，以飞机保险为例，一架新系列的波音747飞机，保险金额就超过2.4亿美元；而航空公司综合责任限额可以高达12.5亿美元；航空公司战争险保单的累计金额更是达到20亿美元。在一些航空责任险上，每张保单的限额通常都会超过3亿美元。

2. 高风险

高风险是指一旦出险，就可能发生高额赔付。一方面与航空险高价值的特点紧密相连，另一方面保险标的出险时全损的概率很高。

3. 高技术

航空业在技术上非常复杂，要求承保、勘察、定损人员必须具有相关的专业知识；而飞行具有流动性和全球性，使得旅客责任险、第三者责任险及其他综合责任险的赔偿处理要依据体系复杂的民用航空法规，因此航空承保、理赔的技术含量无论从专业和法律角度上，要求都特别高。

航空保险"三高"的特点，决定了一家保险公司很难独自承担风险，为了经营的稳定性，保险人必须要有稳妥的再保险体系或者共保方式，以分散风险。在涉及融资租赁的保险标的的承保过程中，出租人或标的所有人往往以在租赁协议中强制要求承租人购买保险时必须办理再保险。例如，保险金额超过 200 亿美元的中国民航大队，有 90% 的飞机属于租赁飞机，绝大多数出租人要求民航各航空公司到伦敦办理分保，且分出份额不得少于 60%。

在具体业务中，航空保险牵涉的利益方很多，并且标的保险金额大，科技含量高，所以理赔不能由一家保险人说了算，而是共同决定。原保险人与再保险人共同处理理赔既可以减少分歧，有利于原保险人及时从再保险人手中摊回赔款，还可以获得国际市场的技术支持；同时在涉及复杂技术问题时，原保险人还可以与再保险人共同指定专业的检验公司或律师行介入，分摊检验费和律师费，以减少成本。

第五节　航空保险的基本原则

在保险业发展的实践中，形成了一套技术规范和行为准则，被各个国家的保险法吸收，成为调整各方关系的基本准则，包括最大诚信原则、保险利益原则、近因原则。下面在介绍这些原则的基础上，给出这些原则在航空保险中的特色应用。

一、最大诚信原则

保险学之所以把最大诚信作为第一原则，就是基于信息不对称，风险的复杂性和原因的隐蔽性，保险人和投保人都需要最大诚信来约束和规范。投保人要把自己的有关危险事项告诉保险人，保险人核定有关对应价格决定卖不卖给投保人这个保险商品；而保险公司也要将有关承保细节告诉投保人，投保人决定买不买保险产品。

诚实守信原则是人们在民事和商业活动中应该遵循的基本原则，诚实守信原则要求有关经济主体人要诚实守信，在订立和履行合同过程中，也要遵守诚实守信原则。《保险法》规定，在订立保险合同过程中，如果投保人没有履行如实告知义务，保险人有权解除保险合同，可能对保险合同解除前发生的保险事故不承担责任，并且不退还保费；如果保险公司没有履行合同条款尤其是在责任免除等方面含糊不清或者没有及时解释的，该责任免除条款无效。最大诚信原则对投保人和保险人都是有约束的。

如果保险人对自己的权利弃权了，事后不能反悔，法律上禁止反言。这个是约束保险公司规范管理和及时撤销合同等，而不能等发生事故后突然不赔等。不过，格式保险合同中出现的责任免除条款同时又是法律或者行政法规所规定的条款，即使保险人没有履行提示、解释和说明义务，投保人也应该自觉遵守，不能指望保险人禁止反言。

航空实务中，航空器停在机棚里面是不是牢靠和固定、有没有足够的消防设备、过去五年是否发生过航空器事故、飞行员是否持有有效的本年的健康证书、担任航空器机长飞行了多少时间、过去 90 天飞行了多少小时、同型号飞机飞行是不是超过了 40 小时、风险情况及性质的任何变化等信息需要如实告知。飞机在恶劣天气起飞导致的损害，保险公司也不赔偿。

由于航空保险的规模庞大，加上接洽的时间很长，谈判市场中最大诚信问题并不突出，只是在驾驶员执照保险等有关方面要注意，尤其是有些飞机机型要求对应飞行员驾驶时间和资质等，航空公司要严格遵循，否则，保险公司不赔偿。

而对习惯和惯例的解释，包括按照诚信原则解释和确定保险单中争议条款中的真实意思处理。

二、保险利益原则

保险利益（Insurable Interest）又称可保利益，指投保人或者被保险人对保险标的具有法律上的利益。

可保利益一词是由英国海商法学者首创，可保险利益原则源于海上保险。1746 年，英国颁布了《1746 年英国海上保险法》，这是最早以法律形式规定保险利益的。该法规定："没有保险利益的，或除保险单以外没有其他保险利益证明的，或者通过赌博方式订立的保险合同无效。"《1788 年英国海上保险法》把《1746 年保险法》允许出具没有保险人姓名的保单的做法改为船舶或货物保险单至少要列明一个具有保险利益的被保险人。《1906 年英国海上保险法》规定了没有保险利益的海上保险合同和保单证明是无效的，还具体规定了保险利益的定义、具有保险利益的时间和种类。我国 1983 年颁布的《财产保险合同条例》规定，财产保险的投保方，应该是被保险财产的所有人或者经营管理人，或者对保险标的有保险利益的人。

保险专家麦吉利夫雷对保险利益下了一个十分合理的定义："如果发生事故的当时，没有实际被保险人的保险利益，那么被保险人就不能得到任何的赔偿，因为他没有蒙受损失，所以也无需提出索赔。同样，如果被保险人的利益小于保险标的价值，出险后，他所蒙受的损失不会大于它在损失当时所具有的利益，因此他的索赔额不能大于他的利益价值。"

我国《保险法》第十二条对可保利益下了这样一个定义：可保利益是指投保人对保险标的具有法律上承认的利益。在航空保险中确立可保利益原则具有以下三方面的意义：

第一，避免利用航空保险进行赌博。保险与赌博的根本区别在于保险中有可保利益的存在，可保利益原则不允许随便以他人在航空活动中的人身和财产作为保险标的而投保，防止了不受损失而获利，保证航空保险的损失补偿功能，遏制了赌博。

第二，消除发生航空保险中的道德危险。航空保险中的道德危险是指投保人为获得保险赔偿而故意促使保险事故发生或者在保险事故发生时故意放任损失扩大。坚持可保利益原则，航空事故发生进行赔偿时，无损失就无赔偿，损失多少就赔多少，消除了获得不当利益的道德风险。

第三，限制航空保险中保险赔偿额度。在保险实务中，保险赔偿的最高额以保险金额为限，而保险金额是以保险利益为基础的，体现了航空保险的"补偿"性。

三、近因原则

在保险实践中，对保险标的的损害是否进行赔偿是由损害事故发生的原因是否属于保险责任来判断的。

保险事故可能由多个原因而起，而这些原因可能同时发生，也可能先后发生，保险人在处理赔款时，应只看近因而不去追究远因。因为如果追究远因，则容易造成调查项目旷日持久，影响实效。近因是指引起保险标的损失直接的、最有效的、起决定作用的因素，它直接导致保险标的的损失，是促进损失结果发生最有效的或起决定作用的原因。

近因原则的基本含义是：若引起保险事故发生，造成保险标的损失的近因属于保险责任，则保险人承担损失赔偿责任；若近因属于除外责任，则保险人不负赔偿责任。也就是说，当承保危险是损失发生的近因时，保险人才负赔偿责任。

具体认定近因办法，有找事件发生的源头，按照逻辑推理，直到最终事件发生，而最初事件是最后一个事件的近因。例如，雷击折断了大树，大树压垮了房屋，房屋倒塌导致家用电器损毁，家用电器损毁的近因是雷击。

另外，可以根据结果倒推原因，从损失开始，从后往前推理，例如第三者被两个车相撞致死，导致两车相撞的原因是其中一个驾驶员酒后驾驶，酒后驾驶就是导致第三者死亡的具体原因。

有了近因推定，就可以看保险责任的确定。

1. 单一原因情况下的近因认定

单一原因致损，那么这个原因就是近因。如果这个近因属于被保风险，保险人负责赔偿责任；如果该项近因属于未保风险或者除外责任，则保险不承担赔偿责任。

2. 多种原因同时并存时的近因认定

如果多种原因都属于被保风险，保险人负责赔偿全部责任。如果多种原因中，既有被保风险，又有除外风险或者未保风险，保险人的责任应视保险的可分性如何而定。如一个美国人驾驶滑翔机，高空中心脏病突发导致不能很好操控滑翔机坠毁事故。这个事故近因是心脏病突发，最后法院判决保险公司免赔。保险人只对负责任的可保风险进行理赔，但在保险实务中，很多损坏是无法区分的，有时需要协商按照比例赔偿解决。

3. 多种原因连续发生时的近因认定

多种原因连续发生，持续不断，且有前因后果的关系。

（1）连续事件发生的原因都是可保风险，保险人赔偿全部损失。

（2）连续发生的原因中含除外风险或未保风险。分具体情况：一是前因是可保风险，后因是除外风险或者未保风险，且后因是前因的必然结果，保险人对事件负全部责任。二是前因是除外风险或未保风险，后因是承保风险，后因是前因的必然结果，保险人对损失不负责任。

4. 多项原因间断发生时的近因认定

在一连串连续发生的原因中，如果有一个独立的原因导致损失，且这个风险是被保风险，保险责任由保险人承担；反之，保险人不承担损失赔偿或者给付责任。

四、损害补偿原则

损害补偿原则是保险合同的一项基本原则，是指保险合同生效后，如果发生保险责任范围内的损害，被保险人有权按照保险合同的约定，获得全面、充分的赔偿，这种补偿是弥补被保险人由于保险标的遭受损害所失去的经济利益，被保险人不能因为保险赔偿而获得额外的利益。损害补偿原则主要适用于财产保险等补偿性保险合同，大多数的财产和责任保险都属于补偿性合同。

英国前最高法院大法官布莱特先生曾精辟地指出："补偿是掌握保险法的基本原则。"美国保险学者许布纳（SS. Huebner）曾经指出："许多保险学者并不认为保险中的一些基本概念都可以被视为'原则'，但大多数人会同意，'补偿'这个概念在财产保险中是如此重要，所以它应被视为一个原则。"

《保险法》的根本原则就是补偿原则，损害补偿原则是保险合同法上诸多原则的基础，保险法上的许多原则和制度，如保险代位、重复保险都是由它派生的。

航空保险是一种综合性的保险，既有财产保险也有人身保险，主要是财产保险。航空保险部门办理的保险单（人身意外保险单除外）都是损害补偿合同，同时航空保险合同也是一种射幸性合同，为了在航空保险合同的补偿性和射幸性之间取得适当的平衡，航空保险合同最根本的原则应当是损害补偿原则，它是航空保险代位求偿等原则的前提，整个航空保险合同就建立在此基础上。损害补偿原则的研究可以更好地完善航空保险合同，发展航空保险事业。

航空保险合同中的损害界定为：航空保险利益因航空保险事故的发生。《保险法》对损害定义是指航空保险利益因航空保险事故的发生受侵害所产生的反面效果。

航空保险合同中损害补偿原则的实质分析——充分补偿还是限制补偿。保险学者们在修正"充分补偿说"的基础上，提出了"限制补偿说"，认为：补偿原则说明被保险人在发生损害后的财务状况不应比未发生时更好，这就是航空保险合同中的损害补偿原则。

航空保险事故发生后，航空保险人对被保险人所遭受的损失，并非无条件地予以全额补偿，而必须受到《保险法》规定及航空保险合同条款的限制，也就是说航空保险合同中的损害补偿是"限制补偿"而不是"充分补偿"，这是航空保险损害补偿原则的实质内核或者精髓所在。

航空保险合同中损害补偿范围分析——无损害无补偿，也就是说保险标的没有发生损害时，保险人只收取保险费，而不负任何责任。航空保险合同是补偿性合同，航空保险的主要目的就是当被保险人因保险标的发生保险责任范围内事故而遭受损害的时候，按照合同规定从航空保险人处得到相应的补偿。航空保险的标的是航空保险合同的客体，是构成航空保险法律关系的重要依据，在航空保险合同中，保险标的包括货物和飞机等有形标的，也包括责任、利益等无形标的。航空保险的损害补偿原则直接体现了航空保险的经济补偿职能。航空保险的损失补偿范围主要包括：

1. 保险事故发生时，航空保险标的所遭受的实际损失

在民用航空运输活动中，航空保险的主要标的是航空器机身与旅客行李、货物。航空器及其附件损坏、失踪以及航空器发生碰撞、坠毁、爆炸、失火等而造成的航空器全部或部分损失，以及在航空运输期间运输的行李、货物因灭失、遗失或延迟交付而造成的货物损失，保险公司负责赔偿；对责任、利益等无形标的，由于战争、劫持、敌对行为、武装冲突、罢工、民变、暴动、航空器被扣留、没收或者第三者恶意破坏等造成的损失以及由此引起的被保险人对第三者或者旅客应负的责任，和旅客在乘坐或上下航空器时发生意外，造成旅客的人身伤亡等，要由航空保险人赔偿。这些赔偿都要以航空保险标的的保险金额为限，以损失发生时受损标的的实际价值为准。

2. 航空保险事故发生后的合理费用

合理费用是指保险事故发生后，被保险人为防止或者减少保险标的的损失所支出的必要的、合理的施救费用和有关诉讼支出。在航空保险中，在保险事故发生后，对于航空器的拆卸、重装和清除残骸所发生的费用以及被保险人在保险事故发生后对防止航空器损失扩大采取措施的费用，如施救费用、从出事地点前往修理场的运输费用、抢救费用、重新试飞费用等。此外，还包括航空保险事故发生后，因被保险人给第三者造成的损害而提起仲裁或诉讼的费用等。

3. 其他费用

我国《保险法》第五十七条规定："保险人、被保险人为查明和确定保险事故的性质、原因和保险标的的损失程度所支出的必要的、合理的费用，由保险人承担。"在航空保险事故发生后，航空保险人需要对保险事故的性质、原因以及保险标的的损失程度进行调查和检验。航空保险人需要从航空险检验机构聘请专业的保险事故检验人，这些调查检验费用也应该由航空保险人承担。

4. 航空保险合同中损害补偿方法分析

如果被保险人手中的有效航空保单承保了航空保险标的，而他所遭受的损失又属于该航空保险单承保范围之内，他就有权提出索赔。航空保险事故发生后，经过调查检验，经确定属于航空保险人保险责任范围的，航空保险人需要对被保险人进行理赔。航空保险损害补偿方法主要有金钱赔付、修理、更换等。

在航空保险合同中，被保险人有权领取保险赔偿金，除对某些特殊的标的或事先约定外，保险人一般均应以现金支付保险金。如果航空器在飞机事故中的损害实在严重，检验

人员可以提出鉴于目前飞机的毁损程度，修复已经无可能或已无经济效益，因此建议此次事故应该作为全损或者推定全损进行赔偿。机身险的承保原则是依据"协议价值"，协议价值由保险公司和投保人约定，一旦发生航空器因意外事故造成全损或推定全损，航空保险人按双方约定的保险金额予以赔付，即按照协议价格进行赔付而不是按飞机损失时的市场价格赔付。清理航空器残骸的费用也由保险公司承担。在旅客责任保险中，根据中国民用航空总局 2006 年 2 月 26 日发布的《国内航空运输承运人赔偿责任限额的规定》，对每名旅客的赔偿责任限额已经由人民币 7 万元提升到 40 万元。在行李、货物责任险中，对每名旅客随身携带物品的赔偿责任限额为人民币 3000 元，对每名旅客托运的行李或货物的赔偿责任限额为每千克人民币 100 元。

一般来说，损失补偿要求被保险人具有保险利益，造成的损失、损坏或者损害的意外事故属于保单的承保范围，保险标的遭受的损失能够以金钱衡量，并且原则上赔偿不能超过损失。受到实际损失为限，保险金额为限和保险利益为限等约束。

例如，某航空器合同损失最高赔偿 900 万美元，但发生损失时，该航空器只值 800 万美元，那就赔偿 800 万美元，要不然有 100 万美元的不当收益。而如果损失发生时，市场价值涨到 1000 万美元，但也只能赔偿 900 万美元，达到保险金额的顶部。这是一般航空保险中不定值保险赔付方法。

损失补偿例外的原则中有人身保险条款，因为人身价值是无价的，有时可以重复理赔，不适用于额度限额原则。

而对航空保险中，由于市场化不够，不少航空器设备等不容易市场化定价，经常对发生的全损采取定值保险，发生零部件部分损失，采用保险人和被保险人按比例赔付等约定。

这样，由于定值保险赔偿，可能会出现保险公司赔偿的价格高于实际损失值，这属于保险赔偿原则的例外。

本章小结

（1）风险是指在特定客观条件下，特定时期内，某一事件其预期结果与实际结果的变动程度。风险事故是指可能引起人身伤亡或者财产损失的偶然事件，是造成风险损失的直接原因，也是风险因素所诱发的直接结果。

（2）风险管理是指各经济单位通过对风险的识别、估测、评价，并选择适当的风险处理技术，对风险实施有效的控制和妥善处理风险所引起的损失，以最小成本实现安全保障的科学管理方法。

（3）保险是指投保人根据合同约定，向保险人支付保险费，保险人对于合同约定的可能发生的事故因其发生所造成的财产损失承担赔偿保险金责任，或者当被保险人死亡、伤残、疾病或者达到合同约定的年龄、期限时承担给付保险金责任的商业保险行为。

（4）航空保险是指从事航空活动的当事人与保险公司之间约定的，由保险公司对民用航空活动中发生的各种意外活动造成的财产和人身损失进行补偿的经济行为。航空保险是以民用航空活动中涉及的财产及相关经济利益作为投保标的的。与普通的企业财产险、车险、货运险等常规险种相比，航空保险具有显著的特点。

（5）为了在航空保险合同的补偿性和射幸性之间取得适当的平衡，航空保险合同最根本的原则应当是损害补偿原则，它是航空保险代位求偿等原则的前提，整个航空保险合同就建立在此基础上。

思考题

（1）简述风险的含义、特征和构成要素。

（2）风险管理的方法有哪些？

（3）航空保险的特点有哪些？

（4）航空保险的原则有哪些？

第三章　机身险

飞机保险的险种很多，主要有机身险、机身战争险、法定责任险、机组人员的人身意外险、机身损失、制造、维修保险、飞机产权保险、免赔额保险和飞机残值保险等。

第一节　飞机机身一切险

（一）飞机机身及部件含义

飞机的机身是指在保险单明细表上列明金额的飞机的机身、机器设备、仪表和其他全部设备。对于正被拆离或安装至飞机上的部件应当按照下列定义被视为飞机的一部分：拆卸过程中的部件——从该部件由飞机上拆卸时起，直到其完全与飞机分离，并安全地接触地面、平车或专用支架时为止。

安装过程中的部件——从该部件脱离地面、平车或专用支架时起，到被安装到飞机上为止。

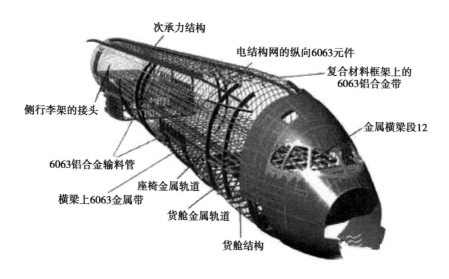

图 3-1　飞机机身结构

（二）飞机机身一切险的含义及范围

飞机机身保险是指航空器在飞行或滑行以及停放时，由于意外事故造成航空器及其附件的损失或损坏，以及因意外引起的航空器拆卸重装和运输的费用和清除残骸的费用，保险人负赔偿责任。保险金额由被保险人自行确定，通常按重置价值投保。保险期限为一年定期保险。

保险公司一般负责赔偿保险单明细表中所载保险金额以内的、由被保险人拥有或经营的飞机，包括因修理、维修而临时从飞机上拆卸下来由被保险人监管或控制下的标准部件的损失或灭失，除非上述拆卸下来的零件已由其他同类部件替换。零备件及设备：保险公司负责赔偿保险单明细表列明的，由被保险人拥有、经营或负责的，已被拆离飞机且被其他同类零备件更换下来的零备件，包括被保险人在飞机上装运的零备件或作为零备件的外挂发动机。保险人将对在保单明细表中列明的被保险人拥有、操纵、使用或负责的航空器在保单期限内发生的损失或损坏承担赔偿责任。另外，还包括失踪的航空器。如航空器起飞后失踪，并且在十天后仍无任何消息，则将视为已经因本保单所保障的风险导致航空器发生损失，保险人同意赔付该航空器的协议价值。航空器机身险分为国际航线机身险和国内航线机身险两种，前者需用外币投保，后者用人民币投保即可。用外币投保的机队，保险公司还将其拿到国际保险市场上进行分保险。

保障范围包括：①拆卸成本、救援开支及费用。即便没有损失发生，航空器因不可抗力或错误判断而降落于不能再次起飞的地点所发生的航空器拆卸的成本，以及从降落地点运输至最近适宜起飞机场的运输及重新组装的成本。此外，为保障保险标的的安全，保护或恢复保险标的，被保险人所发生的救援开支和费用保险人应赔付其中的一部分，尽管保险人可能已经按全损赔付。上述成本或费用仍将在可能赔付的其他金额之外支付。②飞机失踪。如果被保险飞机起飞后失去联络，并且在十天内无任何消息，则构成失踪。飞机失踪后，保险公司将按全损情况向被保险人进行赔偿，除非保险公司支付赔款以前，该被保险飞机被重新取得。保险公司支付赔款后，如果被保险飞机被重新取得，该飞机将作为残值归保险公司所有。如果事后证明此次失踪属于本条款所附《航空战争、劫持和其他风险除外条款》项下规定的损失，保险单并不负责保障，被保险人应向保险公司退还已支付的赔款。③扩展责任。无论飞机是否受到损坏，由于不可抗力或判断失误导致飞机降落在无法再次起飞的地点而引起的拆卸费用，以及将飞机从着陆点运往最近的可起降机场并重新组装的费用。但此项费用不得超过该飞机的保险金额。

另外，保险公司是否已按全损金额赔付，被保险人或其代表在事故发生后为避免损失进一步地扩大而进行防护、保护、保存和修复飞机过程中产生的合理的和必要的施救费用及人员运输、救助费用。但此项费用不得超过该飞机保险金额的10％。

（三）修理费用

在发生保险责任范围内的损失后，保险公司负责赔偿与修理受损部分有关的、合理的、必要的修理费用，不论是由谁修复都必须事先征得保险公司的同意。飞机的修理费用包括维修所需的有关人员、材料、工具和设备的往返飞机修理厂的运输费用，以及受损飞机部件运往或运离修理点的运输费用。上述运输应采取最经济可行的方式。具体要求是：如果被保险航空器发生损坏，保险人将在扣除相应的免赔额后支付维修成本。维修成本包括进行维修所需人员、材料、工具和设备往返维修地点的运输成本和/或航空器或受损部件往返维修地点的运输成本。运输也应以最可行的方法通过水陆运输或空运。如果由被保险人对受损发动机进行维修（包括本部分进行的工作），可按实际支付的工资另加250%计算工时费，或由被保险人选择，按照被保险人当时的平均工时费用标准计算工时费。材料费用应为材料实际重置成本（加上与交付至被保险人基地有关的保险和运输成本）加上适用的进口关税。航空器维修的成本也可包括必要试飞的成本，重新获得适航证的成本，及由被保险人选择，将修复的航空器调至距损失发生地最近的适宜该航空器运行的机场或其主运营机场的成本。如果由其他公司维修，维修成本应为实际发生的金额加上被保险人监督维修的合理成本。对部分损失的赔偿金额不能超过全损时，应赔付的金额与相应免赔额的差额。

（1）飞机的修理费用还包括必要的试飞及重新取得适航证的费用。如果被保险人自己修理受损飞机，可按实际支付的工资支付工时费。材料费用应为材料实际成本并加上合理的运输、存仓费用。

另外，如果修理工作由其他公司来承担，修理费用应包括实际修理费用加上被保险人合理的检修费用。

（2）委付。在发生损失或灭失时，被保险人不能将受损飞机或零备件委付给保险公司。

（3）推定全损。当修理费用加上施救费用及从事故地点运往修理地点及返回经营地的运输费用达到或超过保险金额的75%时，被保险人可以选择推定全损，保险公司将按飞机的保险金额扣除残值后赔付给被保险人。残值可由专家来确定，或经被保险人和保险公司双方一致同意通过拍卖的形式确定。

（四）除外条款

在飞机机身及零备件一切险项下，保险公司不负责赔偿因机械故障、自然磨损、渐进损坏、内在缺陷和失灵造成的损失。

1. 航空器机身保险的除外责任

（1）因战争、敌对行为或武装冲突，投保航空器被劫持或被第三者破坏。

（2）航空器不符合适航条件而飞行。

（3）被保险人的故意行为。

（4）航空器任何部件的自然磨损、制造及机械本身缺陷，以及噪声、污染、放射性污染造成的损失。一般情况下，除外责任意味着上列情况在保险赔偿范围之外，但有时航空企业又确实需要就某些除外责任的事故进行保险，这时可采取机身附加险的形式获得赔偿。

2. 附加险种

（1）机身战争险。其前提是被保险人必须首先或同时投保机身险。否则，保险人不单独承保该险种。机身战争险主要用于赔偿由于战争、劫持、敌对行为、武装冲突、罢工、民变、暴动、航空器被扣留、没收或第三者恶意破坏所造成的损失。其除外责任是：发生原子弹、氢弹袭击或其他核武器爆炸。

（2）责任战争险。由于机身战争险的责任范围引起被保险人对第三者或旅客应负法律责任的费用由保险人负责赔偿。其他内容与机身战争险相同。

（3）免赔额险。免赔额是指保险人对每次保险事故免赔一定的损失金额，一般以绝对数表示。由于保险人对每次事故的赔偿金额免赔一定比例的损失金额，所以也叫免赔率。

航空器保险一般都规定免赔额，损失在免赔额之内，被保险人不得向保险人索赔，保险人只负责超过免赔额部分的损失赔偿。免赔额险是针对免赔额部分的保险，以此来降低被保险人对免赔额部分的风险，免赔额险作为机身险的附加险，通常以机型来决定免赔额，然后另行交纳保险费投保。

在本除外条款中，推进系统应当被看作一个完整的单位，包括发动机及必要的附属设备。推进系统内部的任何失灵、机械故障及推进系统内的后果损失等都属于除外责任（不包括坠落丢失部件）。但此除外条款不适用于由于机械故障、自然磨损、渐进损失、缺陷和失灵导致的该被保险飞机的其他部件的意外损失。由于吸入石子、砂砾、尘土、沙子、冰块等造成的发动机逐渐的损失被认为是"自然磨损及渐进损失"；但吸入引起的一次单一可辨认事故所造成的突然损失，并迫使发动机从运营中立即撤出时，这种吸入为本保险单所负责。

零备件保险应适用下列除外条款：被保险财产在任何加工过程中以及直接因加工引起的损失或灭失。由于不明原因的失踪、不可解释的丢失或在盘点时发现的短缺。

3. 免赔额

除飞机的全损、推定全损、安排全损外，保险公司对每次损失只负责赔偿超出保险单规定的免赔额部分。但是，若一次事故涉及一个以上免赔额，则以最高的免赔额作为这次事故中所有损失的累计免赔额。

4. 零备件

对于零备件的每一次损失，保险公司只负责赔偿超过保险单规定的免赔额的部分。但发动机运转时发生的损失应适用安装此发动机的飞机的免赔额。

费率说明：机身一切险：费率为机队价值的 0.1214%；零备件一切险费率为 0.0405%。责任险：责任险中的旅客法定责任险的保险费是按航空公司的客公里计算的，具体规定为：国内航线每 1000 千米为 0.0802 美元，国际航线每 1000 千米是 0.1408 美元；国内战争责任附加险费率为每人次 0.4325 美元，国际战争附加险费率为每人次 0.5408 美元；货物邮件责任险按每千元保费收入为 0.404 美元计费。机身战争险：按飞机价值的 0.0455% 计收。

案例

春兰公司直升机航拍坠毁

2004年9月16日,浙江宁波电视台租用春兰(集团)公司直升机航拍坠毁,造成机毁人亡特大事故。随后,有关此次事故的保险索赔产生纠纷。这起因小型飞机失事引起的保险赔偿纠纷案同样备受社会各界瞩目。2005年11月8日,江苏省泰州市中级人民法院一审判令保险公司赔偿保险金3000万元。

公司买飞机投下巨额保险

2002年初,青岛直升机航空有限公司(以下简称青岛公司)代春兰(集团)公司(以下简称春兰公司)从欧洲进口了一架EC-135公务直升机,并负责对直升机进行执管。自2002年5月30日起,春兰公司就对飞机进行了连续投保。前两年,由人保财险独家承保。2004年6月21日,春兰公司第三年投保,此次由三家保险公司共同承保,人保财险、中华联合和太保产险三家保险公司的共保比例份额依次为50%、30%、20%。次日,三家保险公司向春兰公司联合签发了飞机保险单,保险险种涉及飞机机身一切险、法定责任险。其中飞机机身为定值保险,保险金额为人民币3000万元;法定责任险分项投保旅客座位险和地面第三者责任险,旅客责任险按飞机五座旅客座位每名旅客责任限额50万元,地面第三者责任险为每次事故赔偿限额500万元。

航拍出事故引发天价索赔

2004年9月2日,浙江省宁波电视台因举办"活力宁波"宣传活动,在报经有关部门批准后,向春兰公司租用直升机进行空中拍摄。

2004年9月16日,青岛公司驾驶员夏仁杰、王春驾驶直升机,搭载宁波电视台五名航拍人员执行航拍任务。不幸的是,当天下午3时前后,飞机在宁波失事坠毁,除机尾外机身全部烧毁。机上5名航拍人员3人死亡、2人重伤;机组人员中副驾驶王春死亡,机长夏仁杰重伤。

事故发生当日,春兰公司向保险公司提交了《事故情况报告》,要求保险公司启动理赔并预付保险金。可是,让春兰公司意想不到的是,保险公司既不作理赔,也不明确表示拒赔。针对保险公司的消极行为,2004年12月24日,春兰公司一纸诉状将三家保险公司推上了被告席,请求法院判令三家保险公司共同给付各项经济损失共计3860余万元。

该赔不该赔庭上唇枪舌剑

三家保险公司与春兰公司对于双方存在保险合同关系,以及保险标的EC-135公务直升机在保险期间发生了坠毁事故并无争议,但对于因事故所造成的损失是否应当由保险人赔偿,双方发生了争执。

保险公司提出,保单一览表载明的用途为"公务",飞机适航证的使用范围是"公务飞行",但"9·16"事故飞行执行的是"空中拍摄",按照《通用航空经营许可管理规定》，"空中拍摄"与"公务飞行"是两种不同的经营项目，因此春兰公司飞机的用途不符合保单一览表的规定，所发生的坠机事故不在保单保障范围。

保险公司还认为，春兰公司在本次投保前曾多次将飞机用于空中拍摄，但填写投保单时却故意隐瞒这一事实，仍将用途设定为公务飞行，从保险公司获取最低的保险费率，属于故意不履行如实告知义务。春兰公司在保险期限内改变飞机用途，将飞机租给宁波电视台执行危险程度高于公务飞行的空中拍摄，在此之前也有类似情况，这明显加大了保险标的危险程度，但春兰公司从未及时履行书面通知义务，对于所发生的保险事故，保险公司不承担赔偿责任。

此外，保险公司还提出，"9·16"事故飞行时飞机不适航。春兰公司将飞机用于空中拍摄，改变了适航证核定的"公务飞行"的使用范围，使飞机处于不适航状态。而且，宁波电视台进行空中拍摄期间，在飞机右前部加装机身外固定座椅，未经民航管理部门批准，造成飞机操纵难度加大，使飞机处于不适航。

在诉讼中，春兰公司提出请求保险公司支付旅客责任险、第三者责任险在内的法定责任险保险金750万元。对于这一诉讼请求，保险公司表示不能接受。他们认为，责任险是以被保险人对第三者依法应负的赔偿责任为保险标的保险，只有在被保险人依据法律对第三者负有法律赔偿责任时，保险人才履行保险责任，且均为限额赔偿。春兰公司未提供任何证据证明地面第三人提出索赔请求，这方面的损失不存在，春兰公司要求保险公司支付750万元的责任险保险金于法无据。

一审落法槌保险公司买单

泰州中院经审理后认为，在当事人双方未以书面形式约定具体含义的情况下，保单中飞机的"公务"用途宜作宽泛理解，不应简单地等同于狭义的公务飞行，"空中拍摄"不应当被排除于保单用途"公务"范畴。保险公司关于"9·16"事故飞行不符合保单用途的观点，法院不予采纳。

由于双方是三年的续保关系，春兰公司在首次投保后不久，就将保险标的用于空中拍摄并被媒体广泛宣传，在所在区域内已成为众所周知的事实。作为对保险标的负有密切关注义务的保险公司来说，对此应属明知或应当知道，其如果认为空中拍摄不属其承保风险，或虽可承保但应当增加保费的，完全可以及时提出变更或解除合同，或者在下一个年度前就此提出，以作出调整费率或不予承保的决定。但在此后的两个年度里，保险公司又向春兰公司签发了内容条件完全一致的保单。该行为足以认定为弃权，对保险公司应发生禁止抗辩的法律后果。

保险公司指称EC-135直升机加装固定座椅，首先并无确凿证据证明，即便属实，按照1995年民航总局《民用航空器运行适航管理规定》，也不属于"改变航空器、发动机或螺旋桨型号设计"的重要改装，无须履行审批手续。

据此，法院判决三家保险公司按各自承保的比例给付春兰公司飞机险保险金3000万元，并赔偿春兰公司已支付的事故伤亡人员人道主义慰问金25万元和律师代理费39.1万元。

据悉，一审判决之后，保险公司并不服一审判决，目前，此案已上诉至江苏省高级人民法院。

资料来源：www. xuesai. cn/souti/sc127857. html.

第二节　零备件险

零备件是指未安装到飞机上的标准部件，包括被保险人所投保的列明价值的飞机发动机、零备件和飞机上的服务用品，但不包括因维修或修理而临时从飞机上拆卸下来的而且没有被其他同类备用件更换的部件。

一、保障范围

对于指定将安装于航空器或将组成航空器一部分或将用于有关航空器的维修、保养或修理的零部件、发动机和设备（以下简称"零备件"）并属于被保险人的财产或由被保险人负责的他人财产，若在被保险人照管、保管或控制期间或在他人的场所内，或在空运（包括由被保险人的航空器运输）或由其他任何方式运输时遭受的损失或损坏，保险人负责赔偿。

二、本部分的除外责任

本保单不保障：

（1）已经从航空器上拆下并计划重新安装上航空器而不被其他财产替换的零备件的损失或损坏。

（2）由于或界定为自然磨损、渐进损耗、结冰、机械或结构或电气或液压损坏或失灵而造成的损坏，但本除外条款不适用于由此导致被保险航空器的其他损失或损坏。对于推进单元，应视为一个完整的单元，包括发动机及其运行必需的辅助设备，因此在推进单元内的任何失灵、损坏和类似情况及其后果是除外的。

（3）安装在航空器上或组成航空器一部分的零备件。

（4）盘存时发现的神秘失踪或不能解释的损失或短缺。

（5）航空器携带的作为备件箱部分的零备件。

（6）在运行过程中因吸入石子、砂砾、粉尘、沙石、冰块或任何腐蚀性、磨损性材料等对发动机产生渐进性损坏或积累性影响的损坏视为自然磨损或损耗一并在本部分除外，然而吸入引起的归因于一次单一记录事故所造成的突然损失，则可得到保障。

三、维修成本

如果发生全损或损失超过了任何零备件经济的维修范围，可赔付的金额为实际重置成本（加上发生的与运送至被保险人基地有关的保险和运输成本）加上任何适用的关税和类似费用，如果保险人与被保险人之间约定了协议价值，可赔付的金额将为协议价值。

四、免赔额

对于零备件的损失或损坏，每次事件从赔付金额中扣除（金额），但对于在发动机运行期间航空器发动机遭受吸入损坏的索赔，免赔额与该发动机安装在特定机型上适用的免赔额相同。然而下述情况不适用免赔额：

（1）因吸入导致航空器发动机全损、推定全损或安排全损。

（2）零备件空运过程中因航空器事故造成的损失。

（3）因火灾、龙卷风、大风、气旋、台风、洪水或爆炸造成的损失。

（4）从航空器上拆下的部件：本部分保障是从航空器上拆下并计划由其他航空器部件替代装上航空器的航空器部件，该拆下的航空器部件从替换部件在航空器上完成安装的操作时在本部分下开始获得保障。航空器部件在航空器上完成安装的操作时停止在本部分获得保障。

五、救援开支及费用

本部分保单也承担为保障保险标的的安全，保护或恢复保险标的，被保险人所发生的救援开支的合理费用。

六、申报和保费调整条款

在保单到期日后被保险人应向保险人提供每一保险月末日所有地点总风险价值的申报。应付保费为上述金额的合计数除以保单月数所得金额与明细表中所述费率的乘积。

如果本保单在到期日之前取消，被保险人需要提供保单撤销日前每一已经过保单月份的总风险价值，应付保费根据该申报价值按上述提供的方式和费率计算。

第三节 责任险

一、责任范围

保险公司负责在保险单明细表所述限额内，赔偿被保险人因下述事故造成的人身伤亡或财产损失：①涉及飞机或飞机零备件的事故；②被保险人从事航空运输业务相关的事故。

二、保障范围

保险人将支付由被保险人经营引起或意外事件造成的人身伤害或财产损失中被保险人

依法应付的赔偿金。对于航空公司，保障范围仅限航空器明细表中列明的某一航空器的运营引起的责任。

三、价值声明

本部分保单提供的保障包括被保险人或其代理人接受乘客行李和货物申报价值超过《华沙公约》或其他适用法律条款适用限额而由被保险人承担的责任。所有上述货物在被保险人对货物承担责任起至交付最终收货人在空运单上列明的最终目的地时获得保障，包括处于连续承运人保管期间。

（1）自动乘客个人事故保险。为使被保险人遵守各地法规对乘客自动个人事故保险的要求，本保单扩展承保该自动个人事故保险至上述法规规定的法定限额。

（2）免赔额。

（3）对于乘客行李和个人物品的财产损失，每次事故赔付金额扣除（金额）。

（4）对于货物的财产损失，每次事故赔付金额扣除（金额）。

上述所指的免赔额不适用于由运输行李、个人物品或货物的航空器或车辆事故引起的索赔。

四、本部分的除外责任

1. 除外责任

非航空责任条款：本保单不承保被保险人的责任除非是由下述一项或多项所引起的：

（1）事件涉及航空器或与之有关的部件或设备。

（2）事件发生在机场区域。

（3）事件发生在与被保险人空运旅客或货物业务有关的其他地点。

（4）事件是由向他人供应的与航空器使用和/或操作有关的且与航空运输业有关的货物或服务引起的。事件是由向他人供应通常用于航空运输业的货物引起的。

本保单不承保被保险人的下述责任：

（1）因雇用及在雇用过程中引起的雇员的人身伤害。本除外责任不适用于被保险人对其雇员在被保险人航空器上不执行任何指导或监督职责时遭受人身伤害应承担的责任，被保险人应采取合理措施向这些雇员签发机票，但是本保单不承保被保险人根据《劳工赔偿法》或雇主责任法规要求强制保险的责任。

（2）因所有或经营旅馆、休闲旅游地、社交俱乐部和综合体育馆引起的责任。

（3）因作为旅游经营者或旅游代理人在经营中引起的责任，但本除外条款不适用于因空运合同引起的责任。

（4）因经营商店和饭店引起的责任，但本除外条款不适用于被保险人因所有或经营在机场内或在机场外办理登机手续地点开设的商店和饭店引起的法定责任。对于本除外条款，售票处不视为商店。

1）因赞助或推广活动引起的责任，除非这些活动与航空器的经营直接有关或这些活动在机场内进行。

2）被保险人拥有、借入、租入、占有财产的损失。对于本除外条款，向他人租出、有条件地销售或供应的财产在将损失或损坏的风险转移给他人的条件下不应视为被保险人拥有、借入、租入的财产。

3）因被保险人所有、包租、使用或操作的任何舰艇、船舶或小船引起的人身伤害或财产损失。

4）被保险人所有、租入、借入的车辆和运载工具，由被保险人在公共道路上运行时引起的责任。

5）因产品危害引起的对并不实际涉及一次事件的定义由被保险人制造、建造、改造、修理、维修、处理、出售、供应或分配的有缺陷产品或货物或任何有缺陷部件进行维修或更换的成本或费用。

6）有关信托及受托责任。

7）因广告活动引起的责任，但本除外条款不适用于人身伤害或财产损失。

8）因被保险人的管理层或负责人和高级职员进行的或指示的或知晓的或同意的非法或犯罪活动或欺诈行为引起的责任。

（5）搜索和救援费用，跑道喷沫、清理残骸扩展、保释和/或保证等费用不受本保单其他索赔的影响，每次事件及年度累计限额最高为保险金额。

1）被保险航空器合理发生的搜索和救援行动的费用（即使航空器安全并在本保单项下无索赔发生仍可支付上述费用）。

2）为防止或减轻涉及被保险航空器的可能损失而向跑道或航空器喷沫发生的费用（即使在本保单项下无索赔发生仍可支付上述费用）。

3）与试图或实际对被保险航空器残骸进行提升、移除、拆卸有关的或由其引起的被保险人发生的或为被保险人发生的费用。

4）保释和/或保证：如果第三者或乘客（或其财产）或货物发生人身伤亡或财产损失，有关当局对航空器飞行人员或客舱工作人员或被保险人的任何其他成员进行逮捕或制止航空器的起飞，保险人同意支付保释和/或保证的费用以使航空器或航空器机组成员或其财产获得释放或以保证航空器的起飞。

2. 扩展责任

本条款也承担由于下列原因而产生的被保险人应承担的法律责任。

（1）根据同邮政当局签订的有关邮件运输合同而应当承担的法律责任。

（2）对不持机票与被保险人无雇佣关系但乘坐被保险人飞机的有关人员所应承担的法律责任。

3. 附加费用

本条款扩展赔偿被保险人下述费用：①清理残骸费用及清理残骸过程中引起的责任所产生的费用；②搜索和营救工作引起的费用；③无论是否实际发生事故，被保险人为了减少被保险飞机事故的损失或事故发生的可能性，在跑道上使用灭火泡沫而支付的费用或依法应承担的费用。每次事故上述费用的总和不得超过保险单明细表所列飞机保险金额的10%。

4. 辩护、赔案处理及相关费用

（1）被保险人因保险单所保风险造成的损失而被提起诉讼的，保险公司有权利自付费用并代表被保险人或以被保险人的名义进行抗辩，无论此诉讼请求是否是毫无根据、错误或有欺诈性质的。在事先得到保险公司同意后，保险公司负责赔付被保险人为上述诉讼或其他法律行为应承担的合理的必要的费用，但这部分费用不包括被保险人雇员的正常工资支出和正常行政费用。

（2）保险公司负责支付为解除被保险人财产扣押所需的担保金，此金额最高不应超过保险单明细表中相应的责任限额，并负责任何类似抗辩过程中要求的保证金。

（3）保险公司负责赔付在上述诉讼或法律程序中对被保险人征收的费用和从判决到保险公司支付、提供或预付法庭判决金额期间产生的利息。

（4）在发生本条款规定的被保险人在法律责任项下可获得赔偿的事故后，保险公司将赔偿被保险人所承担的食品、急救、住院和医疗护理、殡葬及将尸体和受伤人员运送回国及其他人道主义行为的合理的费用。

（5）发生保险事故导致飞机迫降后，按照被保险人或其代表向旅客出售的空运合同中的规定，被保险人必须把旅客从迫降地采取适当的运输方式运抵上述空运合同所述目的地或经保险公司同意的其他地点。保险公司负责此项运输费用。

5. 责任限额

保险公司所承担的全部责任不超过保险单明细表中所列责任限额，除非有批单对此进行批注。

6. 免赔额

以保险单明细表规定为准。

7. 除外条款

在法定责任险项下，保险公司不负责赔偿被保险人的下列责任：

（1）被保险人拥有、租借、租赁、借贷或占用的财产的损失或损坏。

（2）被保险人雇员在从事被保险人业务时所受的伤害，但被保险人雇员作为普通旅客时，不适用此条款。

（3）任何由被保险人生产、建造、改装、修理、处理、销售、供应或分发的货物、产品或者其中任何部件产生的责任，但是此除外条款不适用于整架飞机。

（4）因错误或不完善的操作、设计或说明书造成的损失，但此除外条款不适用于因上述原因造成的本条款项下的第三者的人身伤亡或财产损失。

（5）因财务过错或无力偿付债务而引起的索赔。

（6）因被保险人的错误行为而引起的个人责任。

（7）因受信托人或受托管理人的行为而引起的责任。

（8）因被保险人的雇用或解雇员工引起的索赔。

（9）由被保险人从事或在其指使、知情并同意下进行的非法、违法活动或不诚实行为所引起的责任。

（10）被保险人拥有或经营旅馆引起的责任。

（11）被保险人在机场范围以外的场所或与航空运输业务无关的场所因拥有或经营餐饮服务而引起的责任。

（12）由被保险人拥有或经营娱乐场所、公众俱乐部及体育设施而引起的责任。

（13）因广告活动而引起的索赔。

（14）由于宣传或赞助性活动而引起的索赔。

（15）因经营商店和餐馆引起的索赔，但此条款不适用于机场内由被保险人拥有和经营的商店、餐馆。

8. 定义

（1）本条款中的"被保险人"指保险单明细表中列明的被保险人，包括被保险人的雇员。

（2）事故。事故是指在保险单有效期内发生一次意外事故，或者一次连续的或者反复发生的事件而导致的人身伤亡或财产损失，这些人身伤亡和财产损失既不是被保险人能预见的，也不是被保险人的故意行为，除非是为保护人身和财产而采取的有意识的行为。

（3）人身伤亡。人身伤亡是指任何人身遭受的身体伤残、疾病或死亡。

（4）财产损失。财产损失是指有形财产的损失、损坏或灭失。

第四节　超额责任

一、超额责任的含义及范围

超额责任保险是以保障被保险飞机、船舶的保险价值低于其实际价值的差额损失为标的的保险。当飞机的保险价值低于其实际价值或因出现共同损失等分摊价值时，保险人因需要考虑赔付机主关于施救、碰撞责任、救助或共同损失分摊等费用，常将这种情况作为不足额保险来处理。这样被保险人就需要自负一定比例的责任。

被保险人为了避免这种损失，常向保险人投保"超额价值"（Excess Value）的保险来保障该飞机的实际价值和保险价值之间的差额损失。伦敦保险市场对承保这种"超额价值"的保险订有专用条款，称为"超额责任条款"。

（1）保险人将支付被保险人依法应付的赔偿金，但只赔付超过相关基础保单责任限额的被保险人最终净损失且不超过在本保单明细表所述的被保险人最终净损失金额。

（2）而对于第三部分和基础保单同时保障的责任，本保单赔付基础保单赔付金额间的差额至本保单明细表所述的保险人责任限额。

二、本部分适用的条件

1. 成本发生

如果索赔超过基础保单限额，被保险人发生的成本需要保险人同意。

2. 成本分摊

对未获基础保险人保障而经本保单保险人同意，被保险人发生的或代表被保险人发生的成本将按下述条款分摊。

（1）如果在审理之前调整的索赔金额不超过基础限额，则对于成本保险人不予赔付。

（2）如果有关索赔的调整金额超过基础限额，则对于被保险人发生的或代表被保险人发生的成本，保险人按其负担部分的最后调整的最终净损失与最终净损失总额的比例承担。

需要强调的是：如果基础限额包括成本，则保险人将补偿被保险人因在基础保险项下适用该限制而无法获赔的成本。

（3）如果被保险人选择对超过基础限额不进行诉讼，则保险人可以选择自行出资进行诉讼并负责应缴的法庭成本和附带的利益，但保险人的全部责任在任何时候不超过本保单规定的责任限额，加上诉讼的开支。

三、考虑收回

本部分下的损失赔付后收回或收到的所有财产和偿付应加以考虑，就如同在赔付之前收回或收到，被保险人和保险人之间应进行必要的调整，上述不应解释为本部分项下的损失只有在被保险人的最终净损失最终确定后才予以赔付。

四、责任承担

在基础保险人同意承担基础限额的责任或被保险人根据终审判决需要支付的金额超过该基础限额并在基础保险人已经支付或已经承担全额支付基础限额的责任后，保险人将承担本部分项下的赔付责任。

五、保持基础保险有效

本保险的条件之一是除了在本保单保险期间仅因发生事件后的赔付使基础累计限额减少之外，在本保单期间内完全保持基础保单的有效。被保险人不遵守该条件不会使本保单失效，但保险人的责任不超过被保险人遵守该条件时保险人应承担的责任。本部分保单与基础保单所载或增加的保证、条款和条件相同（除了关于保费、调查和辩护的义务、续保协议、除免赔额或自保条款外的责任金额及限额等本保单另外适用和除外的条款之外）。

第五节　机身保险一般规定和条件

一般规定和条件（不适用于超额责任部分，除非另有声明）：

一、乘客、行李和货物的凭证

被保险人应采取所有合理的措施确保所要进行运输的所有乘客、乘客行李和货物受限于客票和/或空运单以将承运人对伤害、损失或损坏的责任限制在适用法律规定的金额或本保单许可的金额。不过，本条件不适用于授权观察员和在雇用其前需要进行飞行测试的有关人员。

二、适航证明，空中导航规定

被保险人应采取所有合理的预防措施确保在每次飞行开始时该航空器拥有当时有效的适航证明或主管当局签发的其他飞行许可，且该航空器是适航的，且遵守所有有关民用航空的适用政府规章和指令，且该航空器根据该航空器适航证明规定的重量限制进行操作。

三、合同协议

（1）被保险人在本保单起保日已签署的各种协议中包括的免责和补偿协议或要求包括附加被保险人，违反保证协议，应付损失协议，放弃代位求偿条款，撤销通知或其他合同要求，包括被保险人与飞机公司签订的购买和飞行服务协议合同条款，在本保单保障范围内扩展包含这些要求。

（2）在本保单期限内被保险人签订的其他该类协议条款暂时获得承保，但应尽快通知保险人并取得其同意。

（3）被保险人可能与地面服务代理人和维修代理人按照标准条款签订合同并未将其报告保险人，该有关条款在本保单承保范围内将自动获得同意。

（4）保险人同意在责任保险项下将包租人作为附加被保险人，并在机身险项下放弃对其代位求偿的权利。

（5）对于调机飞行，根据被保险人的要求，所调航空器飞行员和所调航空器制造商的任何参与与调机飞行有关的航空器操作的雇员将自动包括作为附加被保险人。

（6）有关对货物的责任，保险人同意。

1）在被保险人要求时将被保险人的代理人作为附加被保险人。

2）若被保险人不同意，保险人将不行使其代位求偿的权利，而被保险人不同意应有合理的理由。

（7）在此特别约定，此款内容并不应解释为是对本保单未承保风险保障的扩展，除非由保险人特别同意，所有有关协议纳入保单受限于本保单的条款、条件、限制和除外责任。

四、乘客责任（共同修订与特殊合同）条款

（1）《华沙公约》是指 1929 年 10 月 12 日在华沙签署的统一国际航空运输某些规则的公约，或通过议定书、附加公约、新公约或补充公约或其他的方式对华沙公约的任何修改或补充。

（2）共同修订。如果在保险期间被保险人的法律责任受到下述事件单一或共同的影响：

1）任何批准、退出、加入《华沙公约》或《华沙公约》在以前生效的已停止适用。

2）国家法律对责任的变更或要求。不论本保单其他条款有何规定，被保险人和保险人考虑到上述情况，都有权要求修改本保单的条款和条件。

条款和条件，应在导致修订的事件发生后生效，除非双方另有约定。如果双方无法在接到书面修改要求的 60 天内对修改的条款和条件达成一致，则任何一方有权提前 30 天发出通知，注销本保单。

（3）特别合同。经保险人提前同意并且被保险人交纳额外保费后，本保单扩展保障被保险人因签订特别合同而承担的法律责任。本条款中"特别合同"指：

1）根据《华沙公约》第 22 条第（1）款的规定，被保险人与旅客达成的更高责任限额的协议。

2）任何被保险人与旅客之间达成的被保险人对于旅客伤亡承担更高赔偿责任的协议。

上述经认可的特别合同可由下列文件确认：样本票、运价表、合同条件或运输条件、旅客通知，或承运人间要求有关方加入特别合同的协议复本。

（4）本附件中提及的所有限额均不可视为对本保单列明的责任限额的更改。本保单中关于合同责任的规定只有因本条款所述情况之必需时而更改。

（5）尽管有上述规定，若发生根据《华沙公约》《海牙议定书》或当地法律的规定和/或采用一个更高的特殊合同限额，或在保险期限内未指明的责任时段增加限额的情况，细节和增加限额的履行日期需要经过保险人的同意，并且保障范围条款需要保险人的同意。

五、利益划分

本保单中包含超过一个个人、合伙人、公司、组织、企业或实体作为被保险人，其他被保险人对其进行的任何索赔、要求、诉讼或裁决不会使该个人、合伙人、公司、组织、企业或实体的权利受到影响。对任何索赔、要求、诉讼或裁决，本保单旨在保护每个个人、合伙人、公司、组织、企业或实体，就如同向每个人签发一张单独的保单。

六、责任限制（同时适用于第四部分）

尽管本保单包括多个被保险人，无论通过批单或其他方式，保险人对任何或所有被保险人的总责任不超过明细表中列明的责任限额。

七、航空器增加、减少、替换，协议价值和乘客座位数的修改

（1）对于被保险人拥有或操作的航空器，在保险期限内本保单自动扩展承保增加或替换的航空器，并按日比例收取附加保费，但每架航空器的协议价值不能超过（金额），座位数量不能超过现已承保的任意一架航空器。

（2）若增加的航空器有更高的协议价值和更多的座位数量，承保前需要经过保险人的同意并调整费率。

（3）已经卖出或处置的航空器可从本保单中删除，若该航空器没有发生本保单第一部分项下的全损、推定全损或安排全损的索赔和赔付，被保险人有权按日比例获得退费（仅限第一部分），本保单不应由此而取消。

（4）被保险航空器协议价值的增加和减少以及声明的乘客座位数的改变可自动获得同意（不超过最大协议价值）。

上款各自规定的航空器增加、减少或替换，协议价值或座位数量的修改应在保单到期时通知保险人同时进行保费的调整。

（5）恪尽职守。被保险人应恪尽职守并采取一切合理可行的措施避免或减少损失的发生，未获得保险人的书面同意被保险人不能承担任何责任或支付或出价或允诺支付赔偿。

（6）非授权使用。在被保险人已采取合理的措施防止任何非授权使用的情况下，本保单的保障不因任何人对航空器的非授权使用而失效。

（7）事故通知。对于可能引起本保单项下索赔的任何事件，被保险人应立即通知保单明细表中列明的人员或组织，以书面方式提供该事件的完整细节，立即转交第三方或乘客任何索赔的通知和任何有关的函件或文件，并告知任何即将发生的诉讼。被保险人应提供保险人合理要求的进一步信息和协助，不能以任何方式损害保险人的利益。

（8）协助索赔。如果保险人需要，保险人有权为其自身利益以被保险人的名义起诉任何第三方要求损害赔偿，并有完全的处理权力进行诉讼或和解，包括在任何时间弃权的权利。被保险人应一直向保险人提供保险人合理要求的所有与诉讼有关的信息和协助。

（9）欺诈索赔（同时适用于第四部分）。如果被保险人在索赔时知道索赔金额或其他内容存在错误或欺诈或类似情况，本保单即无效且丧失所有索赔的权利。

（10）风险改变。若作为本合同基础的风险状况或性质发生实质性变化，被保险人应立即通知保险人。被保险人的疏忽不会使本保单项下的保障失效，该保障按照保险人获知该项变化后同意的条件持续有效。

（11）撤销。被保险人可以在任何时间书面通知保险人撤销本保单并声明该撤销的生

效日期。保险人可以提前 30 天按本保单列明的地址向被保险人书面通知撤销本保单。该通知从被保险人或保险人收到的时间和日期起生效。如果由被保险人撤销本保单，保险人应收取或留存的保费为保单明细表中的保费按照后附短期费率表计算后的金额。

如果由保险人撤销本保单，保险人按日比例收取或留存已实现的保费。

（12）其他保险。如果其他保险可赔付的索赔同时由本保单保障，在本保单项下保险人承担责任的比例不超过本保单提供的保险金额与该索赔有效和可收保险总金额的比例。

（13）司法管辖。本保单受中华人民共和国法律管辖，中华人民共和国法院对任何争议拥有管辖权。

（14）定义。

1）"被保险人"是指在被保险航空器上履行职务过程中的机组成员或飞行员，在航空器上协助、监督或指导航空器操作或与之有关的人员。"被保险人"也包括作为附加被保险人的个人或组织。

2）"人身伤害"是指任何个人遭受的身体伤害（包括精神痛苦、惊恐或惊吓）、疾病，包括由此引起的发生在任何时间的死亡。

3）"成本"用于第四部分是指进入判决、调查、理算后发生的利息和法律开支（但不包括被保险人所有的办公开支及其雇员的薪金）。

4）"飞行"是从航空器向前运动起飞或试图起飞时起，及在空中至航空器完成着陆时止。

5）"事件"是指在保险期限内导致人身伤害或财产损失的从被保险人的立场看不是期望或想要出现的一次事故或事件。

a. "事件"是指在保险期限内导致被保险财产损失或损坏的任何情况。由实质上是相同的情况引起的所有损失或损坏应视为是由一次事件引起的。

b. "事件"应与其在基础保单中具有相同的含义。尽管有前述的规定，但对于本保单，由实质上是相同的情况引起的所有损失或损坏应视为是由一次事件引起的。

6）"乘客"包括付费乘客和非付费乘客，后者包括在航空器上不执行任何指导或监督职责的被保险人雇员，并可包括作为授权观察员和飞行员飞行的非被保险人雇用的人员、雇用前被保险人要求进行飞行测试的可能雇员，以及货物押运人员。

7）"产品危害"是指由被保险人制造、建造、改造、修理、维修、处理、出售、供应或分配的且被保险人已停止占有或控制的物品或产品引起的被保险人对人身伤害或财产损失的法律责任，不包括本保单适用的被保险人在其场所内或航空器上供应食品或饮料引起的责任。

8）"财产损失"是指财产损失或损坏包括由此产生的不能使用的损失，对于乘客、行李和货物包括由于延误引起的损失或损坏。

9）"滑行"是指航空器在其自身动力下运动但非定义的飞行状态。

10）"最终净损失"是指在了结被保险人应承担的责任中扣除所有追偿和其他支付后的金额，但不包括基础保险人的保费，也不包括所有开支和成本。

（15）合理行为。本保单提供的保障不因被保险人或其代表出于保护人员或财产目的的任何合理行为而失效。

（16）权力转让。非经保险人签发作为本保单组成部分的批单作为证明，本保单不能全部或部分转让。但是如果被保险人在保险期限内被判决破产，并在该判决之日后60天内书面通知保险人，本保单可将被保险人的法定代表作为被保险人，除非本保单已撤销。

（17）非雇用机组成员。本保单提供的保障扩展包括被保险人对非雇用机组成员人身伤害的法定责任。

1. 赔偿限额

（1）机身和零备件的赔偿以保险金额为限。发生全损时，赔偿金额以保险金额为准；发生部分损失时，应扣除修复或更换该受损部件而产生的增值。

（2）对人身伤亡、财产损失的责任限额以保险单明细表的规定为准。

2. 保证条款

（1）被保险人应恪尽职守，随时保持高度警惕，防止事故发生。

（2）当保险标的风险状况发生变化时，被保险人应及时书面通知保险人。

（3）被保险人必须保证采取一切合理的预防措施以确保：从事民航运输的飞机，必须按照国际航空运输协会批准的标准客票或经保险公司同意的其他格式客票规定运送所有旅客。

一般必须按照保险公司认可的航空运单的规定运送货物。①每次飞行前，被保险飞机应具有中华人民共和国政府授权机关签发的适时有效的适航证或其他具有同等效力的飞行许可证，飞机应在各个方面适航。②遵守中华人民共和国政府对民用航空的一切法律和规定，若被保险飞机飞经或飞往其他国家和地区，则应遵守相关国家和地区的有关规定。③被保险飞机须按照其适航证中规定的载重限额运营。

3. 保险单除外条款

保险公司不负责赔偿下列原因导致的损失或被保险人应负的责任：

（1）本保险单所附《航空战争、劫持和其他风险除外条款》所规定的战争及相关风险。

（2）本保险单所附《核风险除外条款》规定的核风险。

（3）本保险单所附《噪音、污染和其他风险除外条款》规定的噪声和其他污染。

（4）本保险单所附《日期识别风险除外条款》所规定的日期识别风险。

（5）被保险人及其代表的故意行为引起的损失、费用和责任。

（6）被保险飞机用于非法目的，或用途不符合保险单明细表的规定。

（7）被保险飞机的飞行范围不符合保险单明细表的规定，但因不可抗力因素所致情况除外。

（8）飞机驾驶员的条件与投保人的告知情况不符。

（9）被保险飞机被运输工具运输，但发生保险事故后，该飞机被运送者除外。

（10）所保飞机起飞或降落的地点或试图进行起飞或降落的地点不符合飞机制造商的

要求，但因不可抗力因素所致情况除外。

（11）被保险人在未经保险人许可的情况下，通过与他人签订合同所承担的责任，但若无此合同被保险人仍需承担该责任情况除外。

（12）飞行时乘客数量超过飞机的最大载客量。

（13）地震。

4. 事故通知

被保险人或其代表应将有可能在保险单项下引起索赔的事件立即通知保险公司，并在七日内将事故的书面报告连同已收到的要求、通知、传票及其他法律文件尽快递交保险公司。被保险人应根据保险公司的合理要求提供进一步的信息和协助，不能以任何形式影响和损害保险公司利益。

5. 不得承诺

除非另有约定，没有保险公司的书面同意，被保险人不得承诺、许愿、提出赔款建议或支付赔款。保险公司在认为必要的情况下，有权以被保险人的名义直接与第三者处理赔款和赔偿等事宜，有权处理诉讼和赔款，并有权放弃诉讼和赔款。

6. 权益转让

若本保险单负责的损失涉及其他责任方时，不论保险公司是否已向被保险人作出赔偿，被保险人应立即采取一切必要措施行使或保留向该责任方索赔的权利。在保险公司支付赔款后，被保险人应将向该责任方追偿的权利转让给保险公司，移交一切必要的单证，并协助保险公司向责任方追偿。

7. 管辖权及仲裁条款

本条款受中华人民共和国法律管辖。如果被保险人与保险公司对保险单的解释产生争议或在其他有关事宜中因权利发生争议，应将此争议提交给两位仲裁人，再由这两位仲裁人在进行仲裁之前选定一名裁决人。仲裁人作出的决定，或当他们产生争议时裁决人的决定应为决定性的，对双方有约束力，且不得上诉。争议各方须在委任仲裁人之后一个月之内将争议的有关文件交给仲裁人，仲裁人必须尽早作出书面裁决。

第六节　附加保障和条件

一、辩护、结算和补充支付

（1）对于本保单第三部分提供的保障（和任何适用于第三部分的批单）。

1）保险人有权利和义务就本保单提供的责任保障自费以被保险人的名义和代表被保险人对任何诉讼或其他诉讼程序进行辩护，即使是为获得赔偿金而向被保险人提起的无依据的、错误的或欺诈性的起诉。此外，对于向被保险人提出的有关诉讼或其他诉讼程序，在保险人同意后可以赔付被保险人发生的所有开支（不包括被保险人雇员的工资和被保险人一般的办公开支）。

2）保险人可以在不超过本保单适用责任限额范围内为解除扣押支付保证金以及支付诉讼辩护需要的上诉保证金，但保险人无任何义务请求或提供任何保证金。

3）保险人可以赔付被保险人在有关诉讼或诉讼程序中负担的所有成本和在进入裁决至保险人支付、偿还或向法庭交付保证金期间发生的所有利息，该判决的部分不能超过保险人的责任限额。保险人仅按适用的责任限额与该判决金额的比例承担上述成本和利息的责任。

（2）对于因乘客死亡或受伤而由被保险人发生的合理的医疗、手术、救护车、医院、专业护理、身体恢复、辨认、运输、归国、埋葬或火葬的支出，或在发生涉及任何乘客或第三方受伤的一次事件后被保险人发生的其他合理的人道行为的成本，保险人将补偿被保险人。

（3）在本保单所述责任限额之外，保险人同意另行补偿被保险人发生的被保险人代表和被保险人雇员参加有关事故调查的任何公开讯问或类似程序的合理的成本。

（4）除了索赔和诉讼的结算之外，本款项下发生的金额在本保单明细表所述保险人承担的责任限额之外由保险人赔付。然而对于涉及累计限额的保障，在本保单项下的累计限额用尽之后保险人没有义务为任何诉讼进行辩护或支付任何成本或开支，在这种情况下被保险人有权从保险人处接管对诉讼程序的控制。

二、扩展保障批单（航空责任）

（1）鉴于本批单所属保单已经包括"战争、劫持及其他风险除外条款"，且考虑到被保险人已经缴纳附加保费（该附加保费已包含在保单明细表所列明的总保费内），保险人同意自（日期）起，在遵从本批单其余条款的条件下，战争、劫持及其他风险之外的所有条款。

（2）责任限制。涉及由本批单提供的保险保障，保险人对每次事件及年度累计应承担的责任的限额为（金额）或保单适用的限额，两者以低者为准（即分项限额）。该分项限额包含在保单总责任限额内，不另外附加。按照本保单对被保险人的保障，该分项限额不适用于被保险人的下述责任：

1）本保单所保障的航空器经营者由其航空器的运营引起的对乘客（及其行李和个人物品）的责任。

2）本保单所保障的航空器经营者由其航空器的运营引起的对机上货物和邮件的责任。

（3）自动终止。由本批单所扩展的责任范围在下述情况下自动中止：

1）本批单所有扩展责任终止：在两个或更多个下述国家之间爆发战争（不论宣战与否）：法国、中国、俄罗斯、英国、美国。

2）扩展的责任终止。任何利用原子/核子裂变或聚变，或其他类似反应或放射性装置的战争武器产生的爆炸，不论这种爆炸发生在何时、何地，也不论被保险的航空器是否卷入上述爆炸。

3）关于被保险航空器所有权或使用权被征用的保险责任的终止。在这种征用发生时。但是，在上述三种情况发生时，如被保险航空器正在空中，则本批单扩展的保险责任（除非另外撤消、中止或暂停）继续有效，直到该架航空器在此后的第一次降落及所有旅客均离开航空器时为止。

（4）修改和撤消。

1）保费和/或地域限制的修改（七天）。保险人在修改保费或地域限制时应发出通知，该通知自发出之日的格林尼治时间 23 点 59 分起，满 7 天时生效。

2）有限撤消（48 小时）。爆炸发生后，保险人可以就本批单，以发出通知的方式予以撤消，该通知自发出之日的格林尼治时间 23 点 59 分起，满 48 小时生效。

3）撤消（七天）。本批单扩展的保险责任既可由保险人，也可由被保险人发出通知予以撤消。此类通知自发出之日的格林尼治时间 23 点 59 分起，满七天生效。

4）通知。本批单述及的所有通知均为书面通知。

第七节　总除外条款

下述总除外条款适用于本保单所有部分，除非另有声明：

一、合同责任

除在本保单其他地方另有所述外，本保单不承保被保险人合同项下发生的责任。

二、核风险除外条款

（一）本保单不承保

（1）各种财产的损失、毁坏以及任何间接损失。

（2）由下列原因造成的任何法律责任：

1）任何爆炸性核装置或部件的放射性、毒性、爆炸性或其他危害性。

2）任何其他在运输（包括仓储或处理）过程中作为货物的放射性材料以及由在此过程中意外发生的放射性，或放射性与毒性、爆炸性或其他危害性的组合。

3）由源自不论何种其他放射源的放射能、毒性、爆炸性或其他危害性产生的电离辐射或沾染。

4）兹经协商一致，双方同意上述（1）中所述的放射性材料或放射源不包括：①衰变铀或任何形式的天然铀；②为了可用于科研、医学、农业、商业、教育和工业之目的而达到制造最后阶段的放射性同位素。

（3）本保单不承保由下列原因造成的任何财产的损失、毁坏、损坏或间接损失：

1）本保单项下的被保险人同时为其他保单项下（包括核能源责任险保单）的被保险人或附加被保险人。

2）根据任何国家的立法需要拥有财务保护的个人或组织。

3）本保单项下的被保险人，或即便未经签发的本保单项下的被保险人，有权从任何政府或机构获得相关的赔偿。

（4）未被第2条规定除外的核风险所涉及的损失、毁坏、损坏、费用或法律责任（在遵从本保单所有其他条款、条件、限额、保证和除外责任的前提下）可以在本保单项下予以保障，但必须满足下述条件：

1）对于涉及在运输（包括仓储或处理）过程中作为货物的放射性材料以及由在此过程中意外发生的索赔案件，此类运输必须全面遵守国际民用航空组织关于"危险品空运安全技术规范"相关规定，除非此类运输需要遵守更为严格的规定，并且该规定得以全面执行。

2）本保单仅适用于在保险期限内意外发生的事件，并且由此引起的由被保险人向保险人或由索赔人向被保险人的索赔必须自事件发生之日起的三年内提出。

3）涉及由放射性沾染导致或造成航空器的损失、毁坏、损坏或使用损失的索赔，沾染程度应超过以下所列的最大许可值：放射物（国际原子能组织健康与安全条例）非固定放射性表面沾染的最大许可值（平均超过 $300\mathrm{cm}^2$）贝塔、伽玛和低毒阿尔法射线不超过。

4）本条款提供的保障可由保险人在任何时候提前七天发出通知予以撤销。本保单不承担由下列原因引起的索赔：

a. 战争、侵略、外敌行动、敌对状态（无论宣战与否）、内战、叛乱、革命、起义、军事管制、军事政权、篡权或企图篡权。

b. 使用原子或核子裂变和/或聚变或其他类似反应或放射性力量或物质的战争武器的敌对爆炸。

c. 罢工、骚乱、民变或劳工动乱。

d. 出于政治或恐怖目的的任何行动，不论采取此类行动的是一人或是数人，不论其是否为一个主权国家的代理，也不论由此造成的损失或损坏是意外的或是故意的。

e. 任何恶意行为或破坏行为。

f. 由任何政府（无论是民选政府、军事政府还是事实政府）或公共或地方当局或根据其命令对财产所有权或使用权的没收、国有、夺取、限制、扣押、占有或征用。

g. 未经被保险人同意，机上一人或数人对飞行中的航空器或机组成员实施的劫持、非法扣留或控制（包括意在上述扣留或控制的任何企图）。此外，本保单对航空器未在被保险人控制之下时由上述风险引起的索赔不予负责。当航空器在未被本保单"地域限制"除外的机场安全返还被保险人并且完全适合航空器运营时，该航空器应视为恢复由被保险人控制（这种安全返还要求航空器在引擎关闭的状态下停稳，且不受任何胁迫）。

（二）本保单对由下列原因直接或间接引起、导致或造成的索赔不予赔偿

（1）噪声（无论人耳能否听到）、振动、爆声或与此有关的任何现象。

（2）不论何种污染或沾染。

（3）电子和电磁干扰。

（4）对财产使用的影响。除非是由航空器坠毁起火爆炸或碰撞或有记录的航空突发事件导致的非正常航空器运营所导致或造成的。

涉及本保单任何有关保险人有义务对索赔进行调查和抗辩的规定不适用于下列情况，并且保险人也不必对下列情况进行抗辩：

（1）被第 1 条除外的索赔。

（2）在本保单项下得到保障的一件或多件索赔与被第 1 条除外的索赔相混合（下称"混合索赔"）。

关于"混合索赔"，保险人根据损失证据和保单限额对可能承担的本保单项下索赔按下述各项赔偿被保险人：

（1）判决被保险人的损坏赔偿。

（2）被保险人发生的抗辩费用和开支。

（3）本条款的任何内容均不能抵消本保单所附或构成本保单组成部分的放射性沾染或其他除外条款不适用于第一部分、第二部分和被保险人对乘客的责任。上述条款不适用于被保险人销售或供应的产品的污染或沾染。

第八节　通用航空机身一切险及责任险条款

一、通用航空的含义和用途

通用航空一般是指非商业运营、20 座以下的飞机，通常包括无人机、商务飞机和单引擎飞机。

二、通用航空用途

通用航空飞机飞行用途分类及界定：

海上石油服务：使用直升机担负海上石油钻井平台、采油平台后勤供应船平台与陆地之间的运输飞行。其主要任务是运送上下班的职工、急救伤病员、运输急需的器材、设备及地质资料、在台风前运送人员紧急撤离、发生海难事故后进行搜索与援救、空中消防灭火等。

陆上石油服务：在高原、高寒、山地、沙漠等人烟稀少、交通不便的地区从事勘探开发石油工作时，借助于直升机（或必要的小型固定翼飞机）的独特功能，担负空中吊装

与运输服务的飞行。

直升机外载荷飞行：以直升机为起吊平台进行的吊装、吊运等飞行作业，包括直升机输电线路基础施工、直升机组装铁塔和施放导引绳、直升机输电线路带电维修等项目。

直升机引航作业：使用直升机在外籍轮船和港口之间运送引航员的飞行作业。①人工降水。在云中降水条件不足情况下，用飞机向云层中喷洒催化剂，促进降水的飞行作业。②航空喷洒（撒）。利用航空器和其安装的喷洒（撒）设备或装置，将液体或固体干物料，按特定技术要求从空中向地面或地面上的植物喷雾和撒播的飞行作业过程。主要用于农林牧业生产过程中，具体作业项目有飞机播种、空中施肥、空中喷洒植物生长调节剂、空中除草、防治农林业病虫害、草原灭鼠，防治卫生害虫等。

航空护林：使用飞机或直升机和专用仪器设备并配备专业人员，在林区实施林火消防以保护森林资源的作业飞行。主要作业项目有巡护飞行、索降灭火、机降灭火、喷液灭火、吊桶灭火等。

城市消防：使用直升机开展的城市高大建筑物的空中喷液灭火和人员救援等的飞行作业。

医疗救护：使用装有专用医疗救护设备的飞机或直升机，为抢救患者生命和紧急施救进行的飞行服务。

空中拍照：在航空器（飞机、直升机、飞艇等）上使用摄影机、摄像机、照相机等，为影视制作、新闻报道、比赛转播、拍摄空中影像资料的飞行活动。

私用或商用飞行驾驶执照培训：指使用航空器，以掌握飞行驾驶技术、获得飞行驾驶执照为目的而开展的飞行活动。包括以正常教学为目的的任何飞行，教官带飞和学员在教官的指导下单飞，但不包括熟练飞行。

航空运动训练飞行：指使用航空器，以提高竞技飞行技能为目的而开展的飞行活动。

航空运动竞赛飞行：指使用航空器，遵照运动规则，由国家航空运动管理机构组织的，以检验、交流飞行技能为目的而开展的竞赛飞行活动。

航空运动表演飞行：指使用航空器，由国家航空运动管理机构组织的，以展示飞机性能、飞行技艺，以普及航空知识和满足观众观赏为目的而开展的飞行活动。

科学实验：使用航空器为开展的各种科学实验（包括飞机研发）提供空中环境的飞行活动。

空中广告：以航空器为载体在空中开展的广告宣传飞行活动。具体作业项目有机（艇）身广告、飞机拖曳广告、空中喷烟广告等。

空中巡查：按预先设计的区域和时间范围，使用装有专用仪器的飞机、直升机对被监测目标进行空中巡逻观察的作业飞行。具体作业项目有道路、铁路、输电线路、运输管道等的空中巡查与监测。

空中游览：指游客搭乘航空器（飞机、直升机、飞艇、气球）在特定地域上空进行观赏、游乐的飞行活动。

海洋监测：国家海洋管理机构使用装有专用仪器的飞机、直升机对领海和专属经济区内海洋污染、使用情况进行空中巡逻监测和执法取证的作业飞行。渔业飞行：渔政管理机构使用装有专用仪器的飞机、直升机对渔业资源情况、使用情况进行空中巡逻、监测的作业飞行。

气象探测：使用航空器对大气物理、大气化学和气象现象进行探察、测量的飞行作业。

航空探矿：航空地球物理勘探的简称，是使用装有专用探测仪器的飞机或直升机，通过从空中测量地球各种物理场（磁场、电磁场、重力场、放射性场等）的变化，了解地下地质情况和矿藏分布状况的飞行作业。

航空摄影：使用航空器作运载工具，通过搭载航空摄影仪、多光谱扫描仪、成像光谱仪和微波仪器（微波辐射计、散射计、合成孔径侧视雷达）等传感器对地观测，获取地球地表反射、辐射以及散射电磁波特性信息。

三、通用航空保险保障范围及风险评估主要因素

通用航空保险保障范围：保险人负责赔偿保单明细表所列被保险飞机因本保单非除外责任导致的意外损失或毁坏，包括被保险飞机失踪，即飞机起飞后 10 天内没有任何消息，并有权选择货币赔付、重置或修理等任何一种方式进行赔偿，但保险人依据本项责任承担的赔偿金额不超过保单明细表第三项所列被保险飞机的保险金额，并要扣除所规定的金额。如果保单明细表所列被保险飞机投保了飞行风险，保险人将在保险金额之外另行赔付被保险飞机毁坏或紧急迫降后为保证飞机即时安全而发生的、必要的、合理的应急救助费用，此费用赔偿以不超过保单明细表第三项所列被保险飞机的保险金额的 10% 为限。

（一）通用航空机身险险种

通用航空的险种基本和第二章相似，不同点主要在机身一切险。机身一切险是指无论任何原因导致的被保险飞机任何单元的自然磨损、渐进损坏、机械故障、内在缺陷或失灵，以及由此引起的限于该单元范围内的任何后果损失；包括任何有渐进或累积效应的因素对任何单元造成的损失，但对于可归因于单一的、有记录的事件的损失，则可在上述保障范围下获得赔偿。

该条款约定：如果被保险飞机发生损坏：拆卸、运输和修理未经保险人同意，被保险人不得对被保险飞机进行拆卸或修理，除非出于安全考虑的需要，或是为了防止被保险飞机进一步的损失，或是为了遵守有关当局的指令而采取的行为。除非保险人对被保险人另有书面许可，保险人仅负责赔偿以最经济的方式进行的修理和运送人员及材料的费用支出。

除外责任：非法用途、地域限制飞行员其他方式运输、起降区域合同责任乘客人数不可分摊、核风险、战争、劫持风险。

（二）风险评估因素

主要是依据飞机用途，一些特殊用途会需要更详细的信息，如悬挂作业、飞行小时、飞行地域等都是影响风险的重要因素。

案例

航空器机身险理赔的争议

案情说明

1997 年 5 月 29 日，A 通用航空公司以 1810080 元购买一架 R22 直升机。2012 年 6 月 20 日，A 通用航空公司与 B 保险公司签订飞机保险统保业务合作协议，协议约定：机身险保额依照现市场价格承保；本协议承保航空器的实际价值低于现市场价格，机身发生全损时按照实际价值赔付，机身发生部分损失时，按照更换的新零部件实际价值赔付，不再按比例赔付等内容。

2012 年 9 月 16 日，A 通用航空公司与 B 保险公司签订航空器综合保险单，载明：保险期限自 2012 年 9 月 17 日 0 时起至 2013 年 9 月 16 日 24 时止；承保航空器类型为 R－22；航空器用途为飞行训练、培训、航测、航拍、飞机播种、病虫害防治、比赛表演广告；飞行地理范围，中国境内（不含香港、澳门）；免赔额，涉及对航空器机身损失或损坏：机身保额的 5%/每架航空器、每次事件，当一次事件损失涉及一个以上免赔额时，应以最高免赔额作为由该事件引起的所有损失的累计免赔额，第三者责任损失：无乘客法定责任：无；投保的险种：机身一切险，总承保金额 2600000 元，费率 2.1%，保费 54600 元；第三者责任险，总承保金额 400000 元，费率 0.4%，保费 1600 元；A 适用于整个保单的除外责任。

2013 年 8 月 30 日 15：45 左右，A 通用航空公司参保的 R22 直升机在某机场执行培训任务时，撞击光缆和钢索后在农田坠地，飞机未起火，机上人员无伤亡，未对地面人员造成损害，构成一起通用航空一般飞行事故。2013 年 9 月 17 日，航空器维修人出具直升机损伤情况鉴定报告，结论是机体、发动机、旋翼无修复价值，建议按报废处理。

2013 年 9 月 25 日，民航局某地区管理局关于上报《关于 2013 年 8 月 30 日某通航公司 R22 直升机在训练过程中坠地飞行事故的调查报告》的报告附件"关于 2013 年 8 月 30 日某通航公司 R22 直升机在训练过程中坠地飞行事故的调查报告"载明："……2. 原因分析：2.1 直接原因，飞行训练中，飞行教员违反训练大纲中的科目设置要求，在未进行飞行前准备的情况下，擅自增加野外选场着陆的训练科目，是造成事故的直接原因。2.2 主要原因，飞行教员未按照要求使用 A 通用航空公司经实地勘察并报监察局备案的'野外选场着陆点'进行训练，而是自行选择着陆点，加之空中勘察不细致，使直升机进入较为复杂的地理环境。飞行教员未按照 A 通用航空公司制定的《直升机野外选场着陆工作单》的要求，在所选着陆场一边、左右三边均有障碍物的情况下，实行该科目的训练。飞行教员目视飞行能力较弱，对外观察不细致，未能及时发现较为隐蔽的光缆及钢索。飞行教员在进入'野外选场着陆'训练前，未向塔台指挥员报告……3. 结论，机长违反规定擅自增加科目，在复杂的飞行环境中观察不周，致使飞机撞击光缆及钢索并坠地……"

事后，A 通用航空公司向 B 保险公司申请理赔遭保险公司拒赔。A 通用航空公司向法院起诉。

法院审理

原告 A 通用航空公司要求被告 B 保险公司理赔机身一切险 247 万元及因飞机坠地给第三人造成的损失 18500 元。

被告 B 保险公司抗辩，该事故适用于整个保单除外责任中的地域限制和起降区域；原告的飞行教练擅自增加科目、自行选场着陆，违反规定，属于保险条款中除外责任，被告不应承担赔付责任；R22 航空器购买全额为 1810080 元，该飞机于 2010 年 9 月 8 日大修，大修后飞行时间 1739.01 小时，剩余寿命 460.99 小时，剩余大修价值占比为 20.954%。R22 飞机一次大修费用为 180 万元，所以翻修费用与飞机原价值相当，以一次翻修费用作为重置价值，飞机剩余价值为 37.7172 万元（180 万元×20.954%），故原告要求赔偿的数额计算有误，认为飞机剩余价值为 37.7172 万元。

法院审理后认为，原被告之间签订的航空器综合险保单，属于合法有效的合同，双方均应按照合同约定履行各自的权利义务。根据飞行事故调查报告，该事故属于被告保险公司保险责任范围内，因原告与被告保险公司在航空器综合险保单中约定机身一切险总承保金额 2600000 元，原告也按照该承保金额向被告保险公司缴纳了保费，现在该航空器已报废，被告保险公司应当依合同约定给予赔付，原告要求被告保险公司赔偿机身一切险 247 万元，予以支持。因证据不足，对原告要求因事故给第三人造成实际损失 1.85 万元的诉求，不予支持。

审理结束后，一审法院判决被告赔偿原告保险金 2470000 元，驳回原告 A 通用航空公司其他诉讼请求。B 保险公司对一审判决不服，提出上诉称，该飞机购买于 1997 年，购买价格 181 万元。在保险合同中约定飞机低于市场价时，机身全损，按照实际价值赔付。飞机出事故时，已经飞行 3739 小时，再飞行 461 小时就该大修了。大修一次的费用是 180 万元。因此，该飞机的实际价值只有 37.71 万元。飞机出事故的原因是机长擅自增加科目，在复杂的飞行环境中观察不周，驾驶员没有勤勉尽职，上诉人不应当赔付。

二审法院查明事实与一审认定事实一致。二审法院认为机长擅自增加科目，违反的是其内部管理规定，与本案没有直接的因果关系，机长观察不周，没有及时看到光缆，不能因此就认为被上诉人没有做到勤勉尽职，并成为不予理赔的理由。双方在合同中约定机身一切险总保额 260 万元，结合费率为 2.1%，可以确定该飞机投保保险采用定值保险。二审法院审理后判决驳回上诉，维持原判。

B 保险公司不服二审判决又向高级人民法院申请再审，某省高级人民法院认为：A 通用航空公司与 B 保险公司签订的航空器综合保险单，生效判决认为该合同合法有效并无不当。该合同约定机身一切险总保额为 260 万元，航空公司按此承保额缴纳了保费。合同约定：涉及基于全损理算的索赔，保险人按保单明细表中所述的机身协议价值向被保险人支付赔款，同时扣除任何适用的免赔额。最后高级人民法院裁定驳回 B 保险公司再审申请。

律师解读

本案是一起通用航空器保险纠纷，A 通用航空公司为其直升机投保机身一切险和第三者责任险，并支付相应保费，被告向原告出具了航空器综合保险单。在直升机运营过程中，直升机发生飞行事故，飞机发生全损，保险公司却拒绝理赔。

本案争议焦点有两点：第一点，直升机发生飞行事故是否属于保险范围；第二点，如果属于保险范围，应按什么标准理赔。关于第一点，是否属于保险范围应以保险条款中的除外责任为标准。本案中的除外责任包括在不符合制造商建议或规定的场地起飞、降落或试图起飞、降落，被告的一个抗辩理由就是原告的飞行教练擅自增加科目、自行选场着陆，违反规定，属于保险条款中除外责任。民航局《调查报告》显示主要原因是飞行教员未按照要求使用 A 通用航空公司经实地勘察并报监察局备案的"野外选场着陆点"进行训练，而是自行选择着陆点。原告飞行教员违反的是 A 通用航空公司的规定，而不是制造商建议或规定违规起降，所以，即使 A 通用航空公司飞行员有过错，这个过错也不属于保险合同的除外责任，B 保险公司应当理赔机身一切险。

关于第二点，B 保险公司应按什么标准理赔。机身一切险理赔涉及保险金额和航空器推定全损两个概念。保险金额是保险公司承担赔偿或者给付保险金的最高限额，也是保险公司收取保费的计算基础。航空器机身险保险金额通过协议采取两种方式进行确定，即不定值保险方式和定值保险方式。定值保险是指保险合同双方当事人事先确定保险标的的价值，并在合同中载明保险金最高限额，保险事故发生后，如果造成财产全部损失的，无论保险标的的实际价值是多少，保险人都以合同中约定的保险价值为依据计算赔偿金额，不必再对保险标的重新估价。飞机是一种特殊商品，价值昂贵，且市场价格变化大，我国飞机保险普遍采用的定值保险，我国《保险法》对此也有相关规定。

本案保险合同中约定"涉及基于全损理算的索赔，保险人按保单明细表中所述的机身协议价值向被保险人支付赔款，同时扣除任何适用的免赔额"。这表明，飞机在发生全损时，保险公司按照协议价值进行理赔，不需要再计算飞机的实际价值。

确定了保险金额还需确定飞机是否发生全损。根据保险理论，全损分为实际全损和推定全损。推定全损是指航空器受损后并未完全丧失，可以修复或回收，但所花费用将超过获救后航空器的价值。本案的直升机实物虽然存在，但经维修人评估已无修复价值，建议报废处理，这就是推定全损。所以，一审、二审判决，再审法院裁定保险公司应按保险合同确定的协议价值即 247 万元理赔。

阅读材料

波音 737MAX8 停飞与航空产品责任险中的停飞（Grounding）保障

2019 年 3 月 10 日，埃塞俄比亚航空 ET302 航班起飞后不久坠毁，157 人遇难。此次事故与 5 个月前印度尼西亚狮航 JT－610 航班坠毁事故有着较强的相似性：均为机龄不足 0.5 年 737MAX8 客机、都在起飞后不久的爬升阶段坠毁、机组人员都曾发出返航要求等。

虽尚无证据表明二者存在直接关联，但人们对波音这一新机型的安全性产生了重大疑问。随后，中国民航局率先停飞了中国航空公司的所有737MAX8客机。截至3月14日，已有包括原产国美国在内的欧盟、英国、加拿大等51个国家和地区的民航局或航空公司停飞了该机型或禁止其进入领空，这意味着几乎所有737MAX8客机已被停飞，成为2013年波音787之后全球最大规模的停飞事件。

对航空险的保险人而言，一次空难事故造成的重大人员伤亡和财产损失带来的直接赔付往往备受关注，而另一项潜在的巨额赔付也不容忽视——由空难造成的停飞事件带来的停飞责任风险暴露和赔偿。这项保障因为涉及特定的风险以及潜在的巨大不确定性，甚至可能造成比空难直接赔付更高的赔偿金额。

从保险角度而言，停飞责任属于航空产品责任险项下的保障，其保障范围可以分为三类：全面停飞（Grounding）、非事故导致的停飞（Non – Occurrence Grounding）以及部分停飞（Partial Grounding）。

首先是全面停飞。全面停飞是三种保障中最重要的类型，是指根据英国民航局、美国联邦航空局、欧洲航空安全局或其他民航管理机构由于在一次事故中发现已经存在或有可能存在的同时影响两架或多架飞机安全运行的缺陷、错误或者其他情况而下达的强制性命令，导致一种全面而持续地同时停止所有飞机运行的情形。

这一定义包含四个关键点：

一是停飞必须是由相关权威民航管理机构发布的强制指令。

二是发生原因是由于产品存在缺陷，无论是否已经被证实。

三是由于一次事故（An Occurrence）引发的，如果不是事故引起或没有事故发生，则不构成全面停飞。特别注意，这里所指的一次事故是指对于被保险人而言，在保单期间内，发生了一次无法预计、非故意行为情况下导致人身伤害或者财产损失的一次保险事件。

四是一次全面而具有持续性的停飞。

这几点是区分全面停飞与其他几种停飞类型的关键要素。全面停飞之所以引起保险人和再保人的关注，是因为其潜在的"巨灾"属性，即全面停飞后涉及的飞机数量可能非常大，可能导致航空器厂商面临巨额的经济赔偿责任。从一些实际案例中可以得到印证。例如，波音787客机在2013年刚投入使用时，一个月内发生了两次电池起火事故，导致美国联邦航空局发布了波音787的停飞指令，涉及八家航空公司的50架飞机，航空公司的直接经济损失预计高达数亿美元，涉及租金损失、航班取消成本、利润损失、退票费等。对航空公司而言，由于既没有事故发生，也没有人身伤亡和财产损失，这部分损失无法在其自身购买的机身及责任险等保障中得到赔偿，因此只能向波音索赔。波音因其具有较高的市场地位，在与各航空公司签订购买协议中都制定了免责声明条款（Disclaimer of Liability）以避免类似索赔。但最终可能出于该免责条款在不同司法管辖权下的解释适用问题、商业层面的客户关系维护等多方考虑，波音选择与航空公司协商并进行了补偿。据了解，波音的航空产品责任险保险人也就此进行了赔付。相比之下，本次737MAX8停飞事件涉及的航空公司和飞机数量更为巨大。由此可见，如果此次停飞最终被证明在停飞责任的保障范围内，波音及其航空产品责任险的保险人将可能面临大额索赔。

其次是非事故导致的停飞（Non Occurrence Grounding）。这种情形下的停飞并非由一次事故产生或者与一次事故有关，而往往是由被保险人自己发现了飞机异常或可能出现的问题从而申请停飞，并经相关民航管理机构同意。

最后是部分停飞（Partial Grounding）。它包括几个方面的含义，包括不针对所有飞机的停飞、时间上非持续性的停飞和有条件的停飞。以一个案例来解释一下有条件的停飞：2012 年 5 月和 10 月，空客生产的 EC225 大型直升机在北海海域发生了两次迫降事故，引发了英国民航当局发出适航指令（Airworthiness Directive），要求禁止该型直升机的水面飞行，同时也对其恢复飞行的条件做出了严格规定，构成了一种有条件的部分停飞的情形。通过对上述三种类型的停飞责任类型的对比分析，不难发现：全面停飞是一种较为严苛的、全面的指令。全面停飞的发生情况虽不常见，但是一旦发生，会给被保险人及其保险人带来较高的处理难度和高额的赔偿责任，带有类似"巨灾"的属性。而部分停飞以及非事故导致的停飞在实践中更为普遍，发生频率相对较高。综上，停飞责任作为航空责任险中容易被忽视的保障，具有潜在的高额赔付可能和巨灾属性，对保险人的承保、理赔和风险管理能力提出了较高的要求。对于保险人和再保人而言，需要增强对航空业的了解，密切关注航空器技术、运营与适航管理架构的情况，注意收集和了解停飞案例及其经过等信息，结合保障范围进行风险维度和因素的梳理分析，合理控制风险暴露。

资料来源：www.ccaonline.cn/news/hot/504578.html.

本章小结

机身零备件险涉及民用客机以及通用飞机，范围较广。风险种类较多。对于该保险产品来说，如何对保险覆盖的范围进行事前核保，和事后理赔的维修记录的检查都需要专门的技术人员。因此，对于保险公司来说，如何进行专门核保和理赔人员的培养是一项非常重要的工作。

思考题

（1）我国通用航空风险特征是什么？
（2）保险公司如何控制通用航空风险？
（3）影响飞机机身一切险和零备件险的因素有哪些？
（4）如何理解飞机机身险和飞机本身价值之间的关系？

第四章　航空人身意外险

第一节　航空人身意外伤害险概述

一、航空人身意外伤害险及其特征

（一）概念

航空人身意外伤害险（以下简称"航意险"）是指被保险人在登机、飞机滑行、飞行、着陆过程中，因飞机发生意外事故而遭到人身伤害导致身故或残疾时，由保险公司按照保险条款所载明的保险金额给付身故保险金，或按身体残疾所对应的给付比例给付残疾保险金或医疗保险金。它是人身意外伤害保险在航空领域的运用，是保险公司为航空旅客或机组人员专门设计的针对性很强的商业险种之一。

航空领域人身意外伤害保险的法律调整原则与非航空领域实际上是相同的，区别仅在于保险人为被保险人承保的风险是航空意外事故致伤、致残或致死的风险，在航空人身意外保险单中，被保险的意外事故也可能从不发生。

按是否具有损害补偿性，保险分为损害补偿类保险（Indemnity Insurance）和非损害补偿类保险（Non‐indemnity Insurance）。航意险是一种非损害补偿类保险，保险人的保险责任就是按照事先约定的数额给付，无论被保险人的实际损失如何。因此，航意险一般不适用代位追偿原则。

所谓意外伤害是指遭受外来的、突发的、非本意的、非疾病的使身体受到伤害的航空事故。航空事故有多种类型，有学者将航空事故概括为起飞事故，风切变事故[1]、雷击事故、各种复杂的飞行员人为差错的事故、空中相撞事故，（空中）危险接近事故（Cases of Near Misses）、航空器飞行中分解或解体事故，航空器撞击山峰、峡谷、树木、建筑物、电线、电缆、柱杆或其他空中障碍物等引起的事故等。

（二）特征

航空事故造成旅客或机组人员的意外伤害具有以下特征[2]：

---

[1]　指风速风向突然变化。

[2]　郝秀辉，刘海安，杨万柳．航空保险法［M］．北京：法律出版社，2012.

第一，属于外来事故，不是由于被保险的旅客或机组人员的身体内部原因造成的事故，不是人体自身产生的疾病所致伤害。

第二，具有突发性，是指在瞬间发生的事故，没有较长的过程。

第三，具有意外性，是被保险的旅客或机组人员未预料的事故伤害，如飞机坠毁等，或虽可以预见或避免，但由于无法抗拒或履行职责不得回避，如飞机被劫持、机长与劫持歹徒搏斗负伤等。

第四，身体受到伤害，即航空事故已经造成被保险人的身体所属部位受伤、受残或致死。

总之，航空人身意外伤害保险通常要求被保险人因事故受到伤害或因意外原因（Accidental Means）造成身体伤害，否则无法获得补偿的保险金。

二、航空人身意外险的类型

按保险对象，航空人身意外险可分为航空旅客意外险和机组人员意外险。按投保人数，可分为个人意外伤害险和团体意外伤害险。

（一）个人意外伤害险和团体意外伤害险

个人意外伤害保险是指旅客或机组人员以单个人为被保险人，以上下飞机或航空飞行过程中可能遇到的意外伤害为保险标的的保险。

团体意外伤害保险是指以一团体组织为投保人，以该团体组织内的全体成员为被保险人，以上下飞机或航空飞行过程中可能遇到的意外伤害为保险标的的保险，其具有以下特点：

第一，投保人与被保险人不是一个人，投保人是一个投保前就已存在的单位，如航空公司等，被保险人是单位的雇用人员，如飞行员、领航员、乘务员等。

第一，保险责任主要是死亡补偿责任，如机组空勤人员从事的是高空作业，危险等级很高，只要发生航空意外，几乎是"全损"（死亡），较少出现理赔金一半（残疾）的状况，因此，这种以被保险人的死亡作为给付保险金条件的保险，作为投保人的航空公司在订立保险合同时，应经被保险人的书面同意，并认可保险金额。

第三，保险金额一般没有上限规定，仅规定最低保额。

第四，保险费率低，因投保人是单位，保险人的管理成本降低，保险费率因此降低。

第五，通常情况下，保险费交纳是在保险有效期开始之前一次交清，保险费交清后保单方能生效。

（二）航空旅客人身意外险

1. 相关概念的界定

航空旅客人身意外险是保险人专门为航空公司或商业公司运营的航空器进行航空飞行的旅客开发的一种保险工具，保险单承保的是航空旅客在飞行中或上下航空器的过程中意外身体伤害导致死亡或残疾的风险，航空旅客意外保险单的对价与机组随行人员的人身意外保险单几乎一样，承保范围是特定的期间或特定的航班。

"旅客"是指对航空器运营没有任何职责的机上所有人员,包括在航空器上没有责任而随机飞行的航空公司的雇员。其中"付费乘客"是指以付款作交换而搭乘航空器的人,不论该项付款是以何种方式于何时、何地及由何人做出的。

"航空公司"是指按照特定航线提供服务的航空承运人。但现代的意义已经不必受这个概念的限制,《牛津英语词典》中将航空公司定义为"公共航空运输系统或公司"。在英国,虽然经常使用"正规航空公司"(Regular Airline)和"认可的航空公司"(Recognized Airline),但它们都不是一个精确定义的标准术语。"正规航空公司"指的是依法获得执照、被列入航班计划的航空公司,或是指航空承运人作为非航班计划内的经营人在特殊航线上正式运营;"认可的航空公司"从文本中难以解释,法院也认为词义太模糊,泛指任何航空公司。

在国外,很多人都投保定期寿险或长期寿险为自己的身故提供保障,较少有人单独购买航空意外保险。而航空公司为保障其运营安全,均会对其旅客提供免费的人身意外事故保险,因此,航意险一般都随机票赠送,而我国的航意险目前主要还是旅客自己购买,但实践中也出现了保险公司、航空公司或银行等免费赠送的航意险。

2. 航空旅客人身意外保险单的格式

航空旅客人身意外伤害保险单一般是保险人按照意外伤害险保单普通形式制定的,如申请书和建议书的格式都是普通的格式。但在英国,也有人将航空旅客人身意外险通常称为"便条保险",即旅行者或旅行社秘书填写一张简单的申请单或保险单(叫作便条),交给保险人用以交付保险费,便条存根由承保人保存。甚至有时还使用一种更简化的便条,便条上只写被保险人的名字和承诺的保险金额即可。航空旅客人身意外伤害保险一般当场付费签名即生效,无须被保险人参加体检。

3. 航空旅客人身意外保险的投保方式

人身意外险的投保人可以是个人也可以是团体,如旅客本人、雇主或其他团体组织。如果是旅客本人投保,通常都为个人意外伤害险;如果投保人是旅客以外的人或组织,通常是团体意外伤害险。例如,雇员们在雇用期间作为航空旅客为公司业务飞行的,雇主对其雇员的生命有可保利益,雇主经常代表雇员的利益投保人身意外伤害保险。这种保险可以通过短期保险的方式投保,或者通过旅行赠券保险的方式投保。这种保险可以要求赠券所涉及的保险人就每一航班发放一定限额的赠券,也可以规定总预订保险要达到的特定限额,由被保险人按要求在每月底公布当月飞行数量。如果雇员们在受雇期间经常进行航空旅行,可以按年度投保团体人身意外伤害保险。这些做法不仅为被保险人提供了便利,其实对保险的承保人也有一定的好处,即能确保承保人有稳定的客源。

(三)机组人员人身意外险

1. 机组人员人身意外险的界定

机组人员人身意外险是保险人专门对机组人员在上下航空器、飞行过程中发生的人身意外伤害导致死亡或残疾的风险进行承保的一种保险,但也可以通过保单批注的方式扩展承保被保险人因发生空难导致的直接或间接人身伤亡,被保险人可能遭受的暂时性的和永久性的残疾，保单通常会根据每种类型规定伤害程度和应支付的最大赔偿比例。总体而言，该种保险与普通的意外伤害保险的内容基本相同。

由于目前大部分飞机保险单的责任范围是不负责被保险人的雇员人身伤亡的，例如，在航空旅客意外保险单中，通常进行如下批注：如果被保险人不是乘客，而仅为运输目的在自己驾驶的航空器飞行，起飞或着陆过程中直接或间接造成死亡的，保险人不承担保险责任。人员购买意外伤害保险，或在支付附加保险费（Additional Premium）的情况下，保险人通过删除飞机保险单中除外条款的相应部分接受机组人员意外伤害保险的投保。这种附加保险费的计算与被保险人的飞行资质、飞行经验的程度和性质、其从事的飞行性质、事故记录、保险期间被保险人可能承担的飞行数量等因素相关，因此，飞行员如果没有大量的飞行经验，在人身意外保险中将要支付相当多的附加保险费。因此，大多数航空公司只能单独为机组人员人身意外险的被保险人，或为职业飞行员进行私人支付，或为商业机空公司的客舱机组成员投保。当然，该种保单只承保被保险人在保单条款规定的范围和空间内进行的正常飞行，而且这种正常飞行要具备执照管理部门颁发的有效适航证书。

2. 机组人员的范围

机组人员是航空人员的一部分，但有关航空人员在国际上并没有统一界定。例如，《国际民用航空公约》及其附件没有规定"航空人员"的范围，只是在公约附件（人员执照）中提到飞行组人员（包括各类飞机驾驶员、飞机领航员、飞机工程师、飞行无线电报员）和其他人员（包括航空器维护技术员、工程师或机械员、空中交通管制员、航务管理员、航空电台报务员）。各国对航空人员的定义有所不同。例如，美国《联邦航空法》第101条规定：航空人员是指从事与启动状态下的航空器航行有关的任何人员，如机长、驾驶员、机械员或该机组成员；担任航空器、航空发动机、螺旋桨或航空器上设备检查、维护、翻修或维修的任何人员；以及担任航空器调度或空中交通管制和塔台的工作人员。依据《中国民用航空人员医学标准和体检合格证管理规则》，航空人员是指下列从事民用航空活动的人员：①空勤人员，包括驾驶员、领航员、飞行机械员、飞行通信员、乘务员、航空安全员；②空中交通管制员；③飞行签派员。

在机组人员人身意外险中，机组人员的范围限于运行航空器的操控人员以及地面和空中所有协助航空器运营的人员，应包括飞机驾驶员、副驾驶员、领航员、无线电操控人员、飞行机械师、飞行服务员、班机事务长和其他人员。但从航空险除外责任的角度讲，在飞机上履行职务的人员并不全是与航空器飞行直接相关的人员，例如，观察员不是航空人员的成员，因此，保险人要在保单中运用更加特别的用语排除对观察员的保险责任。

3. 机组人员人身意外险的投保方式

对于机组人员而言，出于其所从事行业的高危性，自身投保意外险常被保险公司拒保，甚至自身投保长期寿险，住院医疗保险等也被保险公司规定为"限额"投保，因此，机组人员人身意外伤害只能依赖于所在的航空公司为其投保团体意外险和雇主责任险进行补偿。

机组人员人身意外保险通常采用团体人身意外伤害保险的投保方式，因为人身意外险的保险费率与被保险人的年龄和健康状况无关，而是取决于被保险人的职业，因此，机组人员人身意外险较适合团体投保，航空公司以其机组团体为保险对象向保险人进行投保，一旦有机组人员脱离投保的团体，保险单即对该被保险人失效，投保单位可以专门为该被保险人办理退保手续，保险单对其他被保险人仍然有效。

机组人员人身意外保险还有另一种投保方式，即由航空公司通过投保雇主责任险来保障机组人员的意外伤害补偿。雇主责任险是指被保险人所雇用的员工在受雇过程中从事与保险单所载明的与被保险人业务有关的工作而遭受意外或患与业务有关的国家规定的职业性疾病，所致伤残或死亡，被保险人根据《劳动法》及劳动合同应承担的医药费用及经济赔偿责任，包括应支出的诉讼费用，由保险人在规定的赔偿限额内负责赔偿的一种保险。

比较机组人员的团体人身意外伤害险和雇主责任险，二者相同之处在于都能给机组人员提供经济上的保障。但二者属于不同的保险范畴，有着显著区别：①被保险人不同，雇主责任险的被保险人是雇主（即航空公司），团体人身意外伤害保险的被保险人是机组人员。②保险对象不同。雇主责任险的保险对象是航空公司依法对机组人员承担的损害赔偿责任，团体人身意外伤害险的保险对象则是机组人员的身体或生命。③赔偿依据不同。雇主责任险的赔偿依据是法律或雇佣合同，团体人身意外伤害保险的赔偿依据则是保险合同的约定条款。④法律后果不同。雇主责任险中保险人的赔偿是代替雇主履行应负的部分或全部赔偿责任。团体人身意外险中被保险人获得保险人的保险金后，仍可根据法律或雇佣合同向雇主行使索赔权。⑤保险金额不同。雇主责任险的保额一般确定为雇员年工资的一定倍数，团体人身意外险的保额由投保方自行确定。

三、航意险的特点

虽说航空意外险并不能阻止航空事故的发生，但航意险对于旅客而言意义重大。与旅客责任险相比较，虽然都有对旅客发生的意外事故或所致损伤或死亡进行补偿，但在许多方面存在不同，具有自己的特征，主要表现为以下五个方面：

（一）航意险是自愿保险

根据保险实施形式的不同，保险可分为强制保险和自愿保险，强制保险又称法定保险，是由国家立法强制被保险人参加的保险。自愿保险是在自愿协商的基础上，由当事人订立保险合同而实现的保险。

航空人身意外险不是强制保险，是一种自愿保险，是否购买自己决定，即使是航空人身意外团体险也是航空公司自主决定购买与否。而依据国际航空法、航空惯例及国内法，机票中所含的飞机保险责任范围包括机身险、第三者责任险、旅客责任险。航意险与旅客责任险不同，前者是自愿，后者是法定强制险；航意险的赔付款是由保险人直接付给持有保单的旅客，而旅客责任险是由保险人赔付给航空公司，再由航空公司向旅客赔付。

（二）航意险是短期保险

航意险的保险期限短，一般不超过一年，短则几天，甚至几小时，一般是从被保险人持合同约定航班班机的有效机票到达机场通过安全检查时始，到被保险人抵达目的港走出所乘航班班机舱门时止。如果被保险人改乘因各种原因由航空公司为约定航班所有旅客调整的班机或被保险人经航空公司同意对约定航班改签，且起始港和目的港与原约定航班相同的班机，合同继续有效。如果在飞机未到达目的地之前，出现停留、绕道情形，只要被保险人始终随机行动，其间所遭受的意外伤害也均在保险责任范围内。此外，保险期间还包括旅客进入舱门后飞机延误期间所遭受的伤亡。

（三）航意险的保费低廉、保障高

航意险的保费一般并不贵，比较低廉，购买团体航意险的人均保费更低。平时较少飞行的人可根据出行时间购买较短期限或单次航空意外险，这样的保费更实惠。"空中飞人"可选择保障期限为一年的航意险或者交通意外险，会节省费用，并避免重复购买的麻烦。目前还出现了信用卡付费机票可以免费附加航意险的服务。同时，航意险一般不具备储蓄功能，在保险期限终止后，即使没有发生保险事故，保险公司也不退还保险费。在有效期限内，无论是出现身故、残疾，还是住院医疗，保险公司都会给付保险金，具有较强的风险管理功能。

（四）航意险的投保手续简单

航意险是一个保险期间短、保险责任简单、保险费用相对低廉、身故和高残保额相对居高的特殊险种。航意险的销售渠道包括保险公司自有销售和委托代理机构销售。保险公司的自有销售主要有代理人、电话和网络三种销售方式，而委托代理销售一般是通过机场、售票点、旅行服务网站等进行兼业代理销售，此外，保险公司、航空公司和银行等赠送航意险也是销售渠道之一，销售对象仅为航空旅客。绝大多数被保险人是在购买机票的同时经销售人员推销而与机票同时购买，或者在机场登机前临时购买，如果投保手续过于复杂，交易时间过长，则会从根本上动摇航意险存在的基础。

（五）航意险的产品类型多样化

随着竞争的加剧，航意险产品不断丰富，期限长短、保额大小、购买途径等方面比以前更加灵活，选择范围越来越广。例如，中国人寿的"畅行航空意外保障计划"提供乘坐航班班机时发生的意外伤害而导致的身故、残疾及烧伤保障，保险期间分为7天、15天、1~12个月，保险金额最高可达100万元，保险期间和保险金额可自由选择。中国平安的"交通意外险"保障范围包括乘坐飞机、火车、地铁、汽车等交通工具，其中乘坐飞机保险金额有40万~200万元不同档供客户选择。除此之外，两全寿险、重疾险、分红险、万能险、投连险等各类人身险产品的相关产品对航空意外事故也有相应的保障作用。尤其是有些险种的保障非常之高，例如，在新华人寿的"红双喜金富贵年金保险（分红型）"中有一款保险责任是，被保险人乘坐民航班机、火车或者驾驶私家车等，在交通工具内发生意外伤害身故的，可以得到该保险投保人实际缴纳保费的3倍以及累计红利保额对应的现金价值。

四、我国航意险的发展历程

我国航意险大致经历了以下五个发展阶段：

（一）航意险的强制时期（1951～1989年）

在中华人民共和国成立初期，我国有关航空旅客意外伤害保险的规定是由中央财经委员会于1951年发布的《飞机旅客意外伤害强制保险条例》。根据该条例，保险公司以意外伤害保险金的形式来承担旅客因意外事故而受到的伤害，航空公司不再承担赔偿责任。该航意险的性质是一种强制保险。1982年4月，广西桂林空难发生后，经国务院批准，在原保险金1500元的基础上，再给付慰问金1500元。

（二）非强制性航意险的初期（1989～1998年）

进入20世纪80年代后，中国民航管理体制进行重大改革，民航局不再由空军代管，归属国务院。民航局成为国家民航事业的行政机构，统一管理我国民航的机构、人员和业务，逐步实现企业化的管理。1989年2月20日，国务院发布《国内航空运输旅客身体损坏赔偿暂行规定》（以下简称《暂行规定》）。按照《暂行规定》，承运人对每名旅客的最高赔偿金额为人民币2万元，旅客可以自行决定向保险公司投保航空运输人身意外伤害险：此项保险金额的给付，不得免除或减少承运人应当承担的赔偿金额。这标志着我国航空损害赔偿责任的承担主体已由保险公司转为承运人即航空公司，并且不再强制人身意外伤害险的投保。

1989年3月20日，中国人民保险公司和民航总局联合发出《关于开展国内航空运输人身意外伤害保险业务的通知》，决定在全国开办国内航空运输人身意外伤害保险业务，由中国人民保险公司各分公司委托当地航空运输企业代办有关保险手续。

在航意险试验的基础上，1989年5月1日，中国人民保险公司与民航总局、国务院法制办共同研究制定了新的航意险保险条款，在全国范围内正式开办了非强制性的航意险。到20世纪90年代初期，随着保险市场主体的增加，航意险逐渐陷入混乱状态。例如保险手续费、代理费恶性竞争、假保单在市场大量出现。为规范竞争，1996年12月13日，中国人民银行、财政部、中国民用航空总局联合发布《关于支付航空人身意外险手续费的通知》。1997年，中国人民银行发布了《关于继续整顿航空旅客人身意外伤害保险市场的通知》，规范航意险销售的许可、原则、地点等问题。

（三）航意险的统颁条款时期（1998～2002年）

1998年以来，因航意险手续费恶性竞争，市场混乱，各地普遍开始对航意险实行共保，即由各保险公司组成"航空意外保险共保体"，统一销售管理保单、统一支付手续费并按照统一的份额比例分担收入和支出。2000年11月20日，保监会发布了《关于启用航空旅客人身意外伤害保险新版共保保险单通知》。2002年10月，修订后的《保险法》规定，保险监管机构不再制定保险条款，统一的《航空旅客人身意外伤害保险条款》丧失了法律依据。为规范航意险业务的发展，保监会根据新《保险法》，在2002年12月27日发布了《关于加强航空意外保险规范管理有关问题的通知》。

（四）航意险的行业指导性条款时期（2003～2007年）

根据2003年1月1日起施行的《关于加强航空意外保险规范管理有关问题的通知》，保监会正式启动航空意外保险市场化改革，改革的主要目的是保障投保人利益和提高客户服务水平。

2003 年 1 月 10 日，保监会发布公告，规定由中国人寿保险公司、中国太平洋人寿保险股份有限公司和中国平安保险股份有限公司联合设计的《航空旅客意外伤害保险》已经中国保监会审核认可，并将其确认为行业指导性条款。

为了推进航空意外保险改革，落实《关于加强航空意外保险规范管理有关问题的通知》的精神，2003 年 2 月 25 日，保监会发布了《关于加强航空意外保险规范管理的补充通知》。2003 年 2 月 27 日，中国保监会发布了《关于消费者购买航空旅客人身意外保险注意事项的公告》。

中国保监会先后出台了多个规范性文件，推动航空意外保险的改革，通过上述一系列的改革措施，从 2003 年 3 月 1 日起，我国保险市场上的航意险呈现出几大变化：①电脑出单。手工开具的保单一律作废，改由电脑新版票出单，否则无法律效力。②保额翻番，即保险费用 20 元不变，保险赔付额由 20 万元增至 40 万元。③限购 5 份，乘客每人最多限购 5 份"航意险"，最高保额为 200 万元。④保险期限自通过安检起开始，至安全到达目的港为止，而此前起点是登机后有效。⑤低龄同享，原"航意险"规定，0～5 岁的低龄者，最高保额为 5 万～10 万元，现均升至 40 万元。

这场改革使原来的统颁条款转变为行业指导性条款，鼓励了保险公司自主开发，销售含有航空意外责任的航意险替代产品，丰富了消费者的投保选择，打破了航意险"一险独大"的垄断局面，逐渐降低了其保单销售的份额和市场影响力。

（五）航意险的市场化时期（2007 年至今）

2007 年 6 月 5 日，国际航客运输协会（IATA）要求所有会员都必须从 2008 年 6 月 1 日起将纸质机票全部为电子票所取代。为了进一步深化我国航意险的改革，2007 年 9 月 14 日，中国保监会发布保监颁发《关于加强航空意外保险管理有关事项的通知》（以下简称《通知》）。该通知在以下四个方面实现了突破：①废止航意险行业指导性条款，加大市场机制作用；②规范公司内控管理，提高业务、财务数据真实性；③明确再保险要求，防范巨灾风险；④鼓励开发替代产品，丰富投保选择权。这意味着保监会对航意险"共保"的支持开始向"共管"模式发展，通过消费者在键盘上操作来选择投保的保险公司，使航意险的市场份额及费用承担由人为划分转变为市场选择，因此，《通知》的下发标志着航意险改革迈出了重要的一步。

2009 年 8 月 17 日，保监会印发《关于印发人身意外伤害保险业务经营标准》的通知，对各保险公司的意外险单证的上机管理、销售管理、财务管理、查询服务、产品管理等方面进行了详细规定。目前，各保险公司均推出了不同价位的保费对应不同级别保险金额的航意险产品，开发了大量航意险替代产品，出现了银行网点代销、送单上门、手机短信投保、网上投保等模式的多渠道、多方式的销售局面，航意险竞争的重心开始从手续费竞争转向了产品和服务竞争。自此，我国航意险迎来了"百花齐放"的时代。各种类型的航意险产品满足了不同旅客的不同需求，对遭遇意外伤害的旅客发挥了及时的保险救助作用。例如，在伊春空难中，保险公司的赔付极大地解决了遇

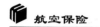

难或重伤乘客家庭即将面临的困境。

第二节　航意险合同内容及承保条件

一、航意险的主要条款

在航意险合同中，除了保险人、被保险人、保险事故等内容之外，主要条款还包括：

（一）保险责任

1. 意外伤害身故保险金

被保险人在乘坐民航客机期间因遭受意外伤害事故而身故的，保险公司按其意外伤害保险金额给付"意外伤害身故保险金"，保险责任终止。

2. 意外伤害残疾保险金

被保险人因意外伤害发生身体残疾的，保险公司按保险单所载保险金额及该项身体残疾所对应的给付比例给付残疾保险金。

3. 意外伤害医疗保险金

被保险人因意外伤害未造成身故或残疾的，对被保险人在此期间实际支付的医疗费，保险公司按照保单规定的比例和最高金额范围给付医疗保险金。当然，不同险种的航意险，意外伤害医疗保险金有所不同。

（二）保险期限

航空人身意外保险合同约定的保险期限因不同的保单而有所不同，少则几天，多为一年，自起保日的 0 时起到期满日的 24 时止，期满时，另办续保手续。每次航班的保险期限一般是从被保险旅客踏入保单上载明的航班班机的舱门开始，至飞抵目的港走出舱门为止。

（三）受益人的指定

受益人是指人身保险合同中由被保险人或者投保人指定的享有保险金请求权的人，投保人或被保险人在订立保险合同时，可指定一人或数人为受益人。受益人为数人时，需指定受益顺序和受益份额。如未指定份额，则各受益人平均分配享受受益权。被保险人是无民事行为能力或者限制行为能力的人时，可以由其监护人指定受益人。当需要变更受益人时，需要得到保险公司的允许并批注。

我国《保险法》第三十九条规定，人身保险的受益人由被保险人或者投保人指定，投保人指定受益人时须经被保险人同意。但在实务中，销售人员并不告知投保人，被保险人有权指定身故受益人。而为了不让保险单出现空白项，大多数航意险保单上的受益人一栏被印制为"法定"或"法定受益人"，这种业内普遍的做法显然有保险公司指定受益人之嫌疑，侵犯了投保人和被保险人对受益人指定的专属权，其实，保险公司只能有"未指定"的记载权。

（四）担保条款

在航空人身意外保险单中，通常也包括担保条款，保证被保险人及其代理人和雇员都遵守空中航行规则，适航条例以及有关当局发布的要求。

（五）失踪认定

航空人身意外保险单通常规定：如果经过合理的时间后，保险人查验了所有可利用的证据，没有理由认定事故没有发生，对于被保险人的失踪，才可依属保单提出索赔。也就是说，对于被保险人的失踪，只有在有管辖权的法院确认其死亡时才能认定其意外身亡。

（六）保险人说明义务的条款

航意险合同全部采用格式条款订立，旅客购买航意险时，保险人应依据《保险法》第十七条规定，履行对合同内容的一般说明义务、免责条款的合理提示义务，以及免责条款的明确说明义务。说明的方式采取书面或口头两种方式，其中书面说明方式，可以包括印制专门的条款说明材料、在投保单上对免责条款以加黑加粗或字体加大或异体字形的方式进行提示、将免责条款单独印制等。口头说明方式，在不同的销售方式下可采取不同的做法。但是，长期以来，我国航空旅客购买航意险时，保险公司及其代理人对提供保险条款不够重视；航空旅客或帮助购买人员也很少主动要求索取保险条款。柜面投保时，购买者虽交完保费后可拿到一份航意险保单，但保单的背面只印制有条款的内容摘要。通过电话或网络销售渠道投保的客户，基本没有保险单，也没有保险条款，其体现保险合同关系成立的只是在《航空运输电子客票行程单》上注明"保险费20元"。这种做法不利于航空旅客权益的保护，也不利于保险公司的合规经营。因此，保险公司应在投保单（背面）印制航意险条款，或印制单独的航意险条款供柜台购买者索取和查阅，或以播放录音、电子阅读的方式向投保人提供。如果保险人在订立合同时没有对保险条款应注意的内容向投保人作出明确说明或未作提示，该条款将不产生效力。

二、简化的航意险合同示例

合同编号：_____

航空旅客意外伤害保险合同

甲方：_____

乙方：_____

签订日期：____年____月____日

第一条　保险合同的构成

航空旅客意外伤害保险合同（以下简称本合同）由保险单或者其他保险凭证及所附条款、批注、附贴批单、投保单以及有关的投保文件、声明、其他书面协议构成。

第二条　投保范围

一、凡持有效机票乘坐客运航班班机的旅客，可作为被保险人参加本保险。

二、具有完全民事行为能力的被保险人本人或者对被保险人有保险利益的其他人可作为投保人。

第三条　保险责任

在本合同保险期间内，被保险人遭受意外伤害，本公司依下列约定给付保险金：

1. 被保险人自意外伤害发生之日起一百八十日内因同一原因身故的，本公司按保险金额给付身故保险金。

2. 被保险人因意外事故下落不明，经人民法院宣告死亡的，本公司按保险金额给付身故保险金。

3. 被保险人自意外伤害发生之日起一百八十日内因同一原因身体残疾的，本公司根据《人身保险残疾程度与保险金给付比例表》（见附表）的规定，按保险金额及该项残疾所对应的给付比例给付残疾保险金。如治疗仍未结束的，按第一百八十日的身体情况进行残疾鉴定，并据此给付残疾保险金。被保险人因同一意外伤害造成一项以上身体残疾时，本公司给付对应项残疾保险金之和。但不同残疾项目属于同一手或者同一足时，本公司仅给付其中一项残疾保险金；如残疾项目所对应的给付比例不同时，仅给付其中比例较高一项的残疾保险金。

4. 被保险人因遭受意外伤害在本公司指定或者认可的医院住院治疗所支出的、符合被保险人住所地社会医疗保险主管部门规定可报销的医疗费用，本公司在保险金额的10%的限额内，按其实际支出的医疗费用给付医疗保险金。

5. 本公司所负给付保险金的责任以保险金额为限，对被保险人一次或者累计给付的保险金达到其保险金额时，本合同对该被保险人的保险责任终止。

第四条　责任免除

因下列情形之一，造成被保险人身故、残疾或支出医疗费用的，本公司不负给付保险金的责任：

1. 投保人、受益人对被保险人的故意杀害、伤害。

2. 被保险人故意犯罪或拒捕。

3. 被保险人殴斗、醉酒、自杀、故意自伤及服用、吸食、注射毒品。

4. 被保险人受酒精、毒品、管制药物的影响而导致的意外。

5. 战争、军事冲突、暴乱或武装叛乱。

6. 核爆炸、核辐射或核污染。

7. 被保险人乘坐非本合同约定的航班班机遭受意外伤害。

8. 被保险人通过安全检查后又离开机场遭受意外伤害。

第五条 保险期间

一、本合同保险期间自被保险人持本合同约定航班班机的有效机票到达机场通过安全检查时始，至被保险人抵达目的港走出所乘航班班机的舱门时止。

二、被保险人改乘等效航班，本合同继续有效，保险期间自被保险人乘等效航班班机通过安全检查时始，至被保险人抵达目的港走出所乘等效航班班机的舱门时止。

第六条 保险金额和保险费

一、保险金额按份计算，每份保险金额为人民币400000元。同一被保险人最高保险金额为人民币2000000元。

二、保险费由投保人在订立本合同时一次交清，每份保险费为人民币20元。

第七条 受益人的指定和变更

一、被保险人或者投保人可以指定一人或者数人为身故保险金受益人。受益人为数人的，被保险人或者投保人可以确定受益顺序和受益份额；未确定受益份额的，受益人按照相等份额享有受益权。

二、被保险人或者投保人可以变更身故保险金受益人，但需书面通知本公司，由本公司在保险单上批注。

三、投保人指定或者变更身故保险金受益人时，须经被保险人或者其监护人书面同意。

四、残疾保险金、医疗保险金的受益人为被保险人本人，本公司不受理其他指定或者变更。

第八条 保险事故的通知

投保人、被保险人或者受益人应于知道或者应当知道保险事故发生之日起五日内通知本公司。否则，投保人、被保险人或者受益人应承担由于通知迟延致使本公司增加的勘查、检验等项费用。但因不可抗力导致的迟延除外。

第九条 保险金的申请

一、被保险人身故，由身故保险金受益人作为申请人，填写保险金给付申请书，并凭下列证明和资料向本公司申请给付保险金：

1. 保险单或其他保险凭证。

2. 受益人户籍证明或身份证明。

3. 公安部门或本公司认可的医疗机构出具的被保险人身故证明书。

4. 如被保险人因意外事故下落不明被宣告死亡，受益人须提供人民法院出具的宣告死亡证明文件。

5. 由承运人出具的意外事故证明。

6. 被保险人户籍注销证明。

7. 受益人所能提供的与确认保险事故的性质、原因等有关的其他证明和资料。

二、被保险人残疾，由被保险人作为申请人，填写保险金给付申请书，并凭下列证明和资料向本公司申请给付保险金：

1. 保险单或其他保险凭证。

2. 被保险人户籍证明或身份证明。

3. 由本公司认可的医疗机构或医师出具的被保险人残疾程度鉴定书。

4. 由承运人出具的意外事故证明。

5. 被保险人所能提供的与确认保险事故的性质、原因、伤害程度等有关的其他证明和资料。

三、被保险人支出医疗费用的，由被保险人作为申请人，填写保险金给付申请书，并凭下列证明和资料向本公司申请给付保险金：

1. 保险单或其他保险凭证。

2. 被保险人户籍证明或身份证明。

3. 本公司认可的医疗机构出具的诊断证明和医疗费用原始收据。

4. 被保险人所能提供的与确认保险事故的性质、原因等有关的其他证明和资料。

四、本公司收到申请人的保险金给付申请书及本条第一、第二或者第三款所列证明和资料后，对确定属于保险责任的，在与申请人达成有关给付保险金数额的协议后十日内，履行给付保险金义务；对不属于保险责任的，向申请人发出拒绝给付保险金通知书。

五、本公司收到申请人的保险金给付申请书及本条第一、第二或者第三款所列证明和资料之日起六十日内，对属于保险责任而给付保险金的数额不能确定的，根据已有证明和资料可以确定的最低数额先予以支付，本公司最终确定给付保险金的数额后，给付相应的差额。

六、如被保险人在被宣告死亡后生还的，受益人应于知道或者应当知道被保险人生还后三十日内退还本公司已支付的保险金。

七、被保险人或者受益人对本公司请求给付保险金的权利，自其知道或者应当知道保险事故发生之日起两年不行使而消灭。

第十条　投保人解除合同的处理

一、本合同成立后，投保人可以在本合同约定的航班班机起飞前申请要求解除本合同。但在本合同约定的航班班机起飞后，或被保险人因故未乘坐本合同约定的航班班机，在该航班起飞三十日以后，投保人不得要求解除本合同。

二、投保人要求解除本合同时，应提出解除合同申请，并提供下列证明和资料：

1. 保险单或其他保险凭证。

2. 投保人户籍证明或身份证明。

3. 被保险人未乘坐本合同约定的航班班机的有效证明（若被保险人因故未乘坐本合同约定的航班班机）。

三、解除合同时，本公司在扣除所交保险费10%的手续费后退还所交的保险费。

第十一条　争议处理

本合同争议的解决方式，由当事人在合同中约定从下列两种方式中选择一种：

1. 因履行本合同发生的争议，由当事人协商解决，协商不成的，提交_____仲裁委员会仲裁。

2. 因履行本合同发生的争议，由当事人协商解决，协商不成的，依法向保险单签发地有管辖权的人民法院提起诉讼。

第十二条 释义

不可抗力：是指不能预见、不能避免并不能克服的客观情况。

意外伤害：是指外来的、突发的、非本意的、非疾病的使身体受到伤害的客观事件。

等效航班：是指由于各种原因由航空公司为约定航班所有旅客调整的班机或被保险人经航空公司同意对约定航班改签并且起始港和目的港与原约定航班相同的班机。

战争：是指国家与国家、民族与民族、政治集团与政治集团之间为了一定的政治、经济目的而进行的武装斗争，以政府宣布为准。

军事冲突：是指国家或民族之间在一定范围内的武装对抗，以政府宣布为准。

暴乱：是指破坏社会秩序的武装骚动，以政府宣布为准。

三、人身意外伤害保险的承保条件和赔付情况

（一）承保条件

人身意外伤害保险的承保条件（或范围）较宽。相对于其他业务，人身意外伤害保险的承保条件一般较宽，高龄者可以投保，而且对被保险人不必进行体格检查。

在实务中，航空旅客意外伤害险的承保条件一般包括以下两条：

（1）凡持有效机票乘坐客运航班班机的旅客，可作为被保险人参加本保险。

（2）具有完全民事行为能力的被保险人本人或者对被保险人有保险利益的其他人可作为投保人。

由此可见，航空旅客意外伤害险的承保条件整体较为宽松。当然，隐含的前提条件是飞机发生事故且对旅客人身造成损失。

（二）赔付情况

航空旅客意外伤害险承保条件的赔付主要包括以下三种情形：①在有效期内身故，给付身故保险金；②在有效期内残疾，给付残疾保险金；③在航空意外保险合同有效期内，未造成身故或残疾，按3万元的限额给付医疗保险金。

航空意外险是非强制险，是否购买自己决定。受益人的指定和变更有如下规定：投保人或被保险人在订立保险合同时，可指定一人或数人为受益人。受益人为数人时，需要指定受益顺序和受益份额；如未指定份额，则各受益人平均分配享受受益权。被保险人是无民事行为能力或者限制行为能力的人时，可以由其监护人指定受益人。当需要变更受益人时，需要得到保险公司允许并批注。

航空意外险即在保险期限内，因遭受意外伤害导致身故或残疾，自伤害发生日起180日内，由保险公司按照保险条款所载明的保险金额给付身故保险金或按身体残疾所对应的比例给付残疾保险金。航意险的保险期限是从被保险乘客踏入保单上载明的航班班机的舱门开始，到飞抵目的港走出舱门为止。不论年龄，每份保单的保险费为20元。保险金额

包括身故及残疾赔偿 20 万元、意外医药费赔偿最高 2 万元（根据实际发生的医药费赔偿）。国内和国际航班的乘客均可购买，赔付标准是一样的。航意险 1 份起卖，同一名乘客最多可买 10 份。

<h2 style="text-align:center">第三节　航意险的除外责任</h2>

一、一般除外责任

在航空领域的人身意外伤害保险中，通常会排除特定航空风险引发或造成的伤亡。为了排除特定的航空风险，曾采取了各种方法。最初是将航空除外条款插入普通人身意外伤害和人寿保险单中，排除被保险人使用航空器旅行或飞行导致的直接或间接后果——被保险人伤亡的赔偿责任。"旅行或飞行"的术语被认为是从登机开始到下机这段时间，而不是在空中或地面实际移动的期间，但因这些条款的解释存有一定的困难，所以，现代保险的除外条款承认了旅行风险，旅客在商业运输的航空器中遭受意外伤害不再被保险排除。

（一）因果关系的排除

在航空人身意外伤害保险中，无论被保险人是航空旅客还是机组人员，保险人承担责任必备的前提是被保险人的伤亡与其从事的活动进而发生的事故存在必然的因果关系。

（二）疾病或自然原因的排除

在航空旅客和机组人员的人身意外伤害保险中，除了上述因果关系这个共同除外责任之外，还有一个共同除外责任，即被保险人的死亡或残疾是疾病或自然原因造成的。例如，被保险人因心脏病发作致使其驾驶的滑翔机失控坠毁后死亡，如果被保险人的航空人身意外事故保险单规定的承保范围是在乘坐上下固定翼航空器期间因外部的、暴力的和可见的方法发生事故引起的身体伤害，保单就将排除疾病或自然原因造成的死亡或残疾，如果因果链条始于心脏病发作，也没有外来原因打破该因果链条，这属于除外责任的范围，此类诉讼会被驳回索赔请求。

（三）我国旅客航意险的一般除外情形

综观我国各种航空旅客人身意外伤害保险条款，保险公司不负给付保险金责任的情形大同小异，通常包括以下情形：①投保人或被保险人的故意隐瞒，欺诈行为；②投保人、受益人对被保险人的故意杀害、伤害；③被保险人犯罪，拒捕；④被保险人斗殴，自杀、战争自伤或因受酒精、毒品及管制药物的影响；⑤被保险人未遵医嘱，私自服用、涂用、注射药物；⑥被保险人精神疾患（精神错乱或失常）；⑦被保险人流产、分娩；⑧被保险人患有艾滋病或者感染艾滋病毒（HIV 阳性）期间；⑨被保险人从事或参与恐怖主义活动、邪教组织活动；⑩战争、军事行动、暴乱或者武装叛乱；⑪核爆炸、核辐射或者核污染；⑫被保险人违反民用航空管理相关法律法规及承运人关于安全乘坐等规定的行为导致的意外；⑬被保险人通过安全检查后又离开机场遭受意外伤害；⑭直接或间接由失眠导致的伤残、身故或疾病；⑮被保险人乘坐非本合同约定的航班班机遭受意外伤害。

二、航空旅客人身意外险的特殊除外责任

在普通的人身意外和人寿保险单中，多数都排除被保险人从事空中飞行直接或间接导致伤残或死亡的赔偿责任，除非他是以一个乘客的身份乘坐商业航空承运人持照经营的具有适当执照的多发动机的航空器或乘坐商业航空公司所有或经营的航空器。因为持照经营的航空器应当具有有效的适航证书，从事公共航空运输的航空器都应具有有效的航空承运人证书。

在航空旅客人身意外保险单中，不仅承保乘坐航空公司定期或非定期航班以及包机经营人的航空器旅行的旅客，而且承保乘坐航空公司所有或使用的航空器旅行的旅客。至于乘客是付费乘坐还是持票乘坐并没有要求。因此可以推断，作为航空公司的客人或被邀请人，无论任何原因，即使只是为了娱乐飞行，只要在飞机上作为乘客，就将有权根据条款的惯例被保险公司承保。其中，保险条款中"持票旅客"包括进行包机飞行的旅客，因为没有立法规定承运人必须直接对包机旅客签发客票，所有旅客仅用一张票搭飞机。因此，保险公司应该按照航空公司对其所有旅客直接签发客票的情形对所有旅客进行承保。

三、机组人员人身意外险的特殊除外责任

在普通的人身意外伤害和人寿保险单中，不包括航空展览飞行、试验和测试飞行、特技飞行和其他非正常飞行，除非有特殊批单进行承保。也就是说，对于从事特殊飞行任务的飞行人员，如进行跳伞表演、空中特技表演或航空摄影等，保险人通常为他们提供特殊的单独事故保险单，机组人员人身意外事故保险的除外责任通常包括：被保险人在精神错乱或酒精中毒，或药物影响，或携带军用武器从事服务等情形下发生的死亡或残疾。

第四节　航意险的产品类型

一、传统航意险

传统航意险的成立表现为一种书面保险合同，由保险单（或其他保险凭证）及所附条款，投保单及被保险人客单等与保险合同有关的投保文件、合法有效的声明、批注、附贴批单及其他书面协议构成，如果构成保险合同的文件正本需留保险公司存档，则其复印件或电子影像视为保险合同及保险合同的附加构成部分，如果正本与复印件或电子影像的内容不同，则以正本为准，传统航意险除表现为纸质保单之外，价格厘定，保额固定，保险条款缮单，是保险市场中高度同质化的保险产品。例如，自从 1998 年中国人民银行颁

发统颁条款后，航意险表现为"保额 20 万元，保费 20 元"的统一标准。自 2003 年保监会颁发行业指导性条款之后，航意险始终遵循"保费 20 元，保额 40 万元"的标准，保持着条款、费率和保单由保监会"三统一"的老传统，到 2007 年才放开定价。传统航意险的保险期限较短，只保一趟航班，即从上飞机时起至安全走出飞机时止，仅有几小时的保障期，并且没有意外伤害医疗费用的保障。此外，航意险的销售渠道主要是依靠进驻机场销售和代理商代理销售。但因机场设摊租金的不断提高，增加了保险公司销售航意险的成本，因此航意险的代理销售一度出现了"空心保单"的乱象。

二、电子化航意险

随着电子机票的出现，航意险的合同形式也呈现电子化发展趋势，电子化航意险是依附于电子客票产生的一种创新保险模式，该形式的航意险不再需单独给旅客提供一份纸质保单，是一种无纸化的保单。

电子化航意险的保费支付、投保提示等信息都直接打印在电子客票行程单上，需要与电子客票一起购买，这种保单信息与电子客票信息"合二为一"的方式，不仅方便了旅客购买和携带，而且因航意险的出单信息与乘机人信息同时存储，出单信息与保险公司数据库实现实时对接，保险数据更加准确、真实可靠，并可随时接受监控，杜绝了"空心保单"的现象。

电子化航意险的购买方式多样化，除在代理商和机场购买之外，还可在保险公司官网开通的投保系统购买。如果旅客需要报销凭证，以电子客票行程单即可作为保费报销凭证，因保费已被记录在国税行程单的保险费一栏之中。目前，电子化航意险产品呈现多元化，如中航三星人寿开发的航意险，每份保费为 20 元，保额为 60 万元，并提供最高 6 万元保额的意外伤害医疗保险。

三、航意险的替代产品

自 2007 年 12 月 1 日起，保监会的统一式保单正式退出市场，航意险产品开发权和定价权被交给保险公司，保险市场上出现了各种航意险的替代产品。下面介绍几种有特色的航意险替代产品。

（一）综合性航意险

目前，在市场上出现的综合性航意险，不仅覆盖传统航意险的保障范围，在保险责任、保险期限等方面也有一定的优势，舍弃了传统航意险的单一形式，保障更全面，至少包括飞机、轮船、汽车、火车四类最基本的交通工具，部分产品还会增加对地铁、轻轨的交通意外保障。在保险期限上有一日、七日、一年等多种选择，有的还承担相应的意外医疗费用，因此，综合性航意险的性价比更高，例如，平安保险公司推出的"交通综合意外保险"，涵盖了航意险及汽车、火车、轮船等综合交通工具的意外险。保额可在 40 万～200 万元自由选择，保险期限也可在 1～12 个月中任选。

（二）信用卡附赠的航意险

在实践中较常出现免费赠送的航意险，例如航空公司向其特殊乘客（如航空公司旗下俱乐部成员或持有航空公司常旅客卡的乘客）赠送航意险、银行对办理其信用卡且用该信用卡购买机票的持卡人赠送航意险等。

1. 我国信用卡附赠航意险的法律基础和实践

根据《人身意外伤害保险业务经营标准》的规定，与意外险产品不得捆绑在非保险类商品和服务上向不特定公众销售或变相销售，对于"捆绑"一词的含义，在中国保险监督管理委员会 2010 年 1 月 11 日发布的《关于银行为信用卡客户赠送意外伤害保险有关问题的复函》中进行了明确回复："捆绑"是指意外伤害保险产品不单独标价向客户销售，或者不作为单独产品向客户赠送。银行作为投保人支付保险费，将意外伤害保险产品单独赠送给信用卡客户，不属于保险公司捆绑销售保险产品的行为。表明保险公司是可以与银行合作的，由此，近些年来，一些银行针对信用卡市场逐渐激烈的竞争，开始在增值服务上免费赠送航意险，额度为 50 万 ~ 3000 万元。

目前，我国信用卡附赠的航意险一般有两种方式：一种是用信用卡到指定的地点购卡购买飞机时，即可获得航意险；另一种是只要成功申办了信用卡，即可全年获有一定数额的保险，不需要另外购买，例如，中国工商银行的牡丹白金卡只要办理成功，就可获保险金额为 400 万元的航意险；交通银行白金卡、深圳发展银行白金卡等开卡即可免费赠送航意险。在实践中，不仅金卡可享受赠保险，许多普通卡也能享受附赠险，并且附赠航意险的信用卡的发卡银行越来越多。

2. 信用卡附赠航意险的特点

（1）信用卡附赠航意险的价格较便宜，有利于银行控制信用卡成本，并且投保手续简单，理赔界定容易，便于操作。

（2）信用卡附赠航意险的保险期限一般较短，适用范围较窄，持卡人只能被动接受，无法自主搭配组合，也就很难做到见机行事，并且获得赔付的挂钩条件较多。

（3）信用卡附赠航意险更为经济划算，普通的航意险有保障的时效性和局限性。每次飞行都重新购买，比较麻烦，保险期限较短，保额较低，保额大多不超过 200 万元，即使民生银行的航意险，保额基本是 50 万元，能达百万元的不多，而通过申办和使用信用卡赠送的航意险，一般不累计航空里程和乘机次数。

3. 信用卡附赠航意险的生效条件

银行信用卡附赠的保险其实不是免费享受的，各银行都制定有保险生效条件，例如，民生银行规定其保险生效条件为：被保险人（或连带被保险人）持民生信用卡支付本人（或同行配偶、子女）全额飞机票款或 80% 以上（含）旅行团费，即可获得保险人承保的机票当次航班（含转签）或当次旅行乘坐的航班（含转签）航空意外险保障。此外，实践中各银行信用卡附赠险的内容差异很大，不同银行和不同卡种赠送的保额不尽相同，甚至连被保险人也有限制，有的附赠险只针对持卡人本人，有的则包括持卡人家人或他人。因此，在申办信用卡时，必须了解清楚信用卡附送保险的服务内容、获赠渠道及索赔

范围，所涉保险公司和险种对理赔材料、理赔时间的不同要求，避免发生理赔障碍。

4. 信用卡附赠航意险的除外责任

信用卡附赠航意险保单的除外责任通常包括以下原因造成的死亡或残疾：被保险人未遵医嘱，私自服用、涂用、注射药物；被保险人、受益人的故意行为；因被保险人恶意行为而导致的打斗、被袭击或被谋杀；被保险人妊娠、流产、分娩、药物过敏、食物中毒；被保险人故意接触异常危险；原子能或核能装置所造成的爆炸、污染或辐射等。

（三）赠券保险

航空旅客人身意外伤害保险还有另一种形式，即采用旅客赠券保险。赠券保险是为简化人身意外伤害保险形式而出现的，由保险人或其代理人签发，承保未来航空旅客的保险利益，在赠券形式的保险实践中，被保险人一般不必填写烦琐的投保单，仅需完成个人资料的填写和保证健康状况良好，甚至有些赠券也不要求被保险人保证健康良好，只规定相应的除外条款。但在特定情况下，被保险人会被要求填写一个类似于投保单的表格，真实准确地回答赠券表中设计的一些问题，如果保险人没有表明其他要求，被保险人就没有义务主动提供其他更多信息，即使这些信息是重要事项，即可能影响保险人是否接受承保风险以及保险费的确定。

（四）年金型和全保型航意险

目前，出现了一些更加人性化的航意险替代产品，比传统航意险的保险期限和保险金额都高些，保障期限除几小时的航程之外，一年期险种成为主流。例如，太平航空意外伤害保险条款规定的保费为每份 40 元，保险金额为 40 万元；人保寿险的"畅享人生年金保险产品"，保险金额为 24 万元，如客户发生航空意外，可以获得 40 倍保险金额即 960 万元的保险赔付。

随着航意险产品的开发，出现了"全保型"的航意险，例如昆仑航空意外伤害保险规定的保费为 66 元，保险金额为：意外残疾保险金 50 万元；意外身故保险金 50 万元；意外医疗保险金 15 万元；意外住院津贴保险金 9000 元。

案例

用航空意外险锁定风险

2014 年 7 月 23 日晚 7 时许，台湾复兴航空一架从高雄飞往澎湖的 GE222 次航班因天气不佳紧急迫降时失事，造成 48 人罹难，11 人受伤。事故发生后，马公机场关闭，最终造成 49 人罹难。

真相调查：事故航班受天候影响迫降

据台湾媒体消息，坠机发生后，复兴航空总经理徐以聪出面道歉。徐以聪哽咽表示，所有应负责任及后续处理，都会全力协助。最后，他深深一鞠躬致歉。台湾复兴航空公司昨晚召开新闻发布会声明，出事航班原定 6 时 30 分抵达马公，受天候影响，紧急迫降于机场附近西溪村。目前受伤旅客已分别送往澎湖署立医院、"三军总医院"澎湖分院接受

出行时间，费用仅为 10 元。在旅行期间游客乘坐飞机、火车、轮船、汽车等交通工具，或者在参观景点时遇到自然灾害和人身伤害，均可获得保险保障。

本章小结

航空人身意外险是人身意外伤害保险在航空领域的运用，是保险公司为航空旅客或机组人员专门设计的针对性很强的商业险种之一。按保险对象，航空人身意外险可分为航空旅客意外险和机组人员意外险。按投保人数，可分为个人意外伤害险和团体意外伤害险。航意险具有自愿保险、属于短期保险、保费低保障高、投保手续简单和产品类型多样化五大特征。航意险的主要条款除了保险人、被保险人、保险事故等内容外，还包括保险责任、保险期限、受益人的指定、担保条款、失踪认定、除外责任和保险人议明义务的条款等。在航空领域的人身意外伤害保险中，通常会排除特定航空风险引发或造成的伤亡。除外责任又包括一般除外责任和特殊除外责任。航意险的产品类型目前主要有传统航意险、电子化航意险和航意险替代产品三类。

思考题

（1）简述航空人身意外伤害险及其特征。
（2）简述航空人身意外伤害险的类型。
（3）简述航空人身意外伤害险的特点。
（4）简述航空人身意外伤害险的主要条款。
（5）简述航空人身意外伤害险的除外责任。

第五章　航空第三方责任保险

第一节　航空第三方责任保险概述

一、航空第三方责任险的定义

航空第三方责任保险有广义和狭义之分，广义的航空第三方责任保险，泛指以被保险人对第三方依法应负的损害赔偿责任为保险标的，当第三方向被保险人请求赔偿时，由保险人负责赔偿的保险。在广义的航空第三方责任保险中，被保险人包括航空器经营人或所有人、航空器和其他航空产品制造人、航空港或机场经营人、航空燃油供应人、航空展示场经营人等。

狭义的航空第三方责任保险，通常是指被保险人的航空器在运营过程中造成第三人的人身伤亡或财产损害，由保险公司承担航空器经营人或所有人依法应负的赔偿责任的保险。该种责任保险承保的是被保险人对第三人的损害赔偿责任而不是对乘客的责任，包括航空器的空中相撞；从飞行中的航空器上坠落的物体如燃料、化学物品；航空器发出的噪声；航空器在地面上发生的事故，如螺旋桨击打（Propeller Strikes）、飞机滑行事故（Taxiing Accident）、喷流（Jet Blast）、燃油渗漏（Fuel Spillage）载运货物发生外溢、泄漏或活体动物逃逸致人损害或伤亡等。

航空第三方责任保险的保险单在实践中有较大差异。对于航空公司或较大的航空器经营人而言，通常不单独对航空器运营进行保险，而是对航空器运营产生的一切责任投保综合险，其中包括第三方责任保险。

但近些年来，保险人开始提供了各种单独的航空第三方责任保险单。根据第三方责任保险单的要求，被保险人因其被保险的航空器坠毁或从其上坠落的人或物造成的第三人损害，被保险人因依法应赔偿第三人的损失或损害而遭受损失时，保险人有义务对被保险人的这种损失进行补偿。即使被保险人被免除了对第三方的赔偿责任，保险人也要对被保险人的这种赔偿责任进行补偿。在任何情况下，大多数保单都禁止被保险人在没有经过保险人同意的条件下对赔偿责任或给付进行承诺。

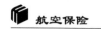

二、航空第三方责任险法定的必要性

所谓航空第三方责任保险，是指航空保险人一般要补偿被保险人的损失，该损失是被保险人因被保险的航空器或从其上坠落的人或物造成的第三人身体伤害（无论是致命或其他）和财产损失应该支付的损害赔偿金总数额。除了直接的身体伤害，保险额可能也包括保险单中特别陈述的任何航空器在所有、维修或使用中产生事故造成的疾病、病害和精神痛苦。

在航空行为的领域，危险是系统性的，系统的危险就产生于大规模的连续的重复的航空飞行行为，这种危险一定会造成第三人"意外的"损害。第三人遭受航空意外损害的情形通常有三种可能：

（1）航空器空中相撞，直接造成对方航空器上的乘客或机组人员伤亡或财物毁损。例如，1996年11月12日，阿拉伯航空763号航班和哈萨克斯坦航空1907号航班在印度首都新德里附近的哈里亚纳邦查基达里上空相撞，两航机上349人全部罹难，成为航空史上最严重的空中相撞空难。在通用航空发达的美国，1983年发生了一架水上飞机与一架警用直升机相撞致4人死亡的事故；2009年8月13日，在纽约市哈得孙河上空发生一架小型飞机和一架直升机相撞坠河事故，导致小型飞机上3人、直升机搭载的5名游客和1名飞行员共9人死亡。

（2）航空器发生坠机事故，致使地面人员伤亡或财产损失。例如，1988年12月21日，因炸弹爆炸而发生的洛克比空难，造成机上259人和地（水）面11人死亡，许多房屋部损或全损。1999年4月15日，韩国大韩航空公司的巨型运输机（机重230吨，另携带几十吨货物和4.9万吨汽油）在中国上海闵行区莘庄镇失事后爆炸，造成现场居民5人死亡、42人受伤、近千户居民房屋受损，这是一场震惊中外的坠毁事件。2004年11月21日，一架从包头直飞上海的东航小型客机MU5210航班起飞后不久坠入南海公园中，近6吨航空燃油和其他大量污染物扩散至整个湖中，让这个号称"塞外西湖"的公园陷入瘫痪，使南海公园无法经营，直接殃及240万包头市民的生活，严重阻碍了当地的经济发展。还有最令人难忘和刻骨铭心的2001年"9·11"恐怖主义袭击事件，恐怖主义者驾机撞击世贸大楼，造成3000多人死亡和大楼起火被毁的惨剧。这次袭击事故造成的心理上、经济上、财政上和政治上的影响是惊人的，受害者和他们的亲属所遭受的损失和痛苦是巨大的和难以计量的。

（3）自航空器上坠落的人或物体致地（水）面第三方伤亡或财产损害。例如，2006年2月14日，巴西最大的民航公司——瓦里格航空公司的一架波音737-300飞机从圣保罗国际机场起飞后不久，飞机发动机上一个重约1千克的零件坠落，砸破机场附近一座民房屋顶的石棉瓦后掉入厨房，所幸没有造成人员伤亡。在航空器的撒药飞行活动中，通过其喷洒的化学物质与地（水）面上的人或家畜等财产接触从而可能造成损害。航空器对农作物或树木喷洒农药时造成这种损害的实例很多，例如，在路易斯安那州法院1957年审理的Gotreauxv. Gary案中，被告用2.4-D飞机喷洒他的水稻，杀虫剂颗粒飘到三里之外原告的玉米和豌豆上并损坏了这些作物。

第三方遭受的航空意外事故恰好符合了保险的多数原则。当航空飞行达到一定规模时，与该飞行行为相伴而生的意外伤害可以进行预测，损害成本和损失大小可以被合理预见和计算，由此使航空第三方责任保险成为可能。

从国际、国内航空法的规定来看，第三方责任保险作为对被保险的航空器经营人因提供国际、国内航空飞行服务可能遭受的潜在责任损失的一种补偿，一般都被规定为法定的保险制度，这不仅是为了保护经营人的财政状况，在许多国家也是为了满足登记国的国内航空运输执照授权的要求。在劳合社签发的首张航空保险单中，仅承保第三人责任保险。鉴于航空活动对第三人造成的损害风险，立法一般都将强迫航空器经营人为自己的责任风险投保作为对潜在受害人赔偿的额外经济保障。因此，强制保险的观念从航空早期到现在一直和地面损害责任连在一起。在国际航空法、欧共体法以及一些国内法中都可见这种特定保险制度。

从保险法律关系考察，遭受损害的第三人和保险人之间没有任何关系，第三人只能对航空器经营人提起诉讼，而航空器经营人根据自己意愿对他的保险人提起诉讼，保险人对经营人赔偿后，经营人反过来再赔偿第三人。那么，国际立法者缘何要干预航空保险市场并在《罗马公约》中规定航空器经营人的第三方责任保险呢？其原因在于：

在航空领域，如果没有立法的干预，航空器经营者将会自由地选择保险飞行或非保险飞行，在非保险飞行的情况下，对第三人的损害后果只能由航空器经营人用自己的财产对他负责的损害进行赔偿，一旦经营人无力赔偿，第三人受损的利益就无以补救。而航空事故对第三人造成的损害，无论是基于法律正义和公平，还是基于良心和道德，均有赔偿的必要。但航空事故损害的巨大性，仅靠航空器经营人或所有人的财力难以解决，社会救济与政府扶助也非保证航空事业持续发展的良计。因此，唯有强制责任保险才是解决航空第三人损害赔偿的妥善办法，保险人根据其与航空器经营人或所有人之间的保险合同，对经营人投保的第三人损害赔偿责任进行保险，提供足够的赔偿能力，依据遭受损害的等级和应获得的保险赔偿额标准对受害的第三人负责赔偿。

1933年《罗马公约》是较早将责任限制与第三人责任保险通过推理联结起来的国际公约，公约的责任限制制度因有强制第三人责任保险的支持获得了存在的合理性。有些国家和地区虽然没有批准《罗马公约》，但强制第三人责任保险的观念也都被移植进其国内立法中。

三、航空第三方责任险的保险范围和保险金额

航空第三方责任保险的承保范围是：被保险人因直接由被保险航空器或任何自该航空器坠落的人或物体，造成第三人身体伤害（不论死亡与否）或财物毁损减失，依法应负损害赔偿责任的费用（包括诉讼费用）。航空器运送的乘客和货物的损失不在此保险范围之内。

直接由被保险航空器造成第三人身体伤亡或财产损失，是指航空器在飞行过程中，因

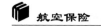

发生意外事故，如坠机或与其他航空器空中相撞，直接造成对方的航空器或其内的人或财物，或地面人员、财物的伤亡或毁损。

自该航空器坠落的人或物体造成第三人伤亡或财产损失的情形很多，譬如航空器自冰带上空飞进较温暖地带上空时，航空器上附着的冰块会因融化而坠落地面，或在出现紧急情况时，为紧急避险而将油料箱等物品抛弃，或搭乘航空器的人员因发生某种事故，突然摔出航空器外而坠落地面等。

所谓"依法"应负损害赔偿责任，这里的"法"在不同情形下有不同解释。如果第三人所在国是《罗马公约》的缔约国，损害赔偿责任则依据《罗马公约》的规定进行处理；如果不是公约缔约国，则依据该国国内法的相关规定进行处理。

被保险人是航空器使用人，该使用人可能是航空器经营人或航空器所有人。保险人对被保险人补偿的金额以被保险人对第三人支付的赔偿金额为依据，但不超过保单明细表所列的最高补偿限额，该限额有对每个受害人的伤亡、每次意外事故的伤亡和财产总额三个方面的限制，并要扣除保单明细表所列的免赔额。

如果第三方就保单承保的补偿性损害对被保险人提起索赔诉讼的，保险人还将另行赔付被保险人为此进行抗辩所发生的、经保险人书面同意的法律费用；但被保险人为解决上述索赔而支付的或被判决的赔偿金额超过了保单规定的责任限额的，保险人对于该法律费用的赔偿责任仅限于责任限额除以实际补偿性赔款金额之比例部分应分摊的法律费用。

不论是通过批单或其他方式所致，当保险单含两个以上的被保险人时，保险人对任何一个或所有被保险人的总责任限额不超过保险单列明的赔偿限额。

四、航空第三方责任险的除外责任

综观不同国家的第三人责任保险的规定，有关除外责任会有些许差异，例如，在美国的第三人责任保险制度中，联邦法规规章禁止保单规定交通部没有特批的除外情形。交通部批准的除外情形包括：①战争和叛乱；②噪声、污染和失事、火灾、爆炸、碰撞、航空器异常运营以外造成的其他结果；③核风险；④雇员在任职期间导致的损害；⑤对被保险人所有、租赁、占有或使用的财产造成的损害。

从航空第三方责任保险的实践看，该保险的除外责任通常包括：

（1）被保险人或其业务合作伙伴的任何董事或雇员在其为被保险人工作或履行职责的期间所遭受的人身伤亡或财产损失。该种除外条款亦被称为"劳工补偿不包括条款"。该条款的目的即是将应由人身意外伤害等其他保险进行补偿的损失排除在第三方责任保险之外。

（2）任何参与被保险飞机操作的飞行人员、机舱服务人员或其他机组成员所遭受的人身伤亡或财产损失。该种损失则通过航空机组人员的意外伤害保险进行保障和补偿。

（3）任何乘客在乘坐及上下飞机过程中遭受的人身伤亡或财产损失。该种损失通过航空乘客法定责任保险和人身意外伤害保险予以保障和承保。

（4）被保险人拥有或由被保险人照看、保管或控制的财产损失或毁坏。被保险人所有的财产并不属于第三方责任保险的客体范围，该财产是第一人保险（First - party）而非第三人保险（Third - party）的范围。例如，被保险人自己的飞机被损坏的，应属于机体保险的保障范围。对于被保险人照看、保管或控制的财产，因为危险无法估定和保费无法适当确定，一般也被第三人责任保险排除，而此种财产不可预见的危险，应通过一般保险单而非航空保险单进行承保。

（5）电力、电磁干扰或妨碍财产使用造成的直接或间接损害，如果保单没有明确排除是由于航空器异常运营导致失事、失火、爆炸、碰撞或飞行事件等造成的，应属于保险责任的范围。

（6）所附"噪声、污染及其他风险除外条款"（AVN46B）。在该除外条款中，通常规定，本保单对由下列原因直接或间接引起、导致或造成的索赔不予赔偿：①噪声（无论人耳能否听到）、振动、爆音或与此有关的任何现象；②任何污染或沾染；③电子和电磁干扰；④对财产使用的其他影响。但是，如果上述噪声、污染或干扰造成了飞机非常操作，或者来源于被保险飞机坠毁、起火、爆炸、碰撞或一次有记录的紧急空情造成的非正常操作，保险人仍负责赔偿。

尽管在标准的保险单或附加的"噪声、污染及其他风险除外条款"中，大多排除了噪声、声震、超音波爆声和相关现象产生的索赔，但在伦敦保险市场中还是可以对噪声或相关现象造成的损害按照特殊保险进行承保的。根据特殊保单，被保险人依法应予支付的赔偿，包括保险单中指定的航空器产生的噪声所造成的意外身体伤害（无论是否致命）或财产损害（包括动物）而致的赔偿，保险人都应给予补偿。

在实践中，可能会出现一些值得关注的噪声赔偿问题，例如，在检查电缆和进行空中喷洒农药的作业时，航空器需要低空飞行，但低空飞行的航空器可能会致使马匹受惊冲破栅栏而狂奔，结果造成交通事故致人损害。在此，马匹造成的损害按照不同的因果关系，结果会有所不同：马匹因航空器噪声受到惊吓是被保单排除的，索赔无法获偿；但马匹是因发现航空器受到惊吓的，或因航空器的噪声和航空器的出现同时造成了马匹受到惊吓，则损失就可属于保单承保的风险范畴，依据保单可以获得赔偿。此外，在有些国家，如美国还会考虑天气异常的情形，如果因为异常降雨航空器在运营过程中造成地面损害，这种风险将作为航空器运营的异常情形进行特别投保。

第二节　航空第三方责任制度

一、航空第三方责任的法律渊源

航空第三方的损害赔偿责任具有损害的国际性、权利主体与责任主体的多样性与复杂性、加害行为人与侵权责任人分离、赔偿责任的限制性、责任承担的分散化和社会化等特征。这些特征决定了调整航空第三方损害责任的规范有国际法渊源、区域法渊源和国内法渊源。

（一）国际法渊源

有关航空器致第三方损害赔偿责任的国际法渊源包括 1933 年《罗马公约》、1938 年《布鲁塞尔保险议定书》、1952 年《罗马公约》和 1978 年《蒙特利尔保险议定书》。其中，1933 年《罗马公约》的批准国非常少，1938 年《布鲁塞尔保险议定书》的批准国更少，1952 年《罗马公约》的批准国也有限。1952 年《罗马公约》是对 1933 年《罗马公约》的修订，这两个公约是规制航空器致第三人损害责任的唯一国际公约，仅包括航空器或从航空器上坠落的人或物造成地（水）面人员和财产的损害责任，并不包括空中相撞造成的第三方损害责任，但空中相撞结果造成了地面人员和财产损害的，可以适用《罗马公约》的规定。

2001 年初，国际民航组织启动 1952 年《罗马公约》现代化研究。2008 年，初步形成《关于航空器对第三方造成损害的赔偿的公约》（简称《普通风险公约》）和《关于因涉及航空器的非法干扰行为而导致对第三方造成损害的赔偿的公约》（简称《非法干扰公约》）。在 2009 年 4 月 20 日至 5 月 2 日召开的国际航空法会议上，通过了《普通风险公约》和《非法干扰公约》，有 72 个国家在大会决议上签字，在 5 月 2 日开放签署的当天，有 6 个国家分别签署了《普通风险公约》和《非法干扰公约》，但中国政府未签署上述两项公约，截至 2010 年 6 月，7 个国家签署了《非法干扰公约》，9 个国家签署了《普通风险公约》。

（二）区域法和国内法渊源

按照法律逻辑顺序，航空第三者责任在国际航空公约下应有一个超国家的类似《欧共体法》的法律渊源，最后是各国国内法渊源。

但是，在目前，《欧共体法》并没有规定航空第三方的赔偿责任制度，仅是规定了《欧共体法》域内的航空承运人应对航空第三人（包括旅客、行李、货物、邮件）投保航空事故责任保险问题。2001 年 "9·11" 恐怖主义袭击事件曾使航空器对第三人的损害责任问题被提到了欧洲委员会的议事日程上来，但也仅是涉及协调保险要求的规定。因为欧洲委员会认为，航空器对地（水）面第三人损害领域的赔偿责任已经在成员国的国内法中被充分地界定，所以在这个领域没有预期进行共同体级别的立法活动。这暗示了欧共体成员国及未参加 1952 年《罗马公约》的其他国家，航空第三人赔偿责任问题将须按照国内法进行解决，这也意味着国内法在航空第三者赔偿责任领域将发挥主要作用。

二、罗马公约体系剖析

（一）1933 年《罗马公约》

1933 年《罗马公约》的全称为《统一有关航空器对地水面第三方造成损害的某些规则的国际公约》。事实上在航空业发展初期，甚至在动力飞行器出现之前，人们就开始关注关于航空器对地面第三方造成损害承担民事责任的国际规则，这甚至可能比关注关于航空器对旅客的伤亡承担民事责任的国际规则更早。1923 年在伦敦召开第二届国际航空运输会议时，各国便决定召开国际会议专门讨论航空私法问题。于是 1925 年 10 月 27 日在巴黎召开了第一届国际航空私法会议，航空器对地面第三方造成损害的赔偿责任问题与航空器运营人对旅客造成损害的赔偿责任问题都是会议的讨论议题。此次会议决定成立专家委员会就若干问题制定国际公约。专家委员会于 1926 年 5 月 27 日在巴黎举行首次会议，并正式取名为国际航空技术法律专家委员会。该委员会由几个法律委员会组成，每个法律委员会负责研究航空法的一个专题，如承运人责任问题、飞机抵押权问题等。其中，第三法律委员会负责研究起草航空器对地面第三方造成损害的赔偿责任问题，以及相关的保险问题。

自从第三法律委员会于 1926 年首次召开会议以来，就指出航空器对地面第三者的损害赔偿责任各国采取了不同的归责原则，主要表现为过失责任与严格责任两种立法模式。这两种立法模式在法律思想和价值趋向上是相互排斥的，第三法律委员会内部产生了分歧，并且无法妥协并达成一致意见。事实上，在国际航空技术法律专家委员会于 1927 年、1928 年以及 1929 年召开的全体会议中，这个问题也无法取得一致意见。最后，国际航空技术法律专家委员会在 1933 年才一致认为，在制定航空器对地面第三人造成损害的责任公约时，只能采取严格责任原则，并配合以有限赔偿责任，否则将无法得到主要航空大国的支持，最终公约草案采纳了严格责任和有限赔偿责任原则。该草案于 1933 年 5 月提交在罗马召开的第三届国际航空私法会议讨论，经过修改后于同月 29 日提交给 20 个国家代表签字。这就是 1933 年《罗马公约》。

1933 年《罗马公约》第二条第一款规定："航空器在航行中对地面的人或物造成损害时，受害人只需证明损害确已发生，且该损害为航空器所引起，就有权请求赔偿。"由此可以看出，公约采取的是严格责任归责原则。因为地面第三人相对于航空器运营人来说不仅处于弱势地位，而且对于航空器飞行所产生的危险没有任何防范能力，并随时处于危险当中，因此采取无过失归责原则有利于保护地面第三人的合法权益，符合公平、正义的法律理念。

1933 年《罗马公约》最终采取了有限责任，主要是为了调和无过失归责原则的严厉性，同时也为了扶助各国民航事业的发展。赔偿责任的限额规定在第八条，该条第 1 款规定，航空器运营人的赔偿责任根据航空器的重量为标准进行计算，航空器每千克的赔偿限额是 250 法郎，航空器的总重量为适航证书或其他官方文件所载的最大运载量加上航空器本身的重量，并以此来计算航空器运营人对地面受害人造成损害时的最高赔偿数额。但该条第 2 款随即又规定，不论在何种情形下，最低赔偿数额不得低于 60 万法郎，最高赔偿数额不得高于 200 万法郎。第 3 款规定，上述赔偿金额的 1/3 应当用于赔偿地面财产遭受的损失，2/3 应当用于人身伤亡的赔偿，但就人身伤亡赔偿而言，每一受害者不得超过 50 万法郎。如果地面损害的总额超过了上述最高赔偿限额时，各受害人获得的赔偿数额按比例减少。

另外，1933 年《罗马公约》第十四条规定了航空器运营人丧失责任限额的情形，即如果损害是由于航空器运营人、受雇人或代理人的故意或重大过失造成的，或者航空器运营人未按公约规定提供责任保证，或者提供的责任保证已经失效或者不能弥补航空器运营人根据本公约所应承担的最高赔偿限额时，那么航空器运营人不得享有公约规定的责任限额，因此需要承担无限责任。

1933年《罗马公约》第十二条第1款规定，在一缔约国登记的航空器为在另一缔约国领域飞行之目的，对于可能造成的本公约规定的地面之损害，应当在本公约第八条规定的责任限额内投保责任险，该责任险应当向国家保险公司或航空器登记国授权的保险公司投保。因此，航空器运营人对地面受害人承担了强制责任保险的义务。

但是，由于《罗马公约》所规定的责任保险是航空器运营人和保险人所缔结的，地面第三方并不是保险合同的当事人，因此，如果对保险合同的内容不加以一定的限制，则保险人很可能在保险合同中任意规定各种免责条款，以免除其责任，这样就会使保险合同成为一纸空文，责任保险的目的就会落空，地面受害人的损失也就无法得到充分有效的赔偿。《布鲁塞尔保险议定书》针对这项缺失，对保险人可以援引的免责事由作了严格限制，从而最大限度地保障了地面受害人的合法权益。议定书第一条针对《罗马公约》第十二条所规定的责任保险的效力作了如下规定，保险公司除得援引航空器运营人所得援引的抗辩外，同时不影响其对投保人的追偿权，对于根据《罗马公约》提出的赔偿请求，仅得援引以下三种事由作为抗辩：第一，损失发生在保险合同失效以后，但是如果保险合同到期的时间发生在航空器飞行当中，则保险应当持续有效至航空器随后的第一个降落地，但不超过24小时。第二，损失发生在保险合同规定的地域之外，但是如果航空器的飞行超出保险合同规定的地域是由于不可抗力、为救助财产或人员而适当绕航或者由于领航或导航中的疏忽所造成的，那么保险公司不得援引该规定作为抗辩。第三，损失是由于国际武装冲突或国内骚乱直接导致的。此外，议定书还规定保险公司不得主张保险合同无效或援引具有溯及力的撤消权。可见，议定书对保险公司可以援引的免责抗辩事由作了非常严格的规定。

1933年《罗马公约》以及1938年《布鲁塞尔保险议定书》在签订之后就发现落后于迅猛发展的国际航空实践，因此只获得了很少几个国家的批准。并且后来被1952年《罗马公约》所取代，因为1952年《罗马公约》第二十九条规定，"在批准两个公约的缔约国间，在1952年公约生效后，就发生替代1933年《罗马公约》之效力"。1952年《罗马公约》于1958年2月4日起生效，因此，人们现在谈的《罗马公约》，一般指的都是1952年《罗马公约》。但是，1933年《罗马公约》仍然不失为国际航空法发展史上一个重要的法律文件，它制定的很多规则也被1952年《罗马公约》所继承。

（二）1952年《罗马公约》

由于1933年《罗马公约》及其《布鲁塞尔保险议定书》批准国家甚少，没有取得成功。因此，第二次世界大战后，关于航空器对地面第三人造成损害的赔偿问题再度引起了重视。在国际民航组织法律委员会的督促下，1947年设立了一个法律小组来修改1933年《罗马公约》，并着手分析哪些问题实际阻碍了各国对该公约的批准。1948年6月，该法律小组提出了一份关于它认为是有相互联系的四个问题的报告。除公约和附加议定书固有的责任问题和保险问题外，法律小组在报告中还提出了空中相撞问题和对航空器运营人责任的全面限制问题。

国际民航组织法律委员会因此决定对这些问题分别进行研究讨论，以决定是否能合并成一个公约。此外，委员会还向国际民航组织所有成员发出调查问卷，并在国际民航组织选出的报告员的指导下，起草了一个取代年公约的新文本。根据这个新文本拟订的新公约，最后于1952年9月、10月在罗马举行的国际航空私法会议上获得通过，并从1952年10月起开放给各国签字，这就是我们通常所说的1952年《罗马公约》，它随后取代了1933年《罗马公约》。

1952年《罗马公约》采纳了其前身1933年《罗马公约》的一些原则和内容，如严格责任原则、有限责任原则、保证责任等。另外，就条文内容而言，比其前身要完整清晰。同时对其前身也作了很多修正，如关于适用范围、赔偿责任限额以及航空器运营人丧失责任限额的条件等。

1952年《罗马公约》第二十三条第1款规定，公约适用于在一缔约国领土内登记的航空器在另一缔约国领土内造成的损害，这规定了公约适用的空间范围。那么，如果在非缔约国领土内登记的航空器在一缔约国领土内造成损害，或者在一缔约国登记的航空器在一非缔约国领土内造成损害时，公约是否应当适用呢？根据该条款的规定，公约是不能适用的。也就是说，公约关注的是航空器的登记国，而不问航空器运营人的国籍，也不问受害人的国籍，如在甲缔约国的航空器被乙缔约国的航空器运营人用湿租的方式包租，并在飞行中对甲国地面造成损害，对于该损害的赔偿问题不能适用本公约。

1952年《罗马公约》第十五条第1款规定，任何缔约国可以要求在另一缔约国登记的航空器的运营人，对于他可能在该缔约国领土内造成按照第一条规定应予赔偿的损害责任，根据第十一条规定的适用限额进行保险。该条第2款第1项接着对于什么是充分的保险作了明确规定，即"按照本公约规定的条件，向根据航空器登记国或者保险人住所地国或者其主营业所所在地国的法律被许可办理此项保险业务并由上述国家之一审核了清偿能力的保险人投保时，此项保险应被视为是充分的"。但是对于两种情形，有关国家可以认为保险是不充分的：第一，如果任何国家根据第十五条第2款规定要求保险，而依照在该国所作的终审判决给付的赔偿金未能按照所提出的要求以该国货币偿付时，则任何缔约国在该项赔款偿付以前，可以拒绝承认该保险人有清偿能力第十五条第2款第1项。第二，对于未经一缔约国许可办理此项保险业务的保险人所作的保险，换句话说在保险人未经任何缔约国认可的情况下，航空器飞越国可以拒绝办理。

与1933年《罗马公约》一样，为了调和无过失归责原则的严苛性，同时为了保障各国民用航空业的稳定发展，1952年《罗马公约》对航空器运营人承担的赔偿责任采取了有限责任原则。最高赔偿限额以航空器的重量为标准予以计算。航空器重量是指航空器适航证上认可的航空器最大起飞重量，如用充气气体助升，则不包括助升气体的重量（第十一条第3款）。公约根据航空器的重量对赔偿责任限额划分为五个等级。公约第十一条规定，根据本公约承担责任的全体人员对按照第 1 条规定应予以赔偿的损害所给付的赔偿金额，以每一航空器和每一事件计，不得超过：①航空器重量为 1000 千克或以下时，500000 法郎；②航空器重量超过 1000 千克但不超过 6000 千克时，除 500000 法郎外，其超过 1000 千克的每千克另加 400 法郎；③航空器重量超过 6000 千克但不超过 20000 千克时，除 2500000 法郎外，其超过 6000 千克的，每千克另加 150 法郎；④航空器重量超过 20000 千克但不超过 50000 千克时，除 6000000 法郎外，其超过 20000 千克的，每千克另加 150 法郎；⑤航空器重量超过 50000 千克时，除 10500000 法郎外，其超过 50000 千克的，每千克另加 100 法郎。

案例 1

赔偿请求数额超过责任限额

一架重量为 6000 千克的飞机，造成地面上 6 人死亡。每个受害人都提出最高的赔偿请求，即 50 万法郎，那么总的赔偿请求数额为 300 万法郎。但是，根据 1952 年《罗马公约》第十一条第 1 款的规定，重量为 6000 千克的航空器的最高赔偿限额为 250 万法郎，也就是说实际请求赔偿的数额超过了最高赔偿限额。该如何解决这个问题呢？1952 年《罗马公约》第十四条规定，如果确定的各项赔偿金总数超过本公约规定适用的责任限额时，结合第十一条第 2 款规定，适用下列规则：如果赔偿仅涉及人身死亡或伤害，或者仅涉及财产损失，则按照各项赔偿金额的比例予以减少。那么，如何运用该条规定来解决所举的例子呢？在这个例子中，只涉及人身伤亡，所以应当依据第 1 款来解决，即每个受害人的赔偿金额按比例予以减少。结果是，每人获得的赔偿数额应当为 250 万除以 6，即 416666 法郎。

案例 2

损害总额超过责任限额

某责任限额为 605000 法郎的飞机，造成甲受伤，而乙死亡。甲遭受的损害为 50 万法郎，乙遭受的损害为 500 万法郎。显然，损害总额也超过了责任限额，应该如何解决该问题呢？有两种解决方式：其一，先根据 1952 年《罗马公约》第十四条第 1 款的规定将赔偿金额按比例减少，再适用第十一条第 2 款的规定。也就是说，先在 605000 法郎的限额内比例减少甲乙两位受害人的赔偿额，结果是甲的赔偿额减少为 55000 法郎，乙的减少为 550000 法郎，然后再适用第十一条第 2 款的规定，以减少乙的损害赔偿数额至该款规定的最高赔偿限额，即 500000 法郎。这样赔偿义务人最后需要赔偿的总额为 555000 法郎。其二，先适用第十一条第 2 款的规定，结果是乙的损害赔偿额立刻减少为 500000 法郎。甲的损害赔偿额仍然为 500000 法郎。此时甲乙总的赔偿额为 1000000 法郎，超过了该航空器的最高赔偿限额 605000 法郎。那么再适用第十四条第 1 款的规定将赔偿金额按比例予以减少，这样甲乙平均分别能获得最高赔偿限额605000法郎的一半，即302500法郎。

通过比较上述两种解决方式可以看出，第一种解决方式注重受害人最初的赔偿比例，体现了对单个受害人赔偿的公平性，但却减少了航空器运营人本应承担的最高赔偿数额。第二种解决方式虽然从单个受害人角度看有失公平，但是却保证了所有受害人赔偿数额的最大化。总体来看，第二种解决方式更为合理，也比较符合公约的立法宗旨。

以上案例说明的都是单纯的人身伤亡或财产损失，如果各受害人既遭受了人身伤亡又遭受了财产损失，且损害赔偿总金额超过了航空器运营人承担的最高赔偿限额时，应当如何处理呢？1952年《罗马公约》第十四条第2款规定，"如果赔偿既涉及人身死亡或伤害，又涉及财产损失时，则应以用来分摊的金额的总数的一半优先满足人身死亡或伤害的赔偿。若不足清偿，则按照各项赔偿金额的比例分摊。用来分摊的金额余数，按照各项财产损害的赔偿金额以及人身死亡或伤害赔偿金未清偿了结的部分的比例分摊"。由此可见，公约体现了优先保护人身的价值取向。

（三）1978年《蒙特利尔议定书》

1978年《蒙特利尔议定书》的全称是《修改1952年10月7日订于罗马的关于外国航空器对地（水）面上第三方造成损害的公约的议定书》。公约规定，在议定书各缔约国之间，公约和议定书应被视为并解释为一个单一的文件，并定名为《1978年在蒙特利尔修正的1952年罗马公约》。由于1952年《罗马公约》并没有获得人们预想的成功，并且随着世界经济的快速发展，公约的很多规定都显得落后了，于是有了修订该公约的1978年《蒙特利尔议定书》。

1978年《蒙特利尔议定书》全文共二十七条，其中有不少条文对1952年《罗马公约》进行了文字上的调整，或者删除了一些不必要的条款。

1. 议定书扩大了公约的适用范围

1978年《蒙特利尔议定书》第十二条将1952年《罗马公约》第二十三条第1款删掉后改用了下文："本公约适用于第一条所指的在一缔约国领土上由在另一缔约国登记的航空器造成的损害，或者由不论在何处登记的但运营人的主营业所或无主营业所而其永久居所是在另一缔约国的航空器造成的损害。"也就是说，除了在一缔约国登记的航空器造成的损害适用本公约外，在其他非缔约国登记的航空器造成的损害也有可能适用公约，只要航空器运营人的主营业所或无主营业所而其永久居所在另一缔约国即可满足条件。

2. 以特别提款权（SDR）代替了金法郎，并提高了责任限额

议定书第三条删去1952年《罗马公约》第十一条的文字，并制定了新的条文，内容如下：

（1）除第十二条另有规定外，根据本公约规定承担责任的全体人员对按照第一条规定应予以赔偿的损害所给付的赔偿金额，以每一航空器和每一事件计，不得超过：①航空器重量为2000千克或以下时，300000特别提款权；②航空器重量超过2000千克但不超过6000千克时，除300000特别提款权外，其超过2000千克的每千克另加175特别提款权；③航空器重量超过6000千克但不超过30000千克时，除1000000特别提款权外，其

超过6000千克的每千克另加62.5特别提款权；④航空器重量超过30000千克时，除2500000特别提款权外，其超过30000千克的，每千克另加65特别提款权。

（2）关于人身死亡或伤害的责任，对每一死者或伤者不得超过125000特别提款权。

（3）"重量"指航空器适航证上认可的航空器最大起飞重量，如用充气气体助升，则不包括助升气体的重量。

（4）议定书所指的特别提款权，指国际货币基金组织规定的特别提款权。发生诉讼时，此项金额与各国货币的折合，应按照判决当日用特别提款权表示的该项货币的价值进行。当一缔约国为国际货币基金组织成员国时，用特别提款权表示的该国货币的价值，应按照判决当日有效的、国际货币基金组织在其业务和交易中采用的计价方法进行计算。当一缔约国不是国际货币基金组织成员时，用特别提款权表示的该国货币的价值，应按该缔约国确定的办法计算。

（5）对于非国际货币基金组织成员的国家和其法律不允许适用本条第1款和第2款以及本款规定的国家，可在批准或加入或者此后的任何时候声明，在其领土内诉讼时，公约规定的责任限额以下列方式确定：①对本条第一款第一项所指的航空器，4500000货币单位；②对本条第一款第二项所指的航空器，除4500000货币单位外，另加每千克2625货币单位；③对本条第一款第三项所指的航空器，除15000000货币单位外，另加每千克937.5货币单位；④对本条第一款第四项所指的航空器，除37000000货币单位外，另加每千克975货币单位；⑤在本条第二款所指的死亡或受伤的情况下，1875000货币单位。

本款所称的货币单位，相当于含有90%成色的65.5毫克黄金。上述金额可折合成有关国家的货币，取其整数。这些金额与国家货币的折合，应按照有关国家的法律进行。

议定书对公约关于赔偿限额的修订，有以下几点需要注意：第一，公约采用的特别提款权计价单位与1952年华沙公约体系采用的单位是一致的；第二，大幅度提高了赔偿责任限额。甚至远远高于华沙公约体系的赔偿责任限额。如对于人身伤亡，修订华沙公约的《1975年第三号蒙特利尔议定书》规定的最高赔偿限额为10万特别提款权，而本议定书规定的为125000特别提款权。

3. 确立了人身伤亡优先赔偿原则

如前所述，1952年《罗马公约》第十四条第2款规定，在同时发生人身伤亡和财产损失的情况下，则应将用于分摊的赔偿金额的一半优先用于人身伤亡的赔偿，剩下的一半则比例用于尚未获得清偿的人身伤亡和财产损失。议定书第四条则将公约的该项规定修改为"如果赔偿既涉及人身死亡或伤害，又涉及财产损失时，则应以用来分摊的金额的总数优先赔偿人身死亡或伤害，并按比例给付赔偿金。如果用来分摊的金额留有余额，则将余额按比例分摊赔偿物质损失"。体现了公约倾向于优先保护人的生命权的价值取向。

4. 将公约关于航空器运营人责任担保的规定作了大幅度删减

（1）对第十五条的修改。将第十五条第1款的内容修改为："任何缔约国可以要求第二十三条第1款所指的航空器的运营人，对于他可能在该缔约国领土内造成按照第一条规定应予赔偿的损害责任，根据第十一条规定的适用限额通过一项保险或一项其他担保予以保证。如飞经国要求，运营人应提供上述担保的证据。"同时将该条的第 2 款、第 3 款、第 44 款、第 5 款和第 6 款全部删除。将该条第 7 款作了修改后作为该条的第 2 款，即"如果航空器飞经的缔约国认为保险人提供担保的其他人在财务上无能力清偿本公约规定的债务，该国可以随时要求航空器登记国、运营人所属国或提供担保的任何其他缔约国进行磋商"。将原来该条的第 8 款改为第 3 款，并删除第 9 款。

（2）对第十六条的修改。对第十六条的修改主要体现在对公约关于担保期限终止的有关规定上。议定书将公约第十六条第 1 款第 1 项的内容简化后修改为"损害发生在担保有效期终止以后。但是，如果担保有效期在飞行中届满，则该项担保的有效期延长至飞行计划列明的下一次降落，但以不超过二十四小时为限"。对于担保由于有效期届满或更换运营人以外的原因而终止效力的情况，则不再予以规定，该条第二款和第三款也因此而被全部删除。

5. 修改了起算时间

议定书将公约规定的判决应支付的赔偿金的利息计算标准起算时间作了修改，不再硬性规定为 4%，同时删除了利息起算日期的规定，这些问题统一由受案法院所在国的法律予以确定。

6. 缩短了申请执行判决时限

申请执行判决的时限从五年缩短为二年，从而避免使航空器运营人的财产长期处于不稳定的状态。

7. 明确规定罗马公约不适用于核损害

罗马公约体系包括 1933 年《罗马公约》、1938 年《布鲁塞尔保险议定书》、1952 年《罗马公约》和 1978 年《蒙特利尔议定书》。由于 1933 年《罗马公约》及其 1938 年《布鲁塞尔保险议定书》没有得到各国的广泛批准，并且很多规定已经不符合当时航空业和世界经济水平的发展需求，于是国际民航组织制定了 1952 年《罗马公约》。1952 年《罗马公约》生效后就取代了 1933 年《罗马公约》，因此，现在人们通常说的罗马公约体系指的就是 1952 年《罗马公约》以及对其进行修订的 1978 年《蒙特利尔议定书》。

三、罗马公约体系分析

1952 年《罗马公约》草案在航空国际私法会议上获得通过后，于同年 10 月开放给各国签署，并于 1958 年生效。但是到目前为止，只有 44 个成员国批准了该公约，并且这个数量还将随着一些国家宣布退出而减少。已经宣布退出该公约的国家有加拿大（1976 年）、澳大利亚（2000 年）以及尼日利亚（2002 年）。有迹象表明，阿尔及利亚、安哥拉、阿根廷、巴西、喀麦隆、古巴、厄瓜多尔、埃及、意大利、俄罗斯、西班牙等 40 多个缔约国正考虑退出该条约。主要的航空大国，如英国、美国等国家没有批准该公约，因此可以说 1952 年《罗马公约》没有取得广泛的批准和当初预想的成功，并且该公约在将来也不太可能得到更多的支持和批准。

国际民航组织法律委员会从 20 世纪 60 年代开始着手对罗马公约进行修订工作。法律委员会指定了一个分委员会对罗马公约的有关问题进行研究。于是，该分委员会决定就罗马公约的有关问题向各国以及国际组织征询意见和建议，主要涉及的问题有：第一，公约的哪些规定阻碍了各国对公约的批准；第二，为克服这些规定提供建议；第三，在分委员会的工作中这些建议的可接受性。各国对此积极响应，向分委员会提出了很多建议和想法，并展开了广泛讨论，但是除了各国均一致认为鉴于自1952年以来出现的货币贬值，应当提高航空器运营人的赔偿责任限额这一问题达成一致意见外，在其他方面并没有达成一致意见。尽管1978年《蒙特利尔议定书》大幅度提高了航空器运营人的赔偿责任限额，但是该议定书还是没有得到更多的支持。

2002年11月1日，国际民航组织秘书处提供了一份《关于1952年罗马公约现代化的研究报告》，该报告是对一份调查问卷结果的汇总。这份调查问卷详细调查了各国对公约以及公约议定书的内容，它们获得更广泛接受的前景以及对它们进行现代化的必要性等问题的意见。有55个缔约国和一个缔约国的一个领地提交了问卷，其中有51个缔约国作出了实质性的回答。尽管这个数量只占所有成员国的27%，但是这些结果却具有相当的代表性。大部分提交问卷的国家既不是公约的缔约方，也不是议定书的缔约方，它们大部分都没有意图要批准任何一个文件。通过对调查问卷的结果进行分析总结，秘书处认为不管是1952年公约还是1978年议定书都不太可能在将来获得更多的支持。最大的不满与对航空公司责任限制有关，大部分国家赞成保留一个较高的责任限额，而对航空业具有重要影响力的一小部分国家却反对任何责任限制。有几个国家认为，航空器对地面第三人的损害赔偿问题目前由国内法规制，国内法采取的是无限的、以过错为基础的责任体制。有3/4的答卷者表示，他们将支持与1999年《蒙特利尔公约》类似的责任体制。对于是否应当对人身伤害和财产损害都适用双梯度责任体制，各国是有分歧的。超过80%的答卷者表示，《罗马公约》的现代化只能通过制定一个全新的公约才能达到，而不是又制定另外一个修订公约的议定书。根据调查反馈，公约没有取得成功，可能是由于以下原因造成的：

（1）关于航空器运营人责任限制的规定。各国一致认为公约规定的责任限额太低，远远脱离了各国经济发展的实际水平。但是，对于是否需要对航空器运营人的责任设定限额，各国未能取得一致意见。

（2）关于航空器运营人归责原则的规定。公约规定的归责原则是严格责任，但是在实践中很多国家并没有采取这一原则。如阿根廷、加拿大、委内瑞拉采取的就是过失责任原则。美国、波兰等国采取的是推定过失责任原则。如美国代表团于1952年在罗马举行的外交会议上非常有先见之明地表达了对下列问题的关注，让航空器运营人对下列情况毫无限制地承担严格责任：①在旨在造成损害的故意行为情况下，包括这种故意行为是航空器运营人的雇员或代理人在执行职务和行使职权的范围内所为的。②在航空器被其他人在没有得到航空器运营人的同意时不正当地取得和使用的情况下。表达了美国对公约采取的严格责任的不满。

（3）单一管辖法院的规定。在罗马国际航空私法会议上，关于管辖权的争议是很大的，虽然最后多数国家的代表决议公约规定的有关损害赔偿诉讼只能向损害发生地国法院提起，但是这有可能导致很多国家不批准该公约。有学者甚至认为，这有可能是公约未能成功的主要原因。

（4）各国对航空器对地面第三人造成的损害问题做了明确规定，第三人的权利有了保障，因此似乎不需要在这方面制定统一的国际公约。

（5）对各国认为很重要的问题如环境损害问题、噪声问题、声震问题、核问题没有做出规定，这也挫伤了各国批准公约的积极性。

（6）航空器对地面第三人造成损害的情况在实践中很少发生，即便发生也能通过保险予以解决。

四、罗马公约现代化的动因分析

国际民航组织很早就开始研究和分析 1952 年罗马公约体系失败的原因，本书所讲的罗马公约现代化则始于国际民航组织法律委员会于 2000 年 8 月 28 日至 9 月 8 日在蒙特利尔召开的第 31 届会议。法律委员会在其工作方案中包括了审议 1952 年 10 月 7 日在罗马签署的《关于外国航空器对地（水）面第三方造成损害的公约》的现代化事项，并将其作为第 4 优先项目。2000 年 11 月 24 日，理事会第 161 届会议的第 10 次会议，以及大会第 33 届会议都确认将这一事项作为法律委员会工作方案的第四优先项目。

统一世界各国关于外国航空器对地（水）面第三方造成损害的赔偿责任制度，达到既确保第三方受害者遭受的损害获得充分赔偿，又不至于阻碍航空运输业的发展的目标，这是进行罗马公约现代化的根本原因。该原因也是制定 1952 年《罗马公约》的宗旨之所在，1952 年《罗马公约》在前言中开宗明义地指出，"本公约签署国为了确保在地水面上受外国航空器损害的人获得适当的赔偿，同时合理地限制因此种损害而引起的责任范围，使其不至于阻碍国际民用航空运输的发展，并认为有必要，通过一种国际公约，在最大可能范围内统一世界各国适用于此种损害所引起的责任规则……"

世界各国对于外国航空器对地（水）面第三方造成的人身损害和财产损失都规定了相应的赔偿规则和制度。立法模式大概分为两种：第一种方式是制定专门的单行法规，对与民用航空有关的一切问题都做出明确的规定，外国航空器对地面第三人造成损害的赔偿责任只是作为其中一个问题予以规定。通常情况下，这样的单行法规还会对民用航空器的国籍、民用航空器的权利、航空人员、民用机场、空中航行、公共航空运输企业、通用航空、搜寻救援和事故调查、对外国民用航空器的特别事项以及法律责任等做出规定。采取这种立法模式的大致有澳大利亚、意大利、牙买加、墨西哥、巴西、法国、德国、俄罗斯、英国、美国等国家，我国采取的也是这种立法模式。第二种方式是并不制定航空法单行法规，对于外国航空器对地面第三方造成损害的赔偿责任适用国内民法的一般法律规定，采取这种立法模式的有比利时、哥伦比亚、埃塞俄比亚、匈牙利、葡萄牙、西班牙、土耳其、埃及等国家。可以看出，世界上越来越多的国家倾向于制定专门的单行法规来规范与民用航空有关的一切法律问题，这与民用航空工业的快速发展密不可分。

在处理外国航空器对地面第三方造成损害的赔偿问题时，各国法律规定是不一样的。就归责原则而言，有的国家采取的是严格责任原则，如英国、德国、法国、意大利、瑞士、瑞典等多数欧洲国家和一些拉丁美洲国家，而有的国家采取的是过失责任原则，如美国、波兰等国家。另外，航空器运营人应当承担无限责任还是有限责任，各国立法规定也不一致，但是大部分国家都规定应当给予地面受害者以充分的赔偿，因而规定航空器运营人应当承担无限责任，也就是对赔偿数额并不人为地设定上限。最后，各国关于损害的类型、承担损害赔偿的义务主体等问题也存在不同的规定。

因此，完全有必要在国际范围内统一各国关于外国航空器对地面第三方造成损害的赔偿责任规定，达到既能充分保护遭受损害的地面第三方的利益，又不致使航空器运营人承受过重的负担，从而阻碍整个民用航空业的发展。换句话说，就是要在保护二者的利益之间寻求一个平衡点。国际社会为达此目的也积极努力，先后制定了1933年《罗马公约》、1938年《布鲁塞尔保险议定书》、1952年《罗马公约》和1978年《蒙特利尔议定书》，但是，这些公约和议定书都没有得到世界上多数国家的批准，尤其是没有得到世界航空运输大国的批准。因此，可以说这些努力没有取得应有的成功。1952年《罗马公约》制定已有50多年的历史了，世界航空运输业和航空技术取得了飞速发展，因此，1952年《罗马公约》的很多概念和理念都无法适应现实发展的需要，应该对其予以现代化，这是进行罗马公约现代化工作的内在动因。

五、《罗马公约》现代化的外在原因

1999年《蒙特利尔公约》取得的巨大成功是进行罗马公约现代化的外在原因。1999年《蒙特利尔公约》对国际民航组织来说是一个值得称赞的成功之作。该公约从国际民航组织法律委员会动笔起草到提交外交会议批准只经过了较短的时间；然后短短的四年半之后，该公约获得批准国的数量就达到了使公约生效的要求数量。到目前为止，该公约在较短的时间里已经得到70多个国家的批准。也就是说，在短短的几年里，国际民航组织就完成了对华沙海牙体系的全面现代化。这与1971年《危地马拉议定书》和1975年《蒙特利尔第3号附加议定书》的痛苦失败形成了鲜明对比。1999年《蒙特利尔公约》是各有关方进行无私努力的一个胜利成果，这些努力来自与航空工业有关的政府、国际组织、相关产业以及公众，特别是航空事故受害者团体。1999年《蒙特利尔公约》对承运人责任体制进行了全面修订，著名的航空法专家陈斌教授在30年前将这种体制描述为"完全混乱的局面，在这种体制下即便是法律顾问和法官也会感觉困惑不已"。概言之，在对华沙体制进行现代化之前，对旅客的赔偿问题是十分混乱的，因同一航班造成的事故，不同的旅客获得的赔偿情况很可能各不相同，甚至大相径庭。1999年《蒙特利尔公约》改变了这种状况，在最大范围内统一了有关航空运输某些规则，彰显了法律的确定性和可预见性。1999年《蒙特利尔公约》取得的巨大成功在一定程度上鼓励了国际民航组织对1952年《罗马公约》也进行现代化。

但是，需要指出的是，1952年《罗马公约》的情况与华沙公约体系的情况是非常不同的。尽管目前并不存在世界范围内行之有效的统一体制，归责原则既有采取严格责任的，也有采取过失责任的；对赔偿数额既有采取有限额责任的，也有采取无限额责任的，一切都取决于事故发生在哪个国家、哪个地区，但是每个国家的责任体制却是相对明确的。而且绝大部分受害者不论是遭受了死亡、人身伤害还是财产损失都可能是受事故发生地管辖的居民，因此受害者很少必须要去外国法院起诉。另外，在因天气原因等非故意行为导致飞机发生事故时，飞行员经常宁愿冒着更大的个人风险，也要避免飞机对地面人员和建筑物造成损害。而且在发生事故后，几乎没有听说有哪个受害者没有获得赔偿。因此，尽管对罗马公约进行现代化是必要的，但是情况却并不如华沙公约体系那样急迫，因此各国可以就如何对公约现代化进行深入细致的考察和讨论。

1999 年《蒙特利尔公约》取得的巨大成功鼓励了世界各国和国际民航组织对《罗马公约》进行现代化。1999 年《蒙特利尔公约》是对华沙体系的全面革新，得到了世界上大多数国家的批准，实现了在航空运输领域达成高度一致的目标尤其是该公约关于排他性、赔偿责任和管辖权方面的核心概念，因此从这个角度可以公正地说，1999 年《蒙特利尔公约》取得了成功，进而可以说 1999 年《蒙特利尔公约》对华沙体系中关键的、核心概念的保留也是正当的。那么，罗马公约的核心条款是否同样具有足够的普遍性以至于对它们进行现代化后，各国尤其是航空大国就有可能批准新公约呢？人们对这个问题的回答几乎都是否定的。由于美国和英国这两个航运大国都没有批准罗马公约，因此罗马公约就无法适用于世界上大部分旅客和民用飞机。美国和英国都有自己的关于地面损害赔偿的法律体系，这些法律体系与罗马公约明显相冲突。大多数国家（尽管不是所有的）都模仿美国立法，对航空器运营人的责任并不人为地设立限制，赔偿数额以实际能证明的损害为依据。在英国，航空器运营人的责任是严格的、没有限制的，只有在证明损失是由原告造成的情况下，航空器运营人才能免责。不只是美国和英国才规定航空器运营人应当承担严格的、无限制的责任，其他很多国家也是如此规定的。责任限制的概念在导致旅客死亡和受伤的诉讼中已经变得过时了，需要予以重新界定以满足大多数国家的需求，否则重新制定的公约将得不到普遍适用。

将《罗马公约》和 1999 年《蒙特利尔公约》进行比较是具有重大意义的，因为这关系到罗马公约现代化应当从哪里起步的问题。关于航空公司对旅客死亡和受伤的赔偿责任问题，现行的统一规则已被广泛采纳，这些规则存在的时间大致上和航空运输业存在的时间相当。相比而言，由于缺乏对地面损害赔偿的统一规则，从 1929 年至今，世界上大多数国家不得不适用各自的国内法解决地面损害赔偿问题。在很多案件中，只有在证明航空器运营人有过失的情况下航空器运营人才承担责任，并且一旦判定有责任，就不会对该责任予以人为的限制。在其他案件中，航空器运营人承担的是严格的、没有限制的责任，很少能对责任承担提出有效的抗辩。所有这些都说明，要制定一个全新的关于航空器对地面第三方造成损害的责任公约，也许从革新罗马公约开始就并非一个明智之举，从 1999 年《蒙特利尔公约》开始也不会更好。

罗马公约现代化的含义是要制定一个全新的公约，而不是对 1952 年《罗马公约》条文的修修补补或制定另一个议定书。当然对于 1952 年《罗马公约》中的有些合理的理念可以给予批判地吸收。这个新公约要对目前航空领域出现的新问题做出适当的规定，如，如何处理恐怖主义利用航空器作为武器从而对地面造成损害的赔偿、是否设定赔偿限额、航空器运营人承担何种归责原则、损害的类型等。另外，1952 年《罗马公约》处理的是外国航空器对地（水）面第三方造成损害的赔偿问题，那么对于航空器在空中相撞给对方航空器以及航空器上的人或物造成的损害应该如何赔偿的问题，以及对声震问题和噪声问题并没有做出明确规定，那么新公约对这些问题是否需要做出规定呢？事实上，对上述问题解决得好坏直接关系到新公约能否取得成功，得到大多数国家尤其是航运大国的批准。同时要处理好与 1999 年《蒙特利尔公约》的关系，绝对不能盲目照搬照抄后者的概念和规定，时刻牢记两个公约处理的法律关系是不同的。但是，对于能够加以吸收的规定就应当予以采纳，以达到在一定范围内实现国际民用航空运输领域法律规定的高度统一。

第三节　欧盟法中的航空第三方责任险制度

一、1992～2002 年欧盟的责任保险制度

目前，虽然不存在航空器对地面第三者损害责任的欧盟航空法，但是，欧盟法却对属于欧盟法调整范围的航空承运人和经营人的事故责任险做了强制规定。例如，1991 年 10 月，欧共体发布了"一揽子"开放条例，即 EC Council Regulation 2407/92（以下简称 2407/92 条例），该条例第 7 条要求：欧共体的航空承运人必须根据欧洲司法，对航空事故的赔偿责任（包括对乘客、行李、货物和第三人的责任）进行保险。虽然该条例并没有规定保险的限额，但欧共体委员会的条例具有约束力，条例适用于主要营业地在欧共体成员国的承运人，不适用分支机构在欧共体成员国的承运人，这实际上已经包括了世界上大多数国际承运人，这就意味着强制性的第三人责任保险在欧共体已经建立起来。

然而，从欧盟 2407/92 条例以来，关于第三方责任保险问题，共同体没有进行进一步的立法活动。只是在 1997 年，欧盟理事会通过了关于航空事故的空中承运人责任的 2027/97 条例，该条例要求欧共体的航空承运人对其旅客的赔偿责任投保的责任保险，限额为每人 10 万特别提款权，保险要达到高出最初数额的合理水平。但条例对什么是合理数额并没有给予指示。

2001 年"9·11"袭击事件发生后，促使与战争和恐怖主义相关风险的可保险性问题被提到欧洲议事日程上来。面对航空保险业将这种可获得的风险保证金减少到大约正常保证金的 5% 的决定，欧盟成员国引进了临时性保险措施，作为战争和恐怖主义造成的风险的保证金，这种临时措施在 2001 年 9 月 22 日被部长委员会批准，保证金由最初 30 天的期间最终延长到 2002 年 7 月。

在"9·11"事件的压力下，欧洲议会和委员会在2002年9月24日发起了关于调整航空承运人和航空器经营人保险要求的建议。建议的目的是为现行保险保证金标准的立法缺陷和未来立法范围搭起沟通的桥梁，填补共同体关于航空承运人执照的无限制规定。建议指出规则应适用于从共同体机场起飞以及飞越成员国领土的所有航空器承运人和经营人。这个建议应该比2407/92条例的第7条前进了一大步，因为后者仅具有要求保险的义务性标准。

建议的保险保证金标准以欧洲民用航空会议（ECAC）关于最小保险要求的决议（ECAC/25-1）为基础，分为以下四个类型，如表5-1所示。

表5-1　建议的保险保证金标准

类型	航空器最大起飞重量	责任保险保证金（SDR）
1	25000千克以内（含25000千克）	8亿
2	50000千克以内（含50000千克）	27亿
3	200000千克以内（含200000千克）	40亿
4	200000千克以上	60亿

这些保险保证金标准也是战争和恐怖主义风险的法定保证金。根据共同体法或颁发营运执照国家的法律，保险保证金可以从被授权实行这种保证金的保险人、航空器登记国或有保险人住所或主要营业地的国家获得，而且航空承运人和航空器经营人有义务保存保险证书或由任何成员国的有权航空当局颁发的其他担保证明。

总之，关于调整航空承运人和航空器经营人保险要求的建议推动了2407/92条例第7条保险要求的完善，这应该是向前迈了值得称赞的一步，因为其以航空器最大起飞重量和相应保证金之间的关系为基础，进一步澄清了航空承运人和航空器经营人的法定保险保证金的精确标准，填补了现行立法的缺陷。尽管对于非共同体的航空承运人或航空器经营人仅仅飞越上空的情形，该规则还存在一定的执行困难，但这个建议至少在与法定保险保证金的相关领域为所有关系人（包括空中和地面）都创立了一个游戏规则。

二、欧盟785/2004条例的责任保险制度

欧洲议会（European Parliament）和欧洲理事会（European Council）在2004年4月30日通过欧盟785/2004条例（EC Regulation 785/2004），条例规定了航空公司对乘客、货物、行李及第三人应投保的法定最低责任保险金额，其中包括战争及恐怖袭击在内造成第三人损害的应投保的最低保险责任金额是根据飞机最大起飞重量进行计算的，如表5-2所示。

当然，表5-2内所列金额仅是强制各航空公司应投保的最低责任险金额，并不意味着是对第三人的最低赔偿金额。最低责任险金额的规定目的是预防在发生保险事故时，航

表 5-2　欧盟 785/2004 条例——第三方责任保险规定

飞机最大起飞重量 MTOW（千克）	最低金额（SDRs）	最低金额（EUR）
<500	750000	915000
<1000	1500000	1830000
<2700	3000000	3660000
<6000	7000000	8540000
<12000	18000000	21960000
<25000	80000000	97600000
<50000	150000000	183000000
<200000	300000000	366000000
<500000	500000000	610000000
>500000	700000000	854000000

空公司出现破产等情形而无力赔偿受害的第三人，从而保障受害的第三人能够获得一定的补偿，如果在航空公司能够足额赔偿第三方的情况下，最低责任险金额将发挥着对被保险人——航空公司所遭受的损失进行补偿的功能。

第四节　伦敦保险市场的第三方责任保险

一、伦敦航空标准保险单

在伦敦航空标准保险单（AVNIC）中含有第三方责任保险，在保单条款的第Ⅱ节中规定有保险范围、除外责任和责任限额。

从伦敦航空标准保险单第三方责任保险的承保范围上看，保险人负责的保险赔偿责任包括两部分：一是被保险人因被保险航空器或航空器上的人员或物体坠落，致第三人死亡、身体伤害或财产损失，依法应负赔偿责任的损失；二是被保险人的诉讼费用损失。在经保险人同意的条件下，被保险人对第三人的诉讼请求进行抗辩而发生的诉讼费用，也由保险人另行给付被保险人，但如果保险人应赔偿的金额超过保险限额的，诉讼费用则按保险金额与应赔偿金额的比例给付。

根据伦敦标准保险单航空第三方责任保险的规定，受害的第三人所属国家不同责任限额所依据的法规可能有所不同。如果受害第三人所在国是《罗马公约》缔约国，按照1978 年《蒙特利尔议定书》的规定，航空器使用人对第三人伤亡的损害赔偿责任限额是每人 12.5 万特别提款权，并且按照航空器的重量等级不同，将责任限额分为四种。而按照《关于航空器对第三方造成损害的赔偿的公约》（即《一般风险公约》）和《关于因涉及航空器的非法干扰行为而导致对第三方造成损害的赔偿的公约》（即《非法干扰公约》），赔偿限额按照航空器重量分成了 10 个等级。但无论如何，保险人的赔偿责任不能超过标准保险单明细表第 6（C）部分规定的保险金额，此限额包括对每个受害人的伤亡、每次意外事故的死伤和财产损失总额。其中对第三人人身伤亡的赔偿没有自负额的设定，但财产损失部分有自负额的设定，因此，保险人对财损的补偿数额不得超过保险金额减除自负额部分的总额。

在伦敦标准保险单航空第三方责任保险的规定中，如果采用单独投保方式，保险费率则单独计算，如果与乘客责任保险或货物责任保险共同投保，保险费率则混合计算。在伦敦航空保险市场的习惯中，一般将第三人责任保险和乘客责任保险合并在一起，以一种总限额的方式进行投保（Combined Single Limit，CSL）。保险人的赔偿责任不会超过保险单约定的最高限额。在伦敦保险市场，航空器承运人通常可以购买到 20 亿美元总限额的保险，而且不限制规定第三人责任保险和乘客保险的比例。

在伦敦航空第三方责任保险标准保险单中，不保事项有五项：①被保险人之董事、受雇人或合伙人于执行职务时遭受的身体伤亡或财损；②被保险航空器上的机员或在被保险航空器上从事工作的人员所遭受的身体伤亡或财损；③任何乘坐或上下被保险航空器的乘客所遭受的人身伤亡或财损；④被保险人自己所有、代人照管或管理的任何财产所遭受的损害；⑤噪声、污染及其他危险。

二、通用航空保险单

在通用航空活动中，通常也会发生第三人的身体损害赔偿责任或财产损失赔偿责任，例如，在利用航空器进行空中农药喷洒作业，农作物经营者和空中喷洒农药的作业者易于受到受害第三人的索赔请求，因为在空中喷洒作业的过程中，附近第三人的农作物、牲畜、蜜蜂、鱼群、水源等极可能因化学药剂的飘散而遭受污染损害。实践中，该种损害的发生可能是因作业人的过失造成的，如被保险人没有遵守生产者印制的指导书或任何相关法定的要求而进行作业。也可能会因其他原因或风险而发生第三人损害。例如，农作物被无机砷制剂或砷酸钠、干燥剂或脱叶剂的粉剂等化合物污染造成损害；惩戒性或惩罚性的损害；战争、劫机和其他风险；噪声、污染等以外的风险。因此，一些国家的法律都对该种作业进行了严格限制，例如，英国法律规定，经营人在利用化学药剂或杀虫剂进行飞机空中作业喷洒之前，必须取得英国民用航空局（CAA）颁发的空中作业许可证，许可证规定空中喷洒作业应遵循的条件以及保证，这些条件已经告知邻近土地上易受害作物的所有人等内容。在航空保险实践中，对在城市的居住区域使用化学药剂进行喷洒作业，都必须在保险单中进行特别批注，如果将种植者、农场经营者、所有者的损害赔偿责任纳入保险责任范围，需要另外支付适当的保险费。

但在伦敦保险市场，对于通用航空活动中的空中喷洒作业经营人的责任，只有少数保

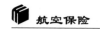

险人进行承保，承保范围包括第三方身体损害赔偿责任和财产损失赔偿责任。

对于第三方的身体损害赔偿责任的保险范围，保险人负责补偿被保险人依法应予支付的下列赔偿所造成的损失：①维修服务欠缺造成的损害；②飞行员、乘客或机组人员等在作业过程中造成第三人的身体损害；③航空器（包括空中作业的航空器）占有、维修和使用过程中造成第三人的身体损害。

对于第三方的财产损失赔偿责任的保险范围，保险人主要负责补偿被保险人依法应予支付的航空器（包括空中作业的航空器）占有、维修和使用过程中造成的财产损害或破坏的赔偿责任。在通用航空保险单中承保的财产损害风险包括所有农作物、牧场、树木或有形财产的损害或破坏，无论空中作业是否有过失。

通用航空作业的第三方责任保险单的除外责任包括：①因滋扰产生或与滋扰相关的损害索赔；②因财产权或空域权被征用产生的索赔；③在保险范围的说明中已经被排除的航空器噪声产生的直接或间接损害的索赔；④重复被保险人承担的合同责任；⑤被保险的航空器上人员或财产的索赔；⑥由被保险人所有、租赁、占有或使用的财产损害的索赔；⑦被保险人照看、监管或控制的财产损害的索赔。

第五节　国内法中的航空第三方责任险制度

有关航空第三方责任保险制度，除了《罗马公约》、国际法协会和《欧盟法》等国际法或区域法层面的责任保险规定外，一些国家的国内法也都有相关要求，明示或隐含有强制保险要求的国家有英国、美国、瑞士、德国、奥地利、澳大利亚、丹麦、挪威、加拿大等。但也有个别国家（如法国）对第三方责任保险没有任何强制的要求。在大多数国家，国内经营人和在一国领土内飞行或飞越一国领土的航空器的国际经营人都要根据航空器登记程序提供保险保证金的证明。

从各国国内立法来看，大多数国家在其制度中都规定了航空器经营人对第三人责任的强制保险或其他担保要求，只有英国和法国除外。但是在英国，这种要求在实质上无疑也是强制的，因为颁发航空运输执照时，要求航空承运人向执照管理当局提交已投保充分责任保险的合格证明。比利时、巴西等国家将1952年《罗马公约》的规定与国内法结合起来。有些国家的国有或私有保险人又将其承保风险的一部分或全部向伦敦航空保险市场进行了再保险。

在许多情况下，最低保险保证金的强制标准与航空器的最大起飞重量联系在一起，如德国、奥地利、瑞士和美国。其实也可以仅要求充足的保险保证金或其他担保，具体要求留给航空器登记国去处理。德国和奥地利的第三人责任保险保证金的强制标准与法定责任限额一致。虽然无限制责任被认为是不能被完全保险的，因为保险人都不会提供无限制保险赔偿金，但在瑞士的立法制度中实现了无限制责任规则和最低保险保证金强制标准的结合，这为灾难性损害的保险赔偿提供了一种有效办法。

对于第三人损害的赔偿责任，如果立法不要求强制保险或规定其他担保要求，也可能合理可行，因为作为航空市场的参与者，一般而言，航空器经营人无论如何也会自愿采取责任保险的方式来规避风险，没有谁比他们自己更关心自己的利益。但不可否认的事实是，投保人即使投保了第三方责任保险，依然还会有相应的风险，即在实际损害超过保险赔偿金时，航空器经营人不得不自己承担超出保险赔偿金的那部分损失。

一、英国的航空第三方责任保险制度

英国不是任何《罗马公约》的成员国，但《罗马公约》的基本精神——绝对损害赔偿责任原则还是被英国国内法所采纳和吸收，例如，1936 年的《空中航行法》就有第三人责任的相关规定，并在该法第 15 至第 22 条确立了地面第三方责任风险的强制保险机制。1949 年《民用航空法》第 4 篇第 42 至第 48 节对此再次确认，包括了以 1933 年《罗马公约》制度为基础的一些强制责任保险要求，并通过委员会的指令方式授权使 1933 年《罗马公约》生效，但该法第 4 篇并没有被英国批准，后来被 1967 年航空公司条例第 81 条取代，想要实施 1933 年《罗马公约》的条款被 1968 年《民用航空条例》的第 26 条取消。在英国 1982 年《民用航空法》第 76 条第（2）款中规定了航空器所有人或经营人对地面人员或财产的有形损害承担无过失责任。该立法在最初包含有强制保险的要求，但在生效之前被取消了。因此，目前英国国内法相关法律并不存在航空器经营人或所有人对第三方责任强制保险的正式要求。

但是，在英国航空保险实践中，成立于 1949 年的英国航空保险协会，除了增进和保护航空保险业的利益之外，也负责制定标准的航空保险单，早在 1954 年，在该协会制定的一张航空器综合保险单中，包括有航空器机体保险、第三方责任保险和乘客责任保险三部分，其中第三方责任保险部分规定了承保范围、除外不保事项和一般不包括事项等内容。

此外，在英国 1960 年《民用航空执照条例》中有强制保险的要求。1964 年，民用航空局在发放航空服务许可执照时，要求航空器经营人必须提供三者责任保险保证金。1982 年《民用航空法》第 65（2）（b）条也要求，如果政府部门没有收到申请人对承担义务进行的充分的经济安排，民用航空当局（CAA）是不会批准申请人的航空服务执照的。当然，对于上述要求在英国持照的申请人需提供支付能力证明的规定，并不意味着它是一个强制性的保险规定，也不能作为颁发执照的前提条件强迫申请的航空承运人进行责任保险。而且，上述规定只适用于持照进行航空运输经营的人，相应地，不从事公共航空运输的航空器经营人没有法定义务对第三人责任风险进行保险。更何况在英国即使没有强制保险，也没有第三人因欠缺保险单而不能获得赔偿的。

1992 年，欧共体理事会颁发了航空承运人执照条例［Council Regulation（EEC）No. 2407/92］，其中第 7 条特别规定，航空承运人要投保事故责任保险，尤其是乘客、货物、行李、邮件和第三人责任保险，但没有规定任何保险限额。由于欧共体理事会的规章

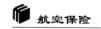

条例对全体成员国都有约束力，所有成员国都可直接适用。因此，根据条例的规定，民用航空当局（CAA）被授权负责英国运行执照的授予和检查。

1997年，欧共体通过了理事会关于航空事故中空中承运人责任的条例，即欧共体2027/97条例。该条例规定，对于不超过10万特别提款权的索赔部分，欧共体承运人放弃《华沙公约》的责任限额和《华沙公约》第20条所有必要措施的抗辩，欧共体的航空承运人对每名旅客的责任要投保10万特别提款权的责任保险，而且保险要达到这个基本数额以上的合理水平。虽然欧共体2027/97条例对什么是保险的合理数额并没有给予指示，但英国民用航空当局对持有运营执照的英国承运人发布了保险的特别规定，当然，提供这种法定保险的前提是航空器经营人对第三人和乘客具有法定的赔偿责任。

规定要求：①持有航空运输执照的承运人要分别携带最高限额的第三方责任保险单和乘客责任保险单，其中宽体航空器是20亿英镑；宽体货运航空器是15亿英镑；窄体喷气航空器和支线涡桨航空器是6亿英镑。②持有B型运营执照的航空承运人，第三方责任保险单和乘客责任保险单的最高限额是：单发动机非涡轮的航空器和所有非涡轮直升机是300万英镑；双发动机的航空器和10座以下的所有其他单发动机的航空器是50万英镑；所有涡轮直升机是700万英镑；10~19座单发动机的航空器和所有其他喷气航空器是1.5亿英镑。

二、美国的航空第三方责任保险制度

美国的航空第三方责任保险制度主要见于《美国联邦法规（CFR）汇编》第14篇（联邦标准）第205项的要求。根据《美国联邦法》的规定，凡是根据交通部授权经营和从事国内或国际运输的美国和外国直达航空承运人，必须投保乘客和第三人强制责任保险。该规定也适用于往返承运人、出租飞机经营人和加拿大的特许出租飞机经营人。也就是说，上述主体只有提供法定最低标准的航空器事故保证金才能从事航空运输活动。这种保证金可以通过保险单（提交保险证书）或自我保险计划获得。在保险合同中，应规定航空承运人支付的所有赔偿数额，包括根据交通部当局规定的承运人运营或航空运输中的航空器维修造成的人员伤亡或其他财产损失而应由承运人依法进行支付的损害赔偿金。

根据美联邦法规（CFR）的规定，对不同的航空承运人，要求的第三方责任保险有所不同，分为三类：

（一）对美国和外国管理的航空承运人的要求

每次事故每人的最高保险责任限额为30万美元，每架航空器每次事故的最高赔偿限额为2000万美元；航空器座位数为60座以下或最大负载能力在18000磅以下的，每架航空器每次事故的最高保险限额为200万美元；如果承运人携带旅客的，对每名旅客的责任保险限额为30万美元，总保险限额为30万美元乘以机上座位数的75%。

（二）对美国出租飞机经营人的要求

在每次事故中，每人的最高保险责任限额为75000美元，财产的最高保险责任限额为10万美元；每架航空器每次事故的总赔偿额为30万美元。如果出租飞机经营人也携带旅客的，每名旅客的责任保险限额为 75000 美元，总保险限额为 75000 美元乘以机上座位数的 75%。

（三）对加拿大包租出租飞机经营人的要求

在每次事故中，每人的最高保险责任限额为 75000 美元；每架航空器每次事故的总赔偿额为 200 万美元；航空器座位数为 30 座以上或最大货物负荷量为 7500 磅以下和最大核准起飞重量为 35000 磅以下的，每架航空器每次事故的最高保险限额为 2000 万美元。如果飞机经营人也携带旅客的，每名旅客的责任保险限额为 75000 美元，总保险限额为 75000 美元乘以机上座位数的 75%。

由上可见，对每类航空器的承运人或经营人都有第三方责任保险限额和乘客责任保险限额的单独要求，但根据规定，也可以将这两种责任限额合并，但要达到两种责任限额总数的最高数额。目前，国际航空承运人在每个事故单一责任限额一般约为 15 亿美元，按照这个标准，上述各类最高保险责任限额的标准还是非常低的。

值得注意的是，除了《美联邦法规》（CFR）对航空第三方责任保险做出规定外，美国的一些州为了鼓励航空器经营人在航空器运营之前通过责任保险或其他方式来保障赔偿责任，也制定了相关法律，例如，加利福尼亚州的《统一航空器财务责任条例》（CUAFRA）；加利福尼亚州的《公共设施法典》第 5500 至第 5511 条（适用于商业承运人）和第 24230 条、第 24325 至第 24327 条、第 24350 至第 24361 条、第 24410 条（适用于其他航空器）。当然，按照加利福尼亚州最高法院的观点，《统一航空器财务责任条例》并不是强制保险法，因为它没有要求私有航空器所有人或经营人投保责任保险，或向加利福尼亚交通部门或其他机构提供这种保险证明，而仅要求在特定事故发生后，非商业航空器所有人或经营人要通过保证金、事故发生时有效的责任保险证明或自保合格证明来表明其损害赔偿能力。

此外，在多数判例中，美国地方机场当局将对航空器经营人施加强制保险要求，作为优先使用机场或其设施的条件，并在保单中通常规定责任保险最高限额，机场当局被列为附加被保险人。

三、瑞士的航空第三方责任保险制度

在瑞士法中，关于航空第三方责任问题，实行的是严格无限制责任和强制保险或其他担保相结合的制度，所以赔偿数额有时超过强制保险的标准。但是，非法使用者或未被经营人雇用的其他人造成的第三人损害，经营人承担的责任不超过法定保险保证金的标准。

所有在瑞士登记的航空器经营人必须准备出法定数额的保险保证金或提供其他担保以保证潜在的第三人责任承担，但国家和州所有的航空器可以免除这种强制要求。有关外国经营人提供担保的义务则按照国际协议的要求，瑞士联邦委员会负责规定这种担保人提交保证金数量的技术细节，瑞士联邦航空部则依据提供的担保授权其使用瑞士空域。

在 2001 年 4 月 24 日，瑞士法规定了保险保证金的标准，内容如表 5-3 所示。

表 5 - 3　瑞士保险保证金标准

类型	航空器类型	航空器起飞重量（千克）	责任保险保证金（瑞士法郎 CHF）
1	航空器和直升机	2000	300 万
2	航空器和直升机	2001~5700	500 万
3	航空器和直升机	5701~20000	1250 万
4	航空器	20001~200000	5000 万
5	直升机	>200000	5000 万
6	航空器	>200000	7500 万
7	配备发动机的滑翔机、G 滑翔机、手动的气球		300 万

四、德国和奥地利的航空第三方责任保险制度

德国航空法规定了第三方责任的强制保险制度，要求航空承运人提供保险保证金或其他经济担保人，所提交的货币储备金或其他担保至少要达到法定的责任限制标准，只有州和联邦政府的航空器可以除外，但德国制度没有规定第三人对保险人直接诉讼的可能性。

在奥地利的航空法中，也规定有类似德国的强制保险制度。例如，根据奥地利的制度规定，航空器经营人的法定第三方责任保险至少要达到严格责任制度规定的限额标准，国家航空器的经营人可免除该义务。但奥地利的制度与德国制度不同的是，奥地利的制度中允许第三人对保险人进行直接诉讼，保险人和被保险的经营人对第三人承担连带责任。

五、澳大利亚的航空第三方责任保险制度

澳大利亚的法律并不要求第三方责任保险，但在航空实践中，大多数商业和非商业的航空器经营人都会为第三方责任提供足够的保证金。但值得注意的是，澳大利亚立法对乘客的责任保险却有详细的强制性规定，航空乘客利益要比第三人利益被保护得更好。

六、加拿大的航空第三方责任保险规定

在加拿大，根据 1988 年《航空运输条例》的规定，航空承运人如果没有对乘客伤亡风险和公共责任风险投保责任保险，禁止经营国内或国际运输服务。其中公共责任保险的最高限额与航空器起飞重量相关，航空器起飞重量在 7500 磅以下的，最高限额为 100 万加拿大元；航空器起飞重量在 7500 磅以上 18000 磅以下的，最高限额为 200 万加拿大元；航空器起飞重量在 18000 磅以上的，最高限额为 200 万加拿大元与 150 加拿大元乘以超过18000 磅的数量之和。伦敦保险市场背书（批准）了加拿大的这种责任保险的使用。1996年，加拿大还对在本国登记或在国外登记而在加拿大运营的航空器所有人规定了附加保险制度。根据附加保险的规定，特定航空器所有人（包括航空器经营人、飞行训练单位运营证书的持有人和免费载客的气球经营人）在没有投保乘客伤亡责任保险和公共责任保

险的前提下，禁止运营航空器，保险限额与 1988 年《航空运输条例》规定的限额相同。

七、我国大陆和台湾地区的航空第三方责任保险制度

1996 年《民用航空法》第 166 条规定：民用航空器的经营人应当投保地面第三人责任险或者取得相应的责任担保。2007 年《通用航空经营许可管理规定》第 13 条规定：筹建工作完毕，申请人应按规定的格式向民航地区管理局申请通用航空经营许可证时要提交投保地面第三方责任险的证明。可见，地面第三方责任险在我国内地也是一种强制保险。

我国台湾地区没有参加《罗马公约》，但在其《民用航空法》中对第三方责任规定了绝对赔偿责任制度。航空器失事致人伤亡，或毁损动产不动产时，不论故意或过失，航空器所有人应负损害赔偿责任；其因不可抗力所生之损害，亦应负责；自航空器上落下或投下物品致损害亦同。关于赔偿责任的负担问题，航空器如依据租赁或借贷关系而使用者，应由所有人或承租人或借用人负连带赔偿责任，但租赁已登记者，除所有人有过失外，由承租人单独负责。在无出租或出借的场合，应由所有人单独负责。但是，我国台湾地区《民用航空法》并没有具体规定航空器使用人对第三人的赔偿金额，一般按照我国台湾地区《民法》的侵权赔偿标准计算。如果损害的发生是因航空人员或第三方的故意或过失所致的，例如，驾驶员醉酒驾驶或昏睡驾驶而撞山；或驾驶员任意将航空器交由不相干的人做练习性驾驶而失事；或因暴徒劫机，强迫改航致发生空难，航空器所有人、承租人或借用人，对被害人赔偿后，得向有故意或过失的航空人员或第三者求偿。

航空器所有人在申请民用航空运输业营业许可及登记之前，应投保一定金额的责任险才可执业，关于投保金额则由交通部定之；外籍航空器飞越我国台湾地区领空时，应提供相当的担保或保险证明；未经提供责任担保之外籍航空器，或未经特许紧急降落或倾跌于我国台湾地区领域之外籍航空器，民航局得扣留其航空器；其因而致人或物发生损害时，并应依法赔偿。

根据我国台湾地区《保险法》的规定，航空保险人对于保险标的物，除契约另有约定外，因航空一切事变及灾害所致之毁损、灭失及费用，负赔偿之责；责任保险人与被保险人对于第三方，依法应负赔偿责任，而受赔偿之请求时，负赔偿之责；被保险人因受第三人之请求而为抗辩，所支出之诉讼上或诉讼外之必要费用，除契约另有约定外，由保险人负担；被保险人得请求保险人垫给前项费用。

本章小结

（1）航空第三方责任保险有广义和狭义之分，广义的航空第三者责任保险，泛指以被保险人对第三者依法应负的损害赔偿责任为保险标的。狭义的航空第三者责任保险，通常是指被保险人的航空器在运营过程中造成第三人的人身伤亡或财产损害，由保险公司承

担航空器经营人或所有人依法应负的赔偿责任的保险。

（2）航空第三方的损害赔偿责任具有损害的国际性、权利主体与责任主体的多样性与复杂性、加害行为人与侵权责任人分离、赔偿责任的限制性、责任承担的分散化和社会化等特征。这些特征决定了调整航空第三人损害责任的规范渊源有国际法渊源、区域法渊源和国内法渊源。航空第三人责任在国际航空公约下应有一个超国家的类似欧共体法的法律渊源，罗马公约体系力图实现这一目标，但是由于国家之间的巨大差异，要求《罗马公约》必须现代化。

（3）虽然不存在航空器对地面第三方损害责任的欧盟航空法，但是，欧盟法却对属于欧盟法调整范围的航空承运人和经营人的事故责任险做了强制规定。欧盟通过系列性的法律条例在欧共体建立了强制性的第三者责任保险制度。

（4）在伦敦航空标准保险单 AVNIC 中含有第三者责任保险，在保单条款的第 Ⅱ 节中规定有保险范围、除外责任和责任限额。

（5）有关航空第三方责任保险制度，除《罗马公约》、国际法协会和欧盟法等国际法或区域法层面的责任保险规定外，大多数国家在其制度中都规定了航空器经营人对第三方责任的强制保险或其他担保要求。

思考题

（1）简述航空第三方责任险法定的必要性。

（2）航空第三方责任险的除外责任有哪些？

（3）简述航空第三方责任的法律渊源。

（4）简述罗马公约体系及其现代化的动因。

（5）试比较不同国家的航空第三方责任保险制度。

第六章　机场财产险

　　本章介绍的机场财产险包括机场基本财产险、机场建筑安装工程险和机场责任保险。机场基本财产险一般采用资产定制险的形式承保，机场资产定制保险的承保财产包括机坪跑道、航站楼、机器设备、内场车辆、其他资产五类。机场工程保险是指以机场工程项目为主要承保对象，在保险期限内，工程项目因自然灾害或意外事故而遭受的损失，或者在工程项目实施过程中，造成第三者的人身伤亡、疾病或者财产损失，依法应由被保险人承担赔偿经济责任，而遭受的损失，依据保险合同的约定，由保险人对被保险人进行赔偿的一种财产保险。责任保险是指以被保险人依法应付的侵权损害赔偿责任和依据合同约定应付的合同责任为保险标的，当被保险人因此而遭受损失，保险人根据保险合同约定承担责任的一种财产保险。机场责任保险是指以被保险人（机场所有人和经营人）因机场（包括建筑物及其设备、装置）存在结构上的缺陷或管理不善，或被保险人在机场内进行经营活动时因疏忽发生意外事故造成他人人身伤害或财产损失依法应负赔偿责任为保险标的的保险。

第一节　机场资产定制保险

一、基础保险条款

（一）保险标的

　　机场资产定制保险承保财产包括机坪跑道、航站楼、机器设备、内场车辆、其他资产五类。保单载明地址内的下列财产可作为保险标的：

　　（1）属于被保险人所有或与他人共有而由被保险人负责的财产。

　　（2）由被保险人经营管理或替他人保管的财产。

　　（3）其他法律上承认的、与被保险人有经济利害关系的财产或利益。

　　下列财产不属于该保险承保保险标的：

　　（1）土地、矿藏、水资源及其他自然资源。

　　（2）矿井、矿坑。

　　（3）计算机软件、计算机数据资料等无法鉴定价值的财产。

（4）货币、票证、有价证券以及有现金价值的磁卡、集成电路（IC）卡等。

（5）违章建筑、危险建筑、非法占用的财产。

（6）动物、农作物。

（7）领取公共行驶执照的机动车辆。

经保险合同双方特别约定并在保险合同中载明价值，下列财产可以作为本保险的保险标的：

（1）被保险人租赁、借用的资产。

（2）绿化植物。

（3）金银、珠宝、钻石、玉器、首饰、古币、古玩、古书、古画、邮票、字画、艺术品、稀有金属等珍贵财物。

（二）通用保险责任

在本保单保险期限内，保单明细表列明的保险标的由于本保单除外责任以外任何原因造成的物质损坏或灭失，保险人按照保险合同的约定负责赔偿保险标的的直接经济损失及事故相关费用。

（1）保险事故发生时，为抢救保险标的或防止灾害蔓延，采取必要的、合理的施救措施，而造成保险标的的损失以及被保险人所支付的费用，保险人按照本保险合同的约定负责赔偿。

（2）因保险事故导致的，为抢救保险标的、修理或恢复受损标的或恢复经营需要所造成的其他保险标的的损失，保险人按照本保险合同的约定负责赔偿。

（3）保险事故发生后，为及时修复或恢复保险标的以及紧急恢复运营所需支出的合理费用，保险人按照本保险合同的约定负责赔偿。

（4）上述合理费用包括现场疏散及清理费用、临时保护设施建造费用、临时维修费用；材料运输费用、能源费用；临时设备租借/购买费用；员工加班费、员工夜班费、员工节假日加班费；聘请外部单位费用；其他费用；等等。

（5）保险事故发生后，产生的合理的检验及测试费用，保险人按照本保险合同的约定负责赔偿。

1）本保单承保保险事故导致的恢复或修理保险标的所必须进行检验及测试的费用，保险人按照本保险合同的约定负责赔偿。

2）对于确定保险责任时进行的检测，如通过检测确认为本保单承保事故，则检测费用由保险人承担；如果通过检测确认事故不是本保单承保事故，则检测费用由被保险人承担；如由保险人提出检测，检测结果无论是否属于保险责任，检测费用都由保险人承担。

3）本保单事故检测费用每次事故最高赔偿限额不超过保险单载明的金额。

（6）本保单承保保险事故导致的必要的设计师、检验师及工程咨询人员费用，保险人按照本保险合同的约定负责赔偿，但不包括被保险人为了准备索赔或估损所发生的任何费用。上述赔偿费用应以财产损失时适用的有关行业管理部门收费规定为准，但保险公司在本扩展条款项下的赔偿责任不得超过以下列明的赔偿限额。本项费用本保单每次事故最

（7）本保单承保保险事故发生后，清除、拆除或支撑受损保险标的的费用，保险人按照本保险合同的约定负责赔偿；本项费用本保单每次事故最高赔偿限额以保险单载明为准。

（8）保单承保火灾事故导致的灭火过程中的费用（含灭火设施设备费用）、清理水和其他物质的费用、清洁费用，以及由于本保单承保的保险事故引起烟熏造成清除保险标的污迹的费用，保险人按照本保险合同的约定负责赔偿；本项费用本保单每次事故最高赔偿限额以保险单载明为准。

（9）被保险标的（存货及被保险人托管的财产除外）出于清洁、维修、修理或其他类似目的，而在同一营业处所内或在境内通过公路、铁路或水路向其他营业处所临时移动时由于保险事故发生的损失，保险人按照本保险合同的约定负责赔偿。本项损失本保单每次事故最高赔偿限额以保险单载明为准。

（10）保单承保被保险人在重建或修复受损财产时，仅仅由于必须执行公共当局的有关法律、法令、法规产生的额外费用，但以下列规定为条件：

1）被保险人在本条款生效之前发生的损失，本保险责任范围以外的损失，发生损失前被保险人已接到有关当局关于拆除、重建的通知，未受损财产（但不包括被保险的地基）的修复、拆除、重建的情况下执行上述法律、法令、法规产生的额外费用，保险公司不负责赔偿。

2）被保险人的重建、修复工作必须立即实施，并在损失发生之日起 12 个月（或经保险公司在上述 12 个月内书面同意延长的期限）内完工；若根据有关法律、法令、法规及其附则，该受损财产必须在其他地点重建、修复时，保险公司亦可赔偿，但保险公司的赔偿责任不得因此增加。

3）若在本保险单项下保险财产受损，但因保险单的规定，赔偿责任减少，则本扩展条款责任也相应减少。

4）保险公司对任何一项受损财产的赔偿金额不得超过该项目在保险单明细表中列明的保险金额。

（三）通用除外责任

下列原因造成的损失、费用，保险人不负责赔偿：

（1）投保人、被保险人及其代表的故意或重大过失行为。

（2）战争、类似战争行为、敌对行动、军事行动、武装冲突、政变、谋反、恐怖活动。

（3）核辐射、核裂变、核聚变、核污染及其他放射性污染。

（4）大气污染、土地污染、水污染及其他非放射性污染。

（5）保险标的的内在或潜在缺陷、自然磨损、自然损耗，大气（气候或气温）变化、正常水位变化或其他渐变原因，物质本身变化、霉烂、受潮、鸟啄、氧化、锈蚀、渗漏、烘焙。

（6）保险标的遭受保险事故引起的各种间接损失。

（7）盘点时发现的短缺。

（8）公共设施部门的限制性供应及故意行为引起的停电、停气、停水。

（9）本保险合同中载明的免赔额或按本保险合同中载明的免赔率计算的免赔额。

（四）保险赔偿

保险标的发生保险责任范围内的损失，经被保险人和保险人双方协商一致，可按下列任一方式赔偿：

（1）货币赔偿。保险人以支付保险金的方式赔偿，赔偿金额按照本节前述（二）6之规定计算。

（2）实物赔偿。保险人以实物替换受损标的，该实物应具有保险标的的出险前同等的类型、结构、状态和性能。

（3）实际修复。保险人自行或委托他人修理修复受损标的，使其达到出险前同等的状态和性能。

保险单项下明细表中列明的保险标的（除仓储物品外），按账面原值确定为保险金额，如发生本保险责任范围内的损失，按受损保险标的的保险价值，即出险时的重置价值计算货币赔偿金额；当出险时保险标的的保险价值与保险金额的比低于120%时，保险人按保险价值全额赔付被保险人，不进行比例赔偿；当出险时保险价值超过保险金额的120%时，被保险人按保单费率以日比例方式补交差额部分自保障生效之日至出险之日的保险费，保险人按受损保险标的的保险价值全额赔付被保险人。

本保险单承保的仓储物品按成本价与合理的运保费、税费等费用之和计算保险金额，如发生本保险责任范围内的损失，按受损保险标的的保险金额计算货币赔偿金额。仓储物品的单项和总计货币赔偿金额最高不超过其保险金额；保险人赔偿保险标的的损失时应扣除保险单中载明的免赔额或按载明的免赔率计算的免赔额。

为抢救保险标的或防止灾害蔓延，采取必要的、合理的施救措施的费用赔偿遵循以下规定：保险人对施救费用的赔偿在保险标的的损失赔偿金额以外另行计算，最高不超过被施救保险标的的保险金额；被施救的财产中，含有本合同未承保财产的，按照被施救保险标的的保险金额与全部被施救财产价值的比例分摊施救费用。保险事故发生时，被保险人对保险标的不具有保险利益的，不得向保险人请求赔偿保险金。

因第三者对保险标的的损害而造成保险事故的，由保险人先行赔付被保险人，再向第三者追偿：保险人自向被保险人赔偿保险金之日起，在赔偿金额范围内代位行使被保险人对第三者请求赔偿的权利；保险事故发生后，被保险人已经从第三者取得损害赔偿的，保险人赔偿保险金时，相应扣减被保险人从第三者已取得的赔偿金额；保险人行使代位请求赔偿的权利，不影响被保险人就未取得赔偿的部分向第三者请求赔偿的权利。

保险事故发生后，在保险人未赔偿保险金之前，被保险人放弃对有关责任方请求赔偿权利的，保险人不承担赔偿责任；保险人向被保险人赔偿保险金后，被保险人未经保险人同意放弃对有关责任方请求赔偿权利的，该行为无效；由于被保险人故意或者因重大过失致使保险人不能行使代位请求赔偿的权利的，保险人可以扣减或者要求返还相应的保险金。被保险人向保险人请求赔偿保险金的诉讼时效期间为两年，自其知道或者应当知道保险事故发生之日起计算。

二、机坪跑道保险保障条款

（一）名词释义

机坪：指机场内供飞机停放的平地，用于上下旅客或货物、清扫、加油、简易的检修等，在航空展时可扩充为飞机的展示场地及飞行表演的观众席。

跑道：指机场上供航空器着陆、起飞及滑跑使用的长条形场地，包括主跑道、道肩、防吹坪、升降带、跑道端安全地区以及可能设置的停止道与净空道等。

滑行道：指机场内设置的供飞机滑行所用的规定通道，本保险承保的滑行道包括平行滑行道、入口滑行道、出口滑行道、快速出口滑行道、机坪滑行道、机坪上进出机位的滑行通道、联络滑行道、滑行道道肩及滑行带。

道路：指供各种无轨车辆和行人通行的基础设施。本保险承保的道路包括机场及附近区域内，属于被保险人所有或与他人共有而由被保险人负责的道路，被保险人经营管理或替他人保管的道路，以及其他具有法律上承认的与被保险人有经济利害关系的道路。

涵洞：指根据机场规划需要，在机场区域内设置的与沟渠相交处使水从路下流过的通道。

桥梁：指根据机场规划需要，在机场及附近区域内设置的架设在地面上，使车辆行人等能顺利通行的建筑物。包括上部结构、下部结构和附属构造物，上部结构指主要承重结构和桥面系；下部结构包括桥台、桥墩和基础；附属构造物则指桥头搭板、锥形护坡、护岸、导流工程等。

轨道：指根据机场规划需要，在机场区域内设置的供旅客或机场人员交通使用的由条形钢材铺成的火车、电车等行驶的路线。

（二）保险标的

（1）本部分保险责任适用的保险标的包括但不限于机坪、跑道、滑行道、道路、涵洞、桥梁、轨道等被保险人用于航空器、旅客、机场工作人员等活动的场地。

（2）本部分保险责任适用的保险标的包括上述场地相关附属设施，如围栏、围界、标识等。

（3）航站楼和房屋建筑物不属于本部分保险责任适用的保险标的。

（三）保险责任

（1）本部分保险责任适用的保险标的的损失包括但不限于由塌陷、断裂、道面高差、块接缝错台、道面出现松散、剥落、断裂、破损等现象而产生的保险标的损失及相关费用。

（2）本部分保险责任以保险事故和损失实际发生为判断依据，无论是否影响安全运营。

（3）扩展责任。

1）尽管在本节"通用除外责任"部分有相应规定，本部分项下保险人负责赔偿由于地质原因、气候变化、气温变化导致的保险标的突然发生的损失。

2）事故费用。无论保险标的是否受损，属于本保单承保保险事故引发的必要、合理的清除和清理不属于被保险标的的事故周边及事故现场的费用。例如突发性滑坡后清理滑坡土石方的费用；洪水、泥石流及海啸后清理淤泥等发生的费用；无论保险标的是否受损，本保单承保风险所导致的保险事故，涉及航空器残损搬移及清理时，需要对本保单保险标的进行拆除、清理、改变所造成的保险标的的损失；本保单本部分费用每次事故赔偿限额以保险单载明为准；本保险单负责赔偿由于保险事故造成保险标的的损失需要重新设计所需支付的设计费用；本部分费用每次事故赔偿限额以保险单载明为准；保单负责赔偿由于保单保障事故造成保险标的的损失需要飞行校验所需支付的费用。

（四）除外责任

下列原因造成的损失、费用，保险人不负责赔偿：

（1）设计错误、原材料缺陷或工艺不善造成保险标的的本身的损失。

（2）被保险人未按《民用机场安全运行管理规定》及相关行业管理规定之要求履行巡视、检查、维护义务而导致的保险标的的本身的损失。

三、航站楼保险保障条款

航站楼也称候机楼，供旅客完成从地面到空中或从空中到地面转换交通方式，是机场的主体部分之一。内有办理登机手续的柜台、候机厅、出入境大堂、海关和检疫设施等，亦有提供前往市区的公共交通交汇站。

（一）保险标的

本部分保险责任适用的保险标的包括但不限于以下资产：

（1）航站楼建筑（含城市候机楼），包括主体建筑、承重结构、围护结构、车道边、公共大厅、候机大厅、登机桥、商业经营店铺等。

（2）航站楼内、外部设施，包括办票岛、值机柜台、天线、广告牌等。

（3）航站楼室内装修及办公家具，包括室内各类附属设施，如供电、供水、供气、供暖管道、线路和卫生洁具等。

（4）航站区使用可移动设备，包括便携式通信装置、便携式照相摄像器材以及其他便携式装置、设备等。

（5）资料、文件，但其价值仅限于作为文具材料，以及用以完成它们所需的人工费，但不包括其中所含的信息的价值。

（6）航站楼内室内绿植。

（7）其他航站楼资产。

（二）保险责任

尽管"通用除外责任"有相应规定，保单仍负责赔偿由喷淋系统的突然破裂或失灵造成的喷淋系统自身的损失以及由此导致的其他保险标的的损失，尽管通用条款中"责任免除"有相应规定，保单仍负责赔偿气温变化等原因造成玻璃/水箱/水暖管爆炸或炸裂引起的玻璃/水箱/水暖管自身的损失以及由此导致的其他保险标的的损失；保单负责赔偿锅炉或压力容器爆炸造成的锅炉或压力容器自身的损失以及由此导致的其他保险标的的损失。

对于事故费用，保单负责赔偿由于保单保障事故造成保险标的损失需要重新设计所需支付的设计费用，本部分费用每次事故赔偿限额以保险单载明为准；保单负责赔偿由于发生本保单保障事故导致的绿植的损失。

（三）除外责任

下列原因造成的损失、费用，保险人不负责赔偿：

（1）设计错误、原材料缺陷或工艺不善造成保险标的本身的损失。

（2）绿化植物由于病虫害、疾病导致的损失。

四、机器设备保险保障条款

（一）保险标的

本部分保险责任适用的保险标的包括但不限于以下资产：OA 系统、UPS 系统、安检信息系统、安全检查系统、办公设备、泊位引导系统、车辆检查系统、道面管理系统、地面信息系统、电视电话会议系统、电视监控系统、电梯系统、高杆灯系统、柜台系统、航显系统、环境设备、机场场坪监控系统、机坪清扫系统、集成系统、计量测试仪器、健身器材、捷运系统、垃圾处理系统、离港系统、楼前道路系统、楼宇自控系统、旅客餐饮后厨设备、旅客桥系统、门禁系统、内部通信系统、培训系统、气体灭火系统、驱鸟系统、人事管理系统、商业管理系统、设备管理系统、时钟系统、水处理系统、水电暖系统、停车收费系统、网络系统、围界监控系统、无线通信室内覆盖系统、洗浴设备、消防报警系统、行李系统、音响广播系统、音像影设备、饮用水设备、有线电视系统、员工食堂后厨设备、运行救援系统、噪声监测系统、证件识别管理系统、助航灯光系统、自动步道系统、自动门系统等。

（二）保险责任

本保单负责赔偿如下情况造成的损失：

（1）由于设计、制造或安装错误、铸造和原材料缺陷造成保险标的的损失。

（2）由于工人、技术人员操作错误、缺乏经验、技术不善、疏忽、过失、恶意行为造成保险标的的损失。

（3）由于离心力引起的断裂造成保险标的的损失。

（4）由于超负荷、超电压、碰线、电弧、漏电、短路、大气放电、感应电及其他电气原因造成保险标的的损失。

（5）本保单负责赔偿发生保险事故后如下相关费用：

1）调试、安装保险标的的所需费用。

2）本保单负责赔偿由于保单承保事故造成保险标的损失需要飞行校验所需支付的校飞费用。

3）本保险负责赔偿成对或成套的机器设备的组件发生损失时，若修理或替换受损组件均不能使该成对或成套设备恢复到同类设备基本相同的使用状况，受损组件所属整对或整套设备的全部价值。

（三）除外责任

下列原因造成的损失、费用，保险人不负责赔偿：

（1）被保险人及其代表已经知道或应该知道的保险机器及其附属设备在本保险开始前已经存在的缺点或缺陷。

（2）机器设备运行必然引起的后果，如自然磨损、氧化、腐蚀、锈蚀、孔蚀、锅垢等物理性变化或化学反应。

（3）各种传送带、缆绳、金属线、链条、轮胎、可调换或替代的钻头、钻杆、刀具、印刷滚筒、套筒、活动管道、玻璃、磁、陶及钢筛、网筛、毛毡制品、一切操作中的媒介物（如润滑油、燃料、催化剂等）及其他各种易损、易耗品。

（4）尽管通用条款中有相应规定，但根据法律或契约应由供货方、制造人、安装人或修理人负责的损失或费用。

（5）保险机器设备在修复或重置过程中发生的任何变更、性能增加或改进所产生的额外费用。其中机器设备是指由金属或其他材料组成，由若干零部件装配起来，在一种或几种动力驱动下，能够完成生产、加工、运行等功能或效用的装置。

五、内场车辆保险保障条款

（一）保险标的

本部分车辆是指非领取公共行驶执照的机场特种车辆及机场范围内使用的其他内场车辆，包括但不限于客梯车、摆渡车、货运车、拖车、通勤车、电瓶车，以投保单为准。保险期间新增车辆需及时加保，方属于本保单保障范围。

（二）保险责任

（1）在保险期间内，因为业务需要，保险标的在合理的路线（包括必要的公共道路）上行驶时，由于本保单除外责任以外任何原因造成保险标的的物质损坏或灭失，保险人按照本保险合同的约定负责赔偿。

（2）本保单负责赔偿如下情况造成的损失。

1）碰撞、倾覆、保险机动车行驶中坠落等意外事故。

2）由于电器、线路、供油系统、供气系统发生故障或运载货物自身原因起火燃烧所引起的损失。

3）发生保单承保事故后，被保险人为了减少保险车辆的损失所支付的必要的、合理的施救费用，保险人按照合同规定负责赔偿，最高赔偿金额以保险金额为限。

（三）除外责任

下列原因造成的损失、费用，保险人不负责赔偿：

（1）交通肇事后逃逸；驾驶人、被保险人、投保人故意破坏现场、伪造现场、毁灭证据；被保险人或其允许的驾驶人的故意行为、犯罪行为。

（2）驾驶人有下列情形之一：饮酒、服用国家管制的精神药品或者麻醉药品；无驾驶证，驾驶证失效或者被依法扣留、暂扣、吊销期间；驾驶与驾驶证载明的准驾车型不相符合的机动车；使用各种专用特种车的人员无机场管理机构核发的有效驾驶证；法律法规规定的其他属于无有效驾驶资格的情况。

（3）保险车辆有下列情形之一：发生保险事故时保险机动车没有按规定申领机场管理部门核发的机场航空器活动区机动车牌、行驶证，或未按规定检验或检验不合格；适用于《民用机场专用设备使用管理规定》的保险车辆未取得由民航总局颁发的机场专用设备许可证；被扣押、罚没、查封、政府征用期间；保险机动车被作为犯罪工具；因市场价格变动造成的贬值、修理后因价值降低引起的减值损失，保险人不负责赔偿。

六、其他资产保障条件

（一）保险标的

本部分保险责任适用的保险标的包括但不限于以下资产：

（1）办公楼、停车楼/场、仓库、商场等非航站楼建筑物主体及附属设施。

（2）所述建筑物室内装修及办公家具，包括室内各类附属设施，如供电、供水、供气、供暖管道、线路和卫生洁具等。

（3）所述建筑物内使用可移动设备，包括便携式通信装置、便携式照相摄像器材以及其他便携式装置、设备等。

（4）资料、文件，但其价值仅限于作为文具材料，以及用以完成它们所需的人工费，但不包括其中所含的信息的价值。

（5）所述建筑物内室内绿植。

（6）列明金额的仓储物品。

（7）除上述所述保险标的外，经保险合同双方特别约定并在保险合同中载明价值，符合规定的财产属于本保险的保险标的。

（二）保险责任

在通用保险责任的基础上，本部分对扩展责任做如下明确：

（1）尽管在通用条款"责任免除"中有相应规定，保单仍负责赔偿由喷淋系统的突然破裂或失灵造成的喷淋系统自身的损失以及由此导致的其他保险标的的损失。

（2）尽管在通用条款"责任免除"中有相应规定，保单仍负责赔偿气温变化等原因造成玻璃/水箱/水暖管爆炸或炸裂引起的玻璃/水箱/水暖管自身的损失以及由此导致的其他保险标的的损失。

（3）本保单负责赔偿锅炉或压力容器爆炸造成的锅炉或压力容器自身的损失以及由

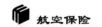

此导致的其他保险标的的损失。

（4）保单负责赔偿由于发生本保单保险事故导致的绿植损失。

（三）除外责任

下列原因造成的损失、费用，保险人不负责赔偿：

（1）设计错误、原材料缺陷或工艺不善造成保险标的本身的损失。

（2）绿化植物由于病虫害、疾病导致的损失。

七、赔付标准

（一）责任认定

判定是否属于定制保单保障范围，应遵循如下基本原则：所发生事故/事件具备不可预料性、突发性以及事前无法控制性；造成被保险人实际物质损失；由一次或一系列事故引起。基于机场行业特性，定制保单事故责任判定还应遵循如下原则：

1. 适航性原则

发生事故后，如保险标的虽未完全损毁但已不符合《民用机场安全运行管理规定》《民用机场飞行区技术标准》《民用机场使用许可规定》等民航相关行业规定要求，需进行相应的维修或更换，应视为事实受损，按保单约定进行赔偿；例如洪水过后助航灯光有效光强降低至相关标准以下，需要进行更换，在被保险人提供行业规定依据的情况下应按保单约定进行赔偿。机坪跑道保障条件里的"本部分保险责任以保险事故和损失实际发生为判断依据，无论是否影响安全运营"不影响此类事故的赔付。

2. 安全管理达标原则

发生事故后恢复受损标的时，应以达到标的受损前《民用机场安全运行管理规定》《民用机场飞行区技术标准》等民航相关行业规定要求的技术标准为修复标准，即便修复费用高出常规资产恢复的金额，保险人应予以充分理解，在被保险人提供行业规定依据的情况下应按保单约定进行赔偿。例如，根据"升降带平整区和跑道端安全地区的土质密实度须高于 87%；升降带平整区和跑道端安全地区内的混凝土、石砌及金属基座、各类井体及井盖；等等，除非功能需要，应当埋到土面以下 30 厘米深"等规定进行受损标的恢复时，即便可能高于常规资产恢复所需的金额，仍应按保单约定进行赔偿。

（二）损失认定

1. 标的损失判定

对于标的损失程度的判定和维修方案的选择，如存在相应的行业管理规定，经被保险人提出，应作为损失补偿的依据。例如，《民用机场道面评价管理技术规范》中明确规定了道面损坏状况调查与评价，以及道面维护管理对策及措施，可以作为道面损失程度和维修方案选择的依据。被保险标的发生定制保单范围内保险事故后，如涉及机场行业专业维修，根据被保险人要求，在提供合理依据后，可由专业维修机构进行修理，定制保单赔付实际发生的维修或修理费用；如涉及更换或重置，可由保险人提供更换或重置方案，经被保险人认可后作为标的损失赔付金额；或者由被保险人提供市场同等性能、型号替代物报价，保险人进行市场核实，达成一致后作为标的损失赔付金额。

2. 费用损失判定

属于定制保单保险责任范围的事故，如根据《民用机场安全运行管理规定》《民用机场飞行区技术标准》等民航相关行业规定，在维修或重置时需支出额外费用（如不停航施工的保护措施费用、增加的人工费用等），保险人在定制保单项下负责赔偿。但上述费用赔付应以合理、必要和实际发生为原则，并以该标的保险金额为限。

定制保单项下，经被保险人与保险人双方协商一致，可委托第三方公估机构进行事故责任和损失认定，出具专业报告，供双方参考，公估费用由保险人支付。

（三）时限要求

1. 查勘时限要求

保险人在接到电话报案后 3 小时内应出具处理意见并回复是否前往现场查勘，如 3 小时内没有答复，视同免于查勘；如事故需要现场查勘，保险人应在 24 小时内到达现场。超过 24 小时未到达现场，则承诺认可被保险人所申报的事故经过属实，并认可被保险人采取的有关施救处理措施及发生的有关施救费用。根据行业规定，水泥混凝土道面出现松散、剥落、断裂、破损等现象，或者沥青混凝土道面出现轮辙、裂缝、坑洞、鼓包、泛油等破损现象时，应当在发现后 24 小时内予以修补或者处理。

2. 责任认定时限要求

定制保单保险人应在接到出险通知双方确认报案后的 3 个工作日内对事故是否属于保险责任予以书面回复，否则视为认可被保险人所报案件属于保险责任范围；保险人收到被保险人提供的索赔单证后，应在 3 个工作日内一次性提出所缺索赔资料，未提出有关审核意见，则视为保险人认可索赔资料完整且索赔金额合理，同意按照被保险人索赔金额扣除保单约定免赔额后按约定理赔时限进行赔偿。如果单据齐全，保险人应在 3 个工作日内给出核定损失金额。

3. 赔款支付时限要求

保险公司在收到齐备的单据原件后，应在 3 个工作日内完成赔款计算书内部签署流程；赔款金额小于 50 万元的案件，应在赔款计算书签署完成后 2 个工作日内完成赔款支付；赔款金额大于 50 万元的案件，应在赔款计算书签署完成后 5 个工作日内完成赔款支付；赔款支付完毕应电话并书面通知被保险人。

第二节　机场建筑工程保险

机场工程可分为两大类：一是与飞行活动无关的工程（以下简称"陆地工程"）；二是与飞行活动有关的工程（以下简称"航空工程"）。

一、建筑工程一切险

（一）保险标的

1. 陆地工程的标的

（1）航站楼，包括登机桥、服务设置、高架桥、停车楼（场）。

（2）货运大楼，包括货运仓库、货运设备、相关配套业务用房。

（3）消防救援工程，包括飞行区站坪、消防专用管线、泵房水池、救援建筑物及设施。

（4）供电工程，包括变电站、开关房、站场道路照明、场内外高低压线路架（铺）设。

（5）场内外供水工程，包括供给水、输水管铺设，吸水井、蓄水井、泵房。

（6）场内外污水、污物处理工程，包括污水、雨水管网铺设，河道整修，污水提升泵房，垃圾处理、焚烧站。

（7）行政、生活设施及场务设施，包括办公楼、生活服务设施、航空配餐、宿舍、食堂、宾馆、综合仓库。

（8）有线通信工程，包括机房、电话站设备，线路架（铺）设。

（9）杂项工程，包括机场大门、围界、标志、绿化。

2. 航空工程的标的

（1）飞行区工程，包括联络滑行道、滑行道、跑道、桥梁、围场路。

（2）航管工程，包括航气、塔台楼内各种设备，航管一二次雷达工程/甚高频系统和监视雷达。

（3）导航工程，包括精密近进仪表着陆系统和相应导航台、全向信标/测距仪、监控系统、助航灯光系统、卫星地面台站设施。

（4）气象工程，包括自动观测系统、多普勒气象雷达、气象信息处理工程、卫星接收。

（5）油料供应设施，包括航空燃料储存、注油设备，输油管网铺设。

3. 易出险标的

机场施工过程中易发生危险的标的包括：

（1）土方工程施工，土方工程过程中可能发生浸水、流沙、回填土沉陷、填方出现橡皮土、冻胀和融陷。

（2）基础施工，包括跑道、滑行道，主要风险事故：因场内小溪、池塘及人工灌渠多，地表水及地下水丰富，不易处理，会造成建筑物整体或局部倾斜、塌方、沉降、沉降差、地基强度破坏、地基溶蚀与渗透破坏等各种质量事故，地下溶洞发育地区容易发生塌孔、地陷、卡桩、滑桩和断桩等事故。

（3）钢筋混凝土结构，主要风险事故：混凝土裂缝、结构错位变形、钢筋材质不符标准、漏少筋、错位偏差、脆断、锈蚀、原材料（水泥）质量不良、拌合水质不合格、外加剂质量差、配合比不当、施工工艺存在孔洞、缝隙夹渣层、梁板悬挑倒塌。

（4）候机楼屋顶长梁安装工程，由于施工跨度大，或安装技术不当造成长梁变形。屋顶工程的钢材用量巨大，质量要求严格，大型部件吊装过程中容易受天气影响。

（5）脚手架整体或部分塌落，架上物质坠落占事故的40%～50%。

（6）工地办公室、材料仓库发生火灾，电气设备超负荷运作或用电不当导致火灾和爆炸。如果在施工安装过程中施工组织不够完善，电焊、油漆会引起火灾，而一旦发生火灾，送排风系统又是造成火灾蔓延的主要途径。

（7）昂贵的精密设备、电气系统，如智能工程安装，调试不当可能产生全部或部分损毁。强电系统的自动切换调试失败、弱电系统的控制系统失灵等。此外，火灾、雷击会使电子设备遭受巨额损失。

（8）机场跑道，在跑道完工后，由于地基的不均匀沉降或使用材料的质量问题导致跑道开裂。

（9）已完工的部分工程项目，受未完工的其他项目的影响。

（二）保险责任

工程的建筑工程一切险的保险责任包括物质损失部分和第三者责任。

1. 物质损失部分保险责任

在保险期间内，保险合同分项列明的保险财产，在列明的工地范围内，因保险合同责任免除以外的任何自然灾害或意外事故造成的物质损坏或灭失，保险人按保险合同的约定负责赔偿；在保险期间内，由于保险事故发生造成保险标的的损失所产生的以下费用，保险人按照保险合同的约定负责赔偿：①保险事故发生后，被保险人为防止或减少保险标的的损失所支付的必要的、合理的费用；②对经保险合同列明的因发生上述损失所产生的其他有关费用。

建筑工程部分的保险金额应不低于保险工程建筑完成时的总价值。若投保人是以保险工程合同规定的工程概算总造价投保，投保人或被保险人应：①在保险项下，工程造价中，包括的各项费用，因涨价或升值原因而超出建筑工程造价时，必须尽快书面通知保险人，保险人据此调整保险金额；②在保险期间内对相应的工程细节做出精确记录，并允许保险人在合理的时候对该记录进行查验。

适用于物质损失部分的扩展条款包括清除残骸费用条款，专业费用条款，特别费用条款，灭火费用条款，空运费用条款，防火设施特别条款，有限责任保证期扩展条款，内陆运输扩展条款，运输险、工程险责任分摊条款，时间调整特别条款（72小时），自动恢复保额条款，工程价格申报条款（保费调整条款），工程完工部分扩展条款，罢工、暴动及民众骚动条款，地下炸弹特别条款，设计师风险扩展条款，预付赔款条款，被保险人保证条款，保证期特别扩展条款，埋管查漏费用特别条款，工程图纸、文件特别条款，铺设供水、污水管特别条款，铺设管道、电缆特别条款，工程合同申报条款，地震地区建筑物特别条款，原有建筑物及周围财产扩展条款，仓储特别条款，错误和遗漏条款，碰撞条款，公共当局扩展条款，恶意破坏扩展条款，烟损条款，绿化费用条款，损失受款人条款，不可控制条款，场外维修及改动条款，预定理赔师条款，保障业主周边财产条款，共同保险人条款。

2. 第三者责任险部分的保险责任

自保险期间内因发生与保险合同所承包工程直接相关的意外事故，引起工地内及邻近区域的第三者人身伤亡、疾病或财产损失，依法应由被保险人承担的经济赔偿责任，保险人按照保险合同约定负赔偿责任；保险事故发生后，被保险人因保险事故被提起诉讼或仲裁的，对由被保险人支付的诉讼或仲裁费用及其他法律费用，经保险人书面同意，保险人按照保险合同约定负责赔偿。适用于第三者责任部分扩展条款：地下电缆、管道及设施条款；震动、移动或减弱支撑造成其他财产损失条款；交叉责任条款；契约责任条款。

第三者责任险部分的责任限额。该责任限额包括每次事故责任限额、每人人身伤亡责任限额、累计责任限额，由投保人与保险人协商确定。

案例

广州新白云机场建筑工程一切险项目

新白云国际机场位于广州花都区东南部与白云区交界处，距广州市中心区约28千米，附近有105、106、107国道和京广铁路连接市区。新白云国际机场将根据"一次规划、分期建设、滚动发展"的原则进行建设。整个项目建设期划分为：首期、中期和远期。首期建设规模以满足2010年航空业务预测量来进行设计和建设，同时为机场中远期发展留下余地。首期的主要建设项目包括飞行区、航站区、航空货运区、停车场、航管、通信、导航和气象工程、消防救援工程、公用配套及生产、生活辅助设施工程。

保险金额：物质损失——人民币×亿元；第三者责任——每次事故赔偿限额：人民币×亿元；累计赔偿限额：人民币×亿元。

每次事故免赔额：台风、龙卷风、风暴、暴雨、洪水、地面下陷下沉等自然灾害：人民币×万元；其他事故：人民币×万元；设备测试、试运行：人民币×万元；设计错误或原材料缺陷或工艺不善而造成的物质灭失或损坏：人民币×万元；第三者财产损失：人民币×万元。

二、安装工程一切险条款

（一）保险标的

安装工程一切险的物质损失保险部分通常对下列财产不予承保：

（1）文件、账册、图表、技术资料、计算机软件、计算机数据资料等无法鉴定价值的财产。

（2）便携式通信装置、便携式计算机设备、便携式照相摄像器材以及其他便携式装置、设备。

（3）土地、海床、矿藏、水资源、动物、植物、农作物。

（4）领有公共运输行驶执照的，或已由其他保险予以保障的车辆、船舶、航空器。

（5）违章安装、危险安装、非法占用的财产。

（二）保险责任

在保险期间内，本保险合同分项列明的保险财产在列明的工地范围内，因本保险合同责任免除以外的任何自然灾害或意外事故造成的物质损坏或灭失，保险人按保险合同的约定负责赔偿；在保险期间内，由于保险责任事故发生造成保险标的的损失所产生的以下费用，保险人按照本保险合同的约定负责赔偿：保险事故发生后，被保险人为防止或减少保险标的的损失所支付的必要的、合理的费用，保险人按照本保险合同的约定也负责赔偿。对经本保险合同列明的因发生上述损失所产生的其他有关费用，保险人按本保险合同约定负责赔偿。

（三）责任免除

下列原因造成的损失、费用，保险人不负责赔偿：

（1）因设计错误、铸造或原材料缺陷或工艺不善引起的保险财产本身的损失以及为换置、修理或矫正这些缺点错误所支付的费用。

（2）自然磨损、内在或潜在缺陷、物质本身变化、自燃、自热、氧化、锈蚀、渗漏、鼠咬、虫蛀、大气（气候或气温）变化、正常水位变化或其他渐变原因造成的保险财产自身的损失和费用。

（3）由于超负荷、超电压、碰线、电弧、漏电、短路、大气放电及其他电气原因造成电气设备或电气用具本身的损失。

（4）施工用机具、设备、机械装置失灵造成的本身损失。

（5）维修保养或正常检修的费用。

（6）档案、文件、账簿、票据、现金、各种有价证券、图表资料及包装物料的损失。

（7）盘点时发现的短缺。

（8）领有公共运输行驶执照的，或已由其他保险予以保障的车辆、船舶和飞机的损失。

（四）保险金额与赔偿处理

本保险合同中列明的保险金额应不低于保险工程安装完成时的总价值，包括设备费用、原材料费用、安装费、建造费、运输费和保险费、关税、其他税项和费用，以及由工程所有人提供的原材料和设备的费用。若投保人是以保险工程合同规定的工程概算总造价投保，投保人或被保险人应：

（1）在本保险项下工程造价中包括的各项费用因涨价或升值原因而超出保险工程造价时，必须尽快以书面通知保险人，保险人据此调整保险金额。

（2）在保险期间内对相应的工程细节作出精确记录，并允许保险人在合理的时候对该项记录进行查验。

（3）若保险工程的安装期超过三年，必须从本保险合同生效日起每隔十二个月向保险人申报当时的工程实际投入金额及调整后的工程总造价，保险人将据此调整保险费。

（4）在本保险合同列明的保险期间届满后三个月内向保险人申报最终的工程总价值，保险人据此以多退少补的方式对预收保险费进行调整。

（5）免赔额（率）由投保人与保险人在订立保险合同时协商确定，并在保险合同中载明。

保险标的在连续72小时内遭受暴雨、台风、洪水或其他连续发生的自然灾害所致损失视为一次单独事件，在计算赔偿时视为一次保险事故，并扣减一个相应的免赔额（率）。被保险人可自行决定72小时的起始时间，但若在连续数个72小时时间内发生损失，任何两个或两个以上72小时期限不得重叠。保险标的的保险金额小于其应保险金额时，上述费用按被施救标的的保险金额与其应保险金额的比例在保险标的的损失赔偿金额之外另行计算，最高不超过被施救标的的保险金额。被施救的财产中，含有本保险合同未承保财产的，按被施救保险标的的应保险金额与全部被施救财产价值的比例分摊施救费用。保险标的发生部分损失，保险人履行赔偿义务后，本保险合同的保险金额自损失发生之日起按保险人的赔偿金额相应减少，保险人不退还保险金额减少部分的保险费。如投保人请求恢复至原保险金额，应按原约定的保险费率另行支付恢复部分从投保人请求的恢复日期起至保险期间届满之日止按日比例计算的保险费。

被保险人给第三者造成损害，被保险人对第三者应负的赔偿责任确定的，根据被保险人的请求，保险人应当直接向该第三者赔偿保险金。被保险人怠于请求的，第三者有权就其应获赔偿部分直接向保险人请求赔偿保险金。被保险人给第三者造成损害，被保险人未向该第三者赔偿的，保险人不得向被保险人赔偿保险金。

第三节　机场责任保险

机场责任保险是指以被保险人（机场所有人和经营人）因机场（包括建筑物及其设备、装置）存在结构上的缺陷或管理不善，或被保险人在机场内进行经营活动时因疏忽发生意外事故造成他人人身伤害或财产损失依法应负赔偿责任为保险标的的保险。可见，机场责任虽然也被纳入航空责任保险范围，实质上是公众责任保险中的一种场所责任保险，并且具有综合性特点。该保险对以下责任引起的损失负责赔偿：机场所有人或经营人所提供的服务或其雇员在工作期间因疏忽而造成的第三者人身伤亡或财产损失。例如，机场内的电梯使用操作不当致使乘坐者受伤，接送飞机乘客的车辆延误时间，候机厅内通道设计不合理致使有人因拥挤而受伤等都可索要赔偿；由被保险人（机场的所有人或经营人）保管、控制的第三者的飞机或有关设备遭受的损失或损坏，但这种损失必须是被保险人的疏忽或过失所致；被保险人因提供的服务或设备有缺陷而导致的第三者人身伤亡或财产损失而应负担的经济赔偿责任。例如，为候机的乘客提供的食物不洁等。

被保险人自己的财产损失或人身伤亡，机场内机动车责任、机场所属旅宾馆业主责任、被保险人提供缺陷产品造成的损失，产品不当设计、制造、操作造成的损失，合同责任等是该保险的除外责任。对财产损失通常有免赔额，但金额较低。对某些除外的责任，可以通过增加保费得到扩展保障。在我国，机场责任保险的除外责任包括：被保险人自己的财产损失和人身伤亡；机场内的机动车责任；机场所属旅馆、宾馆业主责任；被保险人提供缺陷产品造成的损失；产品不当设计、制造、操作造成的损失；合同责任；等等。对财产损失通常有免赔额，但较低。对某些责任免除，可以通过增加保费得到扩展保障。同时，由于机场责任保险只是公众责任保险中的一个特殊类型，赔偿限额、保险费等原则，均同于一般的公众责任保险。

（一）机场（航空港）责任险的保险条款

根据劳合社的机场（航空港）责任保险单明细表，保险条款主要包括被保险人的姓名（名称）和住址、被保险人商业或经营的性质、保险单予以补偿的地点、补偿金额、保险费、保险期间、接收通知的个人或企业的名称及地址。

根据中国人民财产保险股份有限公司的机场（航空港）责任保险单明细表，保险条款主要包括保单号码、被保险人名称、业务范围、保险单予以补偿的地点、补偿金额、免赔额、保险期间、服务公司、保险费、送达。

1. 机场（航空港）责任险的被保险人

机场（航空港）责任险的被保险人包括两类：①列于"保单明细表"中的被保险人和/或列于"机场（航空港）明细表"中的机场（航空港）的管理者/经营者；②代表上述被保险人并正在履行其相应职责董事会成员、总监、执行官或雇员。具体包括以下经济实体：

（1）机场（航空港）所有人或经营人。机场（航空港）的所有人可以是政府或私人企业，所有人和经营人可以合二为一，也可以是各自独立的。

（2）机库管理人。机库管理人通常进行下列两种行业行为：①航空器维修服务，服务范围包括航空器机身、发动机、零件、设备的翻修、维护、检查、修理、更改及其他各项服务。服务场所除机库外，还包括工厂、无棚停机厂、修理厂附件停机坪、跑道等地点。②为他人航空器的停留或储藏提供场地。

（3）提供航空管制服务、航空器维护与维修服务、航空地面服务和设施服务等实体。

2. 机场（航空港）责任险的保险费

在国际市场上，航空港责任险保费的确定一般不采用"费率"的概念，而是直接按毛保费报价。报价是综合以下四个风险要素来确定的：航空港投保的责任险额、飞机起降架次、旅客吞吐量、货邮吞吐量。其中对责任限额的考量占保费的一半比重。正式起保前，保险公司雇用的专业人士将对机场（航空港）的责任风险区域做一次全面的承保查勘，并提出报告，其内容对保险公司拟定费率有重要影响。

3. 机场（航空港）责任险的责任限额和免赔额

对由于被保险人或作为其代表的雇员或人员在从事被保险人的业务活动时发生疏忽或过失而引起的事件所造成的，或者由于被保险人的场地、业务或经营活动中存在任何缺陷而引起的事件所造成的人身伤害或财产损失，保险人代表被保险人向实际遭受上述人身伤害或财产损失的人员支付依法或依据法庭终审判决须付的赔偿金额。但该金额最高不超过保单明细表中规定的赔偿限额，并扣减相应的免赔额。

关于责任限额，根据国际惯例，大型的 4E 级国际机场，如香港启德机场、北京首都国际机场，其投保的责任限额一般应在 4 亿美元以上／每次事故和年度累计。对涉及人身伤害的赔偿限额和涉及产品的责任限额分别规定一个较低的分限额，如 2500 万～3000 万美元。

关于免赔额，除规定普通的免赔额外，对造成飞机损失的情形会另行规定较高免赔额，以引起特别的重视。

4. 机场（航空港）责任险的除外责任

除外责任范围的大小，直接关系到保障范围的大小，一般采用列举式叙述。由于国际航空保险市场对空中交通管制、注油责任的、飞机维修责任风险程度评价较高，因此往往将空中交通管制、注油责任的、飞机维修责任风险加以删除。这些因素引起的航空事故，后果往往十分严重，扩展承保这样的风险，一般要增收较高保费。

（1）为被保险人或受其雇人所有、借用、租用或占有，或者由其看顾、监守、控制、维修、处理、保养的财物的毁损或灭失。但本保险单所载明的特定地方，非属于被保险人所有的不在此限。

（2）身体伤害或财产损失是由于任何机械推进车辆为被保险人或经其许可的任何人所使用，根据任何国内或国际有关的道路交通法律投保此险种，或无此种法律但该车辆是在任何公路上行驶的任何为被保险人所有、租用、使用或操作的船只、货轮、船舶或航空器所导致的损失。但对在地面上属于他人之航空器及机场（航空港）责任险的保险费所同意补偿之事项，不论其是否投保，均不在此限。

（3）由任何空中表演、空中竞赛或任何便于观众观看之看台等所导致的损失。但为保险人所批准加保者不在此限。

（4）被保险人或其承保人或分保人，对建筑物或跑道因建造、拆除或改建所导致的损害不予承保。但日常维护或经保险人批准加保者，不在此限。

（5）被保险人或其受雇人所制造、建造、改造、修理、出售、供应或分配的物品或产品，给他人造成人身伤害或财产损失的。但在保险单明细表上所载明之特定地方，由被保险人所供应食品所造成的损害不在此限。如被保险人为乘客提供的食物不洁净造成旅客的人身伤亡。

（6）任何种类的长袍、衣服服饰、私人财物或商品的毁损或灭失；被保险人所雇用、租用或借用的航空器或航空器设备的毁损或灭失；飞行中的任何航空器的毁损或灭失。

（7）被保险人所有、照看、看守或控制下的财物遭受的毁损或灭失。

（8）任何由被保险人制造、组合、改造、修理、处理、出售、供应或分配的任何具有瑕疵的物品或产品，其一部分或数部分的修理或更换费用。

（9）因不正确或不适当使用、设计或说明所造成的损失。但因此而造成本项所承保的身体伤害或财产损失不在此限。

（10）任何航空器在意外事故发生时非实际遭受毁损或灭失的赔偿请求。

案例

航空港责任险

近年来，我国民航事业取得了突飞猛进的发展，各大机场（航空港）每年的飞机起降架次、旅客吞吐量和货邮吞吐量均以较快的速度增长。这对机场（航空港）提出了越来越大的挑战，机场（航空港）面临的风险与日俱增。1993 年，我国出现了采用集中、统一投保的方式签发的第一张机场（航空港）责任保险单，该保单由中国太平洋保险公司承保，包括首都国际机场、上海虹桥国际机场等 7 家国际机场在内，累计责任限额 20 亿美元。1998 年，民航总局分别与国内两家最大的保险公司签订了航空港责任险大保单，将全国 24 家国际航空港和国际备降航空港进行了集中统一投保。2004～2005 年，中国太平洋保险公司独家承保了 37 家机场责任险，2006～2007 年，单独或首席承保了包括北京首都国际机场、上海虹桥国际机场、上海浦东国际机场、深圳宝安机场、沈阳仙桃机场、成都双流机场、贵州龙洞堡机场、天津滨海机场等 67 家机场的责任险，承保金额高达 75 亿美元。

中国太平洋财产保险股份有限公司机场责任险示范条款

1. 保障范围

保险人兹同意按下列条款、条件的规定，对由于被保险人或作为其代表的雇员或人员在从事被保险人的业务活动时发生疏忽或过失而引起的事件所造成的，或者由于被保险人的场地、业务或经营活动中存在任何缺陷而引起的事件所造成的人身伤害或财产损失，代表被保险人向实际遭受上述人身伤害或财产损失的人员支付依法或依据法庭终审判决须付的赔偿金额。但该金额最高不超过保单明细表中规定的赔偿限额，并扣减相应的免赔额。

2. 费用支付

除明细表中规定的赔偿限额外，在事先征得保险人同意的前提下，被保险人就针对其索赔进行抗辩所发生的法律费用和其他费用将由保险人支付。假如被保险人要求对索赔进行抗辩：

a. 如果被保险人抗辩成功，则保险人将支付被保险人发生的与此抗辩有关的全部成本、费用和支出，但以不超过本保单项下的赔偿限额为限。

b. 如果解决索赔需支付的金额超过了赔偿限额，则保险人按本保单赔偿限额与解决索赔支付的金额之比分摊与此抗辩有关的上述成本、费用和支出。

3. 基本保险责任

3.1 在机场区域内的机动车辆包括机场雇员的私有车辆因公务用途所引起的赔偿责任。

3.2 被保险人为航空公司航空器提供过站检查服务所引起的赔偿责任。

3.3 被保险人进行导航辅助设备及机场灯光系统的校验和维护所引起的赔偿责任。

3.4 在机场区域外，因航空突发事件提供救火和营救服务所引起的赔偿责任。

4. 扩展责任保障

4.1 根据《扩展保障批单（航空责任)》（AVN52G）条款提供的保险保障。

4.2 根据《人身侵害扩展保障》（AVN60）条款提供的保险保障，该项保障适用于本保单项下的所有机场。

4.3 扩展承保"机场控制塔台作业责任"。

4.4 根据本保单后附的《宾馆、酒店责任扩展保障》条款提供的保险保障。

4.5 扩展承保"注油责任"。

本章小结

本章介绍机场财产险的基本原理，具体包括机场基本财产险、机场建筑安装工程险和机场责任保险三个险种。机场基本财产险的承保财产包括机坪跑道、航站楼、机器设备、内场车辆和其他资产。机场工程保险是指以机场工程项目为主要承保对象，在保险期限内，工程项目因自然灾害或意外事故而遭受的损失，或者在工程项目实施过程中，造成第三者的人身伤亡、疾病或者财产损失，依法应由被保险人承担赔偿经济责任的一种财产保险。机场责任保险是指以被保险人（机场所有人和经营人）因机场（包括建筑物及其设备、装置）存在结构上的缺陷或管理不善，或被保险人在机场内进行经营活动时因疏忽发生意外事故造成他人人身伤害或财产损失依法应负赔偿责任为保险标的的保险。

思考题

（1）机场基本财产险具有哪些特点？

（2）机场建筑安装工程险具有哪些特点？

（3）机场责任保险具有哪些特点？

（4）机场基本财产险、机场建筑安装工程险和机场责任保险的承保对象分别是什么？

（5）机场基本财产险习惯上采用哪种方式承保？试举例说明。

（6）机场责任保险与其他财产损失的保险经营有何区别？

第七章　常见轻型航空器保险

第一节　无人机保险

一、无人机概述

无人机是国内近几年发展较快的行业，其应用范围较广，风险种类也较多。

（一）工业级无人机应用范围

由于无人机核心技术不断提升、携带便捷，硬件成本曲线下降，无人机市场发展十分迅猛，已超过通航有人飞机发展增速，据国际数据公司 IDC 预测，工业级无人机数量占整个无人机市场的 40%，行业应用领域十分广阔。到 2025 年全球民用无人机销量预计可达 393 万架。就世界工业级无人机使用领域构成来说，未来无论是军用还是民用，均可预见无人机市场的快速增长。如表 7 - 1 所示。

表 7 - 1　工业级无人机应用分类

分类	应用范围
农业	农业植保、农作物数据监测
巡检	电力巡线、石油管道巡检、灾情监测、应急指挥、地震调查
林业	森林防火、森林灾害防治、保护区野生动物检测
气象	大气取样、人工降雨
国土资源	矿产资源勘探、国土资源开采
安防	交通巡逻、边境巡视、警用
海洋水利	海洋环境检测、水资源开发、生态环境保护检测
测绘	测绘、航空摄影测量
城市规划	城市规划、市政管理

（二）技术特征划分

多旋翼：具有三个及以上旋翼轴，操作技术简单，成本低廉，多为消费级。

直升机：可垂直起降，空中悬停，起降方便，航速适中，灵活性较强。

固定翼：续航能力强，飞行半径大，巡航速度快；但是由于起降限制、不能悬停等因素，应用不广泛。

（三）三大无人机市场

消费级：满足特殊应用场景的无人机受到青睐，如跟随老人户外散步出行等需求。智能化无人机将赢得消费者认可，如针对新手开发的自动返航功能以及里程续航功能的无人机。

工业级：向工业级迈进，如占据全球70%份额、市场规模超200亿元的"大疆"企业，正在对农业植保领域积极布局。

军用级：部队装备的无人机。用途多，生存能力强，作战环境要求低，主要用于模拟飞行器、情报侦察、军事打击、信息对抗、通信中继、空中预警等，如翼龙、彩虹。

另外，还可以划分营利性用途和非营利性用途。

二、无人机保险种类及市场分布

（一）整机生产/维修险种

主要有《首台（套）重大技术装备综合保险》《航空产品责任险》《航空产品质量保证保险》《无人机机身及配套设备意外损失保险》《航空无人机第三者责任保险》《附加试飞保险》《附加零备件保险》。

（二）终端应用

主要有《无人机机身及配套设备意外损失保险》《航空无人机第三者责任保险》《无人机货运责任》《附加试飞保险》《附加机载设备保险》《附加零备件保险》。

（三）《无人机机身及配套设备意外损失保险条款》说明

（1）保险标的：无人机机身及配套设备。

（2）保险责任：意外事故造成保险标的的损失。

（3）除外责任：自然磨损，渐进损坏，机械故障，违反无人机的适航要求，失踪，未达到产品说明书所要求的飞行环境而飞行，进行维修、检查或维护保养过程中或因任何后期改装造成保险标的损失，保险标的由任何运送工具进行运输等，详请参阅保单。

三、无人机政策法规

2003年，《通用航空飞行管理条例》规定，无人机用于民用业务飞行时当作通用航空飞机对待，无人机飞行常态化。

2014年，《低空空域使用管理规定（试行）》提及无人机飞行计划申报方式、条件以及飞行空域，对打开无人机市场具有重要意义，无人机飞行空域更广泛。

2017年，《民用无人机驾驶航空器实名制登记管理规定》自2017年6月1日起，民用无人机的拥有者必须进行实名登记。

2018年，《无人驾驶航空器飞行管理暂行条例》规定从事小型、中型、大型无人机飞行活动和利用轻型无人机从事商业活动的单位或者个人，应当强制投保第三者责任险。《民用无人机驾驶员管理规定》在隔离空域和融合空域运行的除Ⅰ、Ⅱ类以外的无人机，其驾驶员由局方实施管理：无人机飞手管理更规范。

2019年，《基于运行风险的无人机适航审定指导意见》要求分步骤至2019年底初步建成基于运行风险的无人机适航管理体系，无人机适航有据可依。

2019年1月，民航局表示，年底初步建成基于运行风险的无人机适航管理体系。

2019年4月，中国农业机械协会表示，年内将出台首个植保无人机行业培训标准示范。

2019年8月，无人机飞行监测有据可依——《民用机场无人驾驶航空器系统监测系统通用技术要求》发布，为民用机场无人机监测提供了标准。

四、保险来源地

无人机保险主要来源于地质勘探局、气象局、环保局、公安局、城市管理行政执法局、交通管理局、农防站、植保大队、测绘地理信息局、计量测试技术研究所、电信、电网运营商、光伏电站、风电站、电视台、救援和紧急响应（如红十字会）、物流运输企业（普通快递、生鲜冷链运输、医疗用品快运）等。

案例

无人机保险市场火热

无人机"炸机"火了保险产业布局，一时百花争艳。这几天，来自浙江金华的航拍爱好者老许的心情跌入了谷底，他花4000多元买来的大疆无人机在燕尾洲公园飞丢了。无人机炸机、失控坠毁、意外损伤并非个案，这愁坏了飞行爱好者们，不知道该怎么办。或许，他们该考虑下给自己的"爱机"也上份保险。

（1）太平洋保险：2015年2月，太平洋保险推出一款农用无人飞机保险产品，提供机身损失保险和第三者责任保险两种保障，基本涵盖农用无人机作业中的主要风险。

（2）天安保险：2015年6月，天安财产保险股份有限公司联合正隆（北京）保险经纪股份有限公司、UFLYING无人机联盟推出了国内首个"无人机综合作业保障方案"，围绕机身、三者、人员提供全方位保障措施。

第二节　飞艇保险

一般飞艇的保险费率高于航空公司的费率，保险公司通常认为飞艇有可能造成大规模损失。虽然飞艇保险费率将跟随其他飞机的上升趋势，但预计增幅可能不会那么大，主要原因是它们已经很高了。不可避免的结论是，航空业的每个人都应该预期保险费会上涨，但飞艇运营商可以预期避免其他飞行员非常高的保险费上涨。然而，正如他们中的任何一个人会告诉你的那样，他们已经付出了非常高昂的代价，因为飞艇在保险市场上通常被视为战战兢兢的。航空保险经纪人非常了解飞机和直升机以及它们的商业和私人操作所涉及的风险。然而，很少有经纪人和承销商熟悉飞艇操作的风险程度。一般来说，承保人在考虑承保飞艇的任何部分风险之前，需要大量的信息。由于在获得价格优惠的保险方面存在困难，建议申请保险的飞艇运营商寻找具有广泛航空专业知识的经纪人。

一、飞艇保险的种类

（一）艇体保险

承保范围从损坏到整艘艇的更换，在飞艇保险中艇体保险是最大的保额，由于影响因素较多，难以准确测量，对于价值 100 万 ~ 1000 万美元的飞艇艇体的损失，保险费一般范围为 7.5% ~ 10%，有个别地区达到了 5% ~ 10%。

例如，500 万美元的艇壳保险可吸引的免赔额为 0.5 百万美元。因此，剩余部分的保费将高达 45 万美元的艇体损失，超过 0.5 百万美元自我保险的扣除。

（1）艇体的风险包括地面处理、气体泄漏、织物防水、火灾的预防措施、重着陆过程、光着陆过程、超过压力高度、失去控制面、发动机功率损失。

（2）被保险飞艇范围包括外形尺寸、登记细节、适航证书、制造、艇员的需求、材料、历史、修改、包层封、悬架、控制面、引擎、推进器、引导、航空电子设备。

（二）飞艇责任保险

通常包括乘客和第三方索赔。关于乘客值得指出的是，飞艇列入通用航空项目表明，在美国每艘飞艇最多可容纳 16 名乘客，而在世界其他地方最多可容纳 32 名乘客。乘客和非乘客的使用是有区别的。飞行测试通常保证比服役中的飞艇低等级。

责任风险包括间隙飞、飞行计划、飞行员日志、旅客运输、赔偿、被排除在外的旅客、艇员培训飞行。

（三）飞艇艇员保险

飞行员由于在涉及飞艇事故的责任索赔方面的立场模糊性。事故受害者可能会为了非常高水平的雇员养老金权利而提起诉讼。

当艇员提供人没有被保证时，经营者的保险人通常会使他们对艇员提供人无害。他们将自由地放弃代位权。这些是专业保险条款，定义如下：使赔偿不受损害是保护一方免受任何索赔的协议。在某些操作中，一方当事人被包括在另一方的保险单上，而被保险人对可能由该当事人引起的任何事故承担责任，这是很典型的。因此，保险公司随后同意使新方（在本例中为艇员提供人）不受损害。代位求偿权是保险人就任何损害及第三者可能对第一方财产造成的损害向第三者提出索偿的权利。在讨论的情况下，保险公司可能会放弃对艇员提供人的替代权，即不就任何事故向他们索赔（注：这两种情况通常会排除第三方的重大疏忽和故意不当行为）。如果提供机组人员的公司仍然对这种情况不满意，即使它在操作员的保险中有明确的表述，那么提供公司可以购买额外的应急保险。这项政策将支付任何法庭案件的辩护费用。伦敦保险公司的经验是，在所有专业赔偿和疏忽等案件中，没有法院会为原告找到运营商所持有的全险。

二、事前核保调查

为承保目的对飞艇进行调查在过去是不正常的，但现在已被保险公司方面接受，作为一种很好的方式，可以确保承保人对投保的风险拥有清晰、全面和公正的信息。因为承销商还没有达到自行支付此类调查费用的程度，所以买方需要将调查作为保险购买价格的一部分。鉴于航空保险费用的预期增长，特别是飞艇，积极调查将是谈判有利保险费的宝贵工具。如果调查结果令人满意，至少有5%的折扣是可以商量的。

调查应包括以下几个方面：

（1）保险公司的调查。营运公司：国家注册地、注册日期、董事和管理人员（以及他们自己的保险）、飞艇操作经验、飞艇的计划用途、艇员资格和经验。

（2）基础设施的调查。包括位置、机库容量、地面处理、艇桅、燃料存储、气体处理、服务工程、维修周期及记录。

（3）气象调查。安全操作的最大限度：风、雨、雪、雾、结冰。

（4）任务场景调查。包括国防、执法部门的巡视、广告、科学试验、飞行测试、飞行前的准备、发射、飞行、停泊、机库、任务的地形、季节性的变化，一般通过飞艇知识和在伦敦保险市场的可靠记录综合进行核保。

第三节　滑翔伞和热气球保险

一、风险性质

滑翔伞和热气球属于极限危险运动。滑翔伞和热气球的安全性直接取决于飞行员的技能和意识。但是，由于不熟悉气候和地区，在国外滑翔伞和热气球运动爱好增长，同时风险大幅度增长。滑翔伞和热气球可能导致严重或致命受伤。

在强风或困难着陆时，滑翔伞和热气球可能导致骨折、拉伤、断骨或脚踝骨折。腿部和脚部通常不受保护这点很重要。身体任何其他部分可能也会割伤和擦伤。飞行员不应该在对于他们技能挑战很大的地点或恶劣多变的天气情况下飞行。另外，飞行员必须遵守教练和经验丰富飞行员所设定的所有限制。

二、相关保险说明

该类保险往往不是单独一个险种的形式出来，而是以户外险的形式销售。许多旅行保险不包括危险运动如滑翔伞。所以，购买承保此类运动的旅游保险非常重要。一些旅游保险对不同体育运动有不同级别的承保，请确保购买包括滑翔伞的正确级别保障。

如果在滑翔伞中受伤，可能需要被输送到附近医疗充足的地方。这种情况，需要承保紧急医疗输送的旅游保险。可能还需要立即医疗救治的保障，如手术以及康复或理疗。

一般欧洲健康保险卡（EHIC）不提供充足的保障。需要额外的旅游保险承保滑翔伞。购买有充足滑翔伞保障的合适旅游保险可以免除焦虑和担忧。

案例

热气球爆炸引发高风险运动保险保障

导读：为了追求更好的生活品质，现在很多人有出国游玩的习惯，有时还会参加一下运动，寻找刺激。购买境外旅游险，在保障境外安全时非常实用。这样在遇到紧急情况时或许可以得到救助，就算发生意外，也另有医药费等费用的赔偿。

2017年2月26日，中国旅客在境外不幸遭遇意外事故。据报道，位于埃及首都开罗以南500多千米的旅游胜地卢克索上空，突然传来巨大的爆炸声，正在300米高空中飘飞的热气球当场爆炸坠地，截至记者发稿，已造成19名游客不幸遇难，其中9名为中国香港游客。事件发生后，境外旅行安全再一次引起关注。乘坐热气球在旅行活动中属于高风险运动，尤其是在境外进行高风险运动时，个人安全保障必须做好。境外旅游险，专业保障个人境外旅行安全。

一般处理过程

一般境外旅游险除了意外及医疗费用保障外，还可提供紧急救援服务，当在境外发生危机时，可拨打保险公司客服电话，随即保险公司安排与其合作的全球救援机构实施就近救援；财产损失补偿也是境外旅游险较实用的一项保障，不管是遭遇盗窃、丢失、抢劫等情况，现金、财物、证件受损都可以得到保险公司的赔偿，而有些保障全面的境外旅游险，还包括旅行期间家财保障、宠物保障、个人责任保障等；大雾天气，旅程延误现象频繁，境外旅游险附加旅行延误保障可赔偿因各种原因导致的旅程延误。

热气球事故赔偿责任分析

发生在埃及卢克索的热气球事故，造成了包括来自中国香港地区的9名游客在内的19人身亡。据媒体报道，在这9名香港遇难者中，有6人没有购买高空游乐项目的保险，可能无法获得保险公司的赔偿。那么，这些没有购买特殊保险险种的遇难者能否得到赔偿呢？要为这起事故承担赔偿的责任主体到底有哪些呢？游客在出国旅游和从事危险项目之时，应该注意哪些法律问题呢？

保险合同"承保范围"需特别注意。

购买保险是旅行社在组织游客出游之时必须承担的义务。就中国现阶段旅游市场现状来看，绝大多数的旅行社会代替游客购买出游保险，游客与旅行社签署旅游合同时会收到来自保险公司的保单。游客应该仔细阅读这些保单，就一些特殊性条款事先咨询保险公司或者旅行社。

保险合同是发生事故后游客向保险公司索赔的唯一凭证，所以需要做好保存，当然也可以统一交由旅行社保管。游客需要注意的是保险合同中的"承保范围"和不予承保的特殊范围，如在埃及热气球事故中，旅游保险合同中记载了热气球等存在高度危险的项目不在保险责任之中，据此合同，保险公司对此就不承担赔偿责任。

从法律角度说，对保险合同的解释义务在保险公司本身，但是在旅游保险合同中，因为大多数保险合同的购买和选定都是由旅行社代替游客作出的，所以对保险合同的解释，尤其是对保险免赔条款的提示义务就应该由旅行社承担。旅行社应该事先告知游客哪些项目不属于保险范围，告知游客如果需要从事该项目，需要额外购买特殊险种的保险。

如果旅行社或者保险公司没有这样做，那么就应该承担缺乏告知义务的过错责任，这种没有履行告知义务的责任承担需要根据过错程度来判断。实践中，除了那些故意隐瞒保险项目的情况外，没有履行告知义务的旅行社和保险公司大多不承担特殊责任，最多也就是退回保费而已。

保险公司为第一赔偿人，保险责任在法律上属于"无过错责任"类型，是第一顺序的赔偿人。只要保险事故发生，不管到底是谁的责任，保险公司都要在保险范围内先行赔付，如果在事故中存在侵权人或者责任人，保险公司在履行赔偿义务后，也就取得了向责任人追偿的权利。

在本次事故中，因为有6人没有购买特殊保险，所以他们将无法得到保险赔偿。从事故中3人已购买特殊险种保险的事实来看，这说明旅行社应该已经事先说明了险种的特殊性，并提供了购买的渠道，所以旅行社不承担缺乏告知的责任。已经购买特殊保险的3人，在事故发生后，家属可以第一时间得到保险公司最高55万港元的赔偿。这部分赔偿属于商业保险范围，与以后其他赔偿没有关系，即受害人家属还可以得到其他的赔偿款。

需要说明的是，目前我国旅游市场并不规范，激烈的竞争使旅行社刻意压低价格增加竞争力，一些不规范的旅行社去掉了保险费用，这就使得万一旅游中出现事故，游客可能无法得到保险赔偿。所以，游客在与旅行社签订旅游合同时，需要事先询问是否包含保险，承保的项目有哪些，必要时需要将保险合同事先过目，同时也可以针对自己的需求额外申请购买特殊险种的保险项目。

旅行社有附随义务责任。事故初步判断是因为操作失误造成的，所以直接责任人应该是热气球项目的管理者和经营者，他们应该按照埃及本地侵权法标准对遇难者进行赔偿。

如果经营者是无证经营和非法经营的，那么，还涉及埃及政府的行政赔偿责任问题。

事故中的旅行社责任应该分为两大部分：第一部分是根据旅游合同约定。如果旅游合同中存在对意外发生的赔偿内容，那么根据该合同约定，旅行社应予赔偿。如果旅游合同中存在诸如"生死状"之类的免责条款，根据《合同法》中关于对格式合同的解释，旅游格式合同是旅行社所制作，所以在解释此类免责条款之时，应归于无效，旅行社不能因此免责。

第二部分是附随义务责任。旅行社的附随义务主要包括提示危险义务、介绍安全可靠项目的义务、风险告知的义务等。这次事故中，如果旅行社随团导游没有事先提示热气球可能产生的风险，或者没有确认热气球经营者资格，或没有事先告知出现事故的应急处理办法，就应该承担附随义务责任。

本章小结

无人机保险市场是近年来保险市场逐渐升起的热点，无人机事故的种类较多，风险原因判断较难，因此事故责任不好确定，保险公司赔付率较高，基本处于亏损状态。热气球、滑翔伞和飞艇是近些年来旅游市场的主要追逐点，也是吸引游客的项目之一，由于相关部门对此类项目风险管控缺乏经验，屡次曝出事故新闻，保险市场也因为以往此类项目的数据较少，风险管控经验缺少，相应的保险产品也较少。今后这方面的保险产品将会逐渐增多。

（1）无人机是国内近几年发展较快的行业，其应用范围较广，风险种类也较多。

（2）一般来说，承保人在考虑承保飞艇的任何部分风险之前，需要大量的信息。由于在获得价格优惠的保险方面存在困难，建议申请保险的飞艇运营商寻找具有广泛航空专业知识的经纪人。

（3）滑翔伞和热气球属于极限危险运动。滑翔伞和热气球的安全性直接取决于飞行员的技能和意识。但是，由于不熟悉气候和环境，在国外参加滑翔伞和热气球运动的风险大幅度增长，滑翔伞和热气球可能导致严重或致命受伤。

思考题

（1）我国无人机保险的产品主要有哪些？

（2）无人机保险市场未来风险如何控制？

（3）针对目前飞艇、热气球和滑翔伞保险市场会是怎样的？查资料回答。

（4）简述我国无人机保险的现状。

（5）购买户外险和旅游意外险有什么区别？

（6）我国未来户外运动趋势是什么，还需要购买哪些保险应对？

第八章　航空货物保险

航空货物运输具有不受地面条件限制、航行便利、速度快、时间短、货物运送安全性较高、破坏率较低、某些货物的运杂费也相对较少（减少包装费、装卸搬运费、仓储费、保险费率低、利息负担小）等优点，在国内外贸易运输中颇受欢迎。尤其是某些轻而贵、少而急需、容易破损的物品更易于航空运输。航空货物运输的作业流程通常涉及托运人、承揽人、航空承运人、地勤服务人员等多个主体和多个环节，据此，与航空货物运输相关的保险包括航空货物承运人责任保险航空货物运输保险、航空货物承揽人责任保险、航空货物地勤服务人责任保险。

第一节　航空货物运输责任保险制度

一、国际航空货物运输责任

(一)《华沙公约》中的航空货物运输责任

1. 承运人的责任和免责

《华沙公约》是最早对承运人的国际航空货物运输责任和免责问题作出规定的。《华沙公约》第 18 条规定：①对于任何已登记的行李或货物在航空运送期间因毁灭、遗失或损坏而产生的损失，承运人应负责；②航空运送期间是指货物在承运人保管下的期间，不论是在航空站内、在航空器上或在航空站外降落的任何地点；③航空运输期间不包括在航空站以外的任何陆运、海运或河运，但是如果这种运输是为了履行空运合同，是为了装货、交货或转运，任何损失应该被认为是在航空运输期间发生事故的结果，除非有相反证据。

《华沙公约》第 20 条规定：①承运人如果能证明自己和他的代理人为了避免损失的发生，已经采取一切必要的措施，或不可能采取这种措施时，就不负责任；②在运输货物或行李时，承运人如果能证明损失的发生是由于驾驶上、航空器的操作上或领航上的过失，而在其他一切方面承运人和他的代理人已经采取一切必要的措施以避免损失时，就不负责任。

《华沙公约》第 21 条规定：如果承运人证明损失的发生是由于受害人的过失所引起

或助成，法院可以依法免除或减轻承运人的责任。

《华沙公约》第25条规定：①如果损失的发生是由于承运人有意的不当行为，或由于承运人的过失，而根据受理法院的法律，这种过失被认为等于有意的不当行为，承运人就无权引用本公约关于免除或限制承运人责任的规定。②如果损失是承运人的代理人在执行职务范围内所造成的，承运人也无权引用这种规定。

2. 责任限额

《华沙公约》第22条规定：①承运人对货物的责任以每千克250法郎为限，除非托运人在交运时，曾特别声明货物运到后的价值，并缴付必要的附加费。在这种情况下，承运人所负责任不超过声明的金额，除非承运人证明托运人声明的金额高于货物运到后的实际价值。②上述法郎是指含有900‰成色的65.5毫克黄金的法国法郎，这项金额可以折合成任何国家的货币，取其整数。

《华沙公约》在关于损害责任的条款的适用范围上，"责任限额""一般情形的免责条款（已经采取一切必要措施或不可能采取此种措施）""共同过失免责条款"以及"责任限额例外条款"对于旅客、行李或货物运输是可以共用的。但《华沙公约》并没有就货物运输延误损害的内涵以及延误责任的赔偿限额做出规定，由此，这些事项属于国内法调整的范围。

（二）《海牙议定书》中的航空货物运输责任

随着航空运输业的逐渐成熟，受包括通货膨胀在内的诸多社会经济因素的影响，《华沙公约》受到了明显的挑战。1955年9月在海牙通过了《海牙议定书》，该议定书于1964年5月1日生效，1975年11月18日对我国生效。

《海牙议定书》是对《华沙公约》的修改，其删除了《华沙公约》第20条第2款。因此，根据《海牙议定书》，由于驾驶上、航空器的操作上或领航上的过失引起的损失，承运人不能免责。

《海牙议定书》将《华沙公约》第22条第2款修改为：①在载运登记的行李和载运货物时，承运人的责任以每千克250法郎为限，除非旅客或托运人在交运包件时，曾特别声明在目的地交付时的利益并缴付必要的附加费；在后一种情况下，除非承运人证明旅客或托运人声明的金额是高于旅客或托运人在目的地交付时的实际利益，承运人应在不超过声明金额的范围内负赔偿责任。②本条所述法郎是指含有900‰成色的65.5毫克黄金的货币单位；此项法郎金额可以折合成任何国家的货币，取其整数；发生诉讼时，此项金额与非金本位的货币的折合，应以判决当日该项货币的黄金价值为准。

《海牙议定书》将《华沙公约》第25条的规定修改为：如经证明造成损失系出于承运人、承运人的受雇人或代理人故意造成损失或明知可能造成损失而漠不关心的作为或不作为，则不适用第22条规定的责任限额；如系承运人的受雇人或代理人有上述作为或不作为，还必须证明他是在执行其受雇职务范围内行事。

此外，《海牙议定书》第11条第2款规定：在货物受到部分损失时，承运人的赔偿责任以该件物件的总量为标准；如登记的行李或货物的一部分或行李或货物中的任何物件发生遗失、损坏或延误，用以决定承运人责任限额的重量，仅为该一包件或该数包件的总重量。但如因登记的行李或货物的一部分或行李、货物中的物件发生遗失、损坏或延误以致影响同一份航空货运单所列另一包件或另数包件的价值时，则在确定责任限额时，另一包件或另数包件的总重量也应考虑在内。

《海牙议定书》第 11 条第 4 款规定：对于赔偿责任限额的规定，并不妨碍法院按其法律另外加判全部或一部分法院费用及对起诉人所产生的其他诉讼费用；如判给的赔偿金额不包括诉讼费及其他费用，不超过承运人于造成损失的事故发生后 6 个月内或已过 6 个月而在起诉之前以书面形式向起诉人提出应予承担的金额，则不适用上述规定。

（三）1975 年《蒙特利尔保险议定书》中的航空货物运输责任

1975 年，在蒙特利尔召开了航空法外交会议，对国际航空货物运输责任制度进行了修订。但鉴于国际货币的危机形势和各国法院在折算上所面临的困境，会议临时决定再制定三个附加议定书，把《华沙公约》《海牙议定书》及《危地马拉议定书》中责任限额计算单位的法郎一律改为"特别提款权"。最后，会议制订了 4 个作为修订华沙体系的"附加议定书"。

其中，第 1 号议定书、第 2 号议定书和第 3 号议定书分别对《华沙公约》《海牙议定书》《危地马拉议定书》进行了修改，对行李和货物的责任赔偿限额都统一改为每千克 17 特别提款权。但上述 3 个议定书因始终达不到 30 个批准国的生效底线，尤其是一直没有得到美国参议院的批准，以致至今也没能生效。

第 4 号议定书主要针对国际航空货物运输，对《华沙公约》和《海牙议定书》的货物运输相关条款进行了修改，重大修改主要有：①采用严格责任替代推定过失责任；②进一步简化运输凭证形式与内容的要求；③采用了特别提款权作为计算单位，规定不可变更的固定限额，将责任限额的标准定为 17 特别提款权；④进一步明确排除权利人以侵权行为或其他任何原因为由不适用责任限额的情况。该议定书于 1998 年 6 月 14 日生效。我国虽然在《民用航空法》制定时借鉴了该议定书的部分内容，但至今仍未批准该议定书。

（四）1999 年《蒙特利尔公约》中的航空货物运输责任

1999 年，国际民航组织通过了一个替代《华沙公约》及华沙体系的其他一系列议定书和协议的、崭新的、统一的航空运输责任体系的国际公约，即《蒙特利尔公约》。公约于 2003 年 11 月 4 日正式生效，2005 年 7 月 31 日起对我国生效。

《蒙特利尔公约》第 18 条规定：只要造成货物损失的事件是在航空运输期间发生的，承运人就应当承担责任；但由下述原因造成的，承运人可不承担责任：①货物的固有缺陷、质量或者瑕疵；②承运人或者其受雇人、代理人以外的人包装货物的，货物包装不良；③战争行为或者武装冲突；④公共当局实施的与货物入境、出境或者过境有关的行为。值得注意的是，《蒙特利尔公约》没有规定《华沙公约》和《海牙议定书》的承运人免责事由。

《蒙特利尔公约》第 19 条规定：货物在航空运输中因延误引起的损失，承运人应当承担责任。但是，承运人证明本人及其受雇人和代理人为了避免损失的发生，已经采取一切可合理要求的措施或者不可能采取此种措施的，承运人不对因延误引起的损失承担责任。

《蒙特利尔公约》把"行李运输"归入客运范围，并且不再以行李的重量作为赔偿限额的计算标准，因此承运人对行李与货物的赔偿限额也不再相同。第 22 条规定：在货物运输中造成货物毁损灭失或延误的，承运人的责任以每千克 17 特别提款权（约合人民币 181.7504 元）为限，除非托运人在交运包件时，特别声明在目的地交付时的利益，并在必要时支付附加费。根据公约对责任限额的复审制度，2010 年 1 月 1 日生效的复审结果规定货物的新责任限额为每千克 19 特别提款权（约合人民币 203.1328 元），修改后的限额于 2009 年 12 月 30 日起对我国生效。

由于《蒙特利尔公约》第 22 条第 5 款"责任限额例外"的条款，并不适用于旅客与货物运输中造成的损害，只适用于行李的损害，且条文在内容上采用了《海牙议定书》修改后的措辞，将"有意造成损失或知道很可能造成损失而不顾后果的作为或不作为"作为承运人不适用责任限额的例外。这意味着，依据《蒙特利尔公约》，货物运输中造成的毁损灭失就算是承运人或其受雇人或代理人故意造成的，承运人的赔偿限额仍以"每千克 17 特别提款权"为限，因此在《蒙特利尔公约》下，货物毁损灭失或延误的赔偿为不可突破的限额。如果托运人想要超越这一限额，让承运人承担更大的责任，只能采取"货物保价申明"的方法。

由上所述可见，国际航空货物运输责任在华沙体制中经历了从"推定过错责任"向"严格责任"的转变。在《华沙公约》制定之后的 40 年间，公约所确立的"推定过错责任"原则一直未做大的改动，只是在 1955 年《海牙议定书》的修订中删除了第 20 条第 2 款，这就使承运人的免责范围相应缩小，从而在客观上加重了承运人的责任。真正航空运输"严格责任原则"的确立应起源于 1966 年《蒙特利尔临时协议》，该协议规定承运人不得引用《华沙公约》或经《海牙议定书》修订过的《华沙公约》第 20 条第 1 款作为抗辩理由，取消这一条意味着从根本上变更了《华沙公约》的责任基础，即从"推定过失责任"变为"严格责任"或称为"无过失责任"。由此，严格责任制度走上国际航空运输的舞台，第一次被引入到航空承运人的责任制度之中。1971 年《危地马拉议定书》参照 1966 年《蒙特利尔临时协议》，虽然在客运方面取消了《华沙公约》第 20 条的规定，使客运的归责原则变为"严格责任"，但修改只限于客运，货物运输部分仍沿用旧例。

1975 年《蒙特利尔第 4 号议定书》与此相反，在行李与客运部分沿用《华沙公约》旧例，在货运部分则不再适用《华沙公约》第 20 条，并在议定书的第 18 条规定了货物损害后承运人的 4 项免责理由。至此，国际货物运输才做出了向"严格责任"过渡的关键性转变。1999 年《蒙特利尔公约》在参照各种修订的法律文件的基础上，完全删掉了《华沙公约》第 20 条，使其对旅客、行李与货物运输的损害均不再适用，因此，在《蒙特利尔公约》下，旅客、行李与货物运输的损害都开始完全适用"严格责任"。

二、我国大陆和台湾地区的航空货物运输责任制度

（一）我国大陆的航空货物运输责任之规定

我国大陆关于航空货物运输责任之规定主要体现在《合同法》《民用航空法》《中国民用航空货物国内运输规则》《中国民用航空货物国际运输规则》《国内航空运输承运人赔偿责任限额规定》之中。

1.《合同法》

该法第 311 条规定：承运人对运输过程中货物的毁损、灭失承担赔偿责任，但承运人证明货物的毁损、灭失是因不可抗力、货物本身的自然性质或者合理损耗以及托运人、收货人的过错造成的，不承担责任。

2.《民用航空法》

该法将国际运输与国内运输规则分开，国际运输与国内运输在责任期间、责任承担、免责事由、责任限额例外等方面的条款都可以共用。例如，《民用航空法》第 125 条规定：因发生在航空运输期间的事件，造成货物毁灭、遗失或者损坏的，承运人应当承担责任；但是，承运人证明货物的毁灭、遗失或者损坏完全是由于下列原因之一造成的，不承担责任。

（1）货物本身的自然属性、质量或者缺陷。货物的"自然属性"既包括货物的固有缺陷，也包括货物平时的属性。"固有缺陷"是指某种货物所特有的缺点，如货物在运输过程中会产生水分蒸发。此类损坏是由货物自身原因所致，并非承运人过失所致，对此，承运人无须负责。货物质量或是瑕疵，是指行李与货物的内在品质或本身存在问题。

（2）承运人或者其受雇人、代理人以外的人包装货物的，货物包装不良。"包装不良"是指货物的外包装捆扎不牢（如果是内包装不良应当是货物的"质量或瑕疵"问题），若包装为承运人或其受雇人、代理人所为，造成损失承运人当然应当承担责任，若是托运人或其受雇人、代理人所为，则承运人可以免责。

（3）战争或者武装冲突。这是指两个或两个以上的敌对国家以武力推行国家政策所造成的法律状态。例如，在两伊战争期间，曾有许多船舶在波斯湾海域因遭炮火袭击而造成损失，并导致货物的灭失或毁损，对此，承运人可以援引此项条款。

（4）政府有关部门实施的与货物入境、出境或者过境有关的行为。这里的有关行为是指，"检疫限制"（如政府的卫生检疫机关依据法律和规章，对相关入境的航空器货仓实施卫生检查）或"司法扣押"（如航空器的经停地国家的主管机关基于政府命令而对航空器实行扣留）等行为。

我国《民用航空法》第 125 条的规定与《蒙特利尔公约》一致，这保证了国内和国际运输承运人所处的法律环境一致，有利于促进我国航空业的发展。

《民用航空法》第 126 条和第 127 条规定了承运人的免责和减责制度，即货物在航空运输中因延误造成的损失，承运人应当承担责任；但是，承运人证明本人或者其受雇人、代理人为了避免损失的发生，已经采取一切必要措施或者不可能采取此种措施的，不承担

责任；在货物运输中，经承运人证明，损失是由索赔人或者代行权利人的过错造成或者促成的，应当根据造成或促成此种损失的过错程度，相应免除或者减轻承运人的责任。

但是，《民用航空法》在责任限额方面的规定针对国际运输和国内运输是有区别的。第129条对国际运输规定了货物的赔偿责任限额是每千克为17计算单位，每名旅客随身携带的物品的赔偿责任限额为332计算单位。但关于国内运输的赔偿限额，按照第128条的规定，是由国务院民用航空主管部门制定，报国务院批准后公布执行，目前执行的是2006年发布的《国内航空运输承运人赔偿责任限额规定》。由于我国已加入《华沙公约》《海牙议定书》和《蒙特利尔公约》，按《民用航空法》第184条规定，如果我国参加的国际条约与国内法有不同规定时，适用国际条约的规定。这就会导致同样的事故，在不同的国际或国内航线的赔偿数额上差距很大。

3. 《中国民用航空货物国内运输规则》（1996年修订）

该规则第8条规定：托运人托运的货物，毛重每千克价值在人民币20元以上的，可办理货物声明价值，按规定交纳声明价值附加费；每张货运单的声明价值一般不超过人民币50万元。第45条规定：由于承运人的原因造成货物丢失、短缺、变质、污染、损坏，应按照下列规定赔偿：①货物没有办理声明价值的，承运人按照实际损失的价值进行赔偿，但赔偿最高限额为毛重每千克人民币20元；②已向承运人办理货物声明价值的货物，按声明的价值赔偿；如承运人证明托运人的声明价值高于货物的实际价值时，按实际损失赔偿。

4. 《中国民用航空货物国际运输规则》（2000年施行）

该规则明确区分了普通货物运输和特种货物运输，这样清晰的规定有利于减少纠纷。第12条规定：托运人托运毛重每千克价值超过承运人规定限额的货物，可办理货物声明价值，并支付声明价值附加费。第17条规定：承运人可以规定每张货运单的声明价值限额；承运人对超过其声明价值规定限额的货物可以拒绝运输；承运人可以规定每架航空器载运货物总价值的限额。第22条规定：如因承运人的原因造成货物遗失、损坏或者货物未运达货运单上载明的目的地，承运人应当承担责任。第36条规定：因发生在航空运输期间的事件，造成货物毁灭、遗失或者损坏的，承运人应当承担责任，但法律规定免除责任的除外。

5. 《国内航空运输承运人赔偿责任限额规定》（2006年实施）

该规定大幅提高了国内航空运输承运人的赔偿责任限额。第3条和第4条规定：承运人对运输的货物的赔偿责任限额为每千克人民币100元；赔偿责任限额的调整由国务院民用航空主管部门制定，报国务院批准后公布执行。

（二）我国台湾地区的航空货物运输责任之规定

我国台湾地区关于航空货物运输责任制度主要体现在"民用航空法"和"航空客货损赔偿办法"之中。

我国台湾地区"民用航空法"第93条规定："乘客及载运货物，或航空器上工作人员之损害赔偿额，有特别契约者，依其契约；特别契约中有不利于台湾地区人民之差别待遇者，依特别契约中最有利之约定。无特别契约者，由交通部依照本法有关规定并参照国际间赔偿额之标准制定办法，报请行政院核定公告之。"

2000年我国台湾地区"行政院"修正了"航空客货损害赔偿办法"，该办法第4条规定："航空器使用人或运送人对于载运货物或行李之损害赔偿，其赔偿额依下列标准：一、货物及登记行李：按实际损害计算。但每公斤最高不得超过新台币一千元。二、随身行李：按实际损害计算。但每一乘客最高不得超过新台币二万元。"第6条规定："航空器使用人或运送人因故意或重大过失导致客货损失的，赔偿责任不受限额的约束；航空器使用人或运送人对其雇佣人或代理人执行职务时之故意或重大过失，应与自己故意或重大过失负担同一责任。"第8条规定："航空器使用人或运送人对其责任之限制，应向乘客或货物托运人为适当之通知；其在客票或货物托运单上登载本办法或做简要说明者，视为已有适当之通知。"

三、航空货物运输承运人责任险

（一）航空货物运输承运人责任险的定义

所谓航空货物运输承运人责任险，又称航空货物运输责任险（Cargo Legal Liability Insurance），是指以被保险人——航空承运人的民事损害赔偿责任作为保险标的的保险，即因被保险人的过失等造成货物损坏或丢失，依法应对货物所有人承担的经济赔偿责任，由保险人负责赔偿。

依据我国《合同法》的规定，承运人对运输过程中货物的毁损、灭失承担损害赔偿责任。因此，承运人对其承运的货物具有妥善谨慎地装载、搬移、积载、运输、保管、照料和卸载的义务，而在这些义务没有完全履行并造成货主损失时，承运人依法应承担赔偿责任。这种赔偿责任是法律上承认的一种风险，货物毁损和灭失的发生与否关系到承运人的利益或不利益。承运人基于运输合同而产生了对运载货物的妥善保管，保证完好地交付给收货人的法律责任。

航空货物运输的赔偿责任与航空货物运输过程中因运载的货物造成第三人损害的赔偿责任还有所不同，对第三人的赔偿责任造成承运人的损失可以通过投保航空第三者责任保险予以补偿，而本节所谓的航空货物运输责任险仅指航空承运人对货主（托运人或收货人）的损害赔偿责任进行投保的一种保险。

航空货物运输承运人责任险有以下特点：

1. 保险标的的特殊性

航空货物承运人责任险所承保的保险标的不同于一般的财产保险，不是有形的物体，而是被保险人因货物运输过程中造成货主损失应当承担的损害赔偿责任，而且这种责任只能是民事责任，不论是过失责任或者法定的无过失责任。

2. 保险金额的限额性

在航空货物承运人责任险中，因损害赔偿责任是无形的，一般难以判断其价值大小，不能像一般财产保险那样确定其保险金额。因此，航空货物承运人责任险保险单通常载明了保险人所应承担责任的最高限额。一旦发生保险责任索赔，航空货物承运人责任险的保险人即在这一事先规定的赔偿限额内赔偿。

3. 承保基础的特定性

航空货物承运人责任险范围内损失的发生、发现、提出索赔、赔款之间通常间隔时间较长，这就决定了它有特定的承保基础。它的承保基础分为"事故发生基础"和"期限内索赔基础"，前者是以事故发生在保险责任期内作为保险人承担赔偿责任的基础，后者是以在保险期限内提出索赔要求作为保险人承担赔偿责任的基础。

4. 不是强制性的保险

该保险是否投保，取决于航空承运人的意志，法律并不强制投保。例如，根据《美国联邦法》，货物运输责任保险就不是强制性的，但当航空承运人接收货物装运时，应对托运人提供保险以外的其他有效的书面通知。

（二）航空货物运输承运人责任保险的意义

中国民用航空局的统计数字表明：2006 年我国货邮运输量为 306.7 万吨，2007 年我国货邮运输量为 401.9 万吨，货邮周转量增长高于世界平均水平 19.2 个百分点。2008 年货邮运输量为 455 万吨，比 2007 年增长 13%。2008 年，我国已有 9 家全货运航空公司，全货运飞机 70 架，形成了一定规模的国内（含港澳台）、国际货运航线网络。全行业客货混合及全货运飞机载运的货物运输量 407.6 万吨，货物周转量 119.6 亿吨千米。在国际民航组织各缔约国定期航班货物周转量排名中，我国已居第二位。这些数字表明了我国航空货运的迅速发展，成果令人欣慰，但也意味着伴随着航空货运市场的逐步扩大，国际航空货运保险的需求也随之增多。

从社会经济角度看，在人类活动中，保险扮演着重要角色，它使得责任负担者能负担起其负担之危险，受害者能获得填补所受的损害。如果货物在航空运输途中遭遇危险事故，势必造成投入成本丧失，预期利益也会落空，而航空货物责任保险既可以保本，也可以保障预期利益的实现。

从航空运输的特性来看，航空运输作为国际贸易的重要运输方式，具有运输快捷的特点，但同时也会附带巨大的风险。货物一旦交于承运人运送，在货物未到达目的地之前，货主势必无法安心，如果投保了航空货物责任保险，将危险转嫁给保险人，即使货物在途中出现全损等情形，承运人和货主通常也可以高枕无忧。

（三）航空货物运输承运人责任保险与航空货物保价运输的区别

航空货物保价运输是指托运人在托运货物时，向承运人声明托运货物的价值，并按声明的价值交付较高的运输费用，保价货物在运输过程中，发生毁损或灭失，航空承运人按照声明价值进行赔偿，该赔偿责任将超过航空货物运输的法定责任限额。

无论是国内货物运输还是国际货物运输都可采用保价运输的方式。《中国民用航空货物国内运输规则》规定，国内航空货物运输的托运人托运货物毛重每千克价值在 20 元以上的可办理货物保价运输，每张货运单的声明价值一般不超过 50 万元。《中国民用航空货物国际运输规则》规定，国际航空货物运输的托运人托运毛重每千克超过承运人规定限额的货物，可办理货物保价运输，声明价值的最高额由承运人自行确定。如根据中国货运航空有限公司 2003 年公布的《航空货物国际运输总条件》，托运人的货物毛重每千克超过 20 美元的，可以办理保价运输，保价货物的最高声明价值是 400 万元。

在航空货物保价运输中，承运人按照货物托运人声明价值的高低收取运费和给予赔偿，与航空货物运输责任保险的功能有相似之处。但是，航空货物运输责任保险与航空货物保价运输是完全不同的两种制度，具有以下区别：

第一，法律关系不同。航空货物保价运输的法律关系仅仅是托运人与承运人之间的运输合同关系；航空货物运输责任保险除了托运人与承运人之间的运输合同关系外，还包括承运人与保险人之间的保险合同关系。

第二，适用的法律规范不同。航空货物保价运输法律关系适用与航空货物运输相关的法律法规和规章，如《民用航空法》《中国民用航空货物国内运输规则》《中国民用航空货物国际运输规则》《合同法》等；航空货物运输责任保险法律关系除适用航空货物运输法律规范之外，还必须适用《保险法》和《航空货物运输责任保险规则》。

第三，赔偿责任限额不同。保价运输的货物发生损失的，按实际损失赔偿，但最高不超过保价金额（即声明价值）。根据规定，国内货物运输每张货运单的声明价值一般不超过 50 万元，国际货物运输每张货运单的声明价值由承运人确定。如果托运货物遭受部分损失的，按损失与全批托运货物的比例乘以保价进行赔偿。航空货物运输责任保险的赔偿限额为保险金额。

第四，责任基础不同。航空货物保价运输的责任基础是货物损害与承运人的运输行为之间存在因果联系，托运人无须举证证明承运人的主观过错，只需证明损失是在航空运输期间内由承运人的行为造成的，即可在最高声明价值限额内获得赔偿；而货物运输责任保险的责任基础是发生了保险单规定的保险事故导致承运人赔偿责任的给付。

第五，目的不同。航空货物保价运输的目的是弥补一般责任限额的不足，尽量减少托运人对货物的损失；而航空货物承运人责任保险的目的是补偿承运人因自然灾害、意外事故等原因对托运人承担赔偿责任而发生的损失，是一种集体救济补偿的方式。

第六，费率不同。在航空货物的保价运输中，与航空货物运输保险不同，我国法律法规并没有规定收取声明价值附加费的比率，该比率主要由承运人根据货物的性质和运输路程来确定；按保价运输办理的货物应全部保价，不得只保其中一部分；将保价率不同的货物作为一批货物托运的，应分项填写品名及保价金额，保价费用分别计算，但保价率不同的货物合并填写，适用于其中最高的保价费率。

（四）航空货物承运人责任险的投保方式和费率计算

在航空保险实践中，航空承运人通常须向保险公司投保货物责任保险，投保形式是以批单方式加在标准航空保险单上，或单独投保"航空货物承运人责任及货物一切险保险单"（Airline Freight Legal Liability and All Risk Policy，LP0359A），把货物责任保险与货物一切险混合起来投保。如果托运人已经将空运提单的货物保险金额记载投保金额，并已缴纳保险费，航空运送人可以通过预约保险单（Open Policy）来投保托运人的货物。当发生

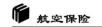

货损时，原则上依货物责任保险先行理赔，如有不足部分依预约保险单补足。

1. 标准航空保险单加保货物责任险的方式

英国伦敦标准航空保险单是不保货物责任险的，即在伦敦保险市场上没有标准的货物责任险批单，该保险一般是由保险经纪人将相关条款加在承保条中，在制作正式的保险单时将承保条的条款列为保险单的内容之一。承保条款通常表述为："被保险人接受运送的货物或邮件，包括法律限额的保值货物及行李在内，因实质损失或迟延依法应负赔偿责任，而为赔偿损失者（包括对被保险人裁定之诉讼费用在内），本保险人对被保险人负赔偿之责。"

航空货物运输承运人责任保险的保险期间是：自航空承运人或其航空货物承揽人完成空运提单签发开始至送达为止。除外责任条款常与机身险、第三人责任险和乘客责任险共同适用相同不保事项，而不单独列举。

航空货物运输承运人责任保险费率的计算方式有两种：第一种方式是按照运货收入的百分比计收。具体程序是先按照预计运费收入计收预付保险费，待保险单期满后，再按照实际运费收入来进行调整。第二种方式是按照预计运费收入计算一个固定的保险费，待保险单期满后不再进行调整。一般而言，货运量大的航空公司多采用第一种方式，而货运量小的航空公司多采用第二种方式。

目前，国际上各家航空公司大多都投保混合单一保险金额（Combined Single Limit），即将航空第三人、乘客、货物以及其他责任保险的保险金额统统加起来，成为一个共同适用的保险金额。该保险金额条款表述为："××美元每一意外/每一事故/每一航空器次数不限，但保值货物及行李限××美元每一事故/每一航空器/每一地点。"混合单一保险金额保险费率的计算包括两种：①将各责任险保费相加，再根据混合单一保险金额增减调整保费。这是传统的方式，至今仍是航空责任保费的费率基础；②按乘客/哩收费，由投保人报告预计乘客/哩，预算普通运费和保值运费，在此基础上计算预付保险费，待保单期限届满，按实际乘客/哩和实际保值货物运费收入进行计算和调整。

2. 航空货物运输承运人责任及货物一切险的方式

航空货物承运人责任及货物一切险保险单（Airline Freight Legal Liabilityand All Risk Policy，LP0359A）的内容包括货物责任险、货物一切险、一般事项和保费四个组成部分。

航空货物承运人责任险部分包括保险范围、保险期间、金法郎之定义、AVN4 相互修订条款（航空责任）、诉讼费用可一并承保、自负额、除外条款 7 项内容。

货物一切险部分包括五项条款：1982 年协会保险条款（货物航空）（不含邮件运送）；协会战争险条款（货物航空）（不含邮件运送）；协会罢工条款（货物航空）（不含邮件运送）；协会重置条款、活牲畜第 1 号条款（航空）；核能风险除外条款（AVN38B）。

一般事项部分共有 9 项条款，主要是保险人和被保险人应注意的事项。

保费部分规定了保费的两种计算方式：①承运人货物责任的计算方式是将保值货物和不保值货物的保费分开计算。不保值货物的保费是按照预计运费收入收取预约保险费，待保险单期限届满后，再按实际运费收入调整，且分四期给付，并设定最低保险费；保值货物的保费是按照申报货物价值收取。②货物一切险保费按照约定费率分四期收取。

第二节　航空货物运输保险

一、航空货物运输险的定义和特点

航空货物运输险是指航空货物的货主（托运人或收货人）在托运货物之前或同时，为货物在航空运输过程中因自然灾害或意外事故造成的损失，向保险公司交付保费保障运输的航空货物损失的一种保险。

航空货物运输险与其他保险不同的特征主要有：

（一）承保标的具有流动性

航空货物运输险与其他保险的区别主要是它所承保的标的面临的风险是一种"移位"风险，即运输工具和运输货物从一个地方到另一个地方，从一个国家到另一个国家移动过程中的风险。

（二）承保风险具有综合性

从范围上看，航空货运险承保的既有海上风险，又有陆上风险和空中风险；从风险的种类上看，既有自然灾害和意外事故引起的客观风险，又有外来原因引起的主观风险；从形式上看，既有静止状态中的风险，又有流动状态中的风险。

（三）保险关系具有国际性

航空货物责任保险合同的关系方经常涉及不同的国家和地区，保险标的通常是国际贸易中的货物，保险合同的签订和履行除会涉及贸易合同的有关规定外，还要遵循有关国际公约和国际惯例的规定等。

（四）利益相关主体具有广泛性

货主托运货物，可以直接将货物交给承运人，也可以通过承揽人收货后，再交于承运人。通常一个完整的航空货物运输流程从托运人至收货人，其中可能涉及相关产业包括航空公司、航空货物集散站、航空货物承揽业、航空站地勤业等，因此航空货物责任保险有可能关涉上述航空产业的相关利益。

（五）保障对象具有多变性

根据国际贸易习惯，航空货物运输保险单可以随着保险标的的转让而转让，无须征得保险人同意，因此随着货物在运输过程中的不断转手，货物所有人不断更换，货物运输保险的被保险人也发生了相应的变化。

二、航空货物运输险与航空货物运输责任险的区别

航空货物运输责任险与航空货物运输险虽然都属于财产保险，均以大数法则为数理基

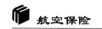

础，经营原则一致，经营方式相近，但却是两种完全不同的法律关系，二者有以下显著的不同之处：

（一）投保主体不同

货物运输险作为财产险，其以货物财产本身作为投保标的，因货物的毁损或灭失直接产生损失的是货物所有人，即托运人或收货人（在发生货物买卖转让的情况下），也就是说货物所有人因对货物的毁损或灭失承担风险而具有了保险利益。因此，航空货物运输险的投保人只能是托运人或收货人。如果允许在同一险种和同一保险标的下，同时存在两个以上具有保险利益的主体，进行双倍赔偿违反了损失补偿原则，因此，航空承运人只能投保货物运输责任险，不能投保货物运输险，但可以接受托运人的委托替其办理货物运输险。实践中，承运人收取的运费中往往包含有货物运输险的保费，但承运人只是办理货物运输险的代理人而已。

（二）承保的内容不同

航空货物运输险属于一般的财产保险，承保特定货物的灭失损毁以及可得利益的丧失。航空货物运输责任险承保航空承运人在保险期内可能因运输货物损害而承担赔偿责任的风险，它与特定的货物没有保险意义上的直接联系，是完全独立的保险业务，属于广义财产保险范畴，由保险人独立承保并签发专门的保险单。因保险人代替航空承运人承担对托运人的赔偿责任，航空运输责任事故处理的结果往往关系到保险人的利益，因而保险人具有参与处理责任事故的权利。

（三）费率参考依据不同

航空货物运输险因承保的是因自然灾害、意外事故等非人为因素造成的损失，承运人责任造成的损失不在承保的范围，因此，航空货物运输险费率的制定通常不受有关责任制度的影响，费率厘定一般参考货物种类和性质、货物包装、运送航空器、运送航程（如是否转运）、天气状况、操作人员素质、承保条件、被保险以往损失记录、再保险安排考虑等要素。航空货物运输责任保险费率的制定，通常要考虑被保险人的运输业务性质、法律制度对损害赔偿责任的规定、赔偿限额的高低等影响因素。

（四）保险后果不同

如果托运人在托运货物之前或同时既没有办理声明价值也未曾向保险人投保，一旦货物在航空运输期间发生损失，承运人应按有关国际公约或国内法予以赔偿；如果托运人办理了声明价值，就在声明价值额内按实际损失赔偿；如果托运人投保了航空货物运输险，保险人应根据合同约定，就自然灾害、意外事故造成的损失负赔偿责任，而由承运人过失造成的损失，应由承运人按责任限额赔偿，保险人不负担责任；如果托运人投保了航空货物运输险，承运人也投保了航空货物运输责任险，从理论上讲，保险人既要承担因不可抗力、意外事故造成的损失，又要承担因承运人的过失造成的损失。但是财产保险合同是补偿合同，其职能是经济补偿，出险后的损失是既定的，保险人如果根据该损失分别赔偿给两个或多个被保险人，势必有一方从中获得收益，这显然违背了保险最基本的补偿损失的原则，因此，二者必居其一，保险人实际上只承担其中的一种责任。

三、航空货物运输险的保险条款

（一）伦敦保险人协会的航空货物运输保险条款

航空货物运输保险条款有专属的保险条款，目前在国际航空保险市场上使用的是1982年伦敦保险人协会（Institute of London Underwriters）修订后的"协会货物条款（航空）"（Institute Cargo Clause ＜ Air ＞）；"协会战争条款（航空货物）"（Institute War Clause ＜ Air Cargo ＞）以及"协会罢工条款（航空货物）"（Institute Strikes Clause ＜ Air Cargo ＞）。三个条款都不含邮件运送（Excluding Sending by Post）。此外，协会航空货物保险条款还规定有运送条款、运送契约终止条款、航程变更条款、保险利益条款、转运费用条款、推定全损条款和增值保险条款等。

协会航空货物运输保险条款与海运的协会货物条款（A）（简称 ICC ＜ A ＞）内容相近，在设计时曾意图成为海上货物保险的附属条款，但其并不承保被保险人因海上意外事故造成的损失，也没有 A、B、C 条款区分，因此，航空货物保险合同不是海上保险合同的组成部分。

协会航空货物运输保险条款的承保范围是被保险货物毁损或灭失的一切危险，但除外不保事项例外。除外不保事项包括一般除外条款、战争除外条款和罢工除外条款所列的各事项。

1. 一般除外条款

一般排除条款排除的风险包括可归因于如下情形的损失或费用：①被保险人的故意不当行为所致毁损、灭失或费用；②保险标的物的正常漏损、重量或容量的正常减少或自然耗损；③由于保险标的物的包装或配置不固或不当所致毁损、灭失或费用；④由于保险标的物的内在瑕疵或性质所致毁损、灭失或费用；⑤由于飞机装运的集装箱或货箱不适合安全装运被保货物且被保险人在装运时知道这些不适之处所致的被保货物毁损、灭失或费用；⑥直接出于迟延所致毁损、灭失或费用，即使此项迟延系因承保危险所致；⑦因航空运载工具所有人、承租人、经理人或营运人的无力偿债或财务失信所引起的毁损灭失和费用；⑧由于使用核聚变或裂变或其他类似反应或放射能，放射性物质的武器所引起毁损、灭失或费用。

2. 战争除外条款

战争除外条款排除的风险包括可归因于如下情形的损失或费用：①战争、内战、革命、叛乱、起义或由此引起的内乱，或来自交战国与其对抗的敌对行为；②捕获、扣押、拘管、监禁或扣留（海盗除外）及其结果，或任何涉及此项的企图；③遗弃的水雷、鱼雷、炸弹或其他兵器。对于该条款排除的危险，如果被保险人认为必要，可加付保险费另外投保。

3. 罢工除外条款

罢工除外条款排除的风险包括可归因于如下情形的损失或费用：①由于罢工工人、停工工人或参与劳工骚扰、暴动或内乱之人所致者；②由于罢工、停工、劳工骚扰、暴动或内乱所致者；③由于任何恐怖分子或因政治动机之行为所致者。

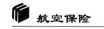

4. 运送条款

航空货物保险自货物离开保险单所载地点之仓库或储存处所开始运输时生效，经正常之运送过程，至下述时间为止：①交付与保险单所载目的地收货人所属或其他最终仓库或储存处所；②交付与保险单所载目的地或其他由被保险人选择使用的任何最终仓库或储存处所，被保险人选择使用以便在正常运送过程以外储存或便于货物之分配或分发；③被保险货物自飞机最终在卸货机场卸货完毕之日起届满 30 天。以上三种终止情形以先发生者为准。

如果被保险货物自飞机于最终卸货机场卸载完毕后，在本保险尚未终止时，欲再运往本保险单所载以外之其他目的地时，本保险之效力，除仍受前述保险终止约定之限制外，应于该项货物开始再运往其他目的地时终止。对于非由被保险人所能控制之迟延、偏航、被迫卸货、重运或转机，以及依据运送契约授权飞机承运人或飞机租用人自由衡量而产生之任何危险变更期间内，保险仍然继续有效。

5. 运送契约终止条款

在被保险人无法控制情况下，运送契约在原定目的机场以外之机场或地点终止，或因其他缘故在货物未能如第 5 条的约定交货前该运送即告终止时，则本保险亦同时终止，倘若保险人立即接获通知并被要求继续保险效力，并于必要时加收保险费，则本保险仍得有效，至下述之时为止：①货物已在该机场或该地出售并交付，如无其他特别之约定，则以被保险货物到达该机场或该地届满 30 天，二者以先发生者为准。②如货物在上述 30 天内（或在任何协议延长之期间内）运往本保险所定其他目的地时，本保险之效力依第 5 条之约定终止。

6. 航程变更条款

航空货物运输保险生效后，如果被保险人变更目的地，应当立即通知保险人，以便使航空货物保险继续有效，但须另行商定保险费及其他条件。在国际航空货物贸易中，卖方有时尚未找到买主而急需将货物先行运出，以便可以赶赴节令，于是卖方先托运到假定目的地，并办妥保险。货物运出后，若找到原定目的地外的买主，就必须立即通知保险人更改保险单的目的地，也就是变更原定航程。保险人在衡量新航程的风险后，通常要求增加保险费或更改承保条件，被保险人缴付保险费后该保险才得以继续承保新航程。

7. 保险利益条款

协会条款第 8 条第 1 款规定，被保险人在损害发生时，须对被保险标的物具有保险利益，才能要求本保险之赔偿。第 8 条第 2 款进一步规定，依第 1 款之约定，被保险人对保险期间内所发生之被保损害，有权利要求赔偿，即使损害发生于保险契约签订之前亦同，但被保险人知道损害已经发生而保险人不知者，则不在此限。保险利益也称可保利益，是指投保人或被保险人对于保险标的具有的法律上承认的利益，即在保险事故发生时，被保险人可能遭受的损失或失去的利益。保险合同从成立生效到保险人履行给付保险金义务，需要经历一段时间。期间可能会经历一些情况导致保险标的的权利义务状况发生变化，从而使保险利益随之变化。对于航空货物保险来说，一般认为保险利益在保险合同订立时可以不存在，但在保险事故发生时，保险利益必须存在。如果保险合同订立时投保人或被保险人对保险标的具有保险利益，但在保险事故发生时已经丧失的，则保险合同因此而失效，保险人不再承担赔偿责任。

8. 转运费用条款

协会条款第9条规定，由于航空货物保险所承保危险之发生，致使被保险航程在保单所载明以外机场或地点终止时，被保险人因卸货、储存及转运被保险标的物至保单所载明目的地，其所支出之适当而合理之一切额外费用，保险人应予以补偿。

9. 推定全损条款

协会条款第10条借鉴海上保险的内容，规定除非被保险标的之实际全损已无法避免，或其回复、整修及运送原承保目的地之费用，势将超过其抵达后之价值而经合理委付者，被保险人不得以推定全损请求赔偿。从该条可见，航空货物保险推定全损包括两种情况：①保险标的因发生保险事故造成部分损失，但未形成实际全损，而根据实际情况推断，实际全损的发生不可避免，此时可推定为实际全损。②保险标的因发生保险事故后，为了避免保险标的发生实际全损，采取合理措施使其获救或修复所需支付的救助费、修复费及其他费用中的一项或多项之和超过了保险价值，此时也可推定为实际全损。

同时，第10条明确赋予了委付一定的效力。委付是指当保险标的出现推定全损时，被保险人可以向保险人发出委付通知，表示将保险标的物残余价值的权利义务转移给保险人的单方意思表示。保险人接受委付后，不仅取得对保险标的的所有权，而且基于保险标的可主张的全部债权都归属于保险人，即使这些债权数额超过了保险人支付的保险赔偿金额，也同样归属于保险人所有，但因保险标的产生的民事责任和义务也均由保险人承担。

10. 增值保险条款

协会条款第11条规定，如果被保险人对本保险项下的货物另外投保了同样保险条件的增值保险，则保险货物的协议价值将被视为增至本保险额与其他全部增值保险的保险金额的总和，而本保险项下的责任将按其保险金额占全部保险金额的比例而定。被保险人在索赔时须向保险人出具所有其他增值保险的保险金额的证明。

（二）我国的航空货物运输保险条款

1. 中国人民保险公司《国内航空货物运输保险条款（试行）》及《国内航空货物运输保险费率规章（试行）》

我国国内货物运输保险恢复承保以来，一直采用水、陆、空运输同一个条款，分别定率的办法。这种方法简单易行，有助于推动货运险的开展。但随着航空货运业务不断扩大和民航部门全面代办国内货运保险业务的开展，原有保险条款已不适应新的发展需要。为此，中国人民保险公司根据我国航空运输的实际情况，以原条款为依据，参照国外条款，本着加强服务、简化手续、方便保险、利于代理的原则，在1984年制定颁发了《国内航空货物运输保险条款（试行）》和《国内航空货物运输保险费率规章（试行）》。

　　根据《国内航空货物运输保险条款（试行）》，凡是向民航部门托运货物的单位和个人都可将其空运货物向中国人民保险公司投保，对华侨、港澳同胞和外籍人员可按外币承保，按外币赔付，对外籍人员投保时应按费用表的不同档次加收 20% 保险费。航空货运险条款采取综合责任方式，简化承保手续，使保险人获得全面保障。

　　根据试行条款，"意外事故"控制在不可抗力的范围内；责任起讫期采取从民航部门收货签发货运单开始至空运目的地收货人在当地的仓库或储存处所提取为止；除外责任条款增列托运人不遵守货运合同规定造成的损失情形，有利于加强货运安全和防灾防损；并对在延误运期中遭受的保险责任范围内损失予以负责。

　　保险费率方面，如果参照客运保险随票价收保费的办法，即按货运价的一定比例收取保费，这样的办法虽较简单，但不合理也不科学，因为运输部门收取运费的标准不是按货物价值易损程度而定，而是按照货物的体积重量。因此，试行条款根据货物的价值和货物的易损程度，把各种货物分成以下三个费率档次，即一般物资、易损物资、特别易损物资，并对每个档次用文字说明划分的标准和范围，并辅以品目列举，以便经办人员掌握。

　　一般物资：每千元 1 元（1‰）。物资本身属于非危险品，受碰撞或包装破裂时，所装物资无明显影响或者有一定损坏但不显著，如机器设备、一般金属原材料、电子元器件、马达、开关磁棒、变压器、录音录像磁带、10cc 以下针剂药品、金属桶或听装液体、半液体商品、中西药材，等等。

　　易损物资：每千元 4 元（4‰）。物资本身较易燃烧、破裂、渗漏、挥发等或由于包装破裂或所装物品一经碰撞就容易受损。如仪器仪表、医疗器械、录像机、电视机、复印机、电冰箱、洗衣机、电风扇、照相机、电唱机、收录机、有机玻璃制品、图书纸货张、服装、皮货、绸缎呢绒、纸箱、桶、篓装的块粒、粉状物资、两公斤以下各种玻璃瓶装液体、一般特种工艺品、景泰蓝以及属于有毒危险品和较易挥发物品等。

　　特别易损物资：每千元 8 元（8‰）。物资本身属于危险品，特别容易燃烧、破裂、渗漏、挥发等或由于包装破裂或所装物品受碰撞后极易损坏或者在其损坏后没有残余价值的，如各种玻璃制品、陶瓷制品、石膏制品、箱装玻璃、两公斤以上玻璃装液体、半液体、显像管、电子管以及各种灯泡、灯管和特别易损的高度精密仪器仪表。

　　为减轻空运货物量较大单位的经济负担，费率规章还规定，凡是经营管理制度健全，安全运输较好，并事先订有预约统保合约的，可在 50% 幅度内给予减收保费的优待，具体减收比例可由各地根据具体情况确定。

　　2. 目前国内航空货物运输保险使用的主要条款和附加条款

　　随着我国航空货物运输保险的发展，目前国内许多保险公司都颁发有航空货物运输保险条款和费率，例如，太平洋保险公司、阳光财产保险股份有限公司、中保财产保险有限公司的《国内航空货物运输保险条款》和《国内航空货物运输保险详细费率》。以下内容则依据这些保险公司的保险条款进行介绍。

　　（1）保险标的。凡在中国境内经航空运输的货物均可为国内航空货物运输保险的标的。但下列货物如金银、珠宝、钻石、玉器、首饰、古币、古玩、古书、古画、邮票、艺术品、稀有金属等珍贵财物，没有经过投保人与保险人的特别约定，并在保险单（凭证）上载明，不在保险标的范围以内。蔬菜、水果、活牲畜、禽鱼类和其他动物也不在航空货物保险标的范围内，需要另行投保附加险。

（2）责任范围。保险人负责赔偿下列保险事故造成保险货物的损失：火灾、爆炸、雷电、冰雹、暴风、暴雨、洪水、海啸、地陷、崖崩；①因飞机遭受碰撞、倾覆、坠落、失踪（在 3 个月以上），在危难中发生卸载以及遭受恶劣气候或其他危难事故发生抛弃行为所造成的损失；②因受震动、碰撞或压力而造成破碎、弯曲、凹瘪、折断、开裂的损失；③因包装破裂致使货物散失的损失；④凡属液体、半流体或者需要用液体保藏的保险货物，在运输途中因受震动、碰撞或压力致使所装容器（包括封口）损坏发生渗漏而造成的损失，或用液体保藏的货物因液体渗漏而致保藏货物腐烂的损失；⑤遭受盗窃或者提货不着的损失；⑥在装货、卸货时和港内地面运输过程中，因遭受不可抗力的意外事故及雨淋所造成的损失。

此外，在发生航空运输保险事故时，因施救或保护保险货物而支付的直接合理费用，保险人负责赔付，但最高不超过保险货物的保险金额。

（3）除外责任。保险货物在保险期限内无论是在运输还是存放过程中，由于下列原因造成的损失，保险人不负赔偿责任：①战争、军事行动、扣押、罢工、哄抢和暴动；②核反应、核子辐射和放射性污染；③保险货物自然损耗，本质缺陷、特性所引起的污染、变质、损坏，以及货物包装不善；④在保险责任开始前，被保险货物已存在的品质不良或数量短差所造成的损失；⑤市价跌落、运输延迟所引起的损失；⑥属于发货人责任引起的损失；⑦被保险人或投保人的故意行为或违法犯罪行为。

（4）责任期间。保险责任是自保险货物经承运人收讫并签发保险单（凭证）时起，至该保险单（凭证）上的目的地的收货人在当地的第一个仓库或储存处所提货时终止。但保险货物运抵目的地后，如果收货人未及时提货，则保险责任的终止期最多延长至以收货人接到《到货通知单》以后的×天（我国各家保险公司有不同规定，如 10 天、15 天、20 天、30 天等）为限（以邮戳日期为准）。

由于被保险人无法控制的运输延迟、绕道、被迫卸货、重行装载、转载或承运人运用运输契约赋予的权限所作的任何航行上的变更或终止运输契约，致使被保险货物运输到非保险单所载目的地时，在被保险人及时将获知的情况通知保险人，并在必要时加缴保险费的情况下，原保险仍继续有效。但保险货物如果在非保险单所载目的地出售，保险责任至交货时为止。但不论任何情况，均以保险货物在卸载地卸离飞机后满×天为止。如果保险货物在上述×天期限内继续运往保险单所载原目的地或其他目的地时，保险责任至交货时为止。

（5）保险费率。实践中，各保险公司根据航空运输货物的价值和易损程度制定不同的保险费率。例如，根据阳光财产保险股份有限公司 2007 年 12 月发布的《国内航空货物运输保险详细费率》，货物档次分成 6 类，依次对应不同费率：一类货物 1‰；二类货物

2‰；三类货物3‰；四类货物4‰，五类货物6‰；六类货物8‰。如果存在联运情形，按运输工具中费率最高的一种确定并另加0.5‰。

在航空货物运输保险主要条款之外，一些保险公司还制定有附加险条款，如航空承运人货物责任险条款；鲜活货腐烂、死亡保险条款；鲜活冷冻货物运输保险条款；航空运输货物战争险条款等。

3. 我国涉外航空货物运输保险条款

（1）责任范围。我国涉外航空货物运输险的责任范围分为航空运输险和航空运输一切险两种。倘若被保险货物遭受损失，保险人应按保险单上承保险别的条款负赔偿责任。

第一种为航空运输险。这种险别承保因如下风险造成的损失：①被保险货物在运输途中遭受雷电、火灾、爆炸或由于飞机遭受恶劣气候或其他危难事故而被抛弃，或由于飞机遭受碰撞、倾覆、坠落或失踪意外事故所造成的全部或部分损失。②被保险人对遭受承保责任内危险的货物采取抢救，防止或减少货损的措施而支付的合理费用，但以不超过该批被救货物的保险金额为限。

第二种为航空运输一切险。除包括上列航空运输险的责任外，还包括被保险货物由于外来原因所致的全部或部分损失。

（2）除外责任。航空货物运输保险对下列损失，不负赔偿责任：①被保险人的故意行为或过失所造成的损失；②属于发货人责任所引起损失；③保险责任开始前，被保险货物已存在的品质不良或数量短差所造成的损失；④被保险货物的自然损耗、本质缺陷、特性以及市价跌落、运输延迟所引起的损失或费用；⑤航空运输货物战争险条款和货物运输罢工险条款规定的责任范围和除外责任。

（3）责任起讫。涉外航空货物运输保险负"仓至仓"责任，自被保险货物运离保险单所载明的起运地仓库或储存处所开始运输时生效，包括正常运输过程中的运输工具在内，直至该项货物运达保险单所载明目的地收货人的最后仓库或储存处所或被保险人用作分配、分派或非正常运输的其他储存处所为止。如未运抵上述仓库或储存处所，则以被保险货物在最后卸载地卸离飞机后满30天为止。如在上述30天内被保险的货物需转送到非保险单所载明的目的地时，则以该项货物开始转运时终止。

由于被保险人无法控制的运输延迟、绕道、被迫卸货、重行装载、转载或承运人运用运输契约赋予的权限所作的任何航行上的变更或终止运输契约，致使被保险货物运到非保险单所载目的地时，在被保险人及时将获知的情况通知保险人，并在必要时加缴保险费的情况下，本保险仍继续有效，保险责任按下述规定终止：①被保险货物如在非保险单所载目的地出售，保险责任至交货时为止，但不论任何情况，均以被保险的货物在卸载地卸离飞机后满30天为止。②被保险货物在上述30天期限内继续运往保险单所载原目的地或其他目的地时，保险责任仍按上述规定终止。

四、航空货物运输险的代位求偿权

航空货物运输险的代位求偿权，是指由于第三人的原因，导致保险标的（即航空货物）发生保险责任范围内的损失，保险人向被保险人赔付后，可以代位行使被保险人对第三人的赔偿请求权。代位求偿权是一种权利代位，是保险人拥有代替被保险人向责任人请求赔偿的权利。

航空货物运输险代位求偿权一般需要具备以下要件：①前提条件：因第三人原因导致航空货物发生保险责任范围内的损失，被保险人对第三人有损害赔偿请求权。②实质条件：保险人已经给付保险金。保险人之所以能对第三人享有损害赔偿请求权，是因为被保险人与保险人之间存在保险合同关系，保险人给付保险赔偿后，被保险人不得再就已获得赔偿的部分向第三人请求赔偿，保险人取代被保险人向第三人行使请求权。③求偿额度：保险人代位求偿权的金额以保险人对被保险人的赔付金额为限。

案例

货物运输险代位求偿案

2007年8月31日，华泰保险上海分公司与骐驰科技有限公司（以下简称"骐驰公司"）签订"货物运输保险单"，载明被保险人为骐驰公司；货物为生物电信号处理系统；提单号为160-23853395；计费重量3千克；总保险金额9868.10美元；装载工具空运CX250；起运时间2007年8月31日；起运地伦敦；目的地西安；中转地香港；承保条件包含《航空运输货物保险条款》和《航空运输货物战争险条款》等。保险单背面所附条款为海洋运输条款。

2007年6月13日，骐驰公司与中国陕西中电进出口有限公司（以下简称"陕西中电公司"）签订买卖合同一份，编号为SID17070-1，约定：陕西中电公司向骐驰公司购买小动物呼吸机1台，价值8226美元；生物电信号处理系统1台，价值8971美元；交货期为90天。

2007年8月30日，国泰航空公司签发了不可转让空运单，号码为160-23853395；空运单载明：托运人为骐驰公司；收件人为陕西中电公司；货物为生物电信号处理系统1台；合约号为SID17070；起运机场为伦敦希思罗机场，至香港后由港龙航空公司运至中国西安咸阳机场；第一承运人为国泰航空公司；货运申报价值栏载明未申明价值。上述货物于2007年9月2日运抵咸阳机场后，由航空运输承运人的代理人东方航空公司下属西北分公司确认后将货物放在东方航空公司所属监管仓库指定的货位。上述货物于2007年9月3日在海关进行了报关。

2007年10月11日，东方航空公司西北分公司向陕西中电公司出具丢失证明，内容为："贵公司运单号为160-23853395的1件货物于2007年9月2日由KA940航班之达西安咸阳机场，经我处工作人员和搬运队确认后此货放在了指定的货位，当天此货情况正常。9月6日货主提货时在我处库房内未找到货物。我处工作人员随后进行了寻找但均没有找见此件货物，现已确定货物在我处库房内丢失。"陕西中电公司就此向东方航空公司索赔。

2007年12月5日，华泰保险上海分公司向被保险人骐驰公司支付了保险赔偿款

9868.10 美元后，向原审法院提起诉讼，请求判令东方航空公司赔偿 8971 美元（暂按 2007 年 9 月 2 日美元对人民币汇率 7.53 计算为人民币 67551.63 元）。

上诉法院经审理认为这是一起保险代位求偿权案件。华泰保险上海分公司提出，东方航空公司在占有涉案货物期间，导致货物灭失，构成侵权，因此，应向其承担赔偿损失的责任。对此，法院认为，华泰保险上海分公司作为涉案航空运输合同的保险人，在其向被保险人支付保险赔偿金后，有权行使代位求偿权，其代位的是被保险人在航空运输合同项下的法律地位，故其应受该航空运输合同的调整。涉案货物在航空运输期间，承运人对货物具有保管义务。东方航空公司作为承运人的地面代理人，其保管货物的义务正是来源于承运人保管货物的义务。尽管涉案货物是在东方航空公司的库房内灭失，但根据我国法律规定，代理人的行为后果直接归属于被代理人即承运人。因此，承运人对涉案货物灭失应当承担责任。关于承运人对涉案货物的灭失是否享有责任限额的问题，华泰保险上海分公司可以依法另行向承运人主张。

本章小结

（1）国际航空货物运输责任在华沙体制中经历了从"推定过错责任"向"严格责任"的转变。在《蒙特利尔公约》下，旅客、行李与货物运输的损害都开始完全适用"严格责任"。

（2）航空货物运输承运人责任险又称航空货物运输责任险，是指以被保险人——航空承运人的民事损害赔偿责任作为保险标的的保险，即因被保险人的过失等造成货物损坏或丢失，依法应对货物所有人承担的经济赔偿责任，由保险人负责赔偿。航空货物运输责任保险与航空货物保价运输是完全不同的两种制度。

（3）航空货物运输险是指航空货物的货主（托运人或收货人）在托运货物之前或同时，为货物在航空运输过程中因自然灾害或意外事故造成的损失，向保险公司交付保费保障运输的航空货物损失的一种保险。

（4）航空货物运输责任险与航空货物运输险虽然都属于财产保险，均以大数法则为数理基础，经营原则一致，经营方式相近，但却是两种完全不同的法律关系。

（5）中国人民保险公司在 1984 年制定颁发了《国内航空货物运输保险条款（试行）》和《国内航空货物运输保险费率规章（试行）》，这是我国有代表性的航空货物运输保险。

（6）航空货物运输险的代位求偿权，是指由于第三人的原因，导致保险标的（即航空货物）发生保险责任范围内的损失，保险人向被保险人赔付后，可以代位行使被保险人对第三人的赔偿请求权。

思考题

（1）简述国际航空货物运输责任相关法律的形成过程。

（2）航空货物运输承运人责任险含义是什么？有哪些特点？

（3）简述航空货物运输承运人责任保险与航空货物保价运输的区别。

（4）航空货物运输险的特征有哪些？

（5）航空货物运输险与航空货物运输责任险的区别有哪些？

第九章　航空相关其他险

第一节　航空延误险

一、航空延误险的概念

航班延误险是指投保人（乘客）与保险人（保险公司）自愿缔结的，根据航班延误险的保险合同规定，投保人（乘客）向保险人（保险公司）支付保险费，当合同约定的情况发生时，保险人依照保险合同对被保险人给付保险金的商业保险行为。

航班延误险也是一种财产保险，是以因航班延误而造成的被保险人的损失为保险标的的财产保险。

二、航空延误险的保险责任

航空延误险的保险责任，各个保险公司的约定不同，一般包括乘客搭乘的航班因飓风、火山爆发等自然灾害、恶劣天气、机械故障、航空管制等造成的航班延误、取消。

中国人保的航空延误险、损失综合险的保险责任有以下三点：

（1）被保险人原计划搭乘的航班晚于预定时间起飞或到达目的地，且延误的时间连续达到保险单所载明的时间——发生延误。

（2）被保险人原计划搭乘的航班不能或不宜飞往飞行计划中的目的地机场或目的地机场不适合着陆，而降落在其他机场——发生备降。

（3）被保险人原计划搭乘的航班飞回出发地——发生返航。

三、航空延误险的除外责任

一般的航空延误险的保险合同规定保险人承担赔偿责任中一般不包括地震、海啸。此外，如果是因为自然灾害、恶劣天气导致整个机场都关闭的话，这就是除外责任的范畴。被保险人因个人原因，未按约定时间搭乘预定航班等造成的延误，保险公司也不负责赔偿。

四、航空延误险的理赔程序

（一）单独在保险公司购买的延误险的理赔流程

1. 告知保险公司，并保留延误证据

在发生延误并超过一定的时间后，航空旅客一定要求航空公司出示相关证明，如飞机延误证明、飞机票、登机牌以及身份证复印件等。

2. 准备理赔的材料

航班延误险条款相对简洁，理赔程序并不复杂，审核时间也很短，只要材料完备，一些保险公司甚至可以当场理赔。准备材料主要是航空公司的延误证明、索赔登记表、机票复印件、登机牌以及身份证复印件等。

3. 理赔时限

由于各个保险公司推出的延误险合约不同，具体的理赔条件、时效、理赔金额也有不同。一般需要被保险人在发生延误30天内向保险公司报案并申请理赔。

（二）与航空意外险合并的航班延误险理赔流程

航班延误险一般都是直接包括在意外险里面的，这和单独购买的航空延误险申请理赔程序不同，合并后的航班延误险大多都是主动理赔，也就是说，保险公司不需要客户提供证明材料，能够通过系统自动跟踪被保险人的延误情况，自动来进行理赔。

案例

航空延误险理赔案

2010年8月，面对越来越多的航班延误诉讼甚至暴力拦机事件，中国东方航空股份有限公司率先推出航延险，并对广大消费者做出承诺：消费者因航班延误最多可以获得千元的赔偿金额。每份航延险的价格为20元，航班延误4~8小时或者航班被取消，赔偿金额300元；延误时间达到8小时以上，赔偿金额上升为600元。春秋航班推出的航延险也是20元一份，如果航班延误达到3小时的原因不是由于乘客自身造成的，给予乘客200元的经济补偿；6小时以上赔偿400元；航班取消，赔偿300元。2012年2月，在线旅游的另一媒体平台淘宝旅行针对淘宝用户推出自己研制的航空延误险：只要是在淘宝旅行上订购机票的旅客，航班延误只要超过2小时（其中，规定北京、广州、上海超过4小时），可以获得200元的赔偿金额。并且规定，除了航空公司通知取消的航班外，航班延误赔偿的范围扩大到恶劣天气、空中管制等多方面。

2012年4月，春秋航空公司和大众保险合作，推出国内首个航空公司官网直销的航班延误保险，当乘客在网站购买机票时，可自主选择延误险，20元一份，旅客实际乘坐原延误航班，且非旅客自身原因导致的原航班延误，起飞延误达到3小时，获得200元的赔偿，最高可获赔400元。

第二节　航空旅客责任险

一、航空旅客责任险的定义和特点

"航空旅客"是指对航空器运营没有任何职责的机上所有人员，包括付费旅客和非付费旅客。其中"付费旅客"（Fare - Paying Passenger）是指以付款作交换条件搭乘航空器的人，不论该项付款是以何方式于何时何地及由何人付出；"非付费旅客"（Free - Paying Passenger）包括在航空器上不执行任何指导或监督职责而随机飞行的航空公司雇员、作为授权观察员和飞行员飞行的非航空公司雇用的人员雇用前被航空公司要求进行飞行测试的潜在雇员及货物押运人员。

（一）航空旅客责任险的定义

航空旅客责任险是指以航空承运人对旅客的损害赔偿责任为保险标的的一种保险类型，即当航空旅客（被保险人）乘坐或上下被航空器的过程中因发生意外事故造成旅客人身伤亡时，被保险人依法应负赔偿责任而产生的损失，由保险人依约进行补偿。

航空旅客责任险的被保险人是航空承运人。在航空运输活动中，因主客观原因有可能会发生航空事故，从而可能会造成航空旅客的人身伤害或死亡，航空承运人依法应对旅客承担损害赔偿责任，而航空承运人为此支付赔偿款造成的损失风险一般通过投保的方式转嫁给保险人负担。航空旅客责任险的保单通常包含被保险人对因其雇员的过失而承担的替代责任，即航空承运人的雇员在履行职务过程中对旅客造成的损害赔偿责任，也应由承运人承担。但是，航空承运人本身或其代理人或受雇人的伤亡并不包括在航空旅客责任险保单之内，因为他们并不属于航空旅客的范畴，他们的伤亡损失可通过其他方式另行投保。

航空旅客责任险的保险人对航空承运人的损失补偿金额以航空承运人对被害旅客支付的赔偿责任金额为依据，但最高不超过保险单上载明的最高补偿限额，该最高补偿限额包括对每名旅客的伤亡以及每次事故伤亡总额两方面的限制。

（二）航空旅客责任险的特点

1. 航空旅客责任险与航意险有重大区别

航空旅客责任险通常指的是机票中所含的保险，其与航意险尽管都是履行赔偿责任，而且可以共行不悖，但二者存在重大区别：①二者是两种不同的保险险种，前者属于责任险，后者属于人身险；②前者一般是强制险，后者是自愿险；③前者的投保人和被保险人都是航空公司，后者的被保险人是旅客，投保人可以是旅客本人、他人或其他组织；④前者的受益人是航空公司，后者的受益人一般是旅客的近亲属；⑤前者补偿的是航空公司的损失，后者补偿的是旅客及其近亲属的损失；⑥前者的保险费用较大，一般不会重复投保，后者的保险费用较小，可以购买多份。

2. 航空旅客责任险具有多样性和差异性

运输旅客的航空器种类繁多，除军用航空器和警用航空器外，民用航空器包括有公共航空运输航空器和通用航空器，如大型飞机、小型飞机、飞艇、直升机、滑翔机、滑翔伞、热气球等。由于不同类型航空器的性能和载运旅客数量不同以及投保人经济实力的差异，旅客责任险的保费和保险金额具有很大差异性。

3. 航空旅客责任险的实质是以保障被害旅客权益为根本目的

航空事故的发生往往涉及旅客人数众多，且通常是机损人亡，航空旅客损害赔偿责任十分巨大，因此，航空旅客责任险的承保具有极大的危险性，非其他类型的航空保险所能比拟。尽管国际国内立法都对旅客赔偿责任规定了限额制度，但如果没有保险对该部分损失给予分散，一些航空承运人可能会陷入破产，旅客就难以获得较为充分的赔偿。由此，航空旅客责任险从形式上看，是填补被保险的航空承运人依法对旅客履行损害赔偿责任所造成的损失，但从实质上看是以保障被害旅客的权益为目的的，这也正是 1999 年《蒙特利尔公约》和许多国内立法规定航空承运人必须投保旅客责任险的考量原因。

4. 航空旅客责任险的损害风险难以精确估量

由于航空技术的发展日新月异，航空器类型变化很大，新型航空器投入市场运营较快，如从螺旋桨式飞机到喷气式飞机再到超音速喷气机的发展不过数十年，但其技术和性能有着巨大变化。航空保险人往往对快速变化的新型航空器难以迅速精确地估量其风险大小，损害发生的概率较难准确计算，因此对航空旅客责任险的承保往往具有很高的风险。

5. 航空旅客责任险不能完全替代民事责任制度

航空事故致旅客侵权责任的成立、实际损害范围的确定等依然需要依据《侵权责任法》，旅客责任保险仅是最后分担责任的方式之一。尤其是航空承运人的故意侵权行为、航空科技发展所带来的新型风险以及非金钱性的责任承担方式，皆不能成为责任保险的保障范围，受害人只能通过民事法中的相关民事责任规定获得救济。

二、航空旅客责任险的承保范围

航空旅客责任保险是以被保险人对航空旅客承担损害赔偿责任后的损失为保险标的的一种保险，被保险人的赔偿责任与航空旅客所遭受的损害密切相关，因此，航空旅客责任保险的承保范围涉及以下各项：旅客在上下航空器或乘坐航空器飞行的过程中遭受伤害；运输迟延对旅客造成的利益损失。

（一）受害人须是旅客而非其他人

在航空旅客责任保险中，受害人是否属于保险单中的旅客，一般取决于其与航空器的关系，尤其是空间关系，包括受害人于所处空间中的目的和其在航空飞行中的行为角色。

1. 旅客须"在上下航空器或乘坐航空器的飞行过程中"

航空旅客责任保险单常常规定承保的旅客必须是在上下航空器时和乘坐航空器期间。如何判断旅客是"在上下航空器的过程中"，美国法院建立了一个"二标准说"，即通过检查旅客的位置、旅客的行为、旅客在谁的控制或指挥行为下来进行判断，具体而言，一看旅客的行为是否属于登机性质；二看旅客是否属于在承运人的控制之下，机场所有人及其雇员、代理人皆应视为承运人的雇员或代理人；三看旅客的位置是否在承运人为旅客登机目的而使用的登机区域，该区域须特定，不包括可供任意第三人使用的共同区域。

但在实践中，航空承运人对旅客承担的责任有可能超出这一期间，对于超出此期间的责任损失，航空承运人也可能要求保险人予以承保。虽然保险人常常不愿意扩大这种承保，但一旦与投保人达成了保险契约，就应履行相应的保险责任。例如，有些航空旅客责任险的保险单常承保承运人对旅客在登机前的活动（如检票）或者下机后的活动（如旅客走向机场站点或乘坐摆渡车）中造成损害的赔偿责任。

2. 旅客是乘坐航空器但对航空器操作不负任何义务的人

依照通常理解，旅客与航空承运人签订运输合同后，旅客应支付机票的费用，航空承运人负责将旅客运至指定地点。在此过程中，旅客享有被运输和提供的其他（如配餐）服务，没有义务操作航空器，而操作航空器乃是航空承运人的义务，是承运人扮演的角色。

航空旅客责任险的保险单通常会载明，保险人对任何航班、驾驶舱人员或其他机组人员在操作航空器的过程中遭受的损害不承担责任。如果一个人登上航空器，表面来看是作为旅客乘机，但在飞行过程中，是作为指挥飞行员或作为航空器的共同飞行员而控制航空器，其可能被旅客责任险的保险单排除在承保范围之外。典型的情形是劫机事件，如恐怖分子劫机并指挥飞行员飞离航道，其因航空器碰撞而遭受损害，应不属于航空旅客责任险保单承保的范围。

（二）旅客遭受了身体伤害

旅客的身体伤害是指旅客在上下航空器或乘坐航空器飞行的过程中所遭受的人身伤害或死亡，应包括肉体上和精神上的伤害，但必须是外来因素引起的。例如机上食物中毒、被其他酗酒乘客打伤、航空器重落地而致颈伤等。如果身体伤害是因自身的健康引起的，如航空器正常降落中感觉耳部胀痛，事后失聪的情形，则不构成旅客责任保险的身体伤害范畴。

在国内航空运输关系中，对"身体伤害"范围的理解取决于各国国内法的判断。事实上，英美法系许多国家都倾向于将纯粹的"精神损害"纳入航空运输事故中。因保险关系本身并没有国际条约调整，而是归国内法（包括法院的判断）调整，因此，国内法一般赋予保险合同当事人意思自治的权利，即使当事人无明确约定，对保险合同的解释与国际法也并无关系。

由于身体伤害程度不同，保险赔偿责任的具体额度也就有所不同，因此，在航空旅客责任保险单中，对于身体伤害通常会有较为详细的描述，如《旅客自愿解决批单》（*Passenger Voluntary Settlement Endorsement*）第 2 条"解决范围"对身体伤害做了如下规定："对于死亡，或四肢中的两肢全损，或两只眼睛视力全损，或四肢中的一肢全损及一只眼睛视力全损，提供的赔付额度不会超过本批单中明细表载明的每名旅客解决界限的额度……对于永久全部残疾而非四肢或视力的损害，提供的赔付额度不会超过本批单中明细表载明的每名旅客解决的界限的额度……"其中，"四肢损害"，被解释为在手腕部位或手腕之上的手的物理分离，或者足踝部位或足踝上部的脚的物理分离。"视力的全损"被解释为，视力的损害被专于眼科学的有资质的医生认定为全部损害以及不可恢复。"永久全部残疾"，被解释为如下的残疾，即该残疾自事故发生之日起12个月内必然和持续地使得旅客不能参与任何种类的业务或职务，或者，若他没有业务或职务，该残疾立即并持续地将其限制在房间中，使其不能参与任何通常的义务，在12个月期满没有改善的希望。不难发现，该批单对"永久全部残疾"的理解比我们通常的理解要轻微得多，依照通常的理解，永久全部残疾意味着事故发生后的全部岁月都无法正常地行动或履行职务，而此处的理解仅限于事故发生之后12个月并在期满时无改善希望。之所以做这样的解释，是因为保险理赔的时效性要求及保险的分担风险属性。一方面，保险理赔要讲究时效性。保险承保的风险一旦实现，受害人（包括被保险人）往往继续填补损害，尤其在人身伤害事故中，人的医疗救济可能需要大量的金钱，在较短的时间内提供充分的资金无疑是人性化的制度安排。这就要求保险人尽可能在短时间内完成理赔。另一方面，保险分担风险的属性决定了对"永久全部残疾"判断的短时性。在判断是否存在永久全部残疾需要长年累月时间的场合，在一两年这种相对较短的时间内往往是难以真正实现的，既然保险意在分担风险，不妨在短时内（相对长年累月的观察）无法判断损害的情况下直接分担被保险人的损害，更为合理。

（三）旅客因运输迟延遭受的损失

在航班延误责任保险成为独立的险种之前，因航班运输迟延对旅客造成的损害赔偿责任也可以在航空旅客责任险中进行承保。尽管航空承运人常试图基于运输条款排除延误赔偿责任，但《华沙公约》体系还是规定了承运人的这一责任，因而，承运人可以对这一责任投保保险。

把握迟延的合理范围，必须把握倾向于旅客利益这一观念。一方面，班机的行程安排是承运人预先安排好并自愿承受的，除非有其引起迟延原因可以作为其抗辩事由；另一方面，旅客按照承运人预先安排的时间表来安排自己的行程及相关的利益与风险，旅客相对于承运人而言更难控制迟延风险。

在航空旅客责任保险中，除上述承保范围之外，被保险的航空承运人为排除或限制旅客在上下航空器或乘坐航空器飞行的过程中遭受损害或为避免运输迟延对旅客造成的利益损失所采取的必要措施，因此而支付的相关费用亦应在航空旅客责任险的承保范围之内。如果被保险的航空承运人因未采取适当措施避免或限制责任范围，使得实际责任超出了法定限额，保险人仅对责任限额部分进行赔付，超出部分由被保险人自己承担。

三、航空旅客责任险的保险事故

构成航空事故，须具备两个要件：其一，事故的发生是意外的、不可预见的航空器的正常运营之外的；其二，与航空器的运营有一定的关联。

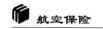

（一）事故的不可预见性

造成损害发生的事件必须是不可预见的，这才能成为《华沙公约》下的事故，如航空器坠毁、航空器严重地导致乘客受伤（包括听力丧失或平衡、语言能力失常等）、机舱上放置物柜内的物品掉落击中乘客、航空器配餐导致乘客中毒、乘务员不慎将热饮溅到旅客身上等。

如果旅客登机前或起飞前已经预见到航空器的设备不足以满足病症的需要，进而在航空器上遭受损害，该情形是否属于事故？在实务中发生过这样的案件，即一位老人身患疾病，若要乘坐航空器，须要求航空器具备某一级别的输氧设备，承运人在老人买票询问时声称航空器上有这种设备。但老人登机后发现输氧设备并非自己所要求的设备，便要求承运人更换设备，但承运人拒绝更换。航空器飞行中，老人因输氧设备不符，最终死亡。本案中，死者和承运人显然在起飞前均已经预见到输氧设备不符合自己的病症，我们能否认为本案缺乏不可预见性而不属于事故？严格依照事故不可预见性的要求，似乎我们只能否认本案原因是事故。然而，这样的结果似乎是不公平的。老人虽然有过错，但承运人同样有过错，依照一般的侵权法规则，承运人会承担一定的侵权责任，尽管可能因为受害人的过错而减轻一定的额度。排除这一责任的保险，就法律意图而言，没有多大意义。当承运人的过错仅是一般过失时，赋予承运人获得保险金的权利是合理的。毕竟承运人的过错并非故意或极其重大的过失，没有"惩罚"的必要。

可见，将事故的界定限于不可预见的事件并不完全合理。不可预见意味着当事人对于事故的发生没有过错，而在当事人对事件的发生有过失的情形下，将该事件纳入保险范围是合理的，因为此时事件的发生通常是可预见的，甚至是已经预见的。

（二）事故与航空器运营的关联性

事件的发生与航空器的运营具有关联性才能被称为事故。纯粹因旅客自身的原因而导致的损害，不能谓其与航空器运营具有关联性。

如果旅客的伤亡是由承运人以外的第三人（如其他旅客）造成的，是否构成事故？这显然满足上述第一个要件，但是否满足第二个要件，即损害与航空器营运有一定关联？各国认识不尽相同。但普遍认为，旅客在航空器上处于承运人的照管之下，且航空器在营运过程中必然是封闭的，旅客不可能逃离航空器避免伤害的发生，且承运人对航空器上的秩序有维护义务。因此，旅客伤亡与航空器的运营是有关联的，应看作航空器上的事故造成的。

四、航空旅客责任险的保险责任

航空旅客责任险的保险责任大小与被保险的航空承运人对旅客的损害赔偿责任有密切关系，保险责任的范围通常包括保险补偿金和抗辩费用两部分。

（一）保险补偿金

在航空旅客责任保险单中，保险补偿金的数额是以被保险人对被害旅客支付的赔偿额为依据的。旅客赔偿责任限额的规定，在国际航线和国内航线有所不同，航空承运人在国内航线所负的责任限额，一般由国内法规定，而国际航线的限额则遵循国际公约的规则。保单可以对保险责任限额进行约定，约定的金额通常以对每个旅客的责任限额和对单个事故的责任限额进行确定，并考虑机场、机型、飞行区域和机上乘客座位数等因素。

航空旅客责任保险金的给付受到双重限制，每一旅客不得超过所定每一旅客的限额，所有给付旅客的保险金不得超过每一意外事故的总限额。每一意外事故的总限额在航空机身保险和航空责任保险上是存在差异的：航空机身保险是补偿保险人就该投保的航空器遭受物理上的毁损或灭失时所受的财产损害，以实际上的损失价值为准，因此不需要区分肇事之原因是否属于同一意外事故。但在航空责任险中，通常会限制一次事件的最高保险金额，因此，讼争之原因常常在于是否属于一次意外事故，如果不属于一次事故，被保险人则可获得更多的保险给付，因此事件的个数甚为重要。

（二）抗辩费用

在抗辩费用方面，被保险人为履行承保范围内应负的赔偿责任所进行的抗辩或诉讼，事先经保险人同意的费用支出亦属于保险责任的范围，但应赔偿金额超过保险金数额的，保险人只按保险金额与应赔偿金额的比例进行分摊。

由此不难发现，保险单规定的责任限额并不包括被保险人为履行保险义务而进一步付出的成本。这一规则是合理的，因为一方面，保险单条件条款的履行有利于保险合同正确的履行，符合保险人的利益；另一方面，条件条款的履行是需要成本的，为促使条件条款的实现，由保险人额外承担成本是必要的。

（三）保险责任限额与事故责任限额的差异

从理论上讲，保险责任限额与航空运输事故中的责任限额并不是同一的，二者具有一定的差异：

1. 二者的内涵不同

保险责任限额指的是保险金给付的限额，责任主体是保险人。一旦保险合同确定了保险责任的限额，即使航空事故责任超过了该限额，保险人依然以保险责任限额为限承担责任。航空运输事故的责任限额，指的是承运人因运输事故而承担责任的最大额度，责任主体是作为被保险人的航空承运人。

2. 二者的确定不同

保险责任限额的确定是由保险人和投保人协商而定的，实践中更多的是由保险人确定的。保险人根据风险大小和以往的承保经验等因素来确定最大的责任额度，并将具体的额度或计算方式明确记载于保险单中。航空运输事故的责任限额主要是由国际公约或国内法确定的。因为航空运输一般被认为是高度危险的行业，一旦发生事故，造成的损害往往很大，因此，为了保护行业的健康发展，法律往往规定承运人的最大赔偿额度。当然，当事人也可约定更高的责任限额，但航空承运人通常并不愿意进行如此约定。

3. 二者的额度可能不同

既然保险责任限额与航空运输事故责任限额并非同一，便不一定具有相同额度。但不可否认的是，保险责任限额的确定可能参照航空运输事故责任限额。航空旅客责任保险可能将偿付责任限制在被保险人通常承担责任的范围内，即被保险的航空公司在不具有故意或重大过失情形下可享受责任限额待遇，但因被保险人自己的原因导致其责任超过了该责任限额，保险人便不再对超过责任限额的部分承担给付保险金的责任。

保险责任的范围还可能取决于被保险人是否在旅客登机前采取了排除或限制其责任的（在法律允许的意义上的）必要措施，若相关措施包括客票或行李票的发放，客票或行李票应在登机前合理的时间内被交给旅客。若被保险人未遵守这一点，保险单会规定保险人承担的保险责任界限不会超过法律责任的额度。

五、航空旅客责任险的除外条款

在航空旅客责任保险中，订立除外条款，通常需要考虑以下因素：

（1）排除不可保风险。例如财产保险多将导致不能估计的巨大灾害损失列为除外事项，典型的是战争导致的损失。

（2）防止"道德危险"。例如将被保险人之故意行为所致的损害列为除外事项。

（3）排除若干次要的可保风险以维持费率于合理程度内。

（4）避免与其他保险单重复承保。例如航空旅客责任保险通常将该被保险航空器内的机组人员列为除外事项，以避免与飞行员、机组人员相关的责任保险重复承保。

（5）排除只有少数人承保的项目。排除仅有少数被保险人所需的项目而非大多数被保险人所需要的项目，倘若少数被保险人需要时可以加费加保。

（6）排除正常损失。非意外损失，如航空器机体的折旧。

（7）其他。如在信息不对称的情形，对于重要事项或特定危险事故不明时，保险人便将之以除外条款排除。

六、航空旅客责任险的保险费率

（一）制定航空旅客责任保险费率的参考因素

航空旅客责任保险费率的计算并没有科学的数理基础，往往更多地依赖于航空保险人的知识与经验判断，因此，确定保险费率应考量各项相关因素，以便保证制定的费率能够执行与合理。通常要参考的因素有：①被保险人的过失记录、飞行员的飞行时间和以往损失赔偿统计情况；②航空器的型号和飞行小时数；③夜间飞行情况；④飞行路线和飞行区域；⑤飞行目的和危险类型；⑥责任范围和限度等。

（二）航空旅客责任保险费率的计收方式

航空旅客责任保险费率的计收方式有两种：

1. 均一保费制

均一保费制是指保险费不按个别危险程度计价，而是依据机上乘客座位数按年计费。乘客座位数是航空公司实际装置的机上座位数，同一机型的航空器因舱位等级设置不同，乘客座位数会有所差异。该方式的优点是方法较为简便，也可防止被保险人少报或漏报

"乘客/英里"的情况发生。缺点是既无法反映出航空器出险程度的差异，也使被保险人在生意淡季负担同样的保险费，经济上不划算。因此，该方式仅适合于航空器数量较少的中小型航空公司。

2. 分类保费制

是指保险费按个别危险程度计价，在特定时间内（一般为 1 年）按航空器飞行的乘客/英里（Passenger/Mile）数计费。乘客/英里数按两种方法计算：一是收费乘客英里数（航空器飞行的英里数×所载乘客人数），即航空公司按售票计算乘客人数，包括婴儿票和包机在内（包机也要出机票）；二是不收费乘客英里数，即航空公司赠票给乘客，或公司员工因公（机组人员除外）或休假，免费搭乘被保险人的航空器（也要出机票）。

按乘客/英里数的计费方式，航空公司在投保时应提供上一年详细的飞行乘客英里或乘客公里以及未来 1 年保险期间内预期的飞行里程数，供保险人核定费率和计算预付保险费的数额予以参考。保险期间届满时，航空公司向保险人报告实际的飞行里程数，按照最初设定的费率标准×实际的飞行里程数计算 1 年的保险费总数，实行多退少补。在保险单内通常会设定最低保险费，一方面是给保险人一个保障，以免最后实际保险费极低；另一方面是为了预防投保人为获得较低费率而故意超报乘客/英里数。当然，如果造成实际保险费低于最低保险费的原因不是被保险人所能控制的，可以要求保险人降低或免除保险费。

第三节 航空旅客行李保险

航空行李包括托运行李和非托运行李两种。托运行李是指办理登机手续时值机人员拴挂行李牌，由承运人负责保管和运输的行李；非托运行李则指由旅客自行保管，可以带入客舱的行李。非托运行李的体积应在 20 厘米×40 厘米×55 厘米，重量应在 5 千克以内，超过上述尺寸和重量，应作为托运行李交运。在航空实践中，行李毁损或丢失等情况长期以来都是困扰旅客和航空公司的严重问题，根据中国民航局消费者事务中心的统计，在消费者对航空公司投诉的主要问题及比例中，因行李运输造成的投诉数量及所占比例逐年上升。行李毁损是指行李在物理实体状态上的圆满性遭到毁灭或损坏，使行李完全或部分丧失了其原有的用途、功能和经济价值。行李丢失是指行李或行李内物因被盗、被错拿、被抢或者被错误交付给他人等原因而遗失。

在传统的航空旅客责任保险中，承保范围往往也会包括旅客行李或个人物件的损失。随着航空保险市场的发展，目前，针对航空行李中的托运行李（即登记行李），国内出现了单独的行李责任险的保险条款，例如，中国人寿财产保险股份有限公司 2009 年发布的《国内航空旅客行李保险条款》。

一、航空行李责任险的定义

航空行李责任险是指以被保险人在运送乘客行李之际，因发生意外事故造成行李毁损或减失，依法应负担损害赔偿责任所造成的损失？为保险标的的一种保险。

航空行李责任保险的被保险人是行李的航空运送人，航空运送人负担对行李毁损或丢失的赔偿责任的危险，因此，可以通过投保保险的方式转嫁该风险给保险人承担。该险的保险期限自保险行李经承运人收讫并签发保险单时起，至被保险人离开本次运输工具并且行李托运的委托人从承运人处领取到行李时终止。

二、航空行李责任险的保险标的

在国内航空运输中，旅客所托运的行李均可为保险标的，但下列物品不在保险标的范围内：危险物品、货币、有价证券、票证、邮票、纪念币、金银制品、首饰、珠宝、钻石、玉器、古书、古玩、字画、艺术品、文件、账册、技术资料、图表、动物、植物等其他不易或无法鉴定价值的物品。对于旅客的非托运行李，一般都在航空旅客责任保险中进行承保。

三、航空行李责任险的保险责任

在保险合同期限内，下列原因造成保险行李的直接损失，保险人负责赔偿：①因飞机遭受碰撞、倾覆、坠落、失踪（在 3 个月以上），在危难中发生卸载以及遭受恶劣气候或其他危难事故时发生抛弃行为所造成的损失；②因受震动、碰撞、挤压而造成行李的破碎、弯曲、凹痕、折断、开裂；③行李遭受雨淋；④由于非包装不善原因导致包装破裂而造成的行李散失；⑤行李遭受盗窃；⑥行李丢失。

行李发生保险责任范围内的损失时，保险人均依照物品的发票价或重置价在保险金额内按实际损失进行赔偿，但以不超过保险单上注明的保险金额为限。

行李发生保险责任范围内的损失时，被保险人获悉损失后必须在 48 小时内通知保险人。被保险人向保险人申请索赔时，必须提供下列单证：①保险单正本、机票；②承运部门出具的事故证明；③物品损失清单；④本人身份证或护照正本及复印件一份。保险行李内物品遭受损失的残值，应由双方协商确定其金额，并在核定实际损失时作相应扣除。

四、航空行李责任险的除外责任

下列原因造成保险行李的损失，保险人不负责赔偿：①行李内物品的自然损耗、本身的缺陷和自然特性；②在保险责任开始前，行李内物品已存在品质不良或数量短差；③因包装不善导致的行李散失或损毁；④因被保险人的故意行为或违法犯罪行为而毁损；⑤其他不属于保险责任范围内的损失。

第四节　战争及劫机保险

所谓航空战争及劫机险，是指以被保险人运营的航空器因战争、敌对行为、武装冲突、拘留、扣押、没收和劫持等原因造成的飞机损失、费用以及由此引起的被保险人应负的法律责任或费用（包括勒索赎金和劫持费用）为承保范围的保险。

在一般的航空保险单中，战争劫持等风险是除外不保的，或支付较少费用通过扩展责任批单予以承保。但随着国际恐怖主义活动的猖獗和国际政治局势的动荡，恐怖劫机、战争等因素带来的风险严重危及了国际航空运输业的发展，战争险则成为航空保险中较为重要的险种。

航空战争险主要承保的是航空器因战争、劫持、敌对行为、武装冲突、罢工、民变、恐怖袭击、飞机被扣留、没收等造成的飞机损坏、旅客和第三人人身伤亡或财产损失、货物毁损，应由被保险人承担的赔偿责任，以及由此引起的被保险人对旅客或第三人应负的法律责任费用。战争险包括飞机机身（零备件）战争险、旅客责任战争险、第三人责任战争险、货物运输责任战争险几类。保险人有时对战争险以航空承运人综合责任战争险的形式进行承保。

一、战争及劫机险概述

由于航空保险的出现要比海上保险晚得多，因此，在 20 世纪早期，航空保险市场中的航空器机身险和责任险基本是依据海运险和人身意外伤害险的赔偿原则处理，有关航空战争险的条款则几乎完全遵循海上战争险的规则，只有恐怖劫持飞机是航空战争险的特有情形。但是，由于恐怖劫机风险与洪水、地震等风险不同，有其独特的人为性和极小可能性等特点，加上恐怖劫机造成巨额损失的历史记录数据较少，保险公司测算下一次恐怖袭击造成损失的数额和此类风险事件的发生频率，存在一定的困难。因此，恐怖劫机风险的承保还是经历了一个发展过程。

战争保险伴随海上保险产生。早在 17 世纪，英国伦敦海上保险市场就出现了战争险保险。当时劳合社海上保险人采用劳合社 S. G. 格式保险单（Lloyd's S. G. Form，劳合社船舶货物保单）同时承保海上风险和战争险，很少除外战争险，只是在英国与其他国家出现政治或外交紧张局势时，才会除外战争险。例如，1739 年英法关系紧张时，伦敦保险市场的承保人开始在劳合社 S. G. 保险单中除外"捕获和夺取"（Capture and Seizure）风险。18～19 世纪爆发的几场战争给海上和陆地贸易造成了极大破坏，承保人因此遭受重大损失，从此开始意识到必须区分海上风险和战争风险，并在保险单中批注 F. C. &S（Free from Capture and Seizure，除外捕获及夺取风险）等条款。此除外条款催生了战争保险需求，伦敦保险市场开始形成海上风险市场和海上战争险市场。到 19 世纪末，英国承保人意识到战争风险日益加剧，急需寻求有效统一方法应对战争风险。于是，1889 年伦敦承保人协会编制了"协会时间条款"（Institute Time Clause），在保险单正文中列入 F. C. &S 条款，明确"除外宣战前后发生的捕获、夺取和扣留及其后果或尝试（海盗事件除外），以及敌对行动或战争行动及其后果"。1898 年劳合社也开始要求其所有标准的海上保险单中列入下述 F. C. &S 条款："除外捕获、夺取和扣留及其后果或任何尝试（海盗事件除外），以及敌对或战争行动之后果。"为适应当时的武装冲突和司法解释，1937 年劳合社的 F. C. &S 条款修改为："除外无论是否宣战发生的内战、叛乱、起义或前述各项造成的内乱或海盗事件。"

被保险人投保被 F. C. &S 条款除外的风险时，通常要求在保险单中删除该除外条款，或另行从战争险保险人中取得保险。但战争险保险人在保险单中并不写明承保的特定风险，而是简单声明承保海上保险格式保险单中被 F. C. &S 条款除外的风险。而该 F. C. &S 条款可能与被保险人保险单中未删除 F. C. &S 条款的文本有所不同，往往造成争议。为避免此种情况，1983 年劳合社取消了 S. G. 格式保险单和 F. C. &S 条款及其承保做法，代之以劳合社保险单（MRA 格式保险单），通过"战争除外条款""罢工除外条款""恶意行为除外条款"和"核风险除外条款"等明确除外这些风险，然后用战争险保险单以相同条款承保回来，以避免争议。

1973 年美国纽约东南区法院对 Pan American World Airways Inc 诉 Aetna Casualty and Surety Co 案作出判决后，美国的机空保险人开始接受《航空战争险协议》（War Risks Air-borne Agreement），采纳由火险协会委员会（Fire Office Committee，FOR）制定的标准战争险除外条款，除外战争及劫机风险。在该案判决之前美国航空保险人不愿意除外劫机风险，因为当时美国航空保险市场的战争险除外条款没有区分战争劫机和非战争劫机，他们愿意承保非战争劫机险而除外战争劫机险，如果在保险单中一概除外所有劫机损失，其客户（美国航空水运人）就会去伦敦市场投保非战争劫机险，造成大量保险业务流失，因此大多在保险单中简单规定不除外劫机险。Pan American World Airways Inc 诉 Aetna Casualty and Surety Co 案的一切险保险人也不例外，因此败诉。该案判决后，美国的一切险保险人开始采纳《北美航空公司共同战争除外条款》（Common North American Airline War Exclusion Clause，CWEC），明确除外劫机风险。该除外条款一直在美国沿用至今。

二、战争及劫机保险除外条款

（一）英国伦敦保险市场的《战争、劫机及其他风险除外条款》（AVN 48B）

该除外条款明确除外由下述风险造成的索赔：

（1）战争、入侵、外敌行动、敌对行动（无论是否宣战）、内战、叛乱、革命、起义、军事管制、军事夺权或篡位或篡权企图。

（2）使用原子或核裂变（或）聚变，或其他类似反应或放射性力量或物质的任何战争武器进行的任何敌意爆炸。

（3）罢工、暴乱、民变或劳资纠纷。

（4）一人或一人以上为政治或恐怖目的从事的任何行动，无论其是否是主权国家的代理人，也无论所造成的损失或损坏系意外或故意所为。

（5）任何恶意行动或蓄意破坏行动。

（6）没收、国有化、夺取、抵押、扣留、征收、根据任何政府（无论民用、军事或事实上或公共或地方政权）命令征用所有权或使用权。

（7）航空器上任何人未经被保险人同意，劫持或非法夺取或错误控制飞行中的航空器或机组人员（包括任何夺取或控制的企图）。

《战争、劫机及其他风险除外条款》（AVN 48B）进一步规定，其所属保险单不承保被保险航空器因上述风险在不为被保险人控制的期间产生的索赔。航空器在不为保险单地域限制范围除外的完全适合航空器运营的机场被安全交还给被保险人时，应视为已交还给被保险人控制。

（二）美国保险市场的《北美航空公司共同战争除外条款》（CWEC）

该除外条款除外因下述风险产生的损失：

（1）战争、入侵、外敌行动、敌对行动（无论是否宣战）、内战、叛乱，革命、起义、军事夺权或篡位，被任何政府、公共或地方当局，或依据不规则战争计划行动的任何独立机构或个人没收（或）国有化、征用或破坏，无论上述任何一项或全部各项如何发生或在何地发生。

（2）使用原子核裂变和聚变，或类似反应或放射性力量或物质的战争武器的任何敌对爆炸。

（3）未被上述（1）除外的无论是在航空器上或在其他地方的一人或数人，以武力、武力威胁或以任何其他恫吓方式，企图或实际非法夺取航空器、使航空器偏离航线。

（4）未被上述（1）除外的罢工、停工、骚乱、暴动、民变。

（5）未被上述（1）除外的打砸抢、蓄意破坏、恶意行为或有意造成损失或损害的其他行为。

从上述条款规定看，《北美航空公司共同除外条款》比伦敦保险市场的《战争、劫机及其他风险除外条款》（AVN 48B）除外的风险更多，它不仅除外非航空器上人员犯有的劫机或劫机企图，还引入了有关"不规则战争"除外条款，似乎用以专门针对诸如以色列袭击贝鲁特这种可能实施某种暴力行为的，没有任何事实政府属性且不为任何国家政权的代表或与任何国家政权相干的巴勒斯坦自由人民阵线游击队之类的集团。

三、战争险条款中的术语

1. 战争（War）

战争在奥本海（Oppenheim）国际法书中被定义为"两个或两个以上国家武装力量之间的冲突"，但在 Pan American World Airways Inc 诉 Aetna Casualty & Surety Co 案中被美国纽约东南区法院认定为政府或类似政府实体（至少为事实政府）之间的武力冲突。美国第二巡回法院在维持该区院判决时，也认定战争是具有相当主权属性的实体从事的敌对行动过程，并认为在解释和运用保险中的战争时，尽管其与国际法上的战争含义不同，可从国际法上的战争概念入手，但无须适用该国际法战争概念。因此，只要交战方具备主权属性，他们之间的武装冲突即可构成航空保险单中的战争，不具有主权属性实体之间的敌对行为不构成战争风险。

2. 入侵（Invasion）

入侵的含义通常是指部队攻入一国，但有时候可能难以确定实际上是否已发生了入侵。

3. 外敌行动（Act of Foreign Enemies）

被保险人的国家与外国之间必须存在战争状态，才会存在外敌。

4. 敌对行动（Hostilities）

敌对行动是指交战方进行的战争行为或行动，它以存在战争状态为前提。在 Atlantic Mutual Insrance Co 诉 R 案中，Bailhache 法官认定，敌对行动是指代表主权国家或不同于乱民或暴民的、有组织和大规模武装力量的反抗者从事的行动，不包括完全出于个人目的的私自个人行为，无论该个人行为的敌意程度如何，但包括内战中发生的行为以及有组织的武装反抗。

5. 战争行动（Warlike Operations）

战争行动的含义比敌对行动宽泛，包括交战方在战争中诉诸的行动，即使不存在战争状态也如此。目前被普遍认同的战争行动定义，即"战争行动是交战各方实际的或意图的交战行为或系列交战行为的一部分，可以是实际交战行为的准备行为，也可以是交战行为之后的行为，但该行为必须与交战行为之间存在充分密切的联系，方可成为交战行为之一部分"。因此，民用航空器被用于战区间的部队运送是战争行动。但是仅把部队从一民用机场运往另一民用机场的商业飞行是否为战争行动仍存在疑问。民用航空器战时由军用航空器护航从事商业飞行不视为战争行为，但军用航空器应视为在从事军事行动。

如果航空器不搭载派往战场的货物，航空器所有人不是交战方国民，不经营前往交战国的航线，航空器发生损失时不靠近或位于交战国领土或战场，则航空器未从事战争行动。游击队袭击航空器的行为不视为战争行为，因为游击组织不享有日内瓦公约规定的交战团体地位。

6. 内战（Civil War）

内战是一国内部的战争。内战具有国内特征，即内战为国内冲突，而非对外冲突。内战必须有对立方，属于对立方的战斗人员能通过各自的目的、领导和管理识别各对立方；对立方的目标必须到达一定规模，包括夺取国家之全部或部分、使用武力强行变革而不根本改变现存政府结构；内战或许源于部落、种族或异族之敌意。内战虽无须具备国际战争的特征，但无论如何，内战必定为战争。内部暴力冲突无论规模多大均不构成内战，以区别于民变。因此，犯罪分子在一国内部政治冲突期间的趁机打劫行为不是内战行为，因为不存在从事内战的当事方，也不存在一方从另一方夺取权力的斗争。

7. 叛乱（Rebellion）

叛乱是对一国统治者或政府进行的有组织的抵抗、起义或反叛，旨在取代现存统治者，或至少剥夺其对部分领土的权利。

8. 起义（Insurrection）

起义是人民起来公开反对现存政权，以取而代之。构成起义需要有革命目的，无论其革命目的如何不切实际。叛乱和起义含义有些相似，均指有组织的国内暴动，主要目的是推翻或取代国家政府，只是起义的组织程度和规模小于叛乱而已。

9. 军事夺权或篡位（Military or Usurped Power）

军事夺权或篡位，在战争和内战性质上比暴乱和骚乱更接近战争和内乱，它不仅包括为夺取主权国家立法及司法权力目的在一国领土内交战的外敌行动或该国臣民从事的外部反叛行动，还包括一国军队抵御外敌或镇压叛乱的行动。

10. 罢工（Stikes）

罢工是雇员共同谋划不出工，以谋求改善工资待遇或境况，对某事或其他事发泄不满，表示抗议、支持、同情其他雇员。它区别于因炸弹恐吓等外部事件或担心危险发生的停工。

11. 暴乱（Riots）

暴乱，在英国传统意义上是指三人或三人以上（包括军事营地的士兵）为追求共同目的，有意相互协助，必要时对阻碍实现其共同目的的任何人使用武力或暴力，至少惊恐一名有合理意志和勇气之人。三人或三人以上只是恶意破坏财产不构成暴乱。

12. 民变（Civil Commotions）

民变是指人民为民众目的进行的某种程度上的起义，它不同于叛乱，处于暴乱与内战之间阶段，是有组织和有预谋地从事的犯罪行为，骚乱或骚动为其基本要素。在采取行动之前没有骚乱或骚动就不构成民变，但不需证明存在任何唆使采取民变行动的外部组织。虽然民变之混乱必须充分团结使其不为暴民盲目所为，但构成民变无须反对政府。民变必须有某种在社区市民中造成的骚乱，骚乱制造者必须聚集在一起制造骚乱或混乱。

13. 劳资骚乱（Labour Disturbances）

劳资骚乱至今尚无准确定义。骚乱是扰乱安宁、煽动、喧闹或骚动行为。劳资骚乱可能包括罢工及停工，但在雇主场地设置和平警戒，不构成骚乱。

14. 恐怖分子活动（Acts for Terrorist Purposes）

恐怖主义，一般是指极左翼或极右翼的恐怖主义组织或个人或极端民族主义、种族主义和派别组织策划的，以恐吓公众，实现其具体要求或政治目的，使用暴力或以暴力相威胁。所采取措施包括绑架、暗杀、爆炸、空中劫持、扣押人质等恐怖手段。

15. 恶意行为（Malicious Acts）

恶意行为是指出于恶意，邪意或类似意愿所做行为。恶意是指从事有害于他人的错误行为的意图，故意为之而无正当理由和原因就是恶意。但如果确信所述正确而非盲目轻信，则不能因所信不合理、有所偏颇或不公正而存在恶意。

16. 蓄意破坏行为（Acts of Sabotage）

蓄意破坏，是指恶意毁坏或破坏财产，以破坏国家企业或军事潜能等。

17. 没收（Confiscation）

没收是指财产所在地国家政府拿走、夺走或接管所有人的财产。

18. 国有化（Nationalization）

国有化是指将财产置于政府控制之下，通过政府、政府部门或国有公司在公司中持股或其他方式实现。只要由政府控制，即为国有化。

19. 夺取（Seizure）

夺取的含义很广，其通常及自然含义为合法当局或强大力量的强行占有行为。可能包括强占航空器，并在劫掠货物后立即放弃航空器。"夺取"比"捕获"（Capture）含义更广，后者涉及强占并保留之意图。

20. 羁押（Restraint）

羁押，是管押行为或检查某事项或行动的行为。

21. 扣留（Detention）

扣留与扣押意义相同，涉及有意返还所取得财产的意图，包括船舶因禁运被扣船，因搜查被拦停，因实际封锁港口被扣押，以及被封锁军队依法限制不得进入目的地港口。

22. 占有（Appropriation）

占有是指将物品据为己有的行为，包括上述术语以外的将物品据为己有的任何方式。

23. 征用所有权或使用权（Requisition for Title or Use）

征用所有权或使用权，是国家军事当局需要取得财产的程序，通常在发生战争或其他敌对行动时为国防需要采取的行动。

24. 劫机（Hijacking）

劫机是指飞行中航空器上任何人非法使用任何形式的武力或武力威胁，夺取或控制航空器。劫持人的国籍、航空器的登记国及其所处位置无关紧要。如果航空器机长与其他劫机犯合谋而偏离航线，则机长可能犯有劫机罪。

四、临时理赔条款

除外战争、劫机及同类风险的机身一切险，保险人和回保或另行承保战争、劫机及同类风险的保险人一般会同意，在被保险航空器发生损失或损坏后21日内仍无法确定应由机身一切险保险单还是战争险保险单承担保险责任时，暂由两保险单的保险人依据50%比例的临时理赔条款，分别向被保险人预付已同意理赔款的50%，之后双方在12个月内将事项交由仲裁决定最终由哪个保险单承担保险责任。根据已有判例认定，保险人所预付的50%赔偿金可视为实际已遭受损失，保险人如购买了再保险，可要求再保险人予以补偿。

五、"9·11"事件后航空战争险的新发展

2001年9月11日，美国纽约、华盛顿等地先后发生连环恐怖劫机袭击事件。纽约曼

哈顿世界贸易中心大楼被恐怖分子劫持的飞机撞击发生爆炸、首都华盛顿中心的美国国防部五角大楼也遭撞击并发生大火。这次史无前例的恐怖主义袭击不仅造成了航空器上所有人员、地上第三人的极大伤亡和重大的财产破坏，并对传统侵权规则和损害赔偿法以及航空保险实践产生了巨大影响和严峻的挑战。

"9·11"事件给美国保险业造成重创，也使承担再保险的欧洲保险公司遭受空前打击，整个全球保险业的损失高达几百亿美元。恐怖袭击发生后，彻底改变了航空保险界对AVN 52C批单所承担风险的认识，2001年9月17日，国际市场机身险和责任险的主要承保人根据AVN 52C批单的"提前7天通知条款"联合向全球所有的航空承运人发出通知，注销现有保单中的AVN 52C和AVN 51批单，该注销通知于格林威治标准时间23：59生效。

2001年9月19日，保险人公布了AVN 52D替代AVN 52C，作为航空战争责任险的新承保条件，以应付恐怖袭击后航空保险的发展。AVN 52D的大部分措辞与AVN 52C相同，区别在于AVN 52D增加了"责任限制条款"和"增加保费条款"，即保险人对第三人（非旅客）的伤亡和财产损失的赔偿责任限额为单次事故且年度累计最高不超过5000万美元，如果保单规定的责任限额更低，则以保单责任限额为准。5000万美元的责任限额包含在保单总限额之内，而非附加于其上。5000万美元的保险金额被称为"基本（Primary）保障"，超过5000万美元以上的部分被称为"超额（Excess）保障"。

在袭击事件之后的短期内，航空保险市场上没有赔偿额超过5000万美元的保险可以提供。直到2001年10月，很多承保人包括劳合社和AIG（美国国际集团）才开始扩大保险范围，但也限于10亿美元封顶，远远低于原先20亿美元限额的标准。

"9·11"恐怖袭击事件给世界保险业带来了一些重大变化。例如，"恐怖袭击风险"被世界多数保险公司开始列为除外责任，再保险商对恐怖袭击拒保，即使愿意承保"恐怖袭击风险"的保险公司也大幅提高费率，涨幅高达80%以上。世界大型保险公司和其他金融机构的经营面临困难，世界再保险市场的并购加速。从"9·11"事件后国际航空保险人推出的系列保险条款来看，有关航空器机身险与责任险及其战争险的承保条件都出现了较大的不同。具体差别如表9-1、表9-2所示。

表9-1　"9·11"事件前后机身/责任险市场承保条件比较

	"9·11"前承保条件	"9·11"后承保条件
责任限额	每架飞机/每次事故限额为20亿美元，一般没有年累计限额规定	每次事故/年累计限额为5000万美元
战争责任险保费	一般免费附送	每位旅客征收1.25美元战争险附加费
盈余佣金	由分保双方协商确定	一般没有
额外费用的补偿（搜寻、救援）	在保单限额之外赔偿	在单限额之内计算赔偿
基础保单明细表的超额保障	包括	要充分审查设在原始基础上限额的充足性

续表

	"9·11"前承保条件	"9·11"后承保条件
非核心保障	包括	对于旅客妨碍飞行、自行安装设备、技术记录、因旅客生病改变航线等保障撤销或要求加费
临时保障	提供	逐个飞机审查
零备件、货物和行李的免赔额	一般在某些情形下（如运输货物飞机事故引起）适用除外条款	严格限定适用除外条款的事件

表9-2　"9·11"事件前后机身战争险市场承保条件比较

	"9·11"前承保条件	"9·11"后承保条件
承保人	主要在海上保险市场解决	海上保险战争险的承保人承保能力大幅萎缩，因保费高涨，许多航空保险人开始进入该市场
保单总限额	由投保人确定，与飞机保险金额无关	不能超过机队中价值最高的飞机保险的3~4倍
额外费用赔偿	双方协商	赔偿限额限制在LSW555B的最低标准之内且不超过保单总限额
绑架与赎金	包括	删除
劫机和强取	保障95%	保障90%
搜寻与救援	包括	删除
被登记国政府没收	免费扩展承保	个案审核，并在必要时加收10%的保费
临时保障	作为附加保障接受	一般不提供
零备件、货物和行李的免赔额	一般在某些情形下（如运输货物飞机事故引起）适用除外条款	严格限定适用除外条款的事件

"9·11"恐怖袭击事件后，由于保险公司大幅提高战争险保费，严重缩减第三者责任保险限额，各国家政府不得不设法拯救恐怖袭击风险，不得不对5000万美元以上的超额部分进行担保，否则很多航空公司都将无法维持运营，因为他们面临飞机租赁者和机场由于不确定的战争风险而被要求停航的威胁，这使各国政府没有其他选择，因为任何一个政府都不愿意看到它的航空公司倒闭。因此，"9·11"事件发生后，各国政府相继采取了政府担保和其他措施。

第五节　航空器融资保险

在航空器融资方式中，航空器所有权人与使用人发生分离，航空器融资人为保护自身在航空器中的财产权益，避免承担对旅客和（或）第三人的潜在责任，必须要求航空器经营人为航空器作出充分的保险安排。为简化航空器融资保险程序，方便航空器融资保险的标准化和分类，同时避免航空器融资交易可能给航空市场带来混乱和压力，英国伦敦保险市场启用了标准保险单批单——《航空公司融资/租赁合同批单》（AVN 67B），用于航空公司的航空器融资和租赁合同。对被保险航空器享有相对直接融资利益的被保险人以外第三人，如享有航空器抵押权和担保权益的卖方或出租人可以使用《航空器融资权益批单》。

一、融资保险的种类

在航空器融资中，融资人主要关心的保险种类为航空器机身险、（旅客及第三人）责任险、战争及同类风险保险。融资人的前述保险利益通常批注在被保险航空公司的现有保险单上。融资人为免遭额外风险，也可以单独投保"航空器收回保险"（Repossession Insurance）、"残值保险"（Remaining Value Insurance）以及"或有保险"（Contigency Insurance）。

（一）融资人在航空器机身保险单下的保险

1. 机身保险

在航空器融资交易中，融资人为保护自身利益会要求为航空器投保充足的机身保险，通常按照航空器的约定价值投保机身保险单以确保在航空器发生全损时，能够取得保险单中约定的赔偿金额。在经营性租赁交易中可以要求按航空器的"约定价值"（Agreed Value）、"损害价值"（Casualty Value）或"约定损失价值"（Stipulated Loss Value）投保。对于具有良好经营历史的一流航空公司，航空器的约定价值可在航空器取得成本的110%～115%。而对于风险很大的航空公司，航空器的约定价值可能高达航空器取得成本的130%。在计算航空器的约定价值、损害价值或约定损失价值时，通常要考虑租赁航空器发生全损时租金支付中断的情况。

2. 引擎保险

航空器引擎的使用比较特别。航空公司经常从其机队的航空器上卸下引擎，换用航空器机身承租人以外来源的引擎。多数租赁协议允许混用引擎及零部件，航空公司可以使用自己的库存引擎或其他航空公司的引擎。过去，如果租赁航空器安装航空器承租人以外来源的备用引擎，发生事故后在确定被保险航空公司可获保险赔付额以及哪些保险人应承担赔付责任时就会有问题。为避免替代引擎可能受航空公司保险单和另一保险单同时保险产生的困难，保险人和承租人通常同意租赁航空器的投保金额，应为航空器出租人规定的约定价值，加上投保时所安装引擎出租人规定的引擎约定价值，在航空器发生全损时，机身所有权人将获得航空器的约定价值；而引擎所有权人将获得引擎的约定价值，保险人将有权取得航空器机身及所安装引擎残骸的所有权，以及其他随原机身交付的未遭到损失的引擎。

3. 零部件保险

航空器租赁经常同时租赁备用引擎和零部件，但是有时候也单独租赁航空器零部件。为单独租赁的零部件投保，需要在机身保险单或机身、责任及零部件保险的综合性保险单

中列入单独的保险单条文。

4. 融资人取得保险的方式

融资人通常采用下述方法使其利益在航空公司机身保险单中得到保险：①在航空公司的保险单中将融资人批注为额外被保险人；②在航空公司保险单中批注"向融资人支付损失"的条款；③投保以融资人为受益人的违反保证保险；④在航空公司的保险单由不自留任何重要风险的单一或少量保险人保险时，融资人可要求使用"抄近路条款"（Cut Through Clause），以避免基础保险人因任何原因不能赔付损失的情况，机身保险单同时还可加入其他条款，给融资人提供额外保护。

（1）额外被保险人批单。《航空公司融资/租赁合同批单》中特别规定，在保险单中融资或租赁协议的合同当事方，为保险单的额外被保险人。

（2）可支付损失条款。可支付损失条款或指损失受款人条款，通常由保险人和融资人通过保险经纪人协商同意，一般规定在发生损失时应向可支付损失条款保险赔偿。

（3）违反保证保险。被保险人违反保险单中的保证条款，无论保证条款是否与损失存在因果关系，保险人自违反保证之日将被自动免除在保险单下的保险责任，融资人的利益也将因此受到损害。为避免此情况，融资人通常都要求被保险人投保违反保证保险，在被保险人保险单中批注融资人为受益人，使融资人的利益在被保险人违反保险单的保证义务或条件时仍然可以得到保护。保险赔偿金以融资人在被保险人航空器中的融资利益为限。

5. 再保险抄近路条款

再保险抄近路条款，是指再保险人与原始保险人同意，尽管原始被保险人与再保险人之间无合同关系，再保险人将直接向原始被保险人进行再保险赔付。此条款源于融资人担心原始保险人（再保险分出人）因财务状况不好或法律规定无法赔付损失，因而要求在签发给机身保险人的再保险单中加入此条款。此条款在美国通常作为第三方受益人合同得以强制执行。但在传统英国法下，该条款因被保险人与再保险人之间缺乏合同关系而无法被强制执行，直到2000年5月11日《1999年合同法（第三人权利）》生效后才被强制执行。

6. 其他保护条款

除上述条款规定外，融资人还经常要求被保险航空公司的保险人在机身保险单中放弃对融资人可能享有的代位求偿权、豁免融资人的保险费支付义务以及通知保险单发生的任何重大变更、未续保或被取消等事宜。

（1）放弃代位求偿权。根据该条款，保险人将放弃对融资人可能享有的任何代位求偿权。融资人通常要求在保险单中加入此条款，以避免航空公司保险人在普通法下代位取得被保险航空公司可能针对第三人包括融资人的权利后对融资人提起索赔诉讼。

（2）对保险费无责任。航空公司融资人经常要求，其作为额外被保险人对应由航空公司支付的任何保险费不承担任何责任，但是从保险赔付中抵扣者除外。

（3）通知。融资人通常要求，如果保险单发生任何重大变更、未续保或被取消，保险人应在规定时间内书面通知融资人。虽然保险人通常不通知被保险航空公司没有续保情况，但是会通知保险单被取消情况。

（二）融资人在责任保险单下的保险

融资人为避免在航空器融资过程中可能面临的责任，通常要求保险人在航空公司保险单的责任部分中将自己批注为额外被保险人，并规定保险人愿意就被保险航空公司违反保险中的保证和条件可能给融资人带来的潜在责任风险提供保险。此外，融资人可要求在保险单中加入交叉责任或利益分别条款，确保其责任风险得到最全面的保护。融资人一般还会要求航空公司的保险人承诺，责任保险是第一位责任和不可分担责任。

1. 交叉责任条款

交叉责任条款，分"单向交叉责任条款"和"双向交叉责任条款"两种。前者规定，在保险中加入一个以上的被保险人，不影响原始被保险人就额外被保险人或额外被保险人的雇员向原始被保险人所提起索赔获得赔付的权利。该条款仅有利于原始被保险人，故名单向交叉责任条款。后者规定，保险单下的所有被保险人和额外被保险人都享有该条款下的利益，各被保险人和额外被保险人为分别不同之人，可相互索赔，责任保险对相互提起的索赔都承担保险理赔责任，如同分别向每人签发了一份单独的保险单。

2. 权益分别条款

权益分别条款规定，保险单中各被保险人应视同单独保险单中的被保险人，但是保险人对保险单中全体被保险人的责任，在任何情况下不得超过保险单规定的责任限额。航空器融资人总是谋求以其为受益人的几乎完全独立的保险合同批单。

在多数情况下，权益分别条款与双向交叉责任条款具有相同功效，但是融资人有时也要求在航空公司保险单的责任部分，同时加入交叉责任条款和权益分别条款。

（三）保护融资人权益的特殊保险

1. 航空器收回保险

在跨国融资交易中，航空器往往在国外登记和营运，特别是在政局动荡不安的国家中登记和营运。融资人投保航空器收回保险可以承保航空器贷款人和出租人因外国（东道国）政府的行为或不行为致使不能收回其航空器的风险。收回风险通常包括下述情形：

（1）外国（东道国）政府拒绝或不注销航空器。

（2）不能取得航空器出口适航证。

（3）不能实际取得航空器，例如，航空公司否认贷款人或出租人的收回权，并得到当地的司法支持。

（4）当局拒绝或不签发航空器出口许可证。

（5）当局拒绝或不给被派遣收回航空器的飞行机组人员签发入境签证或准予入境登记。

（6）外汇管制限制，无法以适当货币汇付贷款或租金。

（7）航空器上存在政府或第三人留置权，包括因未缴纳税费或预提税产生的留置权。

（8）航空器被外国政府没收或占有。

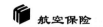

（9）技术记录被扣留或交付不完全的记录。

英国伦敦保险市场上的一种保险单规定赔付被保险人直接因出租人所在地外国政府采取的任何下列行为所遭受的损失：

（1）没收、查封、占用、征用、国有化、限制、扣留、扣押。

（2）外国政府拒绝或不许可被保险人根据租赁协议的条款和条件行使收回被保险设备的权利。

（3）在根据租赁协议条款和条件行使收回被保险航空器的权利时，外国政府拒绝或不许可被保险人将被保险设备从外国运走。

（4）在根据租赁协议条款和条件行使收回被保险航空器的权利时，外国政府拒绝或不许可被保险人从外国政府航空登记处注销被保险设备。

（5）在上述（1）、（2）和（3）风险后，在外国强制销售或其他强制处理或过户设备时，外国政府拒绝或不允许被保险人取得以美元或可在国际兑换市场自由兑换成美元的另一种货币计价销售处理或过户取得的收益。

保险人在保险单下对被保险航空器遭受的任何损失或损坏不负责任，除非外国政府的行动在保险单明细表中规定的等待期间有效。

2. 剩余价值保险

租赁航空器所有权人十分关心租赁终止时航空器的价值，通常会投保剩余价值保险（Remaining Value Insurance），用于补偿其事先约定的航空器未来价值与约定未来之日航空器的实际市场价值之间的差额。剩余价值保险也称为资产价值保险，适合于价值持续时间长久的诸如现代商业航空器这样的资产，通常用于经营性租赁，出租人借此得以确保租赁终止后航空器的最低残值。它也常见用于杠杆融资租赁、定期贷款和过渡性贷款交易等其他航空器融资形式。有了剩余价值保险，租赁终止时航空器的残值有了保证，当事方就有可能谈判减少租金支付。

3. 或有保险

在被融资人的现有保险单中批注融资人的权益，并非在所有情形下都能保护融资人，因为融资人以此取得的保护仅限于保险单本身提供的保护。一旦发生损失时保险单不予赔付，航空公司的保险单因为保险赔付受到出口限制，航空公司保险单终止或未续保出现未保险的间隙，或不同种类保险的保险起始日或周年日不一致等情形，融资人就无法取得保险赔付，其权益必将受到损害。为避免前述或有风险，融资人就需要投保或有机身一切险、或有战争险及或有责任保险。

或有机身一切险和战争险，用于在被融资航空公司的机身一切险或机身战争险因任何原因被取消或未续保时的保护融资人，或有责任保险则在航空公司的责任保险单被取消或未续保时的保护融资人。此外，在航空公司的保险单限额被证明不足以承担航空公司的责任或航空公司责任保险单因任何原因不能赔付时，或有保险给予保险，或有保险的保险范围可以很广泛，可以承保被保险航空公司保险单下的除外风险，但对航空公司保险人发生破产不提供保险。

（四）保护融资人的其他保险

除前述保险种类外，融资人在航空器融资中可能会面临其他几种风险，可投保下述几种保险：

1. 被收回（停放）航空器保险

这种保险用于承保航空器在租期届满交还后再交付另一承租人之前，由融资人（通常指出租人）管理，监管或控制期间的机身责任风险。

2. 单独全损保险

如果融资航空器的市场价格超出融资协议中的损害价值或规定的损失价值，融资人就考虑投保单独全损保险，以便在发生全损时可以补充赔付给融资人的保险价值。

3. 使用损失保险

这种保险由航空公司投保，用于避免航空公司在贷款或租赁期间因不能使用航空器而遭受收入损失，进而不能偿付贷款或租金。如果航空公司的航空器无法使用可能产生财务问题，融资人会考虑要求航空公司投保使用损失保险。

4. 机身免赔额修理人的留置权保险

这种保险给予融资人高达100万美元的保险，用以承保航空公司破产时航空器被交还后发现被损害，修理人在保险单免赔额被支付之前拒绝放行航空器的情形。

5. 故障修理人的留置权保险

这种保险就航空公司破产后航空器被交还时发现的引擎故障损害，给融资人提供保险，多数航空公司的机身保险单除外机械故障。

6. 未满期保险费或有保险

这种保险保护融资人在航空公司保险单下尚有未支付保险费、保险人有权从任何保险单赔付中扣除相应未付保险费时的情形。

7. 损耗成本赔偿保险

在航空器机身被宣布发生全损时，融资人投保这种保险用以承保其可能遭受的几种融资利益损失，包括税务优惠损失、信用证取消费用以及换汇损耗费用。其保险范围目前正在英国伦敦保险市场开发，根据此保险范围，融资人将来能够投保这些利益损失。

二、航空公司融资/租赁合同批单

为了统一航空公司融资和租赁交易中的保险安排，明确对融资人和出租人的保险范围，英国伦敦航空保险市场于1991年2月启用《航空公司融资/租赁合同保险批单》（AVN 67）。该批单经两次修改后于1994年发布为AVN 67B。AVN 67B在前言中确认被保险人以外实体（指"合同当事方"）对租赁或融资协议中的设备（航空器、引擎或零部件）享有权益，并确认原始被保险人保险单提供的保险全面有效，以防止保险人在批单开始生效之前以某种行为或不行为为由使保险单无效。

AVN 68B是在原始被保险人实际占有航空器并有责任为航空器购买保险的期间给予保险，明确规定其保险适用于自保险单开始生放之日至保险期满日、合同期满日、约定终止日或合同义务因被保险人或合同方的任何行为发生终止之日（以先到者为准）期间发生的损失。

三、保险证明和承诺函

购买保险时保险人通常要向被保险人签发保险单或临时保险单作为保险证据。被保险人的融资人或租赁人等第三人在融资业务中往往也需要被保险人已购买保险的证据。此时，一般由被保险人的保险经纪人向该第三人签发保险证明。在航空器融资中，航空公司的保险经纪人为融资人安排保险时通常在航空公司的已有保险单上批注融资人要求的保险，并向融资人签发所批注保险的证明。保险经纪人无论是否为融资人的保险代理人，在为融资人安排投保或保持所需保险时对融资人应负有注意义务。为更好地保护融资利益，大多数融资人常雇用自己的保险经纪人，由其负责检查相关文件，或安排或有保险等单独保险，以便在被保险航空公司的保险单因任何原因不予赔付时获得充分保障。

保险经纪人签发保险证明必须取得保险人的授权，保险人通常在投保条中授权保险经纪人代表保险人签发保险证明。保险证明只是证明已经购买了保险，本身并不是保险单。保险证明上总是载明"以保险单的条款、条件限制，保证和除外条款为准"。该条款规定有时候会令融资人担心保险证明中所述风险保险可能已被保险单的一些规定除外。为消除此种担忧，航空公司融资和租赁交易所采用的《航空公司融资租赁合同批单》规定，对合同当事方的保险，应当以保险单中的所有条款、条件、限制、保证、除外条款及取消条款为准，但批单条款另行特别修改或规定者除外。

除保险证明外，保险经纪人还向融资人签发承诺函，载明其承诺代表融资人履行的各项义务，同意向融资人提供航空公司的保险是否已被取消或没有续期等信息，通知融资人可能影响航空公司保险合法性或可强制执行性的任何作为、不作为或事件，以及保险经纪人是否停止担任航空公司的代理人。

本章小结

本章介绍了航空保险中几个主要险种之外的险种，包括航空延误险、航空旅客及行李责任险、航空战争险、航空融资险。其实，与航空相关的险种还有许多，如航空试飞险、航空执照丧失险、航空机票取消险、航空企业利润损失险、航空理财险、航空公众责任险等，限于篇幅本书不再一一介绍，留待以后进一步学习研究。

需要说明的是，这些险种的内容是变化的，不同公司、不同时间内保险责任、赔偿条件都可能发生变化。如航空战争与劫机保险，在其100多年的发展历程中一直在变，特别是2001年美国"9·11"恐怖袭击事件之后，发生了重大变化。通过对分析风险变化特征，保险公司才逐渐深入认识该风险的发生频率、致损程度等特征，才能更准确地厘定费率和制定条款。这也要求我们以动态的视角学习保险。

（1）航班延误险也是一种财产保险，是以因航班延误而造成的被保险人的损失为保险标的的财产保险。

（2）航空旅客责任险是指以航空承运人对旅客的损害赔偿责任为保险标的的一种保险类型，即当航空旅客乘坐或上下被保险人的航空器的过程中因发生意外事故造成旅客人身伤亡时，被保险人依法应负赔偿责任而产生的损失，由保险人依约进行补偿。

（3）航空行李责任险，是指以被保险人在运送乘客行李之际，因发生意外事故造成行李毁损或减失，依法应负担损害赔偿责任所造成的损失为保险标的的一种保险。

（4）航空战争险主要承保的是航空器因战争、劫持、敌对行为、武装冲突、罢工、民变、恐怖袭击、飞机被扣留、没收等造成的飞机损坏、旅客和第三人人身伤亡或财产损失、货物毁损，应由被保险人承担的赔偿责任，以及由此引起的被保险人对旅客或第三人应负的法律责任费用。

（5）在航空器融资中，融资人主要关心的保险种类为航空器机身险、（旅客及第三人）责任险、战争及同类风险保险。

思考题

（1）航空延误险的保险责任有哪些？

（2）航空旅客责任险的特点是什么？

（3）航空旅客责任险的保险责任有哪些？除外责任有哪些？

（4）航空旅客行李责任险的保险责任有哪些？除外责任有哪些？

（5）航空战争险在英国伦敦保险市场与美国保险市场中的除外责任有哪些不同？

（6）融资人在航空器机身保险单下的保险有哪些种类？

第十章 航天保险

第一节 航天保险的含义和种类

一、航天保险的含义

航天保险（Space Insurance）是指为航天产品包括卫星、航天飞机、运载火箭等提供风险保障的保险。它承保的是航天产品进入太空遭受灾害事故而导致的经济损失，包括航天产品发射前的制造、运输、安装过程中，发射时和发射后的轨道运行过程中，以及使用寿命等方面的风险损失。长期以来，太空保险市场一直是盈利的，但利润率越来越低。竞争激烈、变化无常的太空保险市场需要更勤奋的承保。新的应用和技术、新出现的风险以及太空环境中不断增加的危险将给卫星运营商、制造商、发射提供商、最终用户和保险公司带来压力。我们都需要采取更明智的行动，以应对复杂和充满活力的航天工业和航天保险市场。

二、航天保险的种类

根据承保风险的内容不同，航天保险可以分为卫星及火箭或其他运载工具的工程保险、发射前卫星及火箭保险、卫星发射保险、卫星运行寿命保险、卫星经营者收入损失保险、卫星及发射责任保险等。

（一）卫星及火箭的工程安装保险

该险种主要承保卫星与运载工具及其附属备件在生产制造安装中的物质损失风险，包括卫星及运载火箭的组装过程及相应的静态试车，在模拟发射环境下的各种试验过程，以及因其他意外原因导致的卫星与火箭的损失。由于这些损失通常属于常规工程保险承保的范围，因此卫星及火箭工程安装保险一般由卫星或火箭的制造商投保。

（二）发射前的卫星及火箭保险

发射前保险包括运载火箭和卫星的研制、运送到发射中心和进行测试，直至它们在发射台上或运载火箭点火时为止。这两项事故可能招致财产损失和人身伤害，包括间接损失，造成发射机构或卫星所有者和他们的代理人，承包商和转包商的损失。即使这些损害是由第三方发射责任保险造成的，也不能投保参与发射。虽然从技术角度看，责任保险可以设计为与财产或人身伤害保险以同样的方式适用，但保险人一般不包括在责任保险的范围内，人身伤害和由被保险人照料、保管或控制的财产的损害。相反，他们更愿意根据基于赔偿原则的常规人身伤害或财产损害保险，为此类财产的伤害或损害承担责任。由于这些活动不是适当的空间活动，一般建议可以由共同保险负责。同时发射机构和卫星拥有者通常达成一项"不损害"协定：每一方同意不对另一方的人身伤害或财产损失提出任何索赔。"保持无害"公约的范围必须包括属于双方代理人、承包商和分包商的财产。在发射活动期间，运载火箭、卫星或其任何部分对任何第三方造成财产损害和/或身体伤害的第三方责任的机会是有限的。空间部件的运输受到非常仔细的影响，一旦它们抵达空间中心，由于其通常位置偏远和面积大，危险实际上就消失了。然而，在发射阶段对第三方造成损害的机会增加了。

发射前的卫星及火箭保险的保险期限，一般从卫星和火箭在制造厂房吊装开始，至发射装置引擎点火时终止。在发射前这一阶段，卫星及火箭都要从生产厂房运送到发射工地，并经历运输、仓储、装配、准备发射等环节。如果火箭在意向点火和起飞期间由于点火终止而终止发射，其损失同卫星发射保险赔偿，如果发生发射终止情况，火箭和卫星没有造成全部损失，并经过修理和检测仍能继续完成发射任务，发射前保险人在被保险人补交相应保险费的情况下，继续负责到再一次发射点火时终止。发射前保险的保障可按不同阶段分为运输保险、仓储保险及装配保险，不同阶段的保险金额会有所差别，该保险的主要保险责任是因意外事故致使卫星或火箭以及相关的发射设备在保险期内的物质损失，或因其物质损失导致不能按期发射而造成的费用损失。发射前保险根据保险市场惯例承保，其除外责任主要有核辐射或核泄漏、战争险、自然磨损、设计缺陷、机械故障等风险。

（三）卫星发射保险

卫星灭失或损坏这类保险承保卫星在发射期间的灭失或损坏，包括远地点操纵（如有）和委托试验。当卫星进入最后的轨道位置时，它就失效了。在这类保险中，市场支付的赔偿金额是第三方责任保险中最大的，第三方责任保险的风险估计较高，承保范围更重要。在实践中，都将卫星发射过程中毁损的风险留给客户。发射协定排除了就卫星损坏或损失向发射当局采取行动的任何可能性。因此，如果发生损害，保险公司将赔偿卫星的所有人，但它们没有权利向发射国索赔。如果卫星数量超过一颗，客户之间也不能采取行动，如美国太空运输系统（STS），即航天飞机。1979年3月8日，美国国家航空航天局空间运输业务办公室在有效载荷发射和相关服务的共享发射协议条款中规定了各方之间的责任豁免。

卫星发射保险是航天保险最主要的部分，航天保险的高科技性、高风险及高价值的特征都集中体现在这一阶段。卫星发射保险主要提供卫星及火箭物质损失的一切风险保障。一切风险是指火箭发射过程中对卫星及火箭所造成的损失，既包括因发射工具即火箭的原因使卫星及火箭在发射时造成全部损失，又包括卫星在星箭分离过程、卫星从同步转移轨道变轨到同步静止轨道过程、卫星调姿和各项在轨过程中由于自身故障发生爆炸，或进入轨道后因自身系统不能正常工作使卫星失去控制等全部损失。卫星发射保险有全损险和一切险两种险别，被保险人可以根据自己的需求进行投保选择。

卫星发射保险的保险金额通常由发射服务费、卫星的成本、保险费和额外费用构成。卫星发射保险的费率通常受火箭的可靠性、卫星的设计和型号、保障范围和市场承保能力等因素的影响。此外，保险安排方式也会对卫星发射保险的费率产生影响。所谓保险安排方式，是指卫星所有人或卫星保险经纪人在保险市场上是以单一项目，还是以一揽子方式安排卫星发射保险。

（四）第三方责任险

推出第三方责任保险这种类型的保险覆盖给第三方造成的损害赔偿在发射运载火箭，卫星或其组成部分，是由责任公约。第三方责任保险的特点是，没有人能事先评估损失的金额。任何想要做出预测的人，结合任何数量的索赔或恶化的情况，都可以得出 10 亿美元甚至更高的数字。由于保险市场无法为这种保险提供资金，无论客户准备支付多少保险费，国家通过限制购买保险的最高限额来解决这个问题。政策覆盖从卫星在发射装置和发射台上的一体化开始，或者从运载火箭的故意点火开始。它的结束或者是运载工具的完全毁坏，或者是一个延迟的结束，在此之后，卫星被认为是毁坏的，或者是在其正确的轨道位置上运作。第三方责任险不包括设施、发射设备的财产损失，参与发射作业人员的人身伤害；财务损失，即预期利润的损失；在卫星发射期间或在轨运行期间，非因不可预见的事件而产生的噪声、污染和其他滋扰。在只有一个"发射国"的卫星上，操作由国家自行负责。当发起国向另一个国家或（外国）私营实体提供服务时，前者要求后者采取第三方责任政策。

（五）卫星寿命保险

卫星寿命保险是指卫星在运行轨道上运行期间的保险。卫星寿命保险以卫星发射保险终止时为起点，通常一年续保一次，最长保险期限不超过卫星的设计寿命。卫星寿命保险主要承保卫星在预定的定点轨道上因意外事故发生导致运行失灵、无法正常工作或部分更新换代工作能力，或因事故致使卫星寿命减短等损失。卫星寿命保险的保险金额由卫星送上预定轨道运行的重置成本或资产价值利润损失、额外费用或合同债务构成。但续保时要按照卫星每年折旧金额扣减其保险金额。卫星寿命保险也有全损险和一切险两个险别。如果被保险人投保了一切险，保险人对保险卫星所遭受全损、部分损失及费用负责赔偿。卫星寿命保险的费率一般根据承保范围和卫星健康状况考虑。

（六）卫星经营者收入损失保险

经营卫星发射和商业卫星通信服务具有高科技、高风险、高投资和高收益的特点，因此卫星经营人可以获得很高的利润收入。如果卫星遭受全部或部分损失，卫星经营者在利润收入方面的损失要比重新发射一颗卫星所需要的成本及费用大得多。卫星经营者收入损失保险主要承保卫星发射和卫星寿命保险之外的经营收入损失，如果因卫星发射失败导致被保险人的收入损失，保险人予以负责赔偿。

（七）卫星发射责任保险

卫星发射责任保险又称第三者责任保险。根据 1972 年 9 月 1 日生效的《空间物体损害的国际赔偿责任公约》，卫星及发射工具在发射后所造成的地面上或在空中飞行的飞机上的人员及其财产损失的责任由空间物体的所有人及发射国负责赔偿。这样，每个发射国政府以及商业发射机构和卫星经营者必须办理卫星及发射责任保险，使卫星在其发射过程及其发射后，从火箭或卫星上掉落的物体造成地面上第三者的人身伤亡和财产损失，以及在空中飞行的飞机上的人员伤亡和财产损失得到保障。该保险责任通常从卫星发射点火开始生效，可以根据投保人的要求承保一年或发射后几年内的责任损失。该保险的责任限额可以在 6000 万美元到 5 亿美元浮动，由被保险人自己确定，费率则根据市场承保能力而上下波动。

（八）在轨卫星毁损或灭失保险

卫星的毁损或灭失保险是由卫星所有者或运营商在购买发射保险的同时购买的，目的是为自己投保部分或全部操作能力的丧失或寿命的缩短或由此造成的任何经济损失。轨道寿命可以分段计算，每一次保险都可以延长，以便包括卫星新的一段寿命。对一颗地球静止卫星来说，目前的平均寿命预计为 10 年，保险将包括头三年。然后卫星的状态将被评估，最终覆盖范围将再延长三年。如果轨道寿命比预期短，那么保险公司将不得不赔偿损失的利润。显然，保险单中有关利润损失的条款将非常严格，只有真实的、合理的损失才能得到补偿。

（九）返回责任保险

在 1972 年的责任公约中，再进入责任是纯粹的第三方责任。然而，没有具体说明第三方发射责任保险是否包括空间物体重返大气层所造成的损害，也没有暗示任何这种可能性。太空物体重返大气层可能造成损害并引起经济索赔。到 1972 年，全世界共报告了 34 起卫星或火箭级坠毁事件。1969 年，一艘日本船被太空碎片击中，5 名船员受伤。1978 年 1 月 24 日，苏联的核动力宇宙 954 号在加拿大坠毁。1979 年，美国太空实验室在澳大利亚上空坠落，500 千克重的碎片落在地上；它重返大气层所造成的损害范围尚不清楚。在 1982 年 10 月另一个宇宙星体重返地球时，人们表达了担忧。1981 年 4 月 2 日，加拿大和苏联签署了一项议定书，根据该议定书，加拿大接受支付 300 万加拿大元，"全部和最后解决与 1978 年 1 月苏联卫星'宇宙 954 号'解体有关的所有问题"。目前还不清楚苏联为此付出了什么代价。但是，会议含蓄地承认，公约中对损害的定义包括核污染造成的"国家财产损害"、限制损害的预防措施和心理伤害。因此，对于不包括任何人身伤害或其他有形财产损失的损害，实际费用为 1100 万加拿大元。如果不幸发生这样的伤害，索赔金额是多少？如果卫星的所有者是一家私人实体，没有为其购买任何第三方责任保险，该怎么办？

（十）其他保险说明

1. 卫星发射和在轨保险

卫星发射和在轨保险是由世界保险市场提供的。由于涉及的保险金额很大，没有一家保险公司愿意提供这种保险。卫星保险可包括卫星、发射和保险费的价值，对于一颗地球静止通信卫星来说，保险费总额往往超过1.5亿至2亿美元。或者它可能只覆盖卫星的价值或它的一部分价值。

目前主要的空间保险公司包括德国的MunichRe，瑞士再保险公司，伦敦的劳埃德银行，总部位于百慕大的XL Aerospace和ACE Group（均在美国设有办事处），英国的GlobalAerospace（也在美国设有办事处），La Reunion Spatiale、SCOR，法国的SpaceCo Group AGF，和东京海军的Japan。这些保险公司可以参与外国保险。

2. 卫星发射和在轨保险相关政策

卫星发射和在轨运行保险的保险范围包括卫星发射和在轨运行第一年的损失风险。根据具体的卫星、当时的保险市场以及被保险人的需要和支付保险费的意愿，保险公司的承保期限可以超过一年。否则，本保单须每年续保。

从发射或运载火箭发动机点火那一刻起，承保人承担卫星灭失、损坏或缺陷保单项下的风险，并将根据所有保单条款、条件和除外责任赔偿卫星运营商。风险在保单规定的期限结束时终止，例如两年后，或当卫星被宣布为全损或推定全损时，或当小额损失赔偿总额等于保险金额时，以先发生的情况为准。风险解除后，保险人不再承担卫星灭失或者损坏的风险。

与其他保险一样，空间保险是根据被保险人向保险人提供的信息而投保的。正是基于这些信息，保险人进行了风险评估，并决定是否承担风险。因此，信息的准确、完整和最新是至关重要的。这在卫星保险中尤其重要，因为与人寿保险或家庭保险相比，统计数据库相对较小。此外，由于信息的专有性质以及国家出口管制限制了对技术数据的访问，保险公司无法以其他方式获得关于特别卫星的关键信息。

如果被保险人未能提供实质性的准确或完整的信息，则根据保单中的失实条款，保险人不能赔偿损失。本条款禁止以书面或其他方式对本保单或被保险卫星传送的重要事实作虚假陈述。过失保险必须是实质性的，这在某些司法管辖区意味着，如果保险公司知道真相，它就不会出具完全相同的保单。在一些法学上，如纽约，这种误传可能是无罪的。为了确保被保险人提供的信息是最新的，卫星保险保单包含了所谓的"实质性变更"条款。保持信息畅通是很重要的，因为当风险出现时，这项政策通常是在卫星发射前几个月发布的。该条款要求被保险人在获悉向保险人提供的信息发生重大变化时通知保险人。材料变化试验是客观的。如果保险公司的变更导致风险的实质性增加，他们可以选择终止保单。被保险人未及时通知保险人发生重大变化的，不能及时赔偿相关损失。

尽管目前签发的许多其他保险单都包括了被保险人的过失险，但卫星发射和轨道内保险却不是这样。该政策对被保险人卫星公司强加了"尽职调查"义务，要求其对被保险人卫星公司行使应有的谨慎。这一要求有几个原因：卫星是一种高价值资产；被保险人不能查阅有关的技术资料，属于自营出口的；最后但并非最不重要的是，一旦卫星发射，它就无法测试维修。因此，被保险人需要对自己的财产给予合理的照顾。如果被保险人不符合适当的赔偿要求，保险人有权要求赔偿损失。

根据保险条款规定，货物的损失发生在货物装船和装船之间。当被保险人知道损失已经发生或将不可避免地发生时，本保险单不承保损失。这是偶然的需要。保险的最基本的目的是保障意外事故的发生。

第二节　航天保险的基本内容

一、航天保险的承保阶段划分

从航天工业活动的过程出发，航天保险的承保阶段可以划分为以下四个阶段：

（一）航天产品研制阶段

在这一阶段，主要是承保航天产品研制中的各种意外风险损失，同时可以根据保险客户的需要提供产品责任保险，它既可以纳入航天工程保险范畴，也可以列入一般财产保险范畴。

（二）航天产品运输、安装阶段

在这一阶段，保险人为处于运输、安装过程中的各种航天产品提供意外风险保障，它既可以独立承保，也可以与此后的航天产品发射阶段的保险一并连续承保。

（三）航天产品发射阶段

在这一阶段，保险人提供的是航天产品（主要是卫星发射和航天飞机发射）发射过程中的各种意外风险保障，它是航天工程保险中的主要业务来源，也是航天风险最集中的阶段。

（四）航天产品正常运行阶段

在这一阶段，保险人承保的是航天产品发射成功后进入正常运行阶段中的各种意外风险，它是航天活动的最后阶段，也是航天产品发射阶段保险的延续。航天活动是一项高科技工程，在这一科技工程的实施过程中，除第一阶段外，其他三个阶段的保险可以分别单独承保，也可以采用"一揽子"保险的方式。

二、航天保险的主要风险

在航天保险经营实践中，保险人几乎承保着一切意外风险。概括而言，航天保险的主要风险可以归纳为以下几个方面：

（一）爆炸

即航天产品在航天活动中发生爆炸事故并导致严重损失的风险。爆炸事故是发射阶段的主要风险，也是整个航天保险中造成损失最为严重的风险之一。例如，1986年美国的"挑战者号"航天飞机爆炸事件，使价值20多亿美元的航天飞机毁于瞬间，机上人员全部殉难，整个航天事业受到沉重打击。

（二）运行失常

如航天产品发射后未能进入预定轨道或未能按计划回收，这种运行失常同样会导致严重的损失，从而是航天保险中的又一类主要风险。1984 年由美国发射的两颗卫星未能进入预定轨道，不仅使卫星的所有人——美国西联电报公司和印度尼西亚政府的通信事业发展计划遭到重大挫折，而且使这次发射活动的承保人英国劳合社付出了 1800 多万美元的保险赔款。

（三）意外故障

意外故障也是导致航天活动费用损失的事故风险，其后果虽然不是航天产品的毁灭性损失，但同样会造成严重的经济后果。例如，1992 年 3 月 28 日，中国西昌卫星发射中心在发射一颗卫星时，出现剧毒燃料不断渗漏的意外故障，虽经紧急关机保住了火箭、卫星及发射场，但仍造成了 3 人死亡和数百万美元的直接经济损失。

（四）其他风险

如气候因素、太空意外碰撞以及制造、运输、安装、发射过程中的疏忽或过失等，均有酿成重大损失的可能。

综上所述，航天工业是高风险事业，航天保险亦是高风险的科技工程保险。

三、航天保险的投保与承保

在航天保险市场上，保险客户的投保和保险承保手续与其他科技工程保险具有相似性，它往往由航天产品购买或发射合同规定，因此，保险人需要了解上述合同的情况，甚至需要参与上述合同的订立过程。一般而言，保险人在承保时，比较注重航天产品的质量（生产方及以往的发射成绩等），并将再保险作为承保后风险管理的重要环节。

航天保险的保险金额一般分阶段确定。其中，发射前的航天保险以航天产品的制装总成本为依据来确定保险金额；发射保险以航天产品价值及发射费用为依据确定保险金额；发射后的保险则以工作效能为依据确定保险金额。

航天保险的费率厘定，主要考虑航天产品的质量与信誉，以航天保险市场上的损失率为主要依据。在正常年份，保险费率一般维持在 10% 以内，但 20 世纪 80 年代中期因多起航天事故发生而一度使航天保险费率上升到 30% 左右。因此，航天保险的费率是弹性费率。由于航天活动耗资巨大，航天产品价值高昂，其保险金额亦属巨大，计收的单笔业务保险费亦极高，是否发生风险事故，对保险人乃至整个航天保险市场的影响极大。

四、航天保险的保险责任

根据发射服务合同要求，在保险有效期内，保险人承担从火箭点火开始到卫星与火箭运行过程中的全部损失和部分损失。

（一）全部损失

由于运载火箭的设计错误，元器件、零备件、原材料故障发生的错误操作，运载火箭环境条件超出了发射服务合同规定的环境偏差，卫星有效载荷本身的故障等原因，使运载火箭发射的卫星不能按预定设计轨道入轨，造成发射全部失败，保险人负责按保险金额赔付。所谓发射失败是指：

（1）有效载荷与火箭分离失败。

（2）运载火箭飞行期间，有效载荷失灵或丢失。

（3）有效载荷所使用远地点发动机失灵。

（4）有效载荷未能进入预定轨道。

（5）从服务开始之日起算，有效载荷不能提供足够可用的燃料以维持其卫星工作寿命。例如，有50%或50%以上的转发器发生故障；或由于推进剂减少，使卫星服务寿命降低50%；或由于卫星电能的缺少造成卫星运行能力减少50%。

（二）部分损失

保险人可承担的部分损失：

（1）卫星转发器的损失超过免赔额所规定的金额，但不足以构成全部损失。

（2）卫星推进剂减少导致的损失超过免赔额规定的金额，但未达到构成全损的程度。

（3）卫星电能损耗导致的损失，但未能达到全部损失的程度。

值得注意的是，对于转发器部分损失的赔偿金额计算，一般是根据转发器数量的不同作为依据的，即计算出每一个转发器的价值在总保险金额中所占的比例，以此作为赔偿的限额。而转发器价值的计算，则是依据卫星的营运能力和卫星服务寿命进行的。

（三）航天保险的除外责任

由下列原因造成的损失和费用，保险人不承担保险赔偿责任：

（1）保险单列明的保险责任之外的损失和费用。

（2）保险单列明的运载火箭保险金额以外的一切费用。

（3）在运载火箭飞行阶段，外来电磁和频率的干扰引起的损失和有关费用。

（4）外来搭载卫星引起的损失和费用。

（5）因战争、敌对行为或武装冲突及政府拘留、扣押、没收等行为所致的损失和费用。

（6）原子弹、氢弹或其他核武器爆炸及核辐射和各类物质的辐射污染所造成的一切损失及费用。

五、航天保险的保险金额、费率和赔偿处理

（一）航天保险的保险金额通常分阶段、按险种确定

具体地说，发射前保险是以制造、安装卫星及火箭的总成本为依据确定保险金额；发射保险是以卫星及火箭的市场价格加上发射等费用之和为依据确定保险金额；卫星寿命保险是以将卫星送上轨道的成本及有关费用并参照卫星的工作效率为依据来确定保险金额，其保险金额数量按年限递减。

（二）航天保险的保险费率

航天保险费率通常高于其他财产保险或工程保险的保险费率。一般来说，保险人在确

定费率时主要考虑因素包括产品质量、损失率、恶劣气候及意外事故等。例如，卫星发射保险的费率通常受到火箭的可靠性、卫星的设计和型号、保险保障范围和航空保险市场承保能力等因素的影响。

（三）航天保险的保险期限

航天保险的保险期限关键在于确定保险责任的开始时间和终止时间。航天保险的保险责任的开始时间有两种情况：一是以火箭在指定发射场所意向点火为起始时间；二是如果发射点火终止，则从火箭在指定发射场重新点火为起始时间。

航天保险的保险责任的终止时间有五种情况：一是卫星交付客户使用，卫星在轨道正常工作并运行时；二是保险单载明的保险期限届满；三是卫星发生全部损失；四是卫星在发射过程中宣布发射失败；五是发射点火终止，火箭发动机熄灭，火箭未脱离发射台。以上情形以先发生者为准。

（四）航天保险的赔偿处理

1. 航天保险理赔的特征

航天保险的损失理赔与其他财产险业务相比，不同的地方在于：

（1）损失金额的计算方法必须承保前确定。

（2）保险经纪人参与理赔工作。

（3）被保险人应尽快提交损失证明。

（4）保险人对残值享有绝对权利。

2. 航天保险的赔偿金额计算

（1）全部损失的赔偿处理。

（2）部分损失的赔偿处理。对于部分损失，保险人通常按以下三种方式计算赔偿金额：①推进剂减少导致的部分损失。②转发器损失导致的部分损失。③电能损失导致的部分损失。

（五）保险合同的类型

保险合同是卫星所有者或运营商与保险公司谈判的结果。前者将努力以最低的保费获得尽可能大的保险覆盖范围；后者考虑到现有的技术和统计数据，将寻求并最终提出一个将一些风险留给他的客户的公式。为了达到预期的目标，双方进行了许多创新。因此，保险有时并不承保一颗卫星，而是包括一系列卫星或整个系列的特定数目的故障。覆盖范围可按比例缩小，或缩小到卫星性能的限制，或缩小到卫星剩余的预期寿命。此外，保险费可以分次支付，或者没有发生保险风险时，部分支付的保险费可以退还，根据条款启动保险政策有时包含，被称为"无损失退还保险费"。这一条款要求被保险人在合同订立时支付较高的保险费。在保险覆盖期结束时，退还的部分保险费将降低与正常市场保险费相关的成本。

六、航天保险的历史

商业空间保险最早出现在盎格鲁撒克逊国家，伦敦劳埃德（Lloyds of London）率先开展了整个工作。然而，它主要是在美国开发的，进入太空的主要分支是航空保险。尽管法国、德国和意大利的保险公司很早就进行了空间风险评估和保险感兴趣，但后来它们对1979年12月24日阿丽亚娜号发射出具了保险，包括两种太空人寿保险。由希腊保险公司制定的第一个"航天保险政策"为船员提供了保险。阿波罗11号任务。第二个是由美国国家太空研究所（National Space Institute）进行的，为航天飞机的其中一项任务的乘务员提供了保险覆盖范围。

今天，空间保险已经成为少数保险公司的业务。由于对空间保险的需求有限，损失严重，这种保险业务被分成若干组，因此竞争受到限制。

七、相关的法律框架

相关法律框架第三方责任的概念由1967年《空间条约》第七条提出，后来由1972年《空间物体造成损害的国际责任公约》加以阐述。外层空间法（Outer Space Law），简称"空间法"或"外空法"是国际法的一个新的分支，是指调整各国探索和利用外层空间活动的原则、规则和制度的总和，是空间技术及人类空间活动发展的产物，其包括的范围外层空间是指空气空间以外的整个空间，任何国家不能主张权利的空间。

八、航天保险市场风险

鉴于发射次数有限，很难对风险的统计发生情况进行评估；概率计算和大数定律在太空保险中不像在海上或航空保险中那样适用，在海上或航空保险中，成千上万的船只和飞机承担了数百万次旅行。在一些国家不允许提供关于其运载火箭大量信息的情况下，计算时更加困难。发射机构使用了不同的运载工具，使航天发射服务出现了重要的多样化。中国的长征ELV、日本的类似于阿丽亚娜V的强大运载火箭，这两种重达2吨的运载火箭能够在地球静止轨道上放置。上述工具有不同的成功率，因此它们的客户面临不同的失败风险。风险计算影响溢价水平：市场溢价低，意味着可靠性高，风险低；相反，溢价增加意味着低可靠性的运载火箭，从而降低其竞争力。例如，在20世纪70年代末，在150次发射的基础上，保险公司计算雷神三角洲发射器的统计可靠性为93%，发射保险费率从7.8%很快降低到6.1%。阿丽亚娜（Ariane）发射器在项目早期的可靠性，两次成功和一次操作失败，估计为60%。

任何保险的目的是为投资资本提供保险范围，即面对保险经济风险所需要的资金（与投资的比例）。保险的范围通常采取损害赔偿的形式，确定风险的发生可能产生的经济需要。如果不能计算损害赔偿的费用，因为不能确定限额，那么保险人和被保险人可以对保险的最高限额作出规定。根据这一上限，并根据风险发生的概率，保险人将计算保险单的保险费。此外，发射国、卫星的拥有者和/或操作者也可以根据风险和他们想要支付的保险费、他们想要投保的金额来决定是否延期。在确定保险金额时，业主、经营者和保险人必须考虑几个变量。业主必须为卫星的成本和发射费用投保。还必须确定卫星租金的预期利润，以及为运营商承担的建设费用（即建造地面站的费用）和运营费用。经营者可以投保，以支付因建立开发系统而产生的预期利润和费用还有别的损失。保险公司的利润基本上取决于一个风险：卫星轨道寿命的结束。卫星在轨道上的预期寿命越早停止运作，保险公司支付的赔偿就越高。最后，所有者和运营商都必须考虑发射延迟，这往往会导致严重的经济损失和罚款。如果延误是由于发射当局的原因，则不赔偿。但是，如果延误是由于客户原因，需要修改航班计划，那么客户必须支付延误补偿。

九、航天保险的发展

航天保险是随着航天工业的发展需要而产生并发展起来的。1965 年，美国"国际通讯卫星 IA"号向英国劳合社投保 350 万美元的卫星发射保险，迈开了航天工程保险的第一步，从此，航天工业便与保险建立了密不可分的关系。到 20 世纪 70 年代，航天保险已经是国际保险市场上一项独立的、高级的保险业务，并逐步成为人造卫星、运载火箭等航天产品购买者为确保自己的经济利益不受损失的前提条件。国际上普遍形成的航天活动必须以航天保险为条件的惯例，表明了航天工业的发展和商业化创造了航天保险市场，但如果没有航天保险，亦不会有人在商品市场上购买航天产品。因此，航天保险在一定的程度上是航天工业发展的重要推动力量。

在我国，中国人民保险公司较早涉足航天保险市场。在 20 世纪 80 年代初期，该公司曾多次接受过外国卫星发射保险的分保业务。1987 年初，我国航天保险随着本国的航天产品（长征三号火箭）进入国际市场而步入国际航天保险市场，为"长征三号火箭"的使用者提供"一揽子"保险，并于 1990 年 4 月首次承保了用"长征三号火箭"发射的"亚洲一号"通信卫星。此后，中国太平洋保险公司、中国平安保险公司等虽然也介入了航天保险市场，但依然是中国人民保险公司一枝独秀。

直到 1997 年 8 月，鉴于中国人民保险公司承保的国际 708 通信卫星和中星 7 号发射失败，中国承保人在国际航天保险市场上的分保面临困境，为了支持我国航天事业的发展，经国务院批准，由中国人民保险公司牵头，全国经营财产保险业务的九家财产保险公司依照利益共享、风险共担的原则组成了航天保险联合体。此后，我国所有的卫星发射保险业务均由联合体全体成员共同承保。随着我国航天工业的发展，预计会有越来越多的保险公司进入这一高级保险市场。

1990 ~ 1999 年，中国承保人共承保了 27 颗由长征系列火箭发射的国内外卫星，承保范围覆盖了从火箭和卫星的运输、发射直到商业运营的全过程，为我国航天事业的发展提供了有力的风险保障。然而，从中国航天保险经营实践来看，该项保险业务的经营风险也很大，虽然多数保险业务以卫星发射的成功而告终，保险人赚取了一定的利润，但也碰到过不止五次发射失败，保险人为此付出了约 2 亿美元赔款的经济代价。例如，1995 年 1 月 26 日，在西昌卫星发射中心发射的"亚太二号"卫星发生星箭爆炸事故，造成的后果是星箭全损，保险人为此付出的经济赔款高达 1.62 亿美元；1996 年 8 月 18 日，中星 7 号卫星发射失败，当时的中保财险有限公司（现中国人民保险公司前身）亦向卫星的所有人中国通讯广播卫星公司支付了2590万美元的赔款。因此，如果不是采取联合体的方式共同承保航天保险业务，一般的财产保险承保人不会直接进入航天保险市场，只有实力雄厚的保险人才直接承保该种科技工程保险业务。

专栏

中国首个商业航天保险创新研究院在西安成立

2019年4月1日，西安市人民政府副市长王勇，陕西省保险协会秘书长雷煜，西安市金融工作局副局长庞波，人保财险特殊风险保险事业部总经理李海棠，人保财险陕西省分公司党委书记魏柏林，人保财险陕西省分公司副总经理兼西安市分公司总经理桂文东，人保财险总公司特殊风险保险事业部/航天保险处处长王强，人保财险西安市分公司党委委员、副总经理雷震，西安市高新区金融办副主任张哲菲，西安未来宇航研究院创始人牛旼等领导嘉宾、专家及企业代表出席了此次活动。

西安市副市长王勇对商业航天保险创新研究院的成立表示祝贺，他表示，中国首个商业航天保险创新研究院成立对西安当前打造"硬科技之都"是一个"及时雨"。人保财险西安市分公司在金融助力乡村振兴方面全国领先，特别是"助农保"为8万户次农户提供了1.37万亿元风险保障，不断为西安市经济社会发展提供强有力的保险支撑和风险保障。

人保财险陕西省分公司副总经理兼西安市分公司总经理桂文东表示，人保财险西安市分公司作为军民融合保险"先行者"和"主力军"，2018年为西安50余家军工企业在财产险方面，共提供133亿元风险保障。2018年，人保财险西安市分公司承保并理赔，中国首例民营航天运载火箭，成为中国保险业在护航新时代航天梦、中国梦的典型案例。人保财险西安市分公司与未来宇航深入合作，共同组建成立中国首个商业航天保险创新研究院，将汇聚全国航大领域顶级人才，特聘中国航天业界工程院院士、研发制造领域的专家，同时配备中国人民保险专业风险管理技术人才，促进商业航天产业规范有序稳健发展，完善国内商业航天保险体系，推进产业国际化进程。

仪式上，人保财险陕西省分公司副总经理兼西安市分公司总经理桂文东同西安未来宇航研究院创始人牛旼进行了现场签约。西安市副市长王勇及人保财险特殊风险保险事业部总经理李海棠、人保财险陕西省分公司党委书记魏柏林、西安未来宇航研究院创始人牛旼共同为商业航天保险创新研究院揭牌。

本章小结

随着人类勘探太空的能力增强，航天保险市场也逐渐活跃，在此之前一直是欧美国家垄断航天保险市场，我国航天保险市场处于弱势地位，伴随我国对航天技术水平的提高，相应的风险控制能力也逐步提高。未来，我国航天保险完全有可能走向世界航天保险市场。

思考题

（1）航天保险的种类有哪些？

（2）我国航天保险发展前景怎样？

第十一章 航空保险精算

第一节 航空保险精算概述

保险精算是运用数学、统计学、金融学及人口学等学科的知识和原理，去解决工作中的实际问题，进而为决策提供科学依据。从整体上看，保险标的可以分成两种：一种是经济生活的主体，即人身；另一种是经济生活的客体，即财产。不论在理论上还是在实践中，保险业务在整体上通常被区分为财产保险和人身保险，这种传统的保险业务分类模式持续了几个世纪。

目前，国际上通常根据各种保险业务的性质和经营规则，将保险业务划分为非寿险和寿险。寿险是以人的身体和寿命作为保险标的的保险，大都属于长期性质，保单持续数年直至数十年。非寿险是指除寿险之外的一切保险业务的总和，包括广义财产保险与短期人身保险业务（主要是短期人身意外伤害保险和短期健康保险）。国际上之所以将短期人身保险业务与财产保险相提并论，一同列入非寿险的范畴，主要原因在于这两者或具有补偿性质，或保险期限短，财务处理方式与责任准备金计提等方面与财产相一致。

航空保险的类型包括航空器机身险、航空责任保险、航空战争险、航空人身意外险、航空器试飞险等，保险标的为各种财产物资及有关利益，业务性质是组织经济补偿，经济内容具有复杂性，投保对象与承保标的复杂，承保过程与承保技术复杂，风险管理复杂。在风险管理方面，保险对象的危险集中，保险人通常要采取再保险的方式进一步分散风险。例如，每一笔航空器机身险业务风险都高度集中，其保险金额往往数以亿计，任何一家保险公司若独立承保此类业务将意味着极大的风险。因此，从航空保险的类型和特征上看，航空保险都应属于非寿险范畴，适用非寿险精算技术。非寿险精算始终把损失发生的频率、损失发生的规模以及对损失的控制作为它的研究重心。

保险精算所需要的知识无疑十分繁杂，包括数学、统计学、金融学等，但其基本原理可简单归纳为收支相等原则和大数法则。所谓收支相等原则，就是使保险期内纯保费收入的现金价值与支出保险金的现金价值相等；大数法则是用来说明大量的随机现象由于偶然性相互抵消所呈现的必然数量规律的一系列定理的统称，包括切比雪夫大数法则、贝努利大数法则和泊松大数法则三类。

切比雪夫大数法则说明在承保标的的数量足够大时，被保险人所缴纯保费与其所能获得的赔款的期望值相等。设 X_1，X_2，…是两两不相关的随机变量序列，其期望值 $E(X_1)$，$E(X_2)$，…及方差 $\sigma^2(X_1)$，$\sigma^2(X_2)$，…都存在，且这些方差有共同的上界，即 $\sigma^2(X_i) \leqslant K$，$i=1$，2，…，则对任意的 $\varepsilon > 0$，存在：

$$\lim_{x \to \infty} P\left(\left| \frac{1}{n} \sum_{i=1}^{n} X_i - \frac{1}{n} \sum_{i=1}^{n} E(X_i) \right| < \varepsilon \right) = 1$$

切比雪夫大数定律表明，当 n 充分大时，差不多不再是随机的了，取值接近于其数学期望的概率接近于1。该定律给出了平均值稳定性的科学描述。

贝努利大数法则说明在保险经营中，当相互独立的风险单位满足一定的大数，保险公司就可以用以往损失频率的统计数据来推测未来同一损失发生的概率。设 S_n 是 n 重贝努利试验中事件 A 发生的次数，p 是事件 A 发生的概率，则对任意的 $\varepsilon > 0$，存在：

$$\lim_{n \to \infty} P\left(\left| \frac{S_n}{n} - p \right| < \varepsilon \right) = 1$$

该定律表明事件发生的频率具有稳定性。当试验次数 n 很大时，事件发生的频率与其真实概率有较大偏差的可能性很小。

泊松大数法则的意思是说当实验次数无限增加时，其平均概率与观察结果所得的比率将无限接近。设某一随机事件 A 在第 1 次试验中出现的概率为 p_1，在第 2 次试验中出现的概率为 p_2，…，在第 n 次试验中出现的概率为 p_n。同样用 S_n 表示事件 A 在 n 次试验中发生的次数，则对任意的 $\varepsilon > 0$，存在：

$$\lim_{n \to \infty} P\left(\left| \frac{S_n}{n} - \frac{p_1 + p_2 + \cdots + p_n}{n} \right| < \varepsilon \right) = 1$$

泊松大数定律表明，尽管各个相互独立的危险单位的损失概率可能各不相同，但只要标的足够多，仍可以在平均意义上求出相同的损失概率。因此，可以把性质相近的标的集中起来，从整体上求出一个平均费率。

第二节　损失分布模型

保险事故的发生时间、每次事故的损失金额、每年发生的事故次数和每年的累计损失等都可以通过随机变量来描述。在非寿险精算中三个最基本的随机变量是损失次数、损失金额和累计损失。在非寿险费率厘定和准备金评估模型中，这三个随机变量都具有十分重要的地位。本章将对描述这三个随机变量的损失模型进行归纳和总结。

一、分布及其数字特征

（一）分布函数
设 X 是一个随机变量，x 是任意实数，函数 $F(x) = \Pr(X \leqslant x)$ 称为 X 的分布函数。对于任意的 x，$F(x) = Pr(X \le x)$，生存函数 $S(x) = Pr(X > x) = 1 - F(x)$。设 $f(x)$ 是密度函数，则以下式子成立：

$$f(x) = F'(x) = -S'(x)$$

$$Pr(a < x \le b) = \int_a^b f(x)dx$$

$$F(b) = \int_{-\infty}^b f(x)dx$$

$$S(b) = \int_b^\infty f(x)dx$$

对于离散型随机变量，则下式成立：

$$p(x) = Pr(X = x); F(x) = \sum_{y \le x} p(y), S(x) = \sum_{y > x} p(y)$$

随机变量 X 的概率母函数被定义为：$P_X(z) = E(z^X)$；矩母函数为：$M_X(t) = E[e^{tX}] = P_X(e^t)$。随机变量 X 的分布函数由其概率母函数唯一确定；随机变量的概率可以通过概率母函数的各阶导数来确定，即 $p_k = \dfrac{P^{(k)}(0)}{k!}$，$k = 1, 2, \cdots$。n 个相互独立的随机变量之和的概率母函数等于它们各自的概率母函数的乘积，即 $P_{X_1 + \cdots + X_n}(z) = P_{X_1}(z) \cdots P_{X_n}(z)$。概率母函数和矩母函数之间存在下述关系：$M_X(t) = P_X(e^t)$；$P_X(z) = M_X(\ln z)$。

（二）数字特征

（1）X 的 k 阶原点矩：$E[X^k] = \int x^k f(x)dx = \sum x^k P(X = x)$，当 k = 1 时，$\mu = E[X]$ 为 X 的数学期望，数学期望描述了随机变量的平均取值，代表着其取值的平均水平。如果 X 为离散型随机变量，其取值为 x_i 的概率为 $p_i(i = 1, 2, \cdots)$，则其数学期望为 $E(X) = \sum_{i=1}^\infty x_i p_i$。如果 X 为连续型随机变量，则其数学期望为 $E(X) = \int_{-\infty}^{+\infty} xf(x)dx$，密度函数 $f(x)$ 与分布函数 $F(x)$ 具有下述关系：$F(x) = \int_{-\infty}^y f(x)$，两个随机变量 X 和 Y 的数学期望具有下述关系：$E(kX) = kE(X)$，其中 k 为常数；$E(X + Y) = E(X) + E(Y)$；若 X 与 Y 相互独立，则 $E(XY) = E(X) \cdot E(Y)$。

（2）X 的 k 阶中心矩：$E[(X - \mu)^k] = \int (x - \mu)^k f(x)dx = \sum (x - \mu)^k P(X = x)$，当 k = 2 时，$\sigma^2 \triangleq E[(X - \mu)^2] = E[X^2] - \mu^2$，为 X 的方差，其值刻画分布的离散程度，也就是该变量离其期望值的距离。σ 为其标准差。两个随机变量 X 和 Y 的方差具有下述关系：$Var(X) = k^2 Var(X)$；若 X 与 Y 相互独立，则 $Var(X + Y) = Var(X) + Var(Y)$；$Var(X) = E(X^2) - [E(X)]^2$。变异系数是标准差与数学期望的比率，即 $cv = \dfrac{\sqrt{Var(X)}}{E(X)}$。

（3）偏度系数：$\dfrac{E[(X - \mu)^3]}{\sigma^3} = \dfrac{E[X^3] - 3\mu E[X^2] + 2\mu^3}{\sigma^3}$。偏度系数是描述分布偏离对称性程度的一个特征数。当分布左右对称时，偏度系数为 0。当偏度系数大于 0 时，即

重尾在右侧，该分布为右偏；当偏度系数小于 0 时，即重尾在左侧，该分布为左偏；当偏度绝对值过大时，长尾的一侧出现极端值的可能性较高。

（4）峰度系数：$\dfrac{E\left[(X-\mu)^4\right]}{\sigma^4}=\dfrac{E\left[X^4\right]-4\mu E\left[X^3\right]+6\mu^2 E\left[X^2\right]+3\mu^4}{\sigma^4}$。表征概率密度分布曲线在平均值处峰值高低的特征数。直观看来，峰度反映了峰的尖度。样本的峰度是和正态分布相比较而言统计量，如果峰度大于三，峰的形状比较尖，比正态分布峰要陡峭；反之亦然。在方差相同的情况下，峰度越大，存在极端值的可能性越高。

（5）条件期望和条件方差。对于二维随机变量（X，Y），当 Y 给定时计算 X 的数学期望即得 X 的条件期望 E（X | Y）。当 Y 给定时计算 X 的方差即得 X 的条件方差为 $\text{Var}(X\mid Y)=E(X^2\mid Y)-\left[E(X\mid Y)\right]^2$。如果允许 Y 可以随机取值而不是给定取值，则 E（X | Y）和 Var（X | Y）都是随机变量。

$$E(X)=E\left[E(X\mid Y)\right]$$

$$\text{Var}(X)=E\left[\text{Var}(X\mid Y)\right]+\text{Var}\left[E(X\mid Y)\right]$$

二、个体保单损失次数模型

（一）泊松分布

泊松分布用来描述某段连续的时间内某独立事件发生次数的概率分布。其分布律为：$P(X(t)=k)=\dfrac{(\lambda t)^k e^{-\lambda t}}{k!}$，其中 t 为连续的时间长度，$\lambda$ 为单位时间事件发生的数学期望，e 为自然底数。当 t = 1 时，泊松分布的分布列为：$p_k=\dfrac{e^{-\lambda}\lambda^k}{k!}$，k = 0，1，2，…，$E(N)=\text{Var}(N)=\lambda$。泊松分布具有下述性质：泊松分布的均值和方差相等，都等于泊松分布的参数 λ；当参数 λ 很小时，泊松分布可以近似二项分布；如果保险事故发生的时间间隔服从指数分布，则在一个固定的时间区间内发生的保险事故次数服从泊松分布；当参数 λ 较大时，泊松分布可以用正态分布近似。

（二）二项分布

带有参数 n 和 p 的二项分布表示的是 n 次独立试验的成功次数的概率分布。在每次独立试验中只有取两个值，表示成功的值的概率为 p，那么表示试验不成功的概率为 1 - p。这样一种判断成功和失败的二值试验又叫作伯努利试验。特殊地，当 n = 1 时，我们把二项分布称为伯努利分布。其分布律为 $P(X=k)=C_n^k p^k(1-p)^{n-k}$。当 n 足够大，p 足够小时，二项分布可以用泊松分布逼近。$E(N)=mq$；$\text{Var}(N)=mq(1-q)$。二项分布具有下述性质：二项分布的方差小于其均值；假设每个风险发生损失的概率均为 q，则二项分布可以描述 m 个独立同分布的风险所组成的风险集合的损失次数；如果用二项分布描述损失次数，则意味着损失次数存在一个最大值；如果存在两个独立的二项分布 X ~（n，p）和 Y ~ B（m，p），那么 X + Y 也是一个二项分布。

（三）负二项分布

X 服从负二项分布，分布列为：$p_k=\dfrac{\Gamma(k+r)}{\Gamma(r)\Gamma(k+1)}\left(\dfrac{1}{1+\beta}\right)^r\left(\dfrac{\beta}{1+\beta}\right)^k$，k = 0，1，2，…

记为 $X \sim NB(r, p)$。$E(N) = r\beta$，$Var(N) = r\beta(1 + \beta)$。负二项分布具有下述性质：方差大于均值；负二项分布是一种混合泊松分布。负二项分布的偏度系数大于泊松分布，更适合描述尾部较长的损失分布。此外，负二项分布的方差大于均值，如果假设泊松分布的参数服从伽马分布，由此得到的混合泊松分布即为负二项分布。

（四）几何分布

X 服从几何分布，分布列为：$p_k = \dfrac{\beta^k}{(1 + \beta)^{k+1}}$，$k = 0, 1, 2\cdots$；$E(N) = \beta$；$Var(N) = \beta(1 + \beta)$，几何分布具有下述性质：几何分布是负二项分布当 $r = 1$ 时的特例；几何分布具有指数形式的衰减概率函数，因此具有无记忆性；几何分布的众数恒为零。

（五）混合分布

如果我们有一个包含多个随机变量的随机变量集合，再基于该集合生成一个新的随机变量，则该随机变量的分布称为混合分布（Mixture Distribution）。理论上，混合型随机变量的分布函数可以分解为一个离散型随机变量的分布函数与一个连续型随机变量的分布函数的线性组合，且满足组合的系数之和为一。即若混合型随机变量的分布函数为 $F(x)$，则 $F(x) = aF_1(x) + bF_2(x)$，其中 $F_1(x)$ 为一离散型随机变量的分布函数，$F_2(x)$ 为一连续型随机变量的分布函数，且 $a + b = 1$。

三、个体保单损失金额模型

（一）正态分布

正态分布是具有两个参数 μ 和 σ^2 的连续型随机变量的分布，第一个参数 μ 是遵从正态分布的随机变量的均值，第二个参数 σ^2 是此随机变量的方差，所以正态分布记作 $N(\mu, \sigma^2)$。正态分布呈钟型，其概率密度函数为：

$$f(x) = \frac{1}{\sigma\sqrt{2\pi}}e^{-\frac{1}{2}\left(\frac{x-\mu}{\sigma}\right)^2}, \quad -\infty < x < \infty$$

正态分布主要性质为：平均由 68% 的样本在总体平均值的一个标准差范围内波动，有 95% 的样本平均值在总体平均值的两个标准误差范围内，99.7% 的样本在总体平均值三个标准差单位内波动。N 维随机向量具有类似的概率规律时，称此随机向量遵从多维正态分布。多元正态分布有很好的性质，例如，多元正态分布的边缘分布仍为正态分布，它经任何线性变换得到的随机向量仍为多维正态分布，特别它的线性组合为一元正态分布。正态分布是许多统计方法的理论基础，根据中心极限定理。当样本量足够大时，样本均值的分布渐进服从正态分布，因而大样本下很多统计推断方法都是以正态分布为理论基础的。

（二）对数正态分布

若一个随机变量取对数后服从正态分布，则该随机变量服从对数正态分布。如果 X 是服从正态分布的随机变量，则 exp(X) 服从对数正态分布；同样，如果 Y 服从对数正态分布，则 ln(Y) 服从正态分布。如果一个变量可以看作是许多很小独立因子的乘积，则这

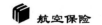

个变量可以看作是对数正态分布。一个典型的例子是股票投资的长期收益率，它可以看作是每天收益率的乘积。对数正态分布的概率密度函数 $f(x) = \frac{1}{\sigma\sqrt{2\pi}x}e^{-\frac{1}{2}(\frac{\ln x - \mu}{\sigma})^2}$，$x > 0$，期望 $E[X] = e^{\mu + \frac{\sigma^2}{2}}$，方差 $Var[X] = e^{2\mu + \sigma^2}(e^{\sigma^2} - 1)$，k 阶原点矩为：$E[X^k] = e^{\mu k + \frac{\sigma^2 k^2}{2}}$。对数正态分布具有下述性质：第一，正态分布经指数变换后即为对数正态分布；对数正态分布经对数变换后即为正态分布。第二，设 r、t 为正实数，X 是参数为 (μ, σ^2) 的对数正态分布，则 $Y = rX^t$ 仍是对数正态分布，参数为 $(t\mu + \ln(r), t^2\sigma)$。第三，对数正态分布总是右偏的。第四，对数正态分布的均值和方差是其参数 (μ, σ^2) 的增函数。第五，对给定的参数 μ，当 σ^2 趋于零时，对数正态分布的均值趋于 $\exp(\mu)$，方差趋于零。

（三）指数分布

若随机变量 x 服从参数为 λ 的指数分布，则记为 $X \sim e(\lambda)$，其重要特征是无记忆性。指数分布的概率密度函数为：$f(x) = \lambda e^{-\lambda x}$，$x > 0$，分布函数为 $F(x) = 1 - e^{-\lambda x}$，$x > 0$；均值为 $1/\lambda$，方差为 $1/\lambda^2$。指数分布具有下述性质：如果在单位时间内损失次数服从参数为 q 的泊松分布，则相邻损失之间的时间间隔服从参数为 q 的指数分布；指数分布具有无记忆性。

（四）伽马分布

伽马分布随机变量 X 的概率密度函数为：$f(x) = \frac{\lambda^\alpha}{\Gamma(\alpha)}x^{\alpha-1}e^{-\lambda x}$，$x > 0$，其中 $\alpha > 0$，$\beta > 0$ 是伽马分布随机变量 X 的参数，记作 $G(\alpha, \beta)$。伽马分布的均值、方差和 k 阶原点矩分别为 $E[X] = \frac{\alpha}{\lambda}$；$Var[X] = \frac{\alpha}{\lambda^2}$；$E[X^k] = \frac{\Gamma(k+\alpha)}{\lambda^k\Gamma(\alpha)}$。

伽玛分布具有下述性质：

（1）当固定尺度参数 q 时，改变形状参数 α 的取值会改变伽玛密度函数的形状。

（2）当 α 趋于无穷大时，伽玛分布近似于正态分布。

（3）当 $\alpha = 1$ 时，伽玛分布就是参数为 q 的指数分布。

（4）当尺度参数 q 相同时，伽玛分布具有可加性。

（5）伽玛分布乘以正常数 r 以后，仍然是伽玛分布，参数变为 $(\alpha, q/r)$。

（五）帕累托分布

帕累托分布随机变量 X 的概率密度函数为：$f(x) = \frac{\alpha\lambda^\alpha}{(x+\lambda)^{\alpha+1}}$，$x > 0$；分布函数为 $F(x) = 1 - \left(\frac{\theta}{x+\theta}\right)^\alpha$；均值 $E[X] = \frac{\lambda}{\alpha-1}$，$\alpha > 1$，方差 $Var[X] = \frac{\alpha\lambda^2}{(\alpha-1)^2(\alpha-2)}$，$\alpha > 2$，帕累托分布是右偏分布。帕累托分布具有下述性质：

（1）帕累托分布总是右偏的，众数恒为 0。

（2）帕累托分布乘以正常数 r 以后，仍然是帕累托分布，参数变为 $(\alpha, r\theta)$。

（3）如果均值 $\mu = E(X)$ 保持不变，当 $\alpha \to \infty$ 时，帕累托分布收敛到参数为 $1/\mu$ 的

指数分布。

（六）韦伯分布

韦伯分布的概率密度函数为：$f(x) = c\gamma x^{\gamma-1} e^{-cx^{\gamma}}$，$x>0$，（$c>0$，$\gamma>0$），期望为：

$$E[X] = \frac{\Gamma\left(1+\dfrac{1}{\gamma}\right)}{c^{\frac{1}{\gamma}}}，方差为：Var[X] = \frac{\Gamma\left(1+\dfrac{2}{\gamma}\right)}{c^{\frac{2}{\gamma}}} - \left[\frac{\Gamma\left(1+\dfrac{1}{\gamma}\right)}{c^{\frac{1}{\gamma}}}\right]^2。$$

韦伯分布具有下述性质：

（1）当 $\theta=1$ 时，韦伯分布就是参数为 α 的指数分布。

（2）韦伯分布乘以正常数 r 以后，仍然是韦伯分布，参数变为（α/r^{θ}，θ）。

（3）如果 $X = \theta \cdot Y^{\alpha}$ 服从标准指数分布（即参数为1），则 Y 服从韦伯分布。

（4）韦伯分布在 $\theta=3.6$ 附近呈现大致对称的形状。

四、保单组合的理赔额分布模型

在明确单张保单的理赔额和理赔次数分布后，接下来研究保单组合的理赔额分布。设在某一时期保险人面临的总理赔额为 S，则 S 为随机变量。根据研究角度的不同，对保单组合的理赔额分布建模方法有两类：短期个体风险模型和短期集体风险模型。

（一）短期个体风险模型

短期个体风险模型假定保单组合的份数是固定的，每份保单是否发生理赔以及理赔多少是相互独立的。假定第 i 份保单的实际理赔额为 X_i，则这段时间的总理赔额为：$S = X_1 + X_2 + X_3 + \cdots + X_n$，其中 n 为固定常数。在一般情况下，要获得 S 的分布是很困难的，需要对其分布性质做假设：①每份保单是否发生理赔以及理赔额大小是相互独立、互不影响的，即 X_1，X_2，$\cdots$，X_n 是相互独立的随机变量。②每份保单至多发生一次理赔。因此，可用 $0-1$ 随机变量 I 表示理赔发生情况，第 j 份保单实际赔付额 X_j 可以表示为：$X_j = I_j B_j = \begin{cases} 0, & 1-q_j \\ B_j, & q_j \end{cases}$，其中，$q_j$ 表示第 j 份保单发生理赔的概率；B_j 表示第 j 次理赔发生时的理赔额。总理赔额 S 可表示为：$S = \sum_{i=1}^{n} X_i = \sum_{i=1}^{n} I_i B_i$。

短期个体风险模型在非寿险领域中应用广泛，比如考虑如下航空意外险保单。假设所有人明年的死亡概率为 0.01，且 30% 的死亡是由于航空意外事故。75 名雇员分属两个保单组，其中 50 人如果正常死亡，保险人赔付 5 万元；如果是意外死亡，保险人将赔付 10 万元。另外 25 人的赔付额分别是 7.5 万元和 15 万元。求明年总赔付额的期望和方差。

解：第一个保单组 50 名员工的赔付额为：

$$B_j = \begin{cases} 50000, & 0.7 \\ 100000, & 0.3 \end{cases}$$

$$u_j = E(B_j) = 0.7 \times 50000 + 0.3 \times 100000 = 65000（元）$$

$$\sigma^2 = Var(B_j) = 0.7 \times 50000^2 + 0.3 \times 100000^2 - 65000^2 = 525000000（元）$$

另一个保单组的 25 名员工赔付额分布律及其期望和方差计算同上。接着根据方差分解公式求得明年总赔付额的 S 期望为 56875 和方差为 5001984375。

计算 S 的分布常用的三种方法为：①卷积求和法；②矩母函数法；③近似计算法。用卷积的方法求总理赔额的分布需要大量运算，特别是当保单数较多或理赔额的分布较复杂时可能超过计算机的运算能力。此时，采用矩母函数或母函数方法递归计算 S 的分布就比较方便。设 X 表示单张保单的实际赔付额，假设 X 的矩母函数存在。由于 X_1，X_2，…，X_n 是相互独立的随机变量，因此 S 的矩母函数为：$M_S(t) = E(e^{tS}) = E(e^{t \cdot \sum_{i=1}^{n} X_i}) = \prod_{i=1}^{n} E(e^{tX_i}) = \prod_{i=1}^{n} M_{X_i}(t)$。设 X_1，X_2，…，X_n 是相互独立的随机变量，且 X 服从伽马分布，这段时间的总理赔额为：$S = X_1 + X_2 + X_3 + \cdots + X_n$，其分布可通过如下方法求得：伽马分布的矩母函数为：$M_X(t) = (1 - \beta t)^{-\alpha}$，因此 $M_S(t) = \sum_{i=1}^{n} M_{X_i}(t) = (1 - \beta t)^{-n\alpha}$，已知 S 服从伽马分布，参数为 $(n\alpha, \beta)$。对于数量较大的保单，可以根据中心极限定理求其近似分布（正态分布）。

（二）短期集体风险模型

短期集体风险模型则将保单组合视为一个整体，认为每份保单每次发生的理赔额相同。也就是说，短期集体风险模型假设保单组合在单位时间内发生的理赔次数是随机的，当 N 取值固定时，集体风险模型就退化为个体风险模型，该模型更适合描述非寿险保单组合的总赔额分布。短期集体风险模型可以描述为：$S = X_1 + X_2 + X_3 + \cdots + X_N$。其中，$X_1$，$X_2$，…，$X_n$ 是相互独立的随机变量，N 与 X 相互独立。从短期集体风险模型 S 的表达式可以看出，S 的分布由 N 和 X 的分布决定，称为复合分布。如果理赔次数 N 的分布用泊松分布来描述，则 S 的分布称为复合泊松分布；如果理赔次数 N 的分布用负二项分布来描述，则 S 的分布称为复合负二项分布。根据期望迭代法则，S 的期望为：

$$E(S) = E[E[S|N]] = \sum_{n=0}^{\infty} E[S|N = n]P(N = n)$$

$$= \sum_{n=0}^{\infty} E[X_1 + X_2 + \cdots + X_n]P(N = n) = E[X] \sum_{n=0}^{\infty} nP(N = n)$$

总理赔额的方差可由条件方差公式得到：

$$Var[S] = E[Var[S|N]] + Var[E[S|N]]$$
$$= E[NVar[X]] + Var[NE[X]]$$
$$= E[N]Var[X] + [EX]^2 Var(N)$$

例：设理赔次数 N 服从负二项式分布：$P(N = k) = \binom{k + r - 1}{k} p^r q^k$，且已知负二项式分布的参数 $p = 2/3$，$Var(N) = 24$，个别理赔额的分布为：$X \sim \begin{pmatrix} 2 & 3 & 4 \\ 0.3 & 0.5 & 0.2 \end{pmatrix}$，求总理赔额的均值和方差。

解：对于负二项式分布，有 $E(N) = \dfrac{rq}{p}$，$Var(N) = \dfrac{rq}{p^2}$，因此：

$$E(N) = pVar(N) = \frac{2}{3} \times 24 = 16$$

$$E(X) = 2 \times 0.3 + 3 \times 0.5 + 4 \times 0.2 = 2.9$$

$$Var(X) = 2^2 \times 0.3 + 3^2 \times 0.5 + 4^2 \times 0.2 - 2.9^2 = 0.49$$

故有：

$$E[S] = E[N]E[X] = 16 \times 2.9 = 46.4$$

$$Var(S) = E[N]Var[X] + [EX]^2 Var(N) = 16 \times 0.49 + 2.9^2 \times 24 = 209.68$$

$$E(S) + Var(S) = 46.4 + 209.68 = 256.08$$

获得 S 的分布通常有两种方法：第一，收集 S 的数据，利用统计方法来估计 S 的分布；第二，分开估计个别理赔额 X 的分布和理赔次数 N 的分布，然后再利用复合分布的性质来分析 S 的分布。分开考虑的优点：第一，在精算模型中，经常需要了解免赔额和赔偿限额的变化对总理赔额的影响，这就需要单独研究损失额和理赔额的分布。第二，当保单组合中保单个数发生变化时，保单组合的理赔次数也相应发生变化。第三，总理赔额通常会受到社会、经济和政治因素的影响，分析这些因素对总理赔额的影响时，需要根据具体情况对理赔额和理赔次数进行分析。第四，总理赔额的分布形态是由理赔额和理赔次数的分布形态决定的。只有了解了两者的分布特点，才能更好地分析总理赔额的分布。下面介绍求总理赔额 S 分布的几种方法：

1. 卷积法

设理赔额 X 的分布函数为 F_X，理赔次数 N 的分布列为 $\{p_n, n = 0, 1, 2, \cdots\}$，由全概率公式，有：

$$\begin{aligned}
F_S(s) &= P(S \leqslant s) = \sum_{n=0}^{\infty} P(S \leqslant s \mid N = n) P(N = n) \\
&= \sum_{n=0}^{\infty} P(X_1 + X_2 + \cdots + X_n \leqslant s) p_n = \sum_{n=0}^{\infty} F_X^{*n}(s) p_n
\end{aligned}$$

其中，$F_X^{*n}(x)$ 是 F 的 n 重卷积，它的定义是：

$$F_X^{*0}(x) = \begin{cases} 0, x < 0 \\ 1, x \geqslant 0 \end{cases}, F^{*1}(x) = F_X(x)$$

$$F_X^{*n}(x) = \int_{-\infty}^{x} F_X^{*(n-1)}(x - y) dF_X(y), n = 2, 3, \cdots$$

2. 矩母函数法

利用全概率公式，总理赔额 S 的矩母函数如下：

$$\begin{aligned}
M_S(t) &= E(e^{tS}) = E[E(e^{tS} \mid N)] \\
&= \sum_{n=0}^{\infty} E[e^{t(X_1 + X_2 + \cdots + X_N)} \mid N = n] P(N = n) \\
&= \sum_{n=0}^{\infty} E[e^{t(X_1 + X_2 + \cdots + X_n)}] P(N = n)
\end{aligned}$$

$$= \sum_{n=0}^{\infty} \left[M_X(t) \right]^n P(N = n)$$

$$= E\left[\left(M_X(t) \right)^N \right] = E\left[\left(e^{\ln M_X(t)} \right)^N \right] = E\left[\left(e^{N \ln M_X(t)} \right) \right]$$

$$= M_N \left[\ln M_X(t) \right]$$

例：设个体理赔额 X 服从指数分布，均值为 θ；理赔次数 N 服从几何分布，求 S 的分布。

解：理赔额 X 的矩母函数为：$M_X(t) = \left(1 - \dfrac{t}{\theta} \right)$，理赔次数 N 的矩母函数为：$M_N(t) = \dfrac{p}{1 - qe^t}$，由此得到理赔总额 S 的矩母函数为：$M_S(t) = M_N(\ln M_X(t)) = \dfrac{p}{1 - qM_X(t)} = \dfrac{p}{1 - q\left(1 - \dfrac{t}{\theta} \right)} = p + q\dfrac{p}{p - \theta t}$，这是一个两点混合分布，其概率密度函数为：

$$f_S(x) = \begin{cases} p, & x = 0 \\ \dfrac{pq}{\theta} \exp\left(\dfrac{-px}{\theta} \right), & x > 0 \end{cases}$$

3. 递推法

若 N 的分布属于 (a, b, 0) 分布族，理赔额 X 取有限个整数值，则总理赔额 S 的分布为：

$$f_S(x) = \frac{\sum_{y=1}^{x \wedge r} \left(a + \dfrac{by}{x} \right) f_X(y) f_S(x - y)}{1 - a f_X(0)}$$

$$f_S(0) = P_N(f_X(0))$$

若 N 服从泊松分布，则总理赔额 S 的分布为：

$$f_S(x) = \sum_{y=1}^{x \wedge r} \frac{\lambda y}{x} f_X(y) f_S(x - y)$$

$$f_S(0) = P_N(f_X(0)) = e^{\lambda(f_X(0) - 1)}$$

最后介绍复合泊松分布，复合泊松分布具有两个非常有用的性质，分别是可加性和可分解性。设 N_1、N_2、N_3、…、N_n 为相互独立的服从泊松分布随机变量，参数为 λ_i（i = 1，2，…，n），则 $N = N_1 + N_2 + \cdots + N_n$ 服从参数为 $\lambda = \sum_{i=1}^{m} \lambda_i$ 的泊松分布。上述定理具有两方面的意义：第一，在考虑多个保单组合构成的总业务组合时，若这些保单组合之间是相互独立的，而且每个保单组合的总理赔模型均为复合泊松模型，则总业务组合的总理赔模型依然是复合泊松模型。第二，在考虑同一保单组合在若干个连续保险年度中的理赔总量分布时，如果每个保险年度的理赔总量都是复合泊松模型且相互独立，即使它们的分布不同，这些年的理赔总量也将服从复合泊松模型。

前面提到的个体风险模型也可以用复合泊松模型近似。假设有 n 张保单的一个组合，每张保单只发生一次理赔，第 i 张保单发生理赔的概率为 q，理赔额为 b。在个体风险模型中，总理赔额 $S = \sum_{i=1}^{n} X_i = \sum_{i=1}^{n} I_i b_i$ ，S 的均值和方差分别为：$E(S) = \sum_{i=1}^{n} b_i q_i$ ，$Var(S) = \sum_{i=1}^{n} \left[b_i^2 q_i (1 - q_i) \right]$ 。考虑用集体风险模型近似上述个体风险模型，即将个体风险模型中的 $0 - 1$ 变量 I 用参数为 λ_i 的泊松变量 N_i 代替，则总理赔额 S 表示成为：$S = \sum_{i=1}^{n} X_i = \sum_{i=1}^{n} b_i N_i$ ，如果令 $\lambda_i = q_i$ ，则可求得：$E(S) = \sum_{i=1}^{n} b_i q_i$ ，$Var(S) = \sum_{i=1}^{n} b_i^2 q_i$ 。

4. 近似求解法

（1）正态分布近似。设个别理赔额分布为 $f(x)$ ，$\mu_1 = E(X)$ ，$\mu_2 = E(X^2)$ ，如果 S 是复合泊松分布，参数为 λ ，则当 $\lambda \to \infty$ 时，$Z = \dfrac{S - \lambda \mu_1}{\sqrt{\lambda \mu_2}}$ 的分布趋于标准正态分布。如果 S 是复合负二项式分布，参数为 r ，p ，分布列为：$P(N = k) = \binom{k + r - 1}{k} q^k p^r$ ，$k = 0,\ 1,\ 2,\ \cdots$ 。

则当 $r \to \infty$ 时，Z 的分布趋于标准正态分布：$Z = \dfrac{\left[S - r \left(\dfrac{q}{p} \right) \mu_1 \right]}{\sqrt{ r \left(\dfrac{q}{p} \right) \mu_2 + r \left(\dfrac{q}{p} \right)^2 \mu_1^2 }}$ 。

（2）平移伽马分布近似。设 $G(x; \alpha, \beta) = \int_0^x \dfrac{\beta^\alpha}{\Gamma(\alpha)} t^{\alpha - 1} e^{-\beta t} dt$ 为伽马分布，对任意一点 x_0 ，定义一个新的分布函数 $H(x,\ \alpha,\ \beta,\ x_0) = G(x - x_0;\ \alpha,\ \beta)$ 。若设 $h(x)$ 和 $g(x)$ 分布为 $H(x,\ \alpha,\ \beta,\ x_0)$ 和 $G(x,\ \alpha,\ \beta)$ 的分布函数和密度函数，则从图形上 H 和 G 只差了一个平移变换，因此 H 被称为平移伽马分布。$h(x)$ 有三个参数，所以需要根据 S 的均值、方差和三阶中心矩来定出 $h(x)$ 的形状和位置。又因为 H 的均值、方差和三阶中心矩分别为 $x_0 + \dfrac{\alpha}{\beta}$ 、$\dfrac{\alpha}{\beta^2}$ 、$\dfrac{2\alpha}{\beta^3}$ ，所以用 $h(x)$ 来描述 S 的分布时，下面三个等式近似成立。令 S 的均值、方差和三阶中心矩分别与 H 的均值、方差和三阶中心矩相等，得到：

$$
\begin{cases}
E(S) = x_0 + \dfrac{\alpha}{\beta} \\[2mm]
Var(S) = \dfrac{\alpha}{\beta^2} \\[2mm]
E\left[(S - E(S))^3 \right] = \dfrac{2\alpha}{\beta^3}
\end{cases}
$$

当 $x \to -\infty$ ，$\beta \to \infty$ 时，$H(x,\ \alpha,\ \beta,\ x_0)$ 趋于正态分布 $N(\mu,\ \sigma^2)$ 。因此，正态分布可以看作是这种三参数分布的一种极限情况。从这个意义上来说，平移伽马分布近似是正态近似的推广。

（3）对数正态分布近似。此外，实际中还使用对数正态分布 $\ln(\mu,\ \sigma^2)$ 来近似 S 的分布，即考虑方程组 $E(S) = \exp\left(\mu + \dfrac{\sigma^2}{2} \right)$ ，$E(S^2) = \exp(2\mu + 2\sigma^2)$ ，解出 μ 、σ^2 ，然后用

$\ln(\mu,\ \sigma^2)$ 来描述 S 的分布。由中心极限定理知，当 λ、m、r 趋于无穷时，S 的分布将趋于正态分布。而当 E(N)的值较小时，S 的分布是有偏斜的，这时使用平移伽马和对数正态近似可能更为恰当。

例：在过去的 10 个月里每月某航空保险险种的理赔次数 N 满足 E(N) = 6.7 和 Std(N) = 2.3；个体理赔额 X 满足 Std(N) = 2.3 和 Std(X) = 52141。

（1）计算每个月总理赔额 S 的均值和方差。

（2）分别用正态近似和对数正态近似计算理赔额超过期望的 140% 的概率 P(S > 1.40E(S))。

解：（1）先得到 S 的均值和方差为：

$E(S) = E(X)E(N) = 6.7 \times 179247 = 1200955$

$Var(S) = E[N]Var[X] + E[X]^2 Var(N)$

$\qquad = 6.7 \times 52141^2 + 2.3^2 \times 179247^2 = 188180 \times 10^{11}$

若使用正态近似计算，则：

$P(S > 1.40E(S)) = P(S > 1681337)$

$$= P\left(\frac{S - E(S)}{\sqrt{Var(S)}} > \frac{1681337 - 1200955}{433797}\right) = 0.134$$

若使用对数正态分布近似，则根据矩关系建立等式：

$u + \dfrac{\sigma^2}{2} = \ln(E(S)) = \ln(1.200955 \times 10^6) = 13.99863$

$2u + 2\sigma^2 = \ln(E(S^2)) = \ln(1.63047 \times 10^{12}) = 28.11989$

得到 u = 13.93731，$\sigma^2 = 0.122636$。

因此有：

$$P(S > 1.4E(S)) = P(S > 1681337) = 1 - \Phi\left(\frac{\ln(1681337) - 13.93731}{0.122636^{0.5}}\right) = 0.128$$

下面考虑相关性保单组合的理赔次数分布。一次风险事故的发生可能导致多份保单同时出现理赔，这样的保单组合被称为相关性保单组合，例如火灾险、航空意外险等。对于相关性保单组合，其理赔次数的分布可用复合分布来描述。设 N 表示保单组合在单位时间内损失事故的发生数，其分布为 $f_N(n)$；M_i 表示第 i 个损失事件产生的理赔次数，为独立同分布的随机变量，且与事故发生的次数独立，其分布为 $f_M(k)$。则在单位时间内保单组合发生的总的理赔次数为：

$S = M_1 + M_2 + \cdots + M_N$

这是一个关于 M 的复合分布、N 的分布称为第一分布，M 称为第二分布。由上述总理赔次数和总理赔额各随机变量间的对应关系，不难得出总理赔次数 S 的均值和方差为：

$E(S) = E(M)E(N)$

$Var(S) = E(N)Var(M) + E(M)^2 Var(N)$

例：设从城市 A 到城市 B 的某航线每个月有 70 个航班，假设每个航班有 2% 的可能性取消，假设每次飞行有 0.00001 的概率出事。进一步假设每趟飞机有 200 个座位，每次飞行有 90% 的就座率和 6 个机组人员，假设出事飞机上的人都死亡，并且都买了保险。求每个月此航线的索赔次数的期望和方差。

解：令 S 表示下个月此航线的索赔次数，N 表示下个月出行的航班数：

$N \sim B(n_1, p)$，$n_1 = 70$，$p = 0.98$

$E(N) = n_1 p = 68.6$

$Var(N) = 70 \times 0.98 \times 0.02 = 1.372$

P 表示飞机上的人员数，M 表示乘客数，$M \sim B(n_2, p)$，$n_2 = 200$，$p = 0.9$，$P = 6 + M$，其均值和方差为：$E(P) = 6 + 200 \times 0.9 = 186$；$Var(P) = 200 \times 0.9 \times 0.1 = 18$，$E(P^2) = Var(P) + E(P)^2 = 34614$。令 K 表示出行中发生事故的航班数，则 $K = I_1 + I_2 + \cdots + I_N$，其中 $I_j \sim \begin{pmatrix} 1 & 0 \\ q & 1-q \end{pmatrix}$，$j = 1, 2, \cdots, N$，因此，发生事故航班的均值与方差为：

$E(K) = qE(N) = 0.00001 \times 68.6 = 0.000686$

$Var(K) = q(1-q)E(N) + q^2 Var(N)$

$\qquad = 0.00001 \times 0.9999 \times 68.6 + 0.00001^2 \times 1.372$

$\qquad = 0.000686$

令 S 表示下个月发生事故死亡的总人数（总理赔次数），则：

$S = P_1 + P_2 + \cdots + P_K$，从而有：

$E(S) = E(P)E(K) = 186 \times 0.000686 = 0.1276$

$Var(S) = E(K)Var(P) + E(P)^2 Var(K)$

$\qquad = 0.000686 \times 18 + 186^2 \times 0.000686 = 23.745$

（三）免赔额对理赔次数的分布的影响

当免赔额存在时，理赔次数不等于损失次数，以 X 表示实际发生的损失，$f_X(x)$ 为其密度函数，N 表示损失次数，d 表示免赔额，v 表示保单导致理赔的概率，则 $v = P(X > d)$，令 $I_j = 0$ 表示第 j 个保单不引起理赔，$I_j = 1$ 则引起理赔，因此有 $P(I_j = 1) = v$。设 N^L 表示单位时间内的损失数，N^P 表示免赔额为 d 时的理赔数，则有 $N^P = I_1 + I_2 + \cdots + I_{N^L}$，若 I_i 间相互独立，且与 N^L 独立，则 N^P 是一个复合分布，其均值与方差为：$E(L^P) = vE(N^L)$，$Var(N^P) = v(1-v)E(N^L) + v^2 Var(N^L)$。下面介绍限额（停止）损失再保险，停止（限额）损失再保险，无论从理论上还是在实践中都有着特别重要性。再保险人的风险为：

$$I_d(S) = \begin{cases} 0, & S \leq d \\ S - d, & S > d \end{cases}$$

对于自留额为 d 的限额损失再保险，对原保险人来说，起到了"限额损失"的作用，因为超过额度的部分 $I_d(S)$ 由再保险人赔付。原保险人自留的风险为：

$$S - I_d(S) = \begin{cases} S, & S \leq d \\ d, & S > d \end{cases}$$

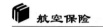

还有停止损失再保险理赔额的均值即纯保费 $E[I_d(S)]$ 的计算，设 S 的分布函数为 $F_s(x)$，密度函数为 $f_s(x)$，则有：

$$E(I_d) = \int_d^\infty (x-d)f_s(x)dx = \int_0^\infty (x-d)f_s(x)dx - \int_0^d (x-d)f_s(x)dx$$

$$= E(S-d) + \int_0^d (d-x)f_s(x)dx = E(S) - d + \int_0^d (d-x)f_s(x)dx$$

$$= \int_d^\infty [1 - F_s(x)]dx$$

五、获得损失分布的方法

获得损失分布的方法主要有三种：第一，经典统计法。经典统计法是指在数据相对完备的条件下，通过总体信息和样本信息来确定损失的概率分布、估计其未知参数。第二，贝叶斯方法。贝叶斯方法采用先验概率、损失函数等主观信息来估计未知参数，估计损失的概率分布。第三，随机模拟。通过应用计算机程序对实际过程进行模拟，在模拟结果的基础上对损失分布进行估算。

（一）经典统计方法

基于总体信息和样本信息进行的统计推断被称为经典统计学，利用经典统计学获得的损失分布过程如下：

（1）获得损失分布的大体轮廓得出密度函数曲线。

（2）选择分布类型。

（3）估计参数，确定概率分布：用矩估计法或极大似然法。

（4）对分布及参数进行检验：卡方检验。先观察数据排序，然后分为若干组，组数记为 n。计算每一组的数据个数 O_i，再用所选择的概率分布计算每一组的理论个数 E_i，则 $X^2 = \sum_{i=1}^n \frac{(O_i - E_i)^2}{E_i}$ 近似服从自由度为 $n - r - 1$ 的卡方分布，其中 r 为所选择的概率分布中参数的个数。

（二）贝叶斯方法

经典统计方法是建立在具有独立性和代表性的样本信息基础上，但在风险管理实践中，有时对损失分布的估计需要加入主观判断，并利用获得的数据修正原来的估计的方法就是贝叶斯方法。是否利用先验信息是贝叶斯统计方法和经典统计方法的主要区别，贝叶斯方法重视已出现的样本观察值，对尚未发生的样本观察值不予考虑，与经典统计不同。利用贝叶斯方法获得的损失分布过程如下：

（1）选择先验分布。设 θ 的分布函数和密度函数分别为 $F(x)$ 和 $f(x)$，分别称为先验分布和先验密度。

（2）确定似然函数。为了得到关于 θ 的进一步信息，针对损失变量 X 进行一些试验或观察。假设获得的新信息的观察值序列为 X_1，X_2，$\cdots$，X_3，可构造似然函数，并记为

$f(x/\theta)$，$f(x/\theta) = L(x_1, x_2, \cdots, \theta) = \prod_{i=1}^{n} f(x_i/\theta)$，$i = 1, 2, \cdots, n$。

（3）确定参数 θ 的后验分布。由贝叶斯公式：$f(\theta/x) = \dfrac{f(x/\theta)f(\theta)}{\int f(x/\theta)f(\theta)d\theta}$，可以得到 θ 的

后验分布，其中 $\int f(x|\theta)f(\theta)d\theta$ 是与 θ 无关的常数。常用共轭分布族有二项分布的贝塔分布族、泊松分布的伽马分布族、指数分布的伽马分布族、正态分布的正态分布族。

（4）选择损失函数并估计参数。得到了待估计参数的后验分布后，就要给出一个参数的后验估计值。因为参数看作随机变量，所以究竟选择什么指标作为后验估计，就取决于评估者对参数真实值和估计值之间差距的严重程度的价值判断。我们称这个严重程度为"损失"，对"损失"的度量称为损失函数。最好的估计应该使损失函数的值最小，求损失函数期望值的最小值，即求解 $\min_{\hat{\theta}} E[\text{loss}(\hat{\theta}, \theta)] = \min_{\hat{\theta}} \int_{-\infty}^{+\infty} \text{loss}(\hat{\theta}, \theta)f(\theta \backslash x)d\theta$。

第三节　非寿险费率厘定基础

一、非寿险费率厘定的原则

非寿险费率厘定的过程就是根据保单的损失经验和其他相关信息建立模型，并对其未来的保险成本进行预测。费率是对未来风险转移成本的估计值，应反映所有风险转移的成本，费率应反映个体风险转移的成本，费率应当是合理的、适当的、充分的，并且是公平的。费率厘定过程中，除了考虑纯风险损失外，还需要考虑信用风险、操作风险等各类风险。费率厘定应考虑其变化趋势：必须考虑过去的和未来的索赔成本、索赔频率、风险暴露、费用和保费的变化。推荐使用动态财务分析，即在各变量互相关联的前提下，考虑未来的行为与环境的变化，进行预测分析。

二、基本概念

（一）风险单位（风险基础）

风险单位（Unit of Exposure）：对风险进行度量的基本单位，也是费率厘定的基本单位。不同险种有不同的风险单位，有时也称作风险基础（Exposure Base）、风险规模或风险暴露，它描述了风险的总体规模。在不同的保险业务中，影响期望损失的风险因素千差万别，在航空保险中，机身保险通常使用保险金额作为风险基础，而责任保险通常使用元千米（货运）或人公里（客运）作为风险基础。风险基础应与潜在损失有直接的相关关系且易于测量。

（二）赔款及损失

赔款或损失：保险人已付或应付给索赔人的金额，有时也被称作赔付额（Claim Amount，Claim Size）。

已付赔款（Paid Loss）：在某一特定时期实际支付给索赔人的赔款。

应付赔款（Payable Loss）：保险人已经接到报案而预期在未来将要支付的赔款，通常表现为个案准备金（Case Reserve）。

已报案赔款：某一事故年所有已付赔款和个案准备金之和。

最终赔款（Ultimate Loss）：已报案赔款和已发生未报案赔款之和。

损失频率：在一定时期内（通常为一年）平均每个风险单位的索赔次数，用总索赔次数和风险单位数之比表示。

索赔强度：每个风险单位出险时的平均损失（通常用赔款总额与索赔次数之比进行估计）。

纯保费：用于弥补被保险人损失的对应保费。$P = \dfrac{L}{E}$，其中 P 表示纯保费，L 表示赔款，E 表示风险单位数。$P = \dfrac{N}{E} \cdot \dfrac{L}{N}$，其中 N 为索赔次数，（N/E）为索赔频率，（L/N）为索赔强度。

承保保费（Written Premium）：承保保费是保险人在一定时期内因承保业务而收取的保费。

已赚保费（Earned Premium）：已赚保费是保险人收取的保费中已履行保险责任对应的那部分保费。

未赚保费（未到期保费）（Unearned Premium）：未赚保费是指在保险人收取的保费中，未尽保险责任对应的那部分保费。

赔付率：为最终赔款与已赚保费之比，最终赔款的预测一般采用损失进展法（或流量三角形法）。假设保险事故发生以后，索赔将经历"未报告→已报告但未赔付→已赔付"这一顺序发展，而且这一过程是平稳的。如果把赔款分别按事故年（或报案年和报案年年龄）排列后，观察数据将形成一个流量三角形。如表 11－1 至表 11－3 所示。如事故年年龄为 12 个月时，表示的就是事故年当年，如果用进展年表示就是 0；依此类推。

表 11－1　累计已付赔款的流量三角形

事故年份	事故年年龄					
	12 岁	24 岁	36 岁	48 岁	60 岁	72 岁
2000	1024	2350	3264	4122	4516	4939
2001	1469	3190	4520	5185	5676	
2002	1421	2960	4278	5718		
2003	1248	2768	4113			

续表

事故年份	事故年年龄					
	12 岁	24 岁	36 岁	48 岁	60 岁	72 岁
2004	1540	3152				
2005	2405					

表 11-2 累计已付赔款的进展因子

事故年份	事故年年龄				
	12~24 岁	24~36 岁	36~48 岁	48~60 岁	60~72 岁
2000	2.2949	1.3889	1.2629	1.0956	1.0937
2001	2.1715	1.4169	1.1471	1.0947	
2002	2.0830	1.4453	1.3366		
2003	2.2179	1.4859			
2004	2.0468				
平均值	2.1516	1.4355	1.2456	1.0951	1.0937
选定值	2.15	1.44	1.25	1.10	1.10

表 11-3 累计已付赔款的预测值

事故年份	事故年年龄					
	12 岁	24 岁	36 岁	48 岁	60 岁	72 岁
2000	1024	2350	3264	4122	4516	4939
2001	1469	3190	4520	5185	5676	6244
2002	1421	2960	4278	5718	6290	6919
2003	1248	2768	4113	5141	5655	6221
2004	1540	3152	4539	5674	6241	6865
2005	2405	5171	7446	9307	10238	11262
进展因子	2.15	0.44	0.25	0.10	0.10	0.15
累计进展因子	10.07	4.68	3.25	2.60	2.37	2.15

（三）精算费率

非寿险产品精算费率的构成包括：赔款，即支付给被保险人的保险赔偿金；直接理赔费用，即可以直接分配到特定赔案的理赔费用；间接理赔费用，即不能直接分配到特定赔案的理赔费用；佣金和手续费，即支付给保险代理人和经纪人的报酬；其他展业费用，即除佣金和手续费外的展业费用，有些险种还需要考虑费用是否可以递延等问题；税金及附加；保险保障基金；保险监管费用；可能产生的应收保费等坏账损失；一般管理费用，即其他所有的经营和管理费用；承保利润和风险附加。此外，在进行费率厘定时，还需要考

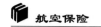

虑投保人、被保险人或相关人员的心理承受能力及经济支付能力。

精算费率除了满足保险人的期望赔款、费用支出和利润要求外，还应该有利于激励保单持有人主动进行风险控制；还要满足监管的要求，费率应该是充足的。合理的保险产品价格需要同时满足以下几个要求：第一，在市场上有一定竞争力；第二，能够维持保险公司的正常经营与运转；第三，为保险公司的股东提供合适的利润。确定保险产品市场价格的方法包括直接定价法，根据利润目标确定价格，在期望保险成本的基础上增加一个百分比确定价格，市场供求定价法等。无论保险公司最终采用哪种方法确定市场价格，精算师都应该将市场价格与精算费率进行对比，分析市场价格对保险公司利润水平的影响。

三、费率厘定的基本方法

（一）纯保费法

通过在纯保费上附加费用和利润得到毛保费。设 R 表示每个风险单位的毛保险费，P 表示每个风险单位的纯保费，F 表示每个风险单位的固定费用，V 表示变动费用附加系数，即单位毛保费中的变动费用，Q 表示利润附加系数，即单位毛保费中的利润附加系数。则毛保费 R = 纯保费 P + 费用附加（F + RV）+ 利润附加 RQ。对上述公式进行变形，得到纯保费法的计算公式：$R = \dfrac{P + F}{1 - V - Q}$。

假设航空保险承保标的每风险单位的纯保费、固定费用、变动费用率和利润附加率如下：纯保费：7000000 元；固定费用：1000000 元；变动费用率：15%；利润附加率：5%；求：每个风险单位的纯保费。

（二）赔付率法

赔付率法的原理：新费率等于费率调整因子与当前费率的乘积。$R = AR_0 = \dfrac{W}{T} \cdot R_0$，其中，R 表示新费率；$R_0$ 表示当前费率；A 表示费率调整因子（W/T）；W 表示经验赔付率；T 表示目标赔付率。在赔付率法中，关键在于计算费率调整因子。

费率调整因子用公式表示如下：费率调整因子 A =（赔款费用率 + 固定费用率）/（1 − 变动费用率 − 利润附加率），如果分子和分母的金额相等，说明在当前费率水平下，实际需要的金额和可以使用的金额相等，费率无须调整；反之就需要对当前的费率水平进行调整。

（三）免赔额和赔偿限额对纯保费的影响

在保险实务中，由于存在免赔额、赔偿限额等条款，同时还有通货膨胀因素，期望索赔频率和期望索赔强度就不能简单表示成损失次数部分和损失金额分布的均值。本节介绍存在免赔额、赔偿限额和通货膨胀情况下索赔频率和索赔强度的精算模型。

1. 赔偿限额

赔偿限额是指单张保险单所能提供的最高赔偿金额。在航空责任保险中，由于其保险标的是法律责任，且保险事故的大小和频率无法确定，所以责任保险的保险标的没有保险金额的概念，只能由保险人和被保险人共同约定一次事故和累计事故的赔偿限额。设 X 表示一次损失事件的实际损失额。若保单规定了赔偿限额 u，则保险人的期望赔付成本为：

$$E(X \wedge u) = \int_0^u xf(x)dx + u[1 - F(x)]$$

2. 免赔额

免赔额指由保险人和被保险人事先约定，损失额在规定数额之内，被保险人自行承担损失，保险人不负责赔偿的额度。因为免赔额能消除许多小额索赔，损失理赔费用就大为减少，从而可以降低保险公司的经营成本，同时降低被保险人要缴纳的保费。对于航空机身险，通常是飞机价值越高，免赔额也就越大。例如，波音 747 型飞机免赔额为 100 万美元；波音 737 – 300 型飞机免赔额为 75 万美元；波音 737 – 200 型飞机免赔额为 50 万美元。由于保险人对每次事故的赔偿金额免赔一定比例的损失金额，所以也叫免赔率。与一般财产险不同，保险人在飞机承保时都需要在保险单中规定一个免赔额。一旦发生意外事故造成飞机全损，由保险人按约定的保险金额给予赔付；当投保的飞机发生部分损失时，保险人只赔付实际损失扣除飞机免赔额外的差额；如果实际损失小于免赔额，则保险人不予赔偿，损失由投保人自己承担。

如一架波音 747 – 400，假设其机身险免赔额为 100 万元，若投保免赔额险，则免赔额就由 100 万元减少到一定数目。假设减少到 50 万元，该航空器若发生事故损失了 90 万元，则被保险人只承担 50 万元，另外 40 万元由保险人承担。若被保险人只投保机身险而未投保免赔额附加险，则 90 万元均由被保险人自行承担，因其损失数额未超过免赔额规定的 100 万元免赔界限。

用 X 表示保单持有人的损失，d 表示免赔额，当损失不超过 d 时，保险公司无任何赔偿；当损失超过 d 时，赔偿金额为 x – d。用 Y 表示保险公司有效索赔，该随机变量可以表示为：$Y = X - d \mid X > d$，从每次理赔事件的理赔额 Y 的表达式可以看出，Y 实际上是对 X 的一种下截尾，理赔额的期望为：

$$E(Y) = \frac{\int_d^\infty (1 - F_X(x))dx}{1 - F_X(d)}$$

（四）分类费率

在非寿险业务中，如果被保险人数较多，需要根据个体风险特征对其进行分类，并在分类的基础上厘定各个风险类别的费率。用于对个体风险进行分类的这些特征称作费率因子。在一个风险分类体系中，首先需要确定基准类别及其费率，其他各类别的费率表现为对基准费率的调整。常用的分类费率模型主要有两种：乘法模型和加法模型。在乘法模型中，其他类别的费率是基准类别的若干倍，在加法模型中，其他类别的费率是在基准费率的基础上增加一定的金额。

下面以航空保险种类中的航空器机身险为例探讨分类费率的厘定过程。航空器机身险指航空器在飞行或滑行中或在地面停航时，被保险航空器的机身、发动机及附件设备的灭失、损坏、失踪以及航空器发生碰撞、跌落、爆炸、失火等不论何种原因而造成航空器的全损或部分损坏，保险人负赔偿责任。此外，该保险还负责因意外事故或自然灾害引起的航空器的拆卸、重装、运输和清除残骸的费用，也承保航空器发生上述自然灾害或意外事故时，所支付的合理施救费用，但最高不得超过航空器机身保险金额的 10%。

对于航空保险的机身险，被保险人可以根据地区（10 个水平）和机身（10 个水平）类别分成 100 个类别，如果给每个类别厘定保费，则需要制定 100 个不同的费率，但是，通过基准费率和相对费率的形式，只需要确定一个基准费率和 20 个相对费率，从而大大简化了费率的计算。在分类费率的厘定中，最重要的是估计相对费率，由于两种模型的参数估计原理相同，本节主要讨论乘法模型。

风险分类是通过分类变量将所有个体风险划分为若干个风险类别的过程。分类变量是指根据个体风险的基本特征，划分为若干个风险子集，同一子集个体风险具有近似的潜在损失。当个体风险的经验数据不足时，就需要对个体风险进行分类，先厘定该风险类别的费率，风险分类的目的是获得相对同质的风险子集，从而使保费厘定有利于消除逆向选择。风险分类在个体风险数量庞大且近似特征较多的险种中十分有用。在实际选择分类变量时，需要考虑精算、经营、社会和法律等各个方面的约束。分类变量的选择必须与保险成本相关，保险成本受赔付成本、理赔费用、承保费用等各种因素的影响。赔付成本是索赔频率和索赔强度的函数，而影响二者的因素是很多的，恰当选择分类变量是市场机制和公平性的必然要求。不妨假设保险公司承保 A 组风险的成本是 1 亿元，承保 B 组风险的成本是 2 亿元。如果某家保险公司对这两组风险都收取相同的保费 1.5 亿元，那么 A 组的风险将会因为保费太高而退出，B 组的风险则会因为保费便宜而选择留下，结果是该公司因收取的保费不足以弥补其成本而出现亏损，这足以说明精确分类费率对保险公司至关重要。

1. 单变量分析法

单变量分析法是指每次仅计算一个分类变量的不同水平所对应的相对费率。比如在航空机身险中，如果仅仅考虑机身类型和地区这两个分类变量，那么在根据单变量分析法厘定分类费率时，可以首先计算机身类型的相对费率，然后再计算地区的相对费率。应用单变量分析法厘定相对费率时，既可以选择纯保费法，也可以根据赔付率进行，具体取决于可获取的数据类型。

由此可见，单变量分析法的结果往往受到其他分类变量的影响，如果各个分类变量之间不是相互独立的，在应用单变量分析法厘定相对费率时，应考虑风险分布的差异所产生的影响。

例：基础费率为 2 亿元，相对费率如表 11 - 4 所示。

表 11 - 4　单变量分析法中的相对费率

机身类型	A	B	C
相对费率	1	1.05	1.1
地区	甲	乙	丙
相对费率	1	0.9	1.2

　　假设：保险中使用两个分类变量，分别是机身类型和地区。其中，机身类型分为 A、B 和 C 三个水平；地区分为 1 和 2 两个水平。假设总保费水平已经确定，问题在于如何运用纯保费法，根据经验数据（赔款、风险单位数）对机身类型和地区的相对费率进行调整。如表 11 - 5、表 11 - 6 所示。纯保费法的计算步骤为：第一，预测经验期的最终赔款，并计算经验期的基本风险单位数。第二，计算经验纯保费，等于最终赔款与基本风险单位数之比。第三，计算初步的费率调整系数，等于各个类别的经验纯保费除以总平均的经验纯保费。第四，计算经验数据的可信度。第五，用可信度对初步的费率调整系数进行修正，得到可信调整系数。第六，进行平衡处理，得到平衡后的调整系数。在平衡处理时，要保证相对费率调整后，当前业务的基本风险单位数不变。第七，用平衡后的费率调整系数对当前的相对费率进行调整，得到新的相对费率。第八，如果需要调整保费的总体水平，则只需调整基础类别的费率水平即可。

表 11 - 5　各组的风险单位数（保单年数）

类别	地区 A	地区 B	地区 C
机身类型 1	80	52	20
机身类型 2	136	60	24
机身类型 3	4	8	16

表 11 - 6　各组的经验赔款

类别	地区 A	地区 B	地区 C
机身类型 1	8400	7020	3600
机身类型 2	17340	7200	4590
机身类型 3	825	1140	2640

　　表 11 - 7 中，前两年的基本风险单位数（7）＝（1）×（4）+（2）×（5）+（3）×（6）；纯保费（9）＝（8）/（7）；（10）＝（9）/（9）的合计项。其中，每个基本风险单位的保费应该是相等的。

表 11 – 7　地区的相对费率

地区	甲	乙	合计/平均
前两年车型 A 的到期风险单位数（1）	600	650	1250
前两年车型 B 的到期风险单位数（2）	200	300	500
前两年车型 C 的到期风险单位数（3）	100	450	550
车型 A 的相对费率（4）	1	1.0769	1.0385
车型 B 的相对费率（5）	0.6923	0.7455	0.7189
车型 C 的相对费率（6）	0.6154	0.6627	0.6391
前两年的基本风险单位数（7）	800	1222	2022
前两年的赔款（8）	75643	94343	169986
纯保费（9）	94.55	77.21	84.07
初步的调整系数（10）	1.1247	0.9184	1.0216

2. 边际总和法

一个理想的费率结构应该使纯保费等于实际的经验赔款，根据每一个分类变量的不同水平，计算的纯保费之和应该等于相对应的经验赔款之和，即纯保费预测值的边际总和应该等于观察值的边际总和。根据纯保费的边际总和等于赔款的边际总和，厘定相对费率的方法就是所谓的边际总和法。

为了使纯保费的边际总和等于经验赔款的边际总和，令：

$$\sum_j n_{ij} y_{ij} = \mu \times \alpha_i \times \sum_j n_{ij} \beta_j$$

$$\sum_i n_{ij} y_{ij} = \mu \times \beta_j \times \sum_i n_{ij} \alpha_i$$

在上式中，每一个等式对应若干个方程，比如第一个等式对应的方程个数就是第一个分类变量的取值个数。

3. 广义线性模型

从 20 世纪末开始，广义线性模型在分类费率厘定中的应用得到迅速发展，已经成为厘定分类费率的行业标准，广义线性模型是线性回归模型的推广，下面首先简要介绍一下线性回归模型的基本原理：古典线性回归模型是建立在一些假设之上的，这些假设包括：①因变量的每个观察值相互独立且服从正态分布，同方差，无自相关。②因变量的条件均值是解释变量的一个线性组合，但是这些假设在精算应用中很难得到满足：第一，要求因变量服从正态分布且同方差很多情况下是不现实的，如索赔频率和续保率等数据不服从正态分布。第二，保险实践中，因变量的取值往往是非负的，如索赔次数和赔款金额等变量。第三，因变量的方差应是均值的函数，而在古典线性回归模型中，假设方差是固定的常数与均值无关。第四，在古典线性回归模型中，解释变量通过加法关系对因变量产生影响，但在某些情况下，解释变量对因变量的影响还可能有其他关系。正因为古典线性回归模型存在上述局限性，因此，广义线性模型在分类费率厘定中得到了广泛的应用。

广义线性模型假设因变量来自指数型分布族，方差随均值变化，解释变量通过线性相加关系对因变量的期望值的某种变换产生影响。广义线性模型（GLM）的假设如下：①因变量的概率分布，其每个观察值相互独立且服从指数型分布族中的一个分布，指数型分布族包括许多常见分布，如正态分布、泊松分布、伽玛分布、逆高斯分布、二项分布等。②系统成分表示为解释变量的线性组合，这与古典线性回归模型没有区别。③连接函数。连接函数单调且可导，他建立了随机成分与系统成分之间的关系，可见，广义线性模型中对因变量的预测值是线性组合的函数变换。

在广义线性模型中，因变量的方差是其均值的函数，这一特点非常适合保险数据，比如在拟合索赔强度时，如果使用传统的线性回归模型，假设误差项服从正态分布，如果预测值是1000元时，标准差是10元，那么当预测值变为10000元时，标准差也是10元。但可能的情况是，预测值越大的标准差也应该越大。在广义线性模型中，如果假设因变量服从伽玛分布，在这种情况下，预测值的标准差就会随着预测值的变化而变化。

在广义线性模型的应用中，根据保险先验信息选择因变量的分布类型，可以有效改进模型的预测效果，如果因变量的方差是常数，可以选择正态分布；如果因变量的方差等于均值，则选择泊松分布；如果因变量的方差与其均值的平方成比例，可以选择伽玛分布。

在非寿险费率厘定中，通常需要预测索赔频率和索赔强度，与之对应的各类典型的广义线性模型分别是：预测索赔频率时使用泊松分布假设和对数连接函数；预测索赔强度时，选择伽玛回归模型和对数连接函数。

（五）经验费率

在分类费率的厘定中，通常假设属于同一个风险类别的个体风险具有相同的潜在损失，即每个风险类别都是同质的，但事实上，任何一个风险类别都不可能是完全同质的，为此需要根据个体风险自身的损失经验对分类费率进行调整。对个体风险损失经验进行调整的处理方法有两种：一种是基于个体风险过去若干年的损失经验对分类费率进行调整，从而得到未来保险期间的费率；另一种是基于个体风险在当期的损失经验对当期的费率进行调整。本节简要介绍基于个体风险的历史损失经验调整分类费率。

假设航空机身险保单组合的损失经验表明，平均每份保单的索赔频率为每年0.2次。假设有一份保单在过去的2年发生了1次保险事故，即其经验索赔频率为0.5。如果没有被保险人的任何信息，则对其索赔频率的估计只能是0.2。但若已知保单的经验索赔频率为0.5，这就表明0.2可能低估了该保单的索赔频率。而直接用0.5估计该保单在未来的索赔频率，也有不妥之处。原因在于一个真实索赔频率很低的被保险人也会发生保险事故；一个真实索赔频率较高的被保险人也可能在一定时期内不会发生任何保险事故。因此，对上述保单索赔频率的最好估计值应该介于0.2~0.5，即它们的某种加权平均，这就需要引入信度模型中的信度因子。

经验费率＝Z×（直接根据个体风险的损失经验厘定的费率）＋（1－Z）×信度补项

其中，Z为可信度或信度因子，信度补项（Complement of Credibility）是个体风险所属的风险集合的平均费率。个体风险之间（组间差异）的变异性越大，个体风险的经验数据的可信度越高。个体风险自身的变异性（组内差异）越大，其经验数据的可信度越低。信度因子的确定方法包括古典信度模型（有限波动信度理论）和最精确信度模型（最小二乘信度模型）。其中，古典信度模型试图限制观察数据中的随机波动对估计值的影响，而最精确信度模型通过估计值与真实值之间误差平方和的最小化确定可信度。最精确信度模型又包括 Bühlmann 信度模型和 Bühlmann – straub 信度模型。

1. 古典信度模型

在古典信度模型中，需要确定当个体风险达到多大规模时，才可以给其经验数据赋予100%的可信度，也就是完全可信度标准（Standard for Full Credibility）。如果个体风险的规模达到或超过这个标准，则其经验数据的可信度 Z = 1。否则，其可信度将小于1，小于1 的可信度被称作部分可信度（Partial Credibility）。当期望索赔次数 n 足够大时，其索赔次数的观察值将以很高的概率（如95%）在期望值附近一个很小的范围内（r = 1%）波动：$95\% = \Pr\left[0.99n < N < 1.01n\right]$。因此直接用实际观察到的索赔次数估计其索赔频率，相对误差不会太大，此时可以给个体风险的经验数据赋予完全的可信度。

2. 最精确信度模型（Least Squares Credibility）

设 n 为个体风险的规模（风险单位数），v 表示个体风险自身的变异性（过程方差的均值），a 表示个体风险之间的变异性（假设均值的方差）。假设保单持有人在过去 n 年的索赔经验：X = （X_1, X_2, …, X_n），索赔经验表明，手册费率不适用，如何厘定保单持有人下年的纯保费？

个体风险的风险水平用风险参数 q 表示。不同个体风险的 q 是不同的；假设 q 服从密度函数 p（q）；尽管个体风险的 q 值是未知的，但假设 p（q）是已知的；在给定 q 的条件下，损失经验之间相互独立。保单在第 n + 1 年的损失记为 X_{n+1}，即对于给定的风险 q，求 X_{n+1} 的条件分布需要引入贝叶斯保费的概念。

贝叶斯保费是预测分布的均值，用公式表示为：

$$E(X_{n+1} \mid X = x) = \int x_{n+1} f_{X_{n+1}\mid x}(x_{n+1} \mid x) dx_{n+1}$$

已知保单在过去 n 年的损失经验，因此可以求 X_{n+1} 的条件分布 $f_{X_{n+1}\mid x}(x_{n+1} \mid x)$，此分布被称作预测分布（Predictive Distribution）。贝叶斯保费可以表示为假设均值的条件期望：

$$E(X_{n+1} \mid X = x) = \int \mu_{n+1}(\theta)\pi_{\Theta\mid x}(\theta \mid x) d\theta$$

接下来的问题是如何根据过去 n 年的损失观察值估计给定个体风险在下年的纯保费 $\mu_{n+1}(\theta)$。Buhlmann 方法尝试用观察数据的一个线性函数 $\alpha_0 + \sum_{i=1}^{n}\alpha_i x_i$ 来估计假设均值 $\mu_{n+1}(\theta)$，设定均方误差目标函数为：

$$Q = E\left\{\left[\mu_{n+1}(\Theta) - \left(\alpha_0 + \sum_{j=1}^{n}\alpha_j X_j\right)\right]^2\right\}$$

参数 α_0，α_1，…，α_n 应使均方误差达到最小。上述期望值基于（X_1, X_2, …, X_n, Θ）的联合密度函数，即均方误差是关于所有可能的 Θ 值和观察值求平均，求解最优化问题，得到正则方程组（Normal Equations）：

$$E(X_{n+1}) = \alpha_0 + \sum_{i=1}^{n} \alpha_i E(X_i)$$

$$Cov(X_i, X_{n+1}) = \sum_{j=1}^{n} \alpha_j Cov(X_i, X_j), \quad i = 1, 2, \cdots, n$$

由此正则方程组可解出 α_0，α_1，$\cdots$，α_n，进而求得信度保费为 $\alpha_0 + \sum_{j=1}^{n} \alpha_j X_j$。假设在给定 $\Theta = \theta$ 的条件下，X_1，$\cdots$，X_n 是独立同分布的随机变量，具有相同的均值 $\mu(\theta) = E(X_j \mid \Theta = \theta)$ 和方差 $v(\theta) = Var(X_j \mid \Theta = \theta)$。根据正则方程组求得 Bühlmann 信度保费为：

$$\alpha_0 + \sum_{j=1}^{n} \alpha_j X_j = \frac{v}{v+na}\mu + \sum_{j=1}^{n} \frac{a}{v+na}X_j$$

$$\alpha_0 + \sum_{j=1}^{n} \alpha_j X_j = \frac{v}{v+na}\mu + \sum_{j=1}^{n} \frac{a}{v+na}X_j = \left(1 - \frac{na}{v+na}\right)\mu + \frac{na}{v+na}\overline{X} = (1-Z)\mu + Z\overline{X}$$

由此可见，B 信度保费为 $(1-Z)\mu + Z\overline{X}$，其中 $Z = \frac{na}{v+na} = \frac{n}{n+v/a} = \frac{n}{n+k}$ 为 B 信度因子；$k = \frac{v}{a} = \frac{E(Var(X_j \mid \Theta))}{var(E(X_j \mid \Theta))}$，$v$ 为过程方差的均值，a 为假设均值的方差。当 $n \to \infty$ 时，信度保费更加依赖于个体风险的损失经验。如果风险类别是接近同质的，组间差异 a 很小，这时 k 将趋于无穷，信度因子趋于 0。当风险类别具有明显的异质性时，k 接近于 0，信度因子趋于 1。

本章小结

航空保险的类型包括航空器机身险、航空责任保险、航空战争险、航空人身意外险、航空器试飞险等，保险标的为各种财产物资及有关利益，业务性质是组织经济补偿，经济内容具有复杂性：投保对象与承保标的复杂、承保过程与承保技术复杂、风险管理复杂。本章将非寿险精算学的基本原理初步运用于航空保险领域，详细介绍了常见的损失频率和损失强度模型、保单组合的个体风险模型和集体风险模型、非寿险费率厘定、信度理论等内容。

思考题

（1）常见的损失强度模型有哪些？
（2）常见的损失频率模型有哪些？
（3）个体风险模型和集体风险模型的区别是什么？
（4）纯保费法的计算步骤是什么？
（5）简述损失率法的基本原理。
（6）推导最精确信度模型的信度保费。

第十二章　航空保险实务

第一节　航空保险的承保

一、航空保险承保的界定和作用

（一）承保的界定

所谓承保，是指保险人对愿意购买保险的单位或个人（即投保人）所提出的投保申请进行审核，作出是否同意接受和如何接受决定的过程。保险业务的要约、承诺、核查、订费等签订保险合同的全过程，都属于承保业务环节。

航空保险承保是保险人的单方意思表示，是航空保险合同的成立要件。在航空保险实务中，保险人收到投保单后，经过核保认为符合承保条件，在投保单上签字盖章并通知投保人，构成承诺，承诺生效时航空保险合同成立。

值得注意的是，判断航空保险合同是否生效不能仅以缴费、承保为标准，而要结合航空保险条款关于生效要件的具体规定进行判断，承保仅是航空保险合同成立的标志，并不能决定合同是否生效。只有当约定的条件全部成就以后，合同才正式生效，保险人才开始承担相应的保险责任。

（二）承保的作用

承保是航空保险的一个重要环节，发挥着举足轻重的作用，具体体现为：

第一，承保是航空保险合同成立的前提。我国《保险法》第 13 条规定："投保人提出保险要求，经保险人同意承保，并就合同的条款达成协议，保险合同成立。保险人应当及时向投保人签发保险单或者其他保险凭证，并在保险单或者其他保险凭证中载明当事人双方约定的合同内容。"

第二，承保是保险经营的一个重要环节。进入承保环节，意味着保险合同双方进入了就保险条款进行实质性谈判的阶段，而承保质量的好坏直接关系到保险人经营的财务稳定性和经营效益的高低。因此，承保过程实际上是对风险与预算进行衡量裁决的过程。

二、航空保险的承保流程

保险公司承保航空险的流程大致包括投保人填写保险单、核保、接受或拒绝业务、缮制单证。

(一)填写投保单

在没有保险经纪人参与的场合,投保人自己直接与保险人商洽。此时,投保人提出投保申请,保险人将保险政策向投保人进行介绍,由投保人选择,并填写投保单。投保单是投保人向保险人申请订立合同的依据,也是保险人签发保险单的依据。投保单上有保险人预先设定的问题,能够直接使保险人获得其决定是否承保所亟须获得的信息。

航空保险的险种不同,投保单的填写内容也有所不同。例如,航空器机身险的投保单主要包括以下内容:①飞机型号和制造年限;②飞机的验证标记、发动机号码及型号;③有效的飞行执照和旅客座位数;④飞机购进时和现在的价值;⑤申请的保险价值;⑥飞机用途和飞行区域;⑦飞机的检修地点和经常停放地点;⑧飞机除由批准的合格飞行员或技师驾驶外是否租给其他人驾驶;⑨近3年的事故记录;⑩关于驾驶员的记录。

大多数航空保险都是通过经纪人办理的,尤其是在英国劳合社保险市场,航空保险只有经纪人参与才会被办理。经纪人除了有把握市场情况的知识、与全世界保险人同时对话的能力以及给客户提供具体保险需求的建议和技能,还具有协商保险费率和代位索赔的水平和能力。经纪人的佣金由承保人给付,数额是保险费的一个固定百分比,一般在5%~25%浮动,而且保险费越大佣金率越低。承保人给予经纪人的佣金数额是在最初提交承保条时经过首席承保人事先同意的。因此,保险经纪人不得擅自提高或者变相提高佣金标准。

在保险经纪人参与投保的情形下,由保险经纪人接受委托与保险人进行商洽。被保险人因需要投保找到保险经纪人,经纪人会对被保险人投保的风险细节进行记录并呈递给保险人。在伦敦保险市场,经纪人常准备一个承保条,以简要形式记录被保险人需求的保险,针对保险的类型和规模选择具体的保险人。在美国的保险市场,一旦投保申请填写完毕,经纪人就会寻找那些有特殊承保风险能力的专业机构。简单的航空风险,诸如与私人所有和轻型航空器相关的风险、一般的航空器机身险和责任险,通常会在美国市场中被充分承保。对于战争险、重大责任险或产品责任险以及通常由专业市场承保的风险,一般需要英美的保险人参加承保。经纪人基于风险性质、保险范围以及申请人的需要,选择独家保险机构承保,或者联系多家保险机构,并经比较选择承诺最有利的认购。

在航空风险被一些保险人共同承保时,每个保险人均与被保险人签订单独的保险合同。习惯上通常指定共同保险人中的一个作为首席核保人。首席核保人主要对保险条款的设定和保险单的措辞负责,尤其还要对处理和协商条款负责。在传统保险实践中,经纪人会将承保条提交给他选定的首席核保人,他相信该首席保险人会确定一个合理的保险费并签署一个合理的风险比例。首席核保人通常是在保险市场具有名气的处理这种保险类型的专家,能主导市场信息,召集其他保险人跟从自己,并通常是第一个签署承保条并确定保险费的。一旦首席核保人签署了承保条，经纪人会联系伦敦市场或其他市场的其他保险人，并邀请他们各自承保一定比例的风险。在实践中，保险条件的协商和保险费的确定是由经纪人和首席核保人单独进行的，附从核保人只是同意在相同条件下以相同的保险费率承保风险。在承保人被首席核保人承保了 100% 的风险后，保险承保便被完全确定。

（二）核保

所谓核保，是指审核承保条件。核保的本质是对可保风险进行判断与选择，是承保条件与风险状况适应或匹配的过程。承保条件主要包括保险责任范围（包括基本条款、扩展条款、承保协议的有关内容等）、保险金额（限额）、保险费率、免赔额度、缴费方式、费用（经纪费用、服务成本等）等。承保条件是确定风险大小的主要因素之一，应考察的风险信息包括保险标的的风险状况、标的现场查勘与评估记录、保险人类似标的历史记录、专业研究记录、同业经营记录、各种风险常识、法律及政策制度相关规定、类似标的及行业性记录。

核保工作对标的的选择及对承保条件的制定，直接影响到保险人业务质量的高低和盈利的大小，是保险人防范经营风险的第一关。面对众多来源的风险信息，核保人应对进入保险公司的各种风险进行判断和选择。

1. 核保人

在航空保险实践中，因航空保险的高风险、高价值和高技术等特点，对某类航空保险常常存在联合承保的情形。因此，经纪人常常在他的承保条中（非保险单内）制定一个首席承保人条款，以免经纪人为协议的任何变更去和承保条上的每一承保人进行磋商的麻烦。

首席核保人（Market Lead or Leading Underwriter），是相对于附从核保人（Following Unde Rwriter）而言的，是市场公认的保险专家，能够承保大额的航空保险。在实务操作中，一般由首席核保人进行承保，其他承保人（附从核保人）接受首席核保人同意的费率和条件。

首席核保人代理保险人签订承保条，虽然承保条不是正式的保险合同，但实践中通常认为该行为具有一定的契约性质，首席核保人签订承保条的行为仍属法律行为，而首席核保人实质上为其他保险人的代理人，代理保险人为一定法律行为。"首席核保人不容易当，条件开得不好，将没有竞争力，生意做不到；条件开得太好，同业不愿意跟随，到头来生意也做不到。且要负行政管理之责任，解决难题，所付出之心力物力，比跟随核保人多得多，但他所得到之代价（保险费），却与他们完全一样（当然是按照承保成数的）"。

承保条经首席核保人决定承保的费率与其承担风险的比例（即"初签成数"），再由第二位、第三位……核保人继续承担剩余风险，直到风险完全被分散。第二位及以后核保人接受的保险条件、费率等与首席核保人相同，只是承担风险的比例不同。如果核保人承担风险比例超过订单要求，必须按比例删减，删减后所得的成数为"后签成数"（Signed Line）。例如，航空器机身险的承保金额巨大，经纪人一般会寻找几十家保险人，由这些保险人初签，达成承保百分比的意向，即假如一家保险人愿意承保 50%，则经纪人应再寻找其他一家或多家保险人来承保余下的 50%。

2. 核保的工作流程

属于本级公司权限内业务核保，录单员初步审核投保单及相关资料、录入投保单后，经复核提交核保员。符合自动核保条件的业务，由业务系统自动核保后生成保险单。不符合自动核保条件的业务，由核保员按照本级公司的核保规定进行审核，核保通过时，生成保险单。须修改或调整的，通过业务系统或《重要事项报告表》将核保意见反馈给承保公司业务人员，由业务人员负责与投保人协商调整后，重新填写投保单，修改录入信息再次提交。核保不通过时，应签署拒保意见。拒绝承保的，业务人员应及时将信息反馈给客户。

超出本级公司权限的业务核保，须按核保权限规定，填写《重要事项报告表》并提出承保意见，逐级上报上级公司，核准同意后方可核保。接到上级公司回复的核保意见后，核保中心应按有关规定及时与承保公司联系，确保出单时效。

3. 核保的主要内容

保险核保内容主要包括承保选择和核保控制两个方面。

（1）承保选择。承保选择包括事前选择与事后选择。事前选择是根据具体的风险状况决定拒保或附加条件承保，主要包括对投保人或被保险人的选择和对保险标的的选择。事后选择是在保险合同期满后，确定是否续保，查看是否存在解除或注销合同的情形。承保选择的目的是尽量选择同质风险标的承保，测定风险量，淘汰不可保的风险。

（2）核保控制。核保控制是指核保选择确定后，运用保险技术手段对承保标的的具体风险状况控制自身的责任，选择适合的承保条件予以承保。核保控制一方面是通过限制责任来避免承担较大的风险，另一方面是通过控制保险金额、避免超额保险、控制赔偿程度、设定免赔、实施共保、订立保证条款、设置优惠条款等措施来控制道德风险与心理风险。

在航空保险中，保险人核保的内容通常包括：①投保人资格，主要审查投保人是否对保险标的具有保险利益。②投保人或被保险人的基本情况，包括航空公司、机场等的规模、业绩、投保记录等。③投保人或被保险人的信誉，主要是对其以往损失或赔付情况进行调查，考察投保人或被保险人是否存在道德风险。④保险标的，主要了解航空器的使用情况、管理情况、飞行执照、制造年限等。⑤保险金额，主要审核保险金额的多少和是否合理。⑥保险费，主要审核保险费率是否适当以及保险费的计算是否正确。⑦附加条款，主要注意对特别风险的评估和分析以及相应条件的制定与接受程度。

但对于航空保险的不同险种，核保的重点可能有所不同。例如，航空货物运输保险的审核内容应注意投保金额、运输方式和航次是否填写完整；投保险别及费率；投保标的名称、数量、单位、包装是否填写清楚；中转地点及运输路线；投保加成是否超过内部规定权限；投保人的签章；货物起运日期是否填写完整等。

在各种航空保险的核保过程中，保险费率的制定和保险费的计算是至关重要的。保险费由保险人在合同成立时确定，或之后进行调整。如果当事人同意合同的所有其他实质性条款，只是在承保条中规定保险费由首席核保人随后确定，这并不推迟保险的成立。

保险费通常由保险人与经纪人考虑所有对风险具有实质性影响的事实后协商确定，其计算基础依据投保风险的类型而变化。例如，机身险的保险费常按一个确定的数额或者航空器全部价值的一定比例计算，具体数额取决于每个特定案件的具体特征。机身险的保险人会考虑很多因素，如操作人的所有结构和金融条件；航空器是否由操作人租赁或拥有；物理条件，包括航空器被操作的主要天气；操作人飞行的路线体系；在不同国家出发、到达或飞越的政治条件；航空器被操作进出的机场和各种设施，包括可取的航海设施；操作航空器的机组的资格和经验；维护设施和操作人可取维护航空器人员的资格和经验；航空器的年龄；航空器上安装的安保设施；航空器的操作历史、操作种类和操作人先前的损失历史等。

实践中保险费率的设定常受特定时期保险市场的保险能力影响，在保险市场有超额能力时，各保险人存在激烈竞争的情况下，保险费率就可能被降低，而不考虑真实的风险。

保险单常规定在特定情形下可降低保险费，例如，被保险人在保险期间内将航空器出售或处理时，那些从保险单中删除的航空器的相应保险费，则按比例返还给被保险人。保险单也会规定被保险航空器在保险期间内被搁置不用时，可返还部分保险。被保险人在保险期间内没有提出任何索赔的，保险人有时也会将一定比例的保险费返还给被保险人，这可能通过有索赔奖励的方式进行。

在航空保险实践中，在机场、航空公司责任险和产品责任险中常使用长期保险单及其保险费检视条款（Premium Review Clause）。保险期间的全部保险费会在风险开始前被计算，但在每年重签保险单时，基于先前确定的公式会重新计算（向上或向下）保险费，如果潜在的损失利益超过开始同意的保险额度，保险费就可能被向上调整计算。

（三）接受或拒绝业务

保险人按照承保的权限，进行核保后，有权作出接受或拒绝承保的决定。如果保险人接受承保，保险人应当按照要求签发保险单等相应单证；如果保险人拒绝承保，投保人应选择其他保险人再行投保。

（四）缮制单证

1. 承保条

在保险经纪人参与承保的情形中，当承保条上的风险被充分认购时，经纪人将以承保条的细节为依据准备一个保险单。有观点认为，处理中的承保条是经纪人的财产，而一旦发行，保险单就成为投保人的财产。

保险单的措辞可能以标准形式拟定，或由经纪人草拟并与首席核保人协商。保险单一般是由经纪人在与首席核保人对承保条的具体内容特别协商后才能准备好的。发布的保险单包含当事人之间的全部合同条款，并将取代承保条。如果任何一方认为存在错误记载或保险单未能正确地反映承保条的内容，只能对保险单进行修正，以便真实反映当事人协议的条款。如果没有改正请求和错误声明，法院在确认当事人意图时可能就不看承保条或其他前置文件。在保险单与承保条存在差异而没有被修改时，被保险人可能会被认为已经通过沉默或不作为承诺了保险单的条款。

2. 暂保单

如果投保单的呈递与保险人作出承保之间有时间差，被保险人可能会要求一个临时保险单来保护其利益，该临时保险通常以"暂保单"的形式发布，一个暂保单是一个临时的保险合同。例如，在美国，在正式保险单的准备和递交过程中以及在保险人承保待决期间，保险人或其代理人都可以发布暂保单，为申请人提供临时保险。

暂保单的填写并不需要特别的格式。口头暂保单也是有效并可执行的，与口头保险合同相似。在暂保单的特定条款不清晰时，除非有相反情形，否则按保险人之前提供的保险单的相同条款的标准执行。暂保单规定的保险范围和保险期限取决于暂保单的措辞，如果暂保单条款与文件的标题不一致，文件标题被认为是无关紧要的。一般情况下，暂保单会持续到保险单发布的时间并被保险单替代，但在投保单没有被公司承诺时，暂保单的保险期限就至关重要了。暂保单只有在投保人被明确拒绝时方为无效，如果发布的暂保单已经对保险人产生了一些应予履行的义务，暂保单不会自动在规定期限内失效。如果在暂保单有效期间发生了导致损失的事故，暂保单会约束当事人之间的权利和义务。

3. 保险单

航空保险的保单多为国际性保单，其中以英国航空保险公司公会（Aviation Insurance Offices Association，AIAO）的标准航空保险单（Aircraft Policy，1954）与Lloyd's的标准航空单（Lloyd's Aircraft Policy，AVN1A），此AVN1A保单是目前广被使用的国际航空保险单。

保险人在经过一段时间的考虑之后，应做出是否承保的决定，若决定承保，应向投保人签发保险单。保险单是载明保险合同双方当事人权利和义务的书面凭证，是被保险人向保险人索赔的重要依据。保险单的内容结构一般包括四个部分：①声明事项，即投保人向保险人所做的陈述事项，如被保险人、保险标的、保险价值、保险金额等。②承保事项，即保险合同双方当事人的权利义务关系。③除外事项，即保险不保事由。④条件事项，如损失发生时应当采取的措施、代位求偿权、争议的解决等内容。

值得指出的是，保险人必须在合理时间内做出是否承保的决定。如果因保险人的延误致使被保险人遭受损失，保险人很可能会承担责任。一般而言，在保险人核保期间，如果没有暂保单，投保人需自行承担风险，投保人无法获得任何保证。即使存在暂保单，投保人也有可能被拒绝承保，同时因保险人的核保会影响投保人向其他保险人投保，因此，一些法院要求保险人必须尽快处理投保人的投保申请，否则就会失去拒保的权利。

第二节　航空保险的理赔制度

一、航空保险理赔的定义

保险理赔（Claim Settlement）是指保险事故发生后，保险人对被保险人所提出的索赔案件的处理。被保险人遭受灾害事故后，应立即或通过理赔代理人对保险人提出索赔申请，保险人根据保险单的规定审核提交的各项单证，查明损失原因是否属保险范围，估算

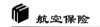

损失程度，确定赔偿金额，最后给付结案，如损失是第三者的责任所致，则要被保险人移交向第三者追偿损失的权利。可见，索赔和理赔是同一问题的两个方面。

理赔与承保都是保险经营的核心环节。理赔作为受理报案、现场查勘、责任判定、损失核定以及赔案缮制、赔款支付的一个过程，其核心是审核保险人责任和核定保险赔偿额度与事项，是履行保险合同的表现，是客户对保险经营者最关键的考验，也是保险人对核保和风险管理质量的一次检验。

二、航空保险理赔的原则

由于航空保险业务出险后的理赔工作涉及相关法律较多，涉案金额较大，社会影响力较广，专业技术要求较高。因此，航空保险的理赔应遵循以下原则：

（一）出险报案及时

出险通知是被保险人应承担的义务。目前，因航空器上装有先进的卫星导航，飞行中的航空器可以随时与地面控制中心保持联系，重大事故一旦发生，通知会立即送出。一般来讲，航空器的民航管理当局是首要被通知的单位，其次是保险公司。被保险人应在出险后立即通知保险人，否则因迟延通知而造成的无法确认的损失，保险人有权拒绝赔付。

（二）主动、迅速地进行查勘

"主动"就是要求保险核赔人员对出险的案件，要积极、主动地进行调查了解和现场勘查，掌握出险情况，进行事故分析，确定保险责任。"迅速"就是要抓紧处核赔案，对赔案查得准、办得快、赔得及时。

（三）情况掌握翔实

保险人必须通过实地调查，在全面掌握出险情况后进行客观分析，正确认定保险责任范围，确定损失标的是否为保险标的、是否为除外财产，确定损失近因是否在列明的保险责任条文中。

（四）定责理由合理

"合理"就是要求理赔工作本着实事求是的精神，坚持按条款办事，并要结合具体案情进行准确定性，必要时还要结合实际情况，有一定的灵活性。

（五）定损准确明晰

"准确"就是要求保险核赔人员从查勘、定损以及赔款计算，都要做到准确无误，不错赔、不滥赔。准确理解保险责任、除外责任中有关条文/款项的内涵与外延，深刻领会保险合同意图，准确确定保险标的的损失程度和损失金额。

（六）赔付及时到位

保险人在完成前述各项工作后，应按保险合同的规定，根据保险金额、实际损失、损失程度等因素及时支付赔偿金额。

三、理赔的基本程序

航空保险的理赔一般按下列基本程序进行：出险通知；立案、抄阅保单；现场查勘；

定责定损；赔付或拒付；再保险摊回、追偿。

（一）出险通知

根据保险法和保险单的规定，保险事故发生后，受损的被保险人应立即书面通知保险人，也可先行电话通知出险，事后补填《出险通知书》，保险人接到出险或索赔通知后，应立即登记立案。例如，行李发生保险责任范围内的损失时，被保险人获悉损失后必须在48小时内通知保险人。

出险通知书由被保险人详细填写出险时间、地点、原因、经过以及损失情况和施救情况。例如，《劳合社航空器机身保险（美国）》规定："事故发生时，被保险人只要实际可能，应尽快通知保险人，在发生盗窃、抢劫、小偷肆意毁坏事件时亦如此，并通知公安机关……"

在发生事故时，除了出险通知义务外，被保险人还应采取合理措施保留事故证据，并将相关材料及时（如60日内）提交给保险人。

（二）立案、抄阅保单

保险人接到出险通知后，无论是否属于保险责任，均应及时立案，详细询问被保险人名称、保单号码、出险日期、出险地点、估计损失等并记录下来，并请被保险人尽快填报出险通知。同时应立即调阅保险单，熟知保障范围和除外责任，了解批单和再保险的情况。根据被保险人的出险通知，及时复印有关投保单、保险单、批单副本，并与报案记录内容详细核对，以分清是否属于本保险项下责任。

（三）现场查勘

保险人接到出险通知后，应立即派人进行现场勘验，了解损失情况及原因。

查勘内容主要包括：

第一，了解事故经过，询问受害人、当事人、第三人、目击者或其他证人，并制作笔录、摄像或录音，调查事故原因，确定航空器发生意外事故的原因是属于天气不佳、航空器缺乏适航能力、驾驶员原因还是其他原因。

第二，事故现场的地形和地点、出险时间、损失标的、被保险人、损失原因、保费支付等情况是否符合保险单的规定和要求。

第三，收集事故现场残留的资料，并对现场进行拍照，以便留存备查。

第四，检查飞行计划与航空日志。

第五，调查乘客、机组人员、第三人的人身伤亡或伤害程度以及所载运行李和货物的毁损情况等。

第六，进行现场查看时应尽量拍摄事故现场照片，拍出事故现场全景，并尽可能准确、详细、全面地反映所有受损标的的数量、标记、类型、受损程度，并逐个附上简要文字说明。

第七，查阅民航管理机构或航空公司的事故报告、机场控制塔的相关记录。

第八，对于专业技术性强损失原因或损失程度不易判定的案例，或损失额特别大的个案，应及时聘请有关权威部门、专家或公估人进行鉴定，尽可能取得具有权威性有法律效

力的证明材料。

第九，出险后应立即督促、协助被保险人及时施救，减少保险人员和财产的损失，施救费用应分明细列明，并提供相关证明资料。

第十，现场查勘完毕后，应根据现场查勘写出查勘报告，写明事故的起因、经过、结果、所了解的情况、处理经过、损失情况、估损金额等。

同时，保险人要协助理算人进行调查，为理算人提供相关的资料。理算人在调查后应提出详细的理算报告，作为保险赔偿的依据。理算报告的内容通常包括：失事飞机的机种、机型、注册号码、出厂日期；飞机引擎、结构与其他设备维修的历史与记录；机长、正副驾驶的姓名及其驾驶执照和有效期限、总飞行小时数与特定飞机的飞行经验、失事当月的飞行时数等；失事时和之前的天气状况、详细的天气预报；油料的适用情形、最大载重量、已装载总重量、与塔台通信的设备及其结果；可能的失事原因，包括可导致失事的各项环境因素的详细分析、对失事原因的意见；损坏情形与修理的成本；理算师的建议事项等。

（四）定责定损

保险人要根据现场查勘和现有资料信息，分析研究事故原因链条的近因，进行责任审核，审核事故是否在保险期限内和是否在保险责任范围内，受害人是否向被保险人提出索赔要求或起诉。必要时聘请事故处理专家和理算人。可要求被保险人提供事故经过说明材料、索赔函、损失清单和定损金额、事故责任的认定书或判决书、修理方案和修理费用预算表、修理发票以及关税发票等资料。

航空器机身保险的理赔金额通常能够很快进行确认，但乘客责任、第三人责任等责任保险可能需要相当长的时间才能确定，如果通过诉讼方式确认赔偿金额的，需要的时间更长。多数情况的空难都会造成机毁人亡，证据收集和提供较为困难。因此，在航空保险实践中，更多的是采取和解方式确定赔偿金额。

如果被保险人和保险人未能就损失额度达成一致，在保险人收到损失证明后的一定期间内，各方都有权基于书面要求选择一个能胜任且中立的公估人进行评估。公估人的具体权限及评估程序可能载于保险单的条款之中，评估结果应在适当的时间和地点作出。通常的评估过程如下：首先，各方选定的两个公估人选择一个能胜任的且中立的仲裁人，若双方在一定期间内未能选定这样的仲裁人，由保险人和被保险人约定的有资格的法院选定。其次，各公估人分别对损失进行评估，分别确定损失发生时的实际现金价值和每个条款有关的损失额度，若双方未能达成一致，应将此不同结果递交仲裁人，由仲裁人基于各方的估价作出结论。

（五）给予赔付

保险人应核查有无预付赔款或垫支、查勘、咨询等款项，并对施救费用进行计算，施救费用赔款以不超过保险金额为限。计算保险标的赔款需要比例分摊的，施救费用也采用相同的比例进行分摊，然后应缮制赔款计算书，赔款计算书正本应交财务部门作为付款依据。

对核赔材料审核无异议的，保险人应立即履行保险合同的保险金给付义务，与被保险人签署《权益转让书》，向被保险人支付赔款，在被保险人于赔款收据上盖章后即可付款结案。保险人根据业务的不同性质和要求，在损害赔付后分别办理收回正本保单、通知承保部门注销保险单或出具更改保险金额的批单等手续。

航空旅客责任险的赔付金额以被保险人对被害旅客支付的赔偿金额为依据，但不超过保险单所载明的最高补偿限额，通常是限定机上每名旅客及每次事故的最高赔偿金额，即每名旅客的保险金给付不得超过所定的每一旅客限额，所有旅客的保险金给付金额不超过每一意外事故的总限额。航空第三人责任险的赔付金额是依据被保险人对被害第三人的赔偿金额，但不超过保险单载明的每名被害人死伤、每次事故死伤和财物损失的总额。

（六）拒赔、通融赔付、预付赔款

拒赔是保险人根据保险合同或保险法的有关条款对保险索赔提出拒绝赔偿的行为。投保人在出险后遭到拒赔，主要有以下原因：①未履行按期缴纳保险费的义务；②未履行如实告知义务，保险合同是一种诚信合同，在订立合同之前投保人应如实告知有关情况，否则，出险后保险人可以拒赔；③保险事故不属于保险责任范围；④保险事故属于除外责任的；⑤所签保险合同为无效合同；⑥缺少必要的索赔单证、材料；⑦超过了索赔时效；⑧投保人未履行保险合同规定的其他相关义务；⑨有证据显示投保人（被保险人）有诈骗行为。

当意外事故的发生未能确定是保险责任，而被保险人因种种理由要求赔偿时，保险公司出于维护与重要客户的良好关系，扩大保险人的良好声誉的考虑，可能会进行通融赔付。通融赔付的金额通常是保险金额的一小部分。

预付赔款是指为了使遭受损失的被保险人尽快得到经济协助，保险人对事故损失较大、事故责任比较清楚而暂时不能结案的保险索赔案件预先支付部分（一般控制在估损金额的30%～50%）赔款的行为。我国《保险法》第25条规定："保险人自收到赔偿或者给付保险金的请求和有关证明、资料之日起六十日内，对其赔偿或者给付保险金的数额不能确定的，应当根据已有证明和资料可以确定的数额先予支付……"预付赔款一般适用于责任明确，结案周期较长，而被保险人急需资金的赔案。

（七）再保险摊回和追偿

由于航空保险多数都被分散到世界各地的再保险人进行分保，因此，在存在再保险的情形下，保险人应及时向再保险人摊回相应赔款，但通常也需要较多时间。

追偿是指保险人在赔付被保险人的损失后取得追偿权，通过合法途径和有效措施向债务人或应承担损失的责任人追讨欠款的行为。我国《保险法》第60条规定：因第三者对保险标的损害而造成保险事故的，保险人自向被保险人赔偿保险金之日起，在赔偿金额范围内代为行使被保险人对第三者请求赔偿的权利。追偿时，必须取得由被保险人填写的权益转让书，将追偿权转让给保险人。追偿方式包括协商和诉讼。

四、理赔所需资料和应注意的问题

在不同类型的航空保险理赔过程中，索赔申请人需要提交的证明和资料会有所不同，索赔过程中应注意的问题有所侧重。

（一）航意险索赔须提交的资料

许多保险公司都在经营航意险，从其发布的航意险条款来看，航意险索赔需要提交的资料基本相同。

1. 被保险人身故

由保险金受益人作为申请人填写保险金给付申请书，并凭下列证明和资料向本公司申请给付保险金：①保险单或其他保险凭证；②受益人户籍证明及身份证明；③公安部门或本公司认可的医疗机构出具的被保险人死亡证明书；④由承运人出具的意外事故证明；⑤如被保险人为宣告死亡，受益人须提供人民法院出具的宣告死亡证明文件；⑥被保险人户籍注销证明；⑦受益人所能提供的与确认保险事故的性质、原因等有关其他证明和资料。

2. 被保险人残疾

由被保险人作为申请人，于被保险人被确定残疾及其程度后，填写保险金给付申请书，并凭下列证明和资料向本公司申请给付保险金：①保险单或其他保险凭证；②被保险人户籍证明及身份证明；③由本公司指定或认可的医疗机构或医师出具的被保险人残疾程度鉴定书；④由承运人出具的意外事故证明；⑤被保险人所能提供的与确认保险事故的性质、原因、伤害程度等有关的其他证明和资料。

3. 被保险人遭受意外伤害未造成身故或残疾，但须接受治疗的

由被保险人作为申请人，于治疗结束后或治疗仍未结束但自意外伤害发生之日起已满180日时，填写保险金给付申请书，并凭下列证明和资料向本公司申请给付保险金：①保险单或其他保险凭证；②被保险人户籍证明及身份证明；③由本公司指定或认可的医疗机构或医师出具的医疗诊断书及医疗费用原始凭证；④由承运人出具的意外事故证明；⑤被保险人所能提供的与确认保险事故的性质、原因、伤害程度等有关的其他证明和资料。

（二）航空货物责任险索赔须提交的资料

根据各保险公司的国内货物运输保险条款的规定，被保险人索赔时应向保险人提交如下证明和材料：①保险单（凭证）、运单（货票）、提货单发票（货价证明）；②承运部门签发的事故签证、交接验收记录、鉴定书；③收货单位的入库记录、检验报告、损失清单及救护货物所支付的直接合理费用的单据；④被保险人所能提供的其他与确认保险事故的性质、原因、损失程度等有关的证明和资料。

（三）航空第三人责任险索赔须提交的资料

保险事故致第三人伤亡或财产损失的，被保险人应提交的资料和证明主要有：①出险通知单和保险单正本；②乘客搭乘证明；③死亡证明或医疗诊断证明或残疾诊断证明；④相关费用和损失清单及其证明；⑤死者家属或受害人请求赔偿的相关书面文件以及受害人的收入证明和抚养人员的证明；⑥事故经过和说明；⑦和解书或判决书；⑧赔款同意书。

（四）航空旅客及行李责任险索赔须提交的资料

旅客发生保险责任范围内的损失时，被保险人申请索赔须提供下列单证：①保险单正本；②旅客伤亡名单及旅客的详细资料；③飞行计划书和航空日志；④被保险航空器的详细资料（包括飞机相关证书、飞行日志、驾驶员飞行执照等）；⑤损失清单和证明文件；⑥保险人认可的医疗机构的诊断证明及病历、用药清单、医疗费用票据、检查报告；⑦保险人认可的医疗机构或司法鉴定机构出具的伤残程度证明、公安部门或保险人认可的医疗机构出具的死亡证明、销户证明；⑧有关部门出具的保险事故原因的证明材料；⑨商谈赔偿责任的相关函件和有关的其他证明和资料；⑩和解书或判决书；⑪赔款同意书。

行李发生保险责任范围内的损失时，保险人均依照物品的发票价或重置价在保险金额内按实际损失进行赔偿，但以不超过本保险单上注明的保险金额为限。被保险人获悉损失后必须在 48 小时内通知保险人。被保险人向保险人申请索赔时，必须提供下列单证：①保险单正本、机票；②运输机构出具的关于遗失或损坏的书面证明文件；③财产损失清单，行李物品的购买发票原件或其他有效的购货凭证；④本人身份证或护照正本及复印件；⑤保险金给付申请书；⑥保险金申请人所能提供的与确认保险事故的性质、原因、损失程度等有关的其他证明和资料。

（五）航班延误险索赔须提交的资料

托运行李延误的被保险人向保险人请求赔偿时，应提供下列证明和资料：①索赔申请表；②在航空旅程延误保险和航空行李延误保险项下索赔时，被保险人应提供航空承运人开具的"航班延误"盖章证明原件，包括航班号及日期，延误时间长度及延误原因，或者注明到达时间并由航空承运人盖章的登机牌原件；③保险金申请人的身份证或者护照复印件；④投保人、被保险人所能提供的与确认保险事故的性质、原因、损失程度等有关的其他证明和资料；⑤承运人出具的托运行李的手续证明；⑥保险单原件。

（六）航空执照丧失险索赔须提交的资料

根据中国人寿的《国寿安翔飞行员失能收入损失保险利益条款》（2009 年版）规定，航空执照丧失的被保险人申请保险金时，需提供的证明和资料包括：①保险单；②申请人的法定身份证明；③由保险公司认可的医疗机构出具的被保险人暂时或永久丧失飞行能力鉴定书及病历和相关诊断证明等资料；④暂时丧失飞行能力的，应提供由民航管理机关出具的《航空人员体检鉴定结论通知书》；⑤永久丧失飞行能力的，应提供由民航管理机关出具的吊销其注明 1 级体检合格证的《航空人员体检合格证》的证明资料及《航空人员体检鉴定结论通知书》；⑥如由代理人代为申请保险金，应提供授权委托书、代理人法定身份证明等文件；⑦保险公司要求的申请人所能提供的与确认保险事故的性质、原因等有关的其他证明和资料。

（七）航空机票取消险索赔须提交的资料

在保险事故发生后，被保险人应在事故发生之日起 24 小时内且在飞机起飞之前及时通知保险人，并书面说明事故发生的原因、经过和损失情况；故意或者因重大过失未及时通知，致使保险事故的性质、原因、损失程度等难以确定的，保险人对无法确定的部分，不承担赔偿保险金的责任，但保险人通过其他途径已经及时知道或者应当及时知道保险事故发生的除外。被保险人请求赔偿时，应向保险人提供以下单证：①航空公司出具的出票证明。②被保险人身份证明。③保险事故发生证明资料：第一，如被保险人近亲属突发急性病住院或死亡、因意外伤害导致伤残或死亡，被保险人须提供住院证明或伤残、死亡证明及亲属关系证明。第二，如被保险人的住所因火灾、爆炸、洪水导致严重毁损，被保险人需提供消防部门等有关部门出具的事故证明。第三，如机票目的地爆发保险责任约定的地震、台风、罢工、暴动、骚乱活动，保险人以政府或有关机构公开资料为准进行理赔。第四，如被保险人参加的考试被延期，被保险人需提供准考证和延期证明。④投保人或被保险人所能提供的与确认保险事故的性质、原因、损失程度等有关的其他证明和资料。

如果被保险人未履行提供上述索赔材料的义务，导致保险人无法核实损失情况的，保险人对无法核实的部分不承担赔偿责任。

（八）航空器机身险索赔须提交的资料

航空器机身保险发生索赔时，被保险人应向保险人提交如下证明和材料：①保险单正本、批单正本及其他保险凭证；②索赔申请书；③损失清单；④有关部门出具的保险事故原因的证明材料（包括事故调查情况分析报告、检验报告、民航总局的事故鉴定结论）；⑤受损飞机的施救、运输、损失程度和损失金额的证明材料或修理计划和修理费发票；⑥飞机相关证书（包括飞机的登记证和适航证明、机身引擎的维修保养情况）；⑦飞行日志、飞行计划、飞行目的、飞行进度；⑧驾驶员姓名、年龄、资格及驾驶执照；⑨飞机租赁合同、飞机购买合同；⑩投保人、被保险人所能提供的与确认保险事故的性质、原因损失程度等有关的其他证明和资料。

（九）航空产品责任险索赔须提交的资料

保险事故发生后，依照保险合同请求保险人赔偿或者给付保险金时，投保人、被保险人或者受益人应当向保险人提供其所能提供的与确认保险事故的性质、原因、损失程度等有关的证明材料。这些证明材料主要包括：①保险单或者保险凭证的正本；②已支付保险费的凭证；③账册、收据、发票、运输合同等有关保险财产的原始单据；④身份证、工作证、户口簿或其他证明被保险人的姓名、年龄等情况的材料；⑤确认保险事故的性质、原因、损失程度等的证明材料，如被保险人死亡证明或丧失劳动能力程度鉴定、出险证明书、调查检验报告等；⑥索赔清单，如受损财产清单、各种费用清单、其他清单等。

（十）空中交通管制责任保险索赔需注意的问题

根据太平洋财险发布的《空中交通管制责任保险条款》（2009年版）之规定，一旦发生有可能在本保单项下引起索赔的事件时，被保险人应按保单明细表中列明的地址尽快（48小时内）通知保险人。通知内容包括足以确认被保险人的详细资料，事故发生的时间、地点和情形以及被保险人一经得知的后续相关信息。

如有针对被保险人的索赔或诉讼发生时，被保险人须立即将其或其代表收到的所有司法要求、通知、传票或其他进程转交保险人。未经保险人书面同意，被保险人不得做出任何承认、约定、报价、承诺或偿付；如保险人认为必要，保险人有权以被保险人的名义接管并处理任何索赔抗辩，并在任何洽谈、诉讼或索赔理算的处理过程中具有完全的自主权。

被保险人应与保险人合作并根据保险人要求协助索赔理算、处理诉讼，参加听证会及庭审，协助收集、提供和保护证据，并召集证人到场。对保险人提出的合理需求，被保险人应提供进一步的信息及支持，且不得采取对保险人的利益有任何实质性的负面影响的行为。并且，空中交通管制责任险保单不得整体或部分转让，除非经保险人同意并出具批单确认。

第三节　航空保险争议的处理方式

航空保险争议的具体处理方法和程序，主要体现为协商、调解、仲裁和诉讼几种方式。

一、协商方式

协商，是指由发生合同争议的合同当事人在自愿、互谅的基础上，在不违背法律强制性的前提下，解决合同争议的一种方式。

在实践中，很多航空保险争议都是通过当事人自行协商解决的。这种解决方式有以下优点：首先，这种办法简便易行，有助于及时解决争议。其次，协商解决有利于合同当事人之间保持友好协作关系，也便于解决协议的执行。当然，协商方式也有较大缺陷，即当事人达成的争议解决方案不具有法律效力，一旦一方反悔，该协议就不能执行。

二、调解方式

狭义的调解是指发生合同争议时，在当事人以外的第三人的主持、协调下，由双方自愿协商达成和解协议的行为。这种调解和其他争议解决途径处于并列地位。广义的调解是在仲裁、诉讼过程中进行的。狭义的调解结果本身没有法律效力，而仲裁或诉讼中的调解，在下发仲裁书或判决书之后，即具有法律效力，可以强制执行。

狭义的调解虽然在效力上有一定缺陷，但其仍然有优越性，主要体现在：①第三人处在公正的位置上，能够比较客观地看待双方当事人的分歧，容易判明是非，摆事实讲道理，从而，有助于促使双方当事人达成解决协议；②同当事人自行协商一样，调解方式也很灵活，不受时间限制，也不需要经过复杂的法律程序。

从实质上讲，调解与当事人自行协商并没有本质区别。二者都需要双方当事人协商一致，第三人调解的过程，也是双方当事人协商的过程。区别主要在于：调解需要第三人主持、做双方当事人的工作，由第三人促使合同当事人达成解决协议；而协商则不需要第三人协调，仅仅由合同当事人双方自己协商解决。

在运用调解这种方式解决争议时，应注意以下事项：

第一，以自愿为前提。当发生合同争议时，是否需要采取调解的方式解决，取决于合同双方当事人的自愿。任何一方不同意调解的，对方或者其他人不得强迫。

第二，第三人应当公正。合同双方当事人是基于对第三人的信任同意其调解的。因此，在调解中，第三人处于中间位置，应当站在公正的立场上，不偏袒任何一方，应坚持实事求是通过摆事实、讲道理、做工作，协调双方之间的分歧，从而促使当事人达成协议。

第三，调解协议内容必须合法，不得损害国家利益或者社会公共利益。否则该协议不具有法律效力，因该协议的履行给第三人造成损害的，还可能构成侵权责任。

三、仲裁方式

仲裁是由双方当事人依自由意志共同选定仲裁员依照公正、合理的程序调查案件事实，作出合法裁判，并具有法律强制执行力的争议解决程序。仲裁具有下列特点：

首先，仲裁是由争议双方共同选定的仲裁委员会主持进行的。而仲裁委员会的确定非依法律规定的条件而实现，而是依照当事人的意志而实现。只有当事人达成仲裁协议并确定仲裁委员会的，仲裁才会被启动。

其次，仲裁委员会由当事人选定的仲裁员作为代表。当事人不仅选定仲裁委员会，而且有权选定具体的仲裁员，从而在一定程度上确保了裁决的公正性。

再次，仲裁的进行依照调查事实、做出裁判的顺序进行，并在此过程中赋予当事人双方平等的程序性权利，以便于事实的质证与调查。

最后，仲裁的裁决具有法律强制执行力。仲裁的裁决与协商的结果、调解的结果不同，具有法律强制执行力，在仲裁裁决生效后，一旦一方当事人反悔，另一方有权申请法院强制执行。

在航空保险实践中，仲裁是保险合同当事人最常用的争议处理程序之一。

航空保险争议的处理如此青睐仲裁方式，主要在于仲裁有以下优势：

首先，仲裁在较大程度上体现了当事人的意思自治。争议解决最好的结果莫过于符合当事人的意思。争议当事人有权力选择仲裁委员会和实际进行裁判的仲裁员，这在相当程度上尊重了当事人的意愿。

其次，仲裁具有法律强制执行的效力。这使得仲裁的意义凸显。如果争议解决方式无法最终有效地达到其目的，该方式的意义便被大打折扣。

再次，仲裁便于当事人选择共同信服的权威裁判者解决争议。当事人选择仲裁这一方式，多是希望选择其信服的具有丰富仲裁经验和法律知识的仲裁委员会。而且，没有地域、争议联系地等方面的限制，仲裁员的专业性和权威性更具"诱惑力"。

最后，仲裁具有明显的效率性。仲裁的进行和裁决的作出一般都耗时较短，而且实行一裁终局制，不像诉讼需经上诉、再审等多次审判方能得出有效结论，因而具有明显的效率性。

四、诉讼方式

诉讼是争议解决的最典型和最基本方式。诉讼由一方当事人依法向有管辖权限的法院提起告诉、由被告应诉，法院依法定程序调查事实、作出裁决。诉讼与仲裁是两种不同的争议解决方式，诉讼是由法院主持作出裁决的。案件向哪个法院提起，当事人很可能没有选择的权利。诉讼的产生是一方主动另一方被动，而非如仲裁是由双方当事人共同选择的。

仲裁机构之间不存在上下级之间的隶属关系，仲裁不实行级别管辖和地域管辖。诉讼实行级别管辖和地域管辖。仲裁一般不公开进行，但当事人可协议公开，但涉及国家秘密的除外。人民法院审理，一般应当公开进行，但涉及国家秘密、个人隐私或法律另有规定的，不公开审理。仲裁实行一裁终局制，诉讼一般实行数审终审制。

本章小结

（1）航空保险承保是保险人的单方意思表示，是航空保险合同的成立要件。在航空保险实务中，保险人收到投保单后，经过核保认为符合承保条件，在投保单上签字盖章并通知投保人，构成承诺，承诺生效时航空保险合同成立。

（2）核保工作对标的的选择及对承保条件的制定，直接影响到保险人业务质量的高低和盈利的大小，是保险人防范经营风险的第一关。面对众多来源的风险信息，核保人应对进入保险公司的各种风险进行判断和选择。

（3）由于航空保险业务出险后的理赔工作涉及相关法律较多，涉案金额较大，社会影响力较广，专业技术要求较高。因此，航空保险的理赔应遵循：出险报案及时，主动、迅速地进行查勘，情况掌握翔实，定责理由合理，定损准确明晰，赔付及时到位。

（4）航空保险争议的具体处理方法和程序，主要体现为协商、调解、仲裁和诉讼几种方式。

思考题

（1）航空保险承保、核保的流程有哪些？
（2）航空保险理赔应遵循哪些原则？
（3）航空保险争议调解时需要注意哪些事项？

第十三章　航空再保险

第一节　再保险

一、基本概念

再保险亦称"分保"。保险人在原保险合同的基础上，通过签订分保合同，将其所承保的部分风险和责任向其他保险人进行保险的行为。再保险的基础是原保险，再保险的产生，正是基于原保险人经营中分散风险的需要。在再保险交易中，分出业务的公司称为原保险人或分出公司，接受业务的公司称为再保险人或分保接受人或分入公司。再保险转嫁风险责任支付的保费称分保费或再保险费；原保险人在招揽业务过程中支出了一定的费用，由再保险人支付给原保险人的费用报酬称分保佣金或分保手续费。再保险可分为比例再保险和非比例再保险。比例再保险是原保险人与再保险人之间订立再保险合同，按照保险金额，约定比例，分担责任。对约定比例内的保险业务，原保险人有义务及时分出，再保险人有义务接受，双方都无选择权。比例再保险分为成数再保险、溢额再保险、成数和溢额混合再保险。非比例再保险分为超额赔款再保险和超过赔付率再保险。

再保险（Reinsurance）是保险人在原保险合同的基础上，通过签订分保合同，将其所承保的部分风险和责任向其他保险人进行保险的行为。在再保险交易中，分出业务的公司称为原保险人（Original Insurer）或分出公司（Ceding Company），接受业务的公司称为再保险人（Reinsurer）、分保接受人或分入公司（Ceded Company）。再保险转嫁风险责任支付的保费叫作分保费或再保险费；由于分出公司在招揽业务过程中支出了一定的费用，由分入公司支付给分出公司的费用报酬称为分保佣金（Reinsurance Commission）或分保手续费。如果分保接受人又将其接受的业务再分给其他保险人，这种业务活动称为转分保（Retrocession）或再保险，双方分别称为转分保分出人和转分保接受人。

危险单位是指保险标的发生一次灾害事故可能造成的最大损失范围。危险单位的划分既重要又复杂，应根据不同的险别和保险标的来决定。其划分关键是要和每次事故最大可能损失范围的估计联系起来考虑，而并不一定和保单份数相等同，但划分并不是一成不变的。危险单位划分的恰当与否，直接关系到再保险当事人双方的经济利益，甚至影响到被保险人的利益，因而是再保险实务中一个技术性很强的问题。中国《保险法》第 101 条规定："保险公司对危险单位的计算办法和巨灾风险安排计划，应当报经保险监督管理机构核准。"

对于每一危险单位或一系列危险单位的保险责任，分保双方通过合同按照一定的计算基础对其进行分配。分出公司根据偿付能力所确定承担的责任限额称为自留额或自负责任额；经过分保由接受公司所承担的责任限额称为分保额，或分保责任额或接受额。自留额与分保额可以以保额为基础计算，也可以赔款为基础计算。计算基础不同，决定了再保险的方式不同。自留额与分保额可以用百分率或者绝对数表示。根据分保双方承受能力的大小，自留额与分保额均有一定的控制，如果保险责任超过自留额与分保额的控制线，则超过部分应由分出公司自负或另行安排分保。为了确保保险企业的财务稳定性及其偿付能力，许多国家通过立法将再保险的自留额列为国家管理保险业的重要内容。中国《保险法》第 99 条、第 100 条也有类似规定。

二、再保险的几种情况和分类

再保险最早产生于欧洲海上贸易发展时期，从 1370 年 7 月在意大利热内亚签订第一份再保险合同到 1688 年劳合社建立，再保险仅限于海上保险。17 ~ 18 世纪由于商品经济和世界贸易的发展，特别是 1666 年的伦敦大火，使保险业产生了巨灾损失保障的需求，为国际再保险市场的发展创造了条件。从 19 世纪中叶开始，德国、瑞士、英国、美国、法国等国家相继成立了再保险公司，办理水险、航空险、火险、建筑工程险以及责任保险的再保险业务，形成了庞大的国际再保险市场。第二次世界大战以后，发展中国家的民族保险业随着国家的独立而蓬勃发展，使国际再保险业进入了一个新的历史时期。

从再保险关系形成过程来看，再保险有以下几种情况：一是再保险的双方都是经营直接保险业务的保险公司（以下简称"直接保险公司"），一方将自己直接承揽的保险业务的一部分分给另一方。参与分保的双方都是直接公司，前者是分出公司，后者是分入公司。二是双方都是直接保险公司，二者之间互相分出分入业务。这种分保活动称为相互分保，双方互为分出、分入公司。三是参与分保活动的双方，一方是直接保险公司，另一方是专门经营再保险业务的再保险公司（即只能接受分保业务，不能从投保人处接受直接保险业务），前者把自己业务的一部分分给后者，后者则分入这部分业务。在这种情况下，直接保险公司是分出公司，再保险公司是分入公司。四是参与分保业务的双方，一方是直接保险公司，另一方是再保险公司。再保险公司将自己分入的保险业务的一部分，再分给直接保险公司，直接保险公司则分入这部分业务。在这里，再保险公司为分出公司，而直接保险公司则为分入公司。五是参与分保业务的双方都是再保险公司，一方将自己分入的一部分保险业务再分给另一方，另一方则分入这部分业务。前者为分出公司，后者为分入公司。六是两个再保险公司之间相互分保，即相互转分保。以上各种分保业务形式，在各种类型的保险公司之间，形成了你中有我，我中有你，互相渗透，错综复杂，范围广泛的保险经济关系的网络和体系，使保险市场成为一个不可分割的有机整体。

再保险通常可以分为以下几类：首先，按责任限制分类，再保险可分为比例再保险和非比例再保险。比例再保险是原保险人与再保险人，即分出人与分入人之间订立再保险合同，按照保险金额，约定比例，分担责任。对于约定比例内的保险业务，分出人有义务及时分出，分入人则有义务接受，双方都无选择权。在比例再保险中，又可分为成数再保险、溢额再保险以及成数和溢额混合再保险。成数再保险是原保险人在双方约定的业务范围内，将每一笔保险业务按固定的再保险比例，分为自留额和再保险额，其保险金额、保险费、赔付保险金的分摊都按同一比例计算，自动生效，不必逐笔通知、办理手续。溢额再保险是由原保险人先确定自己承保的保险限额，即自留额，当保险业务超出其自留额而产生溢额时，就将这个溢额根据再保险合同分给再保险人，再保险人根据双方约定的比例，计算每一笔分入业务的保险金额、保险费以及分摊的赔付保险金数额。在非比例再保险中，原保险人与再保险人协商议定一个由原保险人赔付保险金的额度，在此额度以内的由原保险人自行赔付，超过该额度的，就须按协议的约定由再保险人承担其部分或全部赔付责任。非比例再保险主要有超额赔款再保险和超过赔付率再保险两种。其次，按照安排方式分类，再保险可分为临时再保险（Facultative Reinsurance）、合约再保险（Treaty Reinsurance）、预约再保险（Facultative Obligatory）。

再保险的基础是原保险，再保险的产生，正是基于原保险人经营中分散风险的需要。因此，原保险和再保险是相辅相成的，它们都是对风险的承担与分散。再保险是保险的进一步延续，也是保险业务的组成部分。再保险与原保险的区别在于：①主体不同。②保险标的不同。③合同性质不同。再保险具有两个重要特点：第一，再保险是保险人之间的一种业务经营活动。第二，再保险合同是独立合同。

共同保险与再保险均具有分散风险、扩大承保能力、稳定经营成果的功效。但是，二者又有明显的区别。共同保险仍然属于直接保险，是直接保险的特殊形式，是风险的第一次分散，因此，各共同保险人仍然可以实施再保险。再保险是在原保险基础上进一步分散风险，是风险的第二次分散，可通过转分保使风险分散更加细化。

三、适用原则

再保险合同是保险合同的一种，保险合同的基本原则均可在再保险合同中适用，但由于再保险合同的自身特点，再保险合同所适用的基本原则又不同于保险合同的基本原则，呈现出的再保险特征，反映了再保险制度的内在要求。可适用于再保险合同的保险合同的基本原则主要有：①最大诚信原则；②保险利益原则；③损失填补原则。

再保险合同是保险人将其所承保的危险，转嫁给其他保险人保险的合同，属于分散风险合同。再保险合同因是保险人与其他保险人之间所签订的合同，脱离原保险合同而独立存在，但再保险法规却极为简单，甚至没有再保险的规定。究其原因，在原保险中，由于被保险人可能对保险一无所知，为保护被保险人的利益，保险法必须详细规定保险人的行为；而在再保险中，双方当事人均为保险业者，即从事保险业的专业机构，法律无须为保护任何一方的利益而作出特别的规定。此外，再保险合同的基本内容是以直接保险合同为基础的，因而保险合同的基本原则可用以解决再保险合同所产生的问题。

（一）最大诚信原则

在再保险合同中，最重要的基本原则是最大诚信原则，由于再保险合同订立与履行的特点，其对最大诚信原则的要求远远高于直接保险合同。

诚实信用原则是民商法领域内的基本原则，有帝王条款之称谓。中国《民法通则》规定了诚实信用原则，《日本民法典》以诚信原则作为法典的首条，揭示了该原则对于一切法律行为的规范性。《德国民法典》在债法中规定了诚实信用原则。最大诚信原则是诚实信用原则在保险领域的具体表现，不仅适用于直接保险合同，而且还适用于再保险合同。再保险合同的基本要求是最大诚信原则，大多数再保险交易是在全球范围内进行的，再保险业务的接受与再保险合同的订立，均根据原保险人提供的情况，无法进行深入的调查。一方面，再保险人是否决定接受分保，分保份额的大小，仅凭借其对原保险人的信赖，如果原保险人与再保险人之间缺乏相互信赖，再保险业务的交易就无法进行；另一方面，如果原保险人对再保险人缺乏必要的信任，即对于再保险人是否会履行赔偿义务，那么，再保险交易同样无法进行，因此，原保险人只有信赖再保险人的诚信。再保险合同是在保险同业之间订立的，当事人深知最大诚信原则的内涵和在再保险领域内的特殊要求。当事人在再保险合同的订立、修改、理赔以及其他有关再保险事务的处理中，均应遵循最大诚信原则。在再保险合同中，如实告知义务是最大诚信原则的具体体现。

如实告知义务是最大诚信原则最基本的要求。再保险合同当事人避免告知不实是远远不够的，他们有义务完全披露全部重要事实，这种义务对再保险合同的双方当事人均适用。在 Carter v. Boehm（1766）案件中，英国法官曼斯菲尔德爵士阐明了最大诚信原则；在 Re Bradley and Essex and Suffolk Accident Indemnity Society（1912）案件中，英国上诉法院法官 Farwell 强调，最大诚信对保险合同双方当事人均适用。虽然最大诚信原则要求双方当事人均有披露信息的义务，但是披露信息的主要义务方是保险业务的分出公司，而并非保险业务的分入公司，因为分出公司了解分出业务的一切情况，而分入公司则对所分入的业务一无所知。从合同法理论看，再保险分出公司具有如实告知义务，是由于再保险合同的射幸特征，为了平衡原保险人、再保险人之间的权利义务关系，法律和惯例对其作出的特别要求。

如实告知义务是再保险合同生效的基本条件。在再保险合同中，原保险人的披露义务与直接保险中被保险人的披露义务是相同的，不管是海上保险合同，还是非海上保险合同，为此，英国《1906 年海上保险法》详细规定了投保人的告知义务，一旦违反如实告知义务，保险合同无效。美国《加利福尼亚州保险法》第 622 条规定，原保险人在签订再保险合同之前或者之后，均应将重大危险事项告知再保险人。在 Sun Mutual Ins. Co. v. Ocean Ins. Co. 案件中，法官指出，重大事实的告知义务，在再保险和直接保险中均属于最大诚信，而且原保险人的告知义务比被保险人的告知义务要求更高。因此，原保险人必须向再保险人披露全部的重要事实，或者法律上认为应当知道的事实，而这些事实是再保险人不知道的或者再保险人被认为是不知道的。这些事实与所承保的风险密切相关，即一个谨慎的保险人在决定是否承保以及承保的条件时应当考虑的因素。披露义务的形成是为了确保投保人或者原保险人对所提交风险的陈述是清楚的、准确的。告知不实与欺诈，或者重大事项未披露，均违反如实告知义务。一旦原保险人违反披露义务，而且再保险人是因原保险人披露不实或者虚假陈述而订立再保险合同的，那么，再保险人有权解除再保险合同。《中国保险法》规定投保人违反如实告知义务的，保险人有权解除合同。

当事人不仅在订立再保险合同时，适用最大诚信原则，而且在再保险合同履行时，也应适用最大诚信原则。虽然分出公司所披露的信息会影响分入公司订立再保险合同的决定，以及再保险合同成立之后，再保险合同的中止条件，但是，根据再保险合同条款，分出公司仍然有继续披露有关信息的义务。

再保险合同当事人的披露义务与原保险合同当事人的披露义务基本相同，但由于再保险合同自身的特点，又有不同于原保险合同之处。在再保险合同中，分出公司应将其从原保险合同的投保人所获得的所有重大事实，及时、准确地向再保险人披露；如果分出公司向再保险人所披露的信息不正确或者不充分，应向再保险人承担责任。分出公司应向再保险人披露其所知晓的原保险合同被保险人所有情况。

在原保险合同的被保险人违反披露义务或者告知不实义务的情况下，再保险合同是否有效，取决于再保险合同的约定。长期以来，人们一直认为，原保险中的被保险人将虚假的事实告知保险人，而保险人在没有审查其真实性的前提下，将这些虚假的事实告知再保险人，再保险人有权解除再保险合同。在订立原保险合同之前，如果被保险人作出了不正确的陈述，保证原保险单中事实的真实性，而这些陈述又成为订立再保险合同的基础，再保险人一旦发现事实的真相，有权拒绝承担责任。因此，再保险合同条款可以载明，假设原保险人信赖被保险人的陈述，并保证其陈述的准确性的前提下，再保险合同生效。一旦证明被保险人的陈述是虚假的，那么，再保险合同无效。一般说来，披露重大事实的义务仅限于合同订立之前，但合同的订立仅仅是再保险业务活动的开始，而并非再保险业务的终结，每次按照再保险合同分入分保业务，实际上表明再保险业务的启动，虽然再保险人获得的信息是非常有限的，但在再保险合同的实际运作中，分出公司对再保险人承担最大诚信义务，而这些恰恰发生在再保险合同订立之后。一旦原保险人违反最大诚信原则，再保险人享有原保险人在原保险中所享有的权利，再保险人可以行使撤销权。

一旦再保险人行使对再保险合同的撤销权，再保险合同则自始无效；但是，如果再保险人在合理期限内没有行使撤销权，再保险人的权利消灭，再保险合同仍然有效。如果再保险人行使撤销权，致使再保险合同自始无效，根据英国《1906 年海上保险法》的规定，分出公司有权要求再保险人全额返还再保险费。

（二）保险利益原则

"无保险利益，则无保险"，《中国保险法》第 12 条规定，投保人或者被保险人对于保险标的没有保险利益的，保险合同无效。保险利益是指投保人或者被保险人对保险标的具有的法律上承认的利益。投保人或者被保险人因保险标的发生保险事故而受到损害时，这种利益将受到损害；如果投保人或者被保险人没有这种利益，即使发生保险事故，也没有损害可言。因此，保险利益成为保险合同生效的要件。

在再保险合同中，再保险的保险标的与直接保险的保险标的不同。直接保险标的是指发生保险事故的标的，例如，火灾保险中的被保险建筑物，海上货物运输保险中的被保险货物，海上船舶保险中的被保险船舶等；而在再保险中，再保险的标的则是原保险人的保险责任。原保险人对再保险的标的具有法律上承认的利益，这种利益因直接保险中的保险事故的发生而受到损害；如果不发生保险事故，原保险人则继续享有这种利益，这种利益就是再保险的保险利益，是再保险合同生效的要件。英国《1906 年海上保险法》最早承认了直接保险与再保险之间的保险利益关系，如该法第 9 条第 1 款规定："海上保险合同中的保险人对其承保的风险具有保险利益，并可将有关风险再保险。"《德国商法典》第779 条以及《海上保险法》第 1 条也有类似的规定。

再保险因需要而产生，即原保险人为了分散风险而安排再保险，直接保险一旦成立，原保险人即取得因有效的直接保险合同而产生利益的保险利益，其再保险合同同时生效，如果直接保险合同解除或者终止的，再保险合同也随之解除或者终止。

再保险的保险利益是以直接保险的保险责任范围为限，也就是说，使再保险的保险利益受到损害的保险事故，再保险与直接保险相同——再保险的保险事故与直接保险的保险事故是一致的。再保险的保险利益的限度，因再保险方式的不同而存在差异，在比例再保险中，根据再保险金额确定再保险的保险利益；在非比例再保险中，则根据损失的数额确定再保险的保险利益。以再保险金额为确定再保险的保险利益依据的，是金额再保险；以损失数额为确定再保险的保险利益依据的，是损失再保险。

再保险的保险利益在转分保中较为特殊，转分保虽然是再保险的再保险，转分保合同仍然规定，按照原保险合同的规定承担赔偿责任（As Per Original），但是转分保接受人对于保险标的的利益，有时与转分保分出人并不完全一致。换言之，转分保分出人所支付的再保险赔款，有时不能根据转分保合同的规定从转分保接受人获得补偿。例如，根据英国海上保险条款的规定，被保险人具有防止损害发生的义务。损害防止条款规定，在被保险财产受到危险时，被保险人应采取一切合理措施避免或者减少损害的发生，由此产生的费用由保险人承担，以此作为海上保险条款的附约。假设有一船东甲将其船舶委付给保险人乙，船舶的保险金额为 2000 万元。乙保险人向再保险人丙安排再保险。甲为救助船舶而支出了 50 万元，但救助没有成功而发生全损。乙保险人除了向被保险人支付全损赔偿之外，还应支付 50 万元的损害防止费用。乙保险人不仅可以从丙再保险人获得全损赔偿，而且还可以获得损害防止费用的赔偿。但是，如果丙再保险人再向转分保接受人丁安排转分保，而且再保险合同和转分保合同均有"按照原保险合同规定的损害防止条款"，丁转分保接受人无须向丙再保险人支付 50 万元的损害防止费用，因为丙再保险人如果要从丁转分保接受人获得损害防止费用的补偿，那么，丙再保险人或者其代理人必须为该船舶的安全支付这项费用，而支付损害防止费用的是乙保险人而不是丙再保险人，丙再保险人因履行再保险合同的债务而向乙保险人支付了全损赔偿和损害防止费用，因而只能从丁转分保接受人获得全损赔偿，损害防止费用不能获得补偿。

总之，再保险的保险利益，虽然其范围与原保险的保险利益相同，但其限度却因再保险方式的不同而有所不同，在转分保方面，因涉及经济利益，应根据具体案件的情况来确定。

（三）损失填补原则

损失填补是财产保险的基础，在保险事故发生之后，投保人或者被保险人只能按照其实际受到的损害，请求保险人进行赔偿，不能因此而获得额外的利益。再保险属于责任保险，因而是损失填补合同。在再保险合同中适用损失填补原则，只有原保险人有权向再保险人请求赔偿。损失的补偿发生在原保险人与再保险人之间，原保险人是否已经履行其对被保险人的义务，与再保险人没有任何关系。换言之，再保险人不得以原保险人没有履行其对直接保险中的被保险人义务为由，拒绝履行其对原保险人的义务。此外，原保险人同样也不得以再保险没有履行其赔付义务为由，拒绝向直接保险中的被保险人履行其赔付义务。如中国《保险法》第 30 条第 3 款规定："再保险分出人不得以再保险接受人未履行再保险责任为由，拒绝履行或者迟延履行其原保险责任。"

在原保险人破产的情况下，再保险人的填补责任以原保险人的赔偿责任为准，再保险人应当支付的赔款，归破产管理人所有，成为破产保险人财产的一部分，由债权人参与分配。但是，直接保险合同中的被保险人不得直接向再保险人行使赔偿请求权。如中国《保险法》第 30 条第 2 款规定："原保险的被保险人或者受益人，不得向再保险接受人提出赔偿或者给付保险金的请求。"中国台湾地区保险法也有同样的规定。但是，由于被保险人只能以普通债权人的身份参与被破产的保险人财产分配，被保险人的利益缺乏必要的保障。为了保护被保险人的利益，英美法对被保险人直接向再保险人行使请求权，采取肯定的态度。被保险人通过在再保险合同中的规定直接给付条款（Cut - through Clause），便可以直接向再保险人行使赔偿请求权。再保险人填补损失的范围，是以再保险标的的范围为准，即使优惠赔款（Ex - gratia Payment），必须以再保险合同有规定的才可以实施。再保险人对于直接保险合同规定范围之外的损失，不承担赔偿责任。例如，在 Merchants MarineIns. Co. v. Liverpool Marine and General Ins. Co. 案件中，按照保险单的规定，原保险人在没有赔偿责任情况下对被保险人给予了赔付，原保险人以再保险合同中的 "To Pay As May BePaid Thereon" 条款为由，请求再保险摊付赔款。法院却认为该句话的意思为 "To Pay As Liable to PayThereon"，而不是 "Liable to Pay"，即有赔偿责任，因而再保险人不必承担摊赔责任。此外，再保险人在向原保险人履行填补损失的赔付义务时，有权要求原保险人提示损失的证据，原保险人应承担举证责任，否则，再保险人有权拒绝承担赔偿责任。即使原保险合同所规定的保险事故发生，而且属于再保险合同承保的责任范围，但是，再保险人的填补责任并不当然发生，应根据再保险方式而定，再保险方式不同，再保险人的填补责任也大不相同，例如，在超额赔款再保险合同等非比例再保险合同中，如果原保险人的赔偿金额没有超过起赔额，那么，再保险人无须承担填补损失的义务。

四、再保险发展影响因素

1. 内部因素

内部因素是指保险公司仅仅从自身角度去考量是否选择再保险以及选择再保险的方式和比例等影响因素。从现实角度看，影响保险公司再保险的因素主要有以下三个方面。

（1）保险公司的规模。我国保险市场中的保险公司大大小小有一百多家，其中既有注册资本几亿元的小公司也有注册资本几百亿元的大公司，市场竞争激烈。对于大的保险公司而言，其本身多具备兼营再保险业务的权利。尤其是对大的保险集团而言，母公司根据风险管理的需要建立了自保公司，用作非传统风险的转移载体。再保险对这些保险公司而言，既可以转移控制风险，总体上又不减少保费收入，其再保险的驱动较强。而对于小的保险公司而言，虽然再保险要分出去一部分保费。对于小的保险公司而言，囿于其资金实力，其业务扩张规模受到一定限制。在我国现有监管模式下，再保险费部分不计入保险公司业务量，小的保险公司可以通过再保险来增强扩张能力，可以保持小保险公司在我国激烈的保险市场竞争中能够争得立锥之地。

（2）保险公司的业务特点。保险公司的业务范围根据风险类型的不同，可以分为财产险保险公司和人身险保险公司。比较这两类公司，经营财产险的公司其再保险意愿高于经营人身险的保险公司。我国非寿险公司车险业务比例较高，特别是一些中小公司的车险业务比例高达80%左右。车险具有标的分散、流动性强、风险集中程度低、赔付率相对稳定、发生巨灾和影响经营稳定性的可能性较小的特点。这些业务特点导致其通过再保险分散风险的积极性不高。另外，在财产保险中，对于财产价值重大的保险标的，如船舶险、航空器险等，保险公司在确定一部分自留额后，将会积极通过再保险的方式将风险分散开来。

（3）保险公司的风险管理理念。保险公司本身属于管理他人风险的公司，其本身面临的风险主要有四类，即市场风险、政策风险、价格风险和管理风险。对于某一具体保险公司而言，其核心风险也是有差异的、动态变化的，管理层风险管理理念的不同也对其选择再保险有重要影响。另外，对于再保险公司而言，其风险主要来源于保险公司对风险的控制能力。根据实证研究，公司规模与资本结构比率呈反向关系，说明规模大的公司资本来源多，每单位资本支撑的业务量少；规模小的公司由于资本来源少，融资成本高，每单位资本支撑的业务量大。在不受其他情况影响时，在同样的条件下，再保险公司更倾向于与风险管理严格、每单位资本支撑业务量少的保险公司合作。

2. 外部因素

相比内在因素影响而言，在再保险事项中，保险公司受外在因素的影响更大。例如，保险是在社会经济生活发展到一定程度后的产物，而再保险则是在保险发展到一定基础上才产生的。就保险公司的再保险而言，其受到众多外在因素的影响。

（1）社会发展。随着社会的发展，投保人需要保险公司保障的标的物的价值越来越高，有些保险金额较大的业务，单一的保险公司根本无法承担，只能与其他保险公司共保。而共保人之间的竞争又引发了临时再保险的出现，隔断再保险人与投保人之间的联系。而临时再保险一单保险一签约的烦琐程序不适合效率要求，这时又出现了固定再保险，而后第一家专业的再保险公司——科隆再保险公司在德国成立。因此，社会发展是保险公司产生再保险需求的直接外在因素。

（2）监管当局。保险本身是一种社会共济机制，保险公司根据大数据进行经营。保险公司是否合法经营，直接关系到社会稳定和经济发展，再加上保险市场的信息不对称性，都导致了保险是一国监管当局对保险业的严格监管。监管当局可以通过立法的方式来确立强制再保险，防止风险的过度集中。同时，监管当局为了保护本国再保险业，对承包的再保险机构的性质也有明确规定。如我国在 2006 年法定再保险业务取消以前，所有中国保险公司都必须由中国的再保险公司承保法定再保险业务。

（3）再保险机构。

1）再保险经纪机构。按照国际惯例，一些诸如卫星发射等技术难度大、风险比较高的保险业务，都是通过熟悉保险管理技术、市场行情并与众多投保人、保险人和再保险人保持广泛联系的再保险经纪人进入市场。在我国民航行业，已经有专门的保险经纪公司（航联保险经纪有限公司）来从事相关的业务。由专业的保险经纪公司来选择适当的再保险机构对于再保险的影响也是非常大的。从目前我国再保险经纪发展现状看，我国非常欠缺有经验的保险经纪机构，以至于在再保险市场上保险经纪机构所起的作用还有非常大的提升空间。

2）再保险业务方式。境内许多再保险业务品种主要依托并服务于传统再保险。传统再保险模式下的再保险业务主要有合同分保和临时分保，对保险分出和分入从机构安排到份额比例有严格的要求和约束。同时传统分保缺少灵活、多样的业务种类，在一定程度上制约着再保险规模的发展。

再保险方式是再保险制度中的基本问题，安排再保险首先必须确定再保险方式，再保险方式通常有临时再保险方式与合同再保险方式两大类；预约再保险方式是介于临时再保险方式与合同再保险方式之间的一种再保险方式，一般归类到临时再保险方式之中。临时再保险方式是最早的一种再保险方式，而合同再保险方式虽然产生较晚，但呈现上升趋势。在现代再保险市场中，这两种再保险方式相辅相成，缺一不可。

3. 其他因素

其他因素如巨灾规模、信息技术发展等因素都对保险公司再保险的选择有重要的影响。有研究显示，美国的再保险市场与巨灾规模呈现了以下关系：巨灾损失规模在 5 亿美元以内，再保险在总损失规模中所占的比例有上升趋势；随着巨灾保险损失规模增大，再保险的比例急剧下降。也就是说再保险渗透力的大小与巨灾规模呈反比。而信息技术的发展对再保险业有不小的影响，例如众多保险公司再保部或再保险公司都建立了计算机网络为依托服务处理中心，实行再保险业务集中式数据管理和分布式处理。增强其在再保险市场的竞争能力和服务水平。

综上，保险公司再保险的影响因素是多方面的，在大多数情况下多种因素综合作用影响了保险公司的再保险行为。在合法合规的基础上，综合考虑各种因素，选择适合自己发展阶段和发展定位的再保险方式是每一家保险公司都应该关注的问题。

五、中国再保险的发展

（一）发展现状

改革开放以来，随着我国社会主义市场经济的发展，我国的保险业获得了较大的发展。但同国外保险业相比，差距依然较大，其中一个较突出的问题就是再保险市场发展滞后，存在许多亟待解决的问题，与保险业的发展趋势及经济增长的要求极不适应。再保又称分保，是保险人将自己承保的风险责任的一部分或全部向其他保险人再进行投保的保险业务。它在国际上称为保险人的保险，是保险公司分散风险、分摊损失最通行的做法。再保险对分散保险经营风险、控制保险责任、稳定业务经营、扩大保险公司承保能力、促进保险业务的健康发展乃至整个金融秩序的稳定具有非常重要的作用。再保险市场作为保险市场的一个重要组成部分，其体系建设的完善与否直接关系着我国民族保险业发展的前景，也会在很大程度上影响中国保险业的国际化进程。

1999 年 3 月，适应中保集团机构体制改革的需要，经国务院批准，在中保再保险有限公司基础上组建中国再保险公司。作为国务院直属的专业再保险公司，中国再保险公司经中国保监会授权，行使国家再保险公司职能，主要经营财产保险、人寿保险等各类以人民币或外币计价的法定和非法定再保险业务。自成立以来，该公司努力在中国再保险市场上发挥主渠道作用，无论是法定业务还是商业业务、国内业务还是国际业务都取得了显著的成绩。

再保险在分散风险、扩大承保能力、改善偿付能力、提高公司治理水平、促进保险市场的安全稳健运行等方面发挥着日益重要的作用。再保险通过和直接保险之间的技术传导，提升了保险行业的风险管理水平，促进了行业规范与标准的健全完善；通过提供替代资本的产品及其增值服务，使直接保险公司的业务结构得以优化，风险得以有效控制。特别是，再保险有力地支持了交通、通信、水利等基础设施和能源、钢铁、电力等基础工业的大规模投资以及其他为数众多的大型项目的建设，极大地推动了我国航天事业与和平利用核能事业的发展；同时，积极协助直接保险公司推动医疗健康保险试点，在完善社会保障体系、推动医疗体制改革、参与新型农村合作医疗试点、服务"三农"、促进社会主义新农村建设等方面发挥了重要作用。此外，在我国遭受地震、台风等巨灾侵害较多的地区，再保险的及时赔付有效地弥补了直接保险公司的部分巨灾损失，极大地缓解了受灾地区灾后经济衰退的压力，为我国经济和社会的稳定发展起到了保驾护航的作用。

（二）发展目标

我国再保险市场发展的总体目标是：把我国再保险市场建设成为市场主体数量适宜、经营行为规范、承保能力与偿付能力充足、竞争实力较强、业务结构合理、产品服务丰富多样、风险有效分散、再保险保障机制健全、监管制度完善、能够引导和支持我国直接保险市场发展的现代再保险体系。

1. 综合竞争力目标

培养具有国际竞争力的本土的大型再保险集团和具有自主创新能力的专业再保险公司，

形成主体多元化、竞争差异化的再保险市场格局。再保险公司承保能力充足、业务结构合理、产品种类齐全、服务方式多样，风险管理技术较强，基本能满足直接保险市场多元化、专业化的风险保障需求。再保险从业人员素质明显提高，再保险专业人才队伍逐步壮大。

2. 功能作用目标

充分发挥再保险的资本融通、风险管理和技术传导三大功能。

在资本融通方面，充分发挥再保险机制在改善直接保险公司偿付能力状况、扩大承保能力、缓解资本约束等方面的作用，保证偿付能力监管制度的有效实施。

在风险管理方面，充分发挥再保险机制在管理保险业务组合、便于从整体上分析和把握业务风险状况和特征的优势，采取积极的风险管理措施，督促和指导直接保险公司加强承保、理赔管理，改善业务质量，提高风险管理技术，降低经营风险。

在技术传导方面，充分发挥再保险人在数据积累、风险识别与防范、风险定价等方面的技术优势，探索新的风险转移技术，从而推动保险业技术进步和服务水平的全面提升。

现阶段重点是要强化再保险的风险管理和技术传导功能，不断提高再保险对直接保险市场的覆盖面与渗透力，引导和支持直接保险市场稳健发展。

风险防范目标。专业再保险公司资本实力增强，风险管理能力提高，偿付能力充足；风险防范体系和制度基本健全；公司治理结构基本完善，内控制度有效发挥作用。

直接保险公司充分重视再保险机制的有效运用，审慎选择再保险接受人，科学制订再保险方案，从制度上强化再保险在直接保险公司全面风险管理中的地位和作用。

监管部门全面推进偿付能力动态化监管，再保险现场与非现场监管水平不断提高，市场运行规范有序，风险得到有效防范和控制。

基础建设目标。再保险市场和直接保险市场数据交换机制初步建立，重点解决再保险财务制度执行不到位、再保险业务核算以及统计管理不规范、再保险市场和直接保险市场信息不对称等问题；再保险专业化监管体系初步形成，再保险专业监管制度更加完善；再保险市场体系不断完善，公平竞争、有序发展、和谐诚信的再保险市场环境逐步确立。

（三）发展中存在的问题

1. 再保险市场竞争逐渐显现

我国再保险业发展的历史不长。新中国成立后，我国保险业一直是独家经营，再保险业务由原中国人民保险公司专营。由于是国家保险公司，风险由政府埋单，人民币业务一直不办理分保。随着其他保险主体的出现，1988 年根据《保险企业管理暂行条例》的规定，国内开始办理30% 法定分保业务，由人保再保部代行国家再保险公司的职能。1996年，人保组建集团公司，成立了中保再保险有限公司。至此，国内才有了一家经营再保险业务的专业公司。1999 年 3 月，中国再保险公司在中保再保险有限公司的基础上组建成立，从此中国再保险业进入了一个新的发展时期。

到目前为止，国内再保险市场除了中国再保险公司外，还包括各直接保险公司、特殊风险的共保联合体、外资再保险在华代表处等。已经初步形成多元竞争的格局，一个多层次、全方位、综合性的再保险服务体系已经初步建立。

2. 再保险市场前景广阔

目前，我国国民经济保持着强劲的增长势头，居民收入持续增加，西部大开发和南水北调、西气东输、西电东送等工程的陆续启动，丰富了保险资源，拓宽了原保险的业务范围，也为法定和商业再保险的发展提供了更广阔的空间。我国再保险市场发展的潜力可谓十分巨大。

3. 市场主体数量少、不健全且市场主体结构不合理

一个完整的再保险市场必须配备有一定数量的保险公司、再保险公司与再保险经纪公司。随着国际再保业的发展，再保险公司与再保险经纪公司已成为国际保险市场的技术领先者，成为保险公司的技术后盾。在某些特殊领域，如航空航天、石油勘探开发以及高科技等领域，没有再保险经纪人的技术支持，保险公司很难对这些项目进行承保与再保险安排。截至 2002 年底，我国再保险市场共有保险公司 57 家，保险经纪公司 17 家，专业再保险公司只有 1 家，没有专业再保险经纪公司。2002 年中再保险的总资产约为 207 亿元，仅在上海、深圳和成都设立了分支机构。而已经获准在我国成立分支机构的慕尼黑再保险公司的总资产达 1964 亿欧元；瑞士再保险公司的总资产达到 1079 亿欧元，两大保险公司的分支机构遍布世界主要国家和地区。尽管我国各家保险经纪公司的经营业务范围里有再保险业务一项，但其主要以直接业务为主，很少涉足再保险业务。在大项目与特殊风险领域，国内的保险经纪人由于技术能力的差异加之缺乏与国际再保险市场的充分沟通而不得不把许多业务拱手让给国外的再保险经纪人。

虽然目前我国从事再保险的市场主体相对较多，但仅有中国再保险公司一家专业再保险公司，具体经办法定再保险业务，同时也办理商业再保险。其他直接保险公司虽然也可以经营相关的再保险业务，但尚不能与中国再保险公司形成竞争。

4. 再保险业整体缺乏国际竞争力

再保险市场高度依赖国际市场，整体缺乏竞争力。首先，再保险经营主体资本实力不足，再保业是资本密集型行业，对资本标准要求很高。我国唯一的专业再保险公司和国外再保险公司相比不但资本少、承保能力小，而且目前还面临注册资本不完全到位、后续注资能力缺乏等一系列的问题。国内再保险市场的容量严重不足，长期以来国内商业性分保业务中的绝大部分都不能在国内得到妥善安排，只能流失到海外市场，对海外再保险市场存在严重的依赖性。我国自 1980 年恢复国内保险业务以来，我国保险业保费收入以超过年均 30% 的速度增长，但再保险业务的增长速度一直比较缓慢。其次，国内再保险主体力量分散，缺乏对大灾、巨灾和特殊风险的承保能力和风险分散技术。再次，业务创新能力不足，再保险公司普遍存在保险精算技术落后、新产品开发能力缺乏、风险管理技术落后等问题，这些都制约了国内再保险业的创新能力。最后，再保险国际化步伐较慢，再保险从本质上看是最国际化的业务，但由于人民币还没有实现资本项目下的可自由兑换，人民币保费业务不能与国际再保险市场接轨，国内的巨额风险的压力无处缓解，使得我国再保险市场走向国际化步履艰难。既不利于国内风险的分散，同时也严重制约着国内业务进入国际再保险市场。

第二节　机身再保险

一、飞机机身再保险

（一）基本概念

飞机机身再保险是保险人在飞机机身保险合同的基础上，通过签订分保合同，将其所承保的部分风险和责任向其他保险人进行保险的行为。

飞机机身保险是飞机保险的基本险之一，承保飞机无论在什么情况下、什么原因造成机身及其附件的意外损坏和损失的责任。如飞机的坠落、爆炸、失火、碰撞、失踪等造成飞机的全部或部分损失，此外，还负责因意外事故引起的飞机拆卸、重装和清除残骸的费用。国外飞机机身保险的保险条件大多为一切险，其所保危险范围为：①包括飞机在地面及飞行时危险的一切险。②不包括飞机飞行时危险的一切险。③不包括飞机飞行及滑行时危险的一切险。

（二）主要特点

飞机机身保险的特点包括：①必须分保或共保。飞机价值昂贵，一旦发生空难，标的损失及责任赔偿总额高达数亿美元，因此必须采取分保或共保方式承保，转嫁保险人的巨大风险，加强航空保险经营稳定性。②采用定值保险方式承保。我国飞机机身险最初为不定值保险。但由于国际市场改进型飞机价格不断上涨，不定值保险方式满足不了空运人的需要，而且一旦发生赔案，赔款计算麻烦费时，于是保险人对飞机保险采用了定值保险方式承保，赔偿采取"分摊条款"加以改造，对飞机保险的费率也作了调整，适应飞机保险市场需要。③法定责任保险覆盖面宽。飞机保险的法定责任保险除飞机造成对第三者责任及财产损失之外还包括空难对本飞机航班上乘客的人身伤亡及财产损失赔偿。

（三）除外责任

机身保险的除外责任一般包括：飞机不适航而飞行，被保险人的故意行为，飞机任何部件的自然磨损、腐蚀和制造上的缺陷，停航、停运的间接损失，战争、劫持险的保险责任和除外责任等。在国际保险市场上，飞机机身保险的保险标的包括飞机机身、推进器、机器及设备。根据各国保险公司适用的飞机保险合同条款的规定，机身险的责任范围除少数采用指定危险方式外，多数为一切险。我国现行的飞机机身保险都是一切险方式。

（四）保险方式

机身保险最初属于不定值保险，保险人在保险金额限度内选择现金赔付或换置相同类型的飞机。但是，面对着飞机机型的不断更新和价格的上涨而旧型飞机价格下跌的情况，被保险人按旧型飞机原价投保后所得到的保险赔付，不能满足其购买新型飞机的需要。因此，现在的机身保险一般采用定值保险方式。我国的机身保险也采用定值保险方式。

（五）保费及赔付

机身保险的保险费由保险人依据飞机的型号、用途、事故记录、历年的损失率、被保险人的经营管理水平，厘定具体的保险费率，计算出相应的保险费数额。机身险的保险赔付因保险标的的全损和部分损失而有区别。飞机机身全损的，保险人按保险金额赔偿，不扣除免赔额。飞机发生部分损失的，保险人按实际的修理费用扣除免赔额后予以赔付，此外，不论是全损或部分损失，保险人还负责赔偿施救费用、救助费用、飞机从出事地点运往修理厂的运输费用、修理后的试飞和政府检验费用、飞机修好后运往出事地点或指定地点的运输费用。

在飞机机身保险的基础上，飞机机身再保险通过签订分保合同，并且将其所承保的部分风险和责任向其他保险人进行保险。

二、航空器机身再保险

（一）基本概念

航空器机身再保险是保险人在航空器机身保险合同的基础上，通过签订分保合同，将其所承保的部分风险和责任向其他保险人进行保险的行为。

航空器机身保险是指航空器在飞行或滑行以及停放时，由于意外事故造成航空器及其附件的损失或损坏，以及因意外引起的航空器拆卸重装和运输的费用和清除残骸的费用，保险人负赔偿责任。保险期限为一年定期保险。航空器机身险分为国际航线机身险和国内航线机身险两种，前者需用外币投保，后者用人民币投保即可。用外币投保的机队，中国人民保险公司还将其拿到伦敦国际保险市场上进行分保险。

（二）航空器机身保险的除外责任

航空器机身险的除外责任是：①因战争、敌对行为或武装冲突，投保航空器被劫持或被第三者破坏。②航空器不符合适航条件而飞行。③被保险人的故意行为。④航空器任何部件的自然磨损、制造及机械本身缺陷，以及噪声、污染、放射性沾染造成的损失。除外责任意味着上列情况在保险赔偿范围之外，但有时航空企业又确实需要就某些除外责任的事故进行保险，这时可采取机身附加险的形式获得赔偿。

（三）附加险种内容

附加险包括：①机身战争险。其前提是被保险人必须首先或同时投保机身险。否则，保险人不单独承保该险种。机身战争险主要用于赔偿由于战争、劫持、敌对行为、武装冲突、罢工、民变、暴动、航空器被扣留、没收或第三者恶意破坏所造成的损失。其除外责任是：发生原子弹、氢弹袭击或其他核武器爆炸。②责任战争险。由于机身战争险的责任范围引起被保险人对第三者或旅客应负法律责任的费用由保险人负责赔偿。其他内容与机身战争险相同。③免赔额险。免赔额是指保险人对每次保险事故免赔一定的损失金额，一般以绝对数表示。由于保险人对每次事故的赔偿金额免赔一定比例的损失金额，所以也叫免赔率。航空器保险一般都规定免赔额，损失在免赔额之内，被保险人不得向保险人索赔，保险人只负责超过免赔额部分的损失赔偿。免赔额险是针对免赔额部分的保险，以此来降低被保险人对免赔额部分的风险，免赔额险作为机身险的附加险，通常以机型来决定免赔额，然后另行交纳保险费投保。

在航空器机身保险的基础上，航空器机身再保险通过签订分保合同，并且将其所承保的部分风险和责任向其他保险人进行保险。

案例

航空保险离不开再保险

在国内航空保险史上，有件事情至今仍令业内人士记忆犹新：1990年10月2日，三架波音飞机在广州机场碰撞：一架烧毁、一架撞毁、一架撞坏。120多名旅客、7名机组人员死亡，90余名旅客受伤。中国人民保险公司承保的三架飞机机身险保额合计8000万美元，责任险每架飞机最高责任限额7.5亿美元。

由于航空事故前三架飞机的机身险各责任险分别以80%、86%的分出额，向伦敦保险市场进行了分保，事故后及时得到了外汇补偿。

这就是再保险为降低风险而带来的好处，一般人可能不清楚什么是再保险，其实，所谓的再保险是指保险人将其承担的保险业务，以承保形式，部分转移给其他保险人。再保险是保险人的保险，也称分保。保险人进行再保险的目的在于减轻自身负担的风险责任，当发生再保险合同约定的事故合同时，可以从再保险人那里摊回赔款。很显然，再保险有利于分散风险。

航空保险虽然市场巨大，但其风险也同样是十分巨大的，因此，如果没有再保险的安排，单个保险公司是无法承受巨额和大面积灾害累积风险的。

再保险客观上扩大直接承保公司的承保能力，使它们的经营更加稳定，直接承保公司承保能力往往有限，如果不安排分保的话，很多保费就不能收。

目前，中国再保险市场不成熟、不完善。在分保安排上不得不较多地依赖外国大公司，有的还不得不接受对方提出的过分条件和不公正待遇。尤其像航空保险，对国际再保险的需求依旧十分重要。

第三节　货运再保险

一、航空运输再保险

(一) 基本概念

航空运输再保险是保险人在航空运输保险合同的基础上，通过签订分保合同，将其所承保的部分风险和责任向其他保险人进行保险的行为。

航空运输保险分为航空运输险和航空运输一切险两种。被保险货物遭受损失时，本保险按保险单上订明承保险别的条款负赔偿责任。本保险索赔时效，从被保险货物在最后卸载地卸离飞机后起计算，最多不超过两年。

（二）责任范围

1. 航空运输险

（1）被保险货物在运输途中遭受雷电、火灾、爆炸或由于飞机遭受恶劣气候或其他危难事故而被抛弃，或由于飞机遭碰撞、倾覆、坠落或失踪意外事故所造成全部或部分损失。

（2）被保险人对遭受承保责任内危险的货物采取抢救，防止或减少货损的措施而支付合理费用，但以不超过该批被救货物的保险金额为限。

2. 航空运输一切险

除包括上列航空运输险责任外，本保险还负责被保险货物由于外来原因所致的全部或部分损失。

（三）除外责任

航空运输保险对下列损失不负赔偿责任：①被保险人的故意行为或过失所造成的损失。②属于发货人责任所引起的损失。③保险责任开始前，被保险货物已存在的品质不良或数量短差所造成的损失。④被保险货物的自然损耗、本质缺陷、特性以及市价跌落、运输延迟所引起的损失或费用。⑤本公司航空运输货物战争险条款和货物及罢工险条款规定的责任范围和除外责任。

保险人的义务被保险人应按照以下规定的应尽义务办理有关事项，如因未履行规定的义务而影响本公司利益时，本公司对有关损失有权拒绝赔偿。①当被保险货物运抵保险单所载目的地以后，被保险人应及时提货，当发现被保险货物遭受任何损失，应即向保险单上所载明的检验、理赔代理人申请检验，如发现被保险货物整件短少或有明显残损痕迹，应即向承运人、受托人或有关当局索取货损货差证明。如果货损货差是由于承运人、受托人或其他有关方面的责任所造成，应以书面方式向他们提出索赔。必要时还须取得延长时效的认证。②对遭受承保责任内危险的货物，应迅速采取合理的抢救措施，防止或减少货物损失。③在向保险人索赔时，必须提供下列单证：保险单正本、提单、发票、装箱单、磅码单、货损货差证明、检验报告及索赔清单，如涉及第三者责任还须提供向责任方赔偿的有关函电及其他必要单证或文件。

（四）责任起讫

（1）本保险负"仓至仓"责任，自被保险货物运离保险单所载明的起运地仓库或储存处所开始运输时生效，包括正常运输过程中的运输工具在内，直至该项货物运达保险单所载明目的地收货人的最后仓库或储存处所或被保险人用作分配、分派或非正常运输的其他储存处所为止。如未运抵上述仓库或储存处所，则以被保险货物在最后卸载地卸离飞机后满 30 天为止。如在上述 30 天内被保险的货物需转送到非保险单所载明的目的地时，则以该项货物开始转运时终止。

（2）由于被保险人无法控制的运输延迟、绕道、被迫卸货、重行装载、转载或承运人运用运输契约赋予的权限所作的任何航行上的变更或终止运输契约。致使被保险货物运到非保险单所载目的地时，在被保险人及时将获知的情况通知保险人，并在必要时加缴保险费的情况下，本保险仍继续有效，保险责任按下述规定终止：①被保险货物如在非保险单所载目的地出售，保险责任至交货时为止。但不论任何情况，均以被保险的货物在卸载地卸离飞机后满 30 天为止。②被保险货物在上述 30 天期限内继续运往保险单所载原目的地或其他目的地时，保险责任仍按上述第①款的规定终止。

在航空运输保险的基础上，航空运输再保险通过签订分保合同，并且将其所承保的部分风险和责任向其他保险人进行保险。

二、航空货物运输再保险

（一）基本概念

航空货物运输再保险是保险人在航空货物运输保险合同的基础上，通过签订分保合同，将其所承保的部分风险和责任向其他保险人进行保险的行为。

航空货物运输保险是指对托运物品进行投保。航空货物运输保险是以航空运输过程中的各类货物为保险标的，当投保了航空货物保险的货物在运输途中因保险责任造成货物损失时，由保险公司提供经济补偿的一种保险业务。

（二）标的范围

保险标的范围主要包括：①凡在中国境内经航空运输的货物均可为本保险之标的。②下列货物非经投保人与保险人特别约定，并在保险单（凭证）上载明，不在保险标的范围以内：金银、珠宝、钻石、玉器、首饰、古币、古玩、古书、古画、邮票、艺术品、稀有金属等珍贵财物。③下列货物不在航空货物保险标的范围以内：蔬菜、水果、活牲畜、禽鱼类和其他动物。

（三）保险责任

由于下列保险事故造成保险货物的损失，保险人应该负航空货物保险赔偿责任：①火灾、爆炸、雷电、冰雹、暴风、暴雨、洪水、海啸、地陷、崖崩；②因飞机遭受碰撞、倾覆、坠落、失踪（在三个月以上），在危难中发生卸载以及遭受恶劣气候或其他危难事故发生抛弃行为所造成的损失；③因受震动、碰撞或压力而造成破碎、弯曲、凹瘪、折断、开裂的损失；④因包装破裂致使货物散失的损失；⑤凡属液体、半流体或者需要用液体保藏的保险货物，在运输途中因受震动、碰撞或压力致使所装容器（包括封口）损坏发生渗漏而造成的损失，或用液体保藏的货物因液体渗漏而致保藏货物腐烂的损失；⑥遭受盗窃或者提货不着的损失；⑦在装货、卸货时和港内地面运输过程中，因遭受不可抗力的意外事故及雨淋所造成的损失。在发生航空运输保险责任范围内的灾害事故时，因施救或保护保险货物而支付的直接合理费用，但最高以不超过保险货物的保险金额为限。

（四）保险期限

航空运输保险的保险责任是自保险货物经承运人收讫并签发保险单（凭证）时起，至该保险单（凭证）上的目的地的收货人在当地的第一个仓库或储存处所时终止。但保险货物运抵目的地后，如果收货人未及时提货，则保险责任的终止期最多延长至以收货人接到《到货通知单》以后的 15 天为限（以邮戳日期为准），航空运输保险的保险价值按货价或货价加运杂费确定，保险金额按保险价值确定，也可以由保险双方协商确定。其他规定与国内水陆货物运输保险类似。

在航空货物运输保险的基础上，航空货物运输再保险通过签订分保合同，并且将其所承保的部分风险和责任向其他保险人进行保险。

案例

Thor 航运公司诉 Ingosstrakh 保险有限公司案

2005 年，Thor 航运公司在一次意外中出现了货运损失。当事人之间的保险合同约定：船舶外壳与机器"被保险总额"为 150 万美元；合同适用英国法律与惯例。后来，当事人就该合同下的保险单是否为定值保险单的问题发生了争议。英国法院判决指出：仅仅提及"被保险总额"而无价值的进一步说明文字的保险单通常的解释均为不定值保险单。以上案例表明，航空货运存在一定的风险，因此应当进行再保险。

本章小结

（1）再保险亦称"分保"。保险人在原保险合同的基础上，通过签订分保合同，将其所承保的部分风险和责任向其他保险人进行保险的行为。再保险的基础是原保险，再保险的产生，正是基于原保险人经营中分散风险的需要。

（2）适用于再保险合同的保险合同的基本原则主要有：①最大诚信原则；②保险利益原则；③损失填补原则。

（3）飞机机身再保险是保险人在飞机机身保险合同的基础上，通过签订分保合同，将其所承保的部分风险和责任向其他保险人进行保险的行为。

（4）航空器机身再保险是保险人在航空器机身保险合同的基础上，通过签订分保合同，将其所承保的部分风险和责任向其他保险人进行保险的行为。

（5）航空运输再保险是保险人在航空运输保险合同的基础上，通过签订分保合同，将其所承保的部分风险和责任向其他保险人进行保险的行为。

（6）航空货物运输再保险是保险人在航空货物运输保险合同的基础上，通过签订分保合同，将其所承保的部分风险和责任向其他保险人进行保险的行为。

思考题

（1）常见的航空再保险有哪些？

（2）简述飞机机身再保险和航空运输再保险的概念。

（3）你了解航空再保险的案例吗？如果有，请描述案例。

第十四章　航空保险的市场结构与效率

第一节　航空保险的市场结构

一、我国保险业市场结构

(一) 市场集中度

考虑统计数据的易得性，我们选取保费收入作为测量的基本指标。

按照贝恩对于市场结构垄断竞争程度的划分，当四厂商集中度超过75%就可以被视为是最高寡占类型，当降低到30%时成为竞争型。很明显，我国的保险业处于垄断竞争状态。从西方国家保险市场集中度（CR10）情况看，英国为57%、德国为38%、法国为42%、意大利为46%，均远远低于中国，其中的差别都很明显。

但是，我们也可以清楚地看到这种情形正在发生改变。从中国保险监督管理委员会官网网站查询保险机构得知，截至2019年，我国有保险控股公司10家、财产保险公司60家、人寿保险公司71家、再保险公司8家、资产管理公司11家。全国做过保险代理人的人员数量超5000万，但2017年底，保险公司统计在册的保险代理人数量仅800多万。应该说，在可预见的将来这种垄断竞争的格局将会由于国内股份制保险公司的发展和外国资本在更深层次上的进入而发生转变。

造成我国保险产业集中度过高的原因主要是保险企业属于金融类企业，具有较高的规模经济。依据产业组织理论，市场集中度是市场容量和规模经济的"函数"。当市场容量一定时，市场集中度与规模经济呈正相关，即规模经济越大，市场集中度就越大。我国的保险密度和保险深度虽然较低，保险产业市场潜力巨大，但是我国现有保险产业市场的容量却相对较小，所以我国保险产业市场的低容量导致市场集中度过高。我国保险产业脱胎于传统的计划经济。在计划经济时期，产业发展的制度约束非常强大，保险产业制度直接对保险资源进行分配。我国保险产业长期以来都是由中国人民保险公司一家垄断经营国内外保险业务，后来才逐渐增加市场主体。尽管如此，我国保险产业市场过高的进入壁垒，使保险产业市场由独家经营转变为以中国人民保险公司、中国人寿、平安保险、中国太平洋保险公司四家为主导的市场格局，因此产业制度也是我国保险产业集中度过高的重要

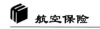

因素。

（二）进入壁垒

进入壁垒分为两种：结构性进入壁垒和战略性进入壁垒。在我国的保险市场中，前者中的行政性市场准入制度的限制尤其重要。我国保险市场的退出管制一直非常严格，仍有"经营有人寿保险的保险公司，除分立、合并外，不准解散"等规定。

（1）2003年新《保险法》实施之后，实际情况有所改善，但是行政性的进入壁垒仍很明显，例如要求保险公司的注册资本额不能低于2亿元。此前的产寿险分业经营格局严重抑制了整体行业发展，财产保险公司虽然可以经营短期健康险和意外伤害险，但这一部分的份额还是偏低，混业经营的要求依然存在。在外资公司的进入上，近年来的壁垒正逐渐下降，这反映在外资及合资保险公司的增速上。尽管如此，这一部分的收入还是非常少。而2005年的非寿险法定最低偿付能力新标准的出台使得进入壁垒进一步提高，2006年初对《外资保险机构驻华代表机构管理办法》的修改中，进入门槛再次提高：外资保险机构经营保险业务的，必须持续经营20年以上，非经营保险业务的，应该成立20年以上等。

（2）规模经济也对进入壁垒有重要影响。目前，一些大型的国有独资保险公司的保费收入对营业人员的规模弹性普遍大于2，而其他股份有限保险公司的规模弹性普遍为负。但同时保费收入对于营业费用的规模弹性却呈现出相反的趋势。事实没有明显支持我国保险业存在规模经济，因为我们无法剔除其他因素（如产权因素）对公司经营效果的影响，可能在剔除其他因素的影响之后会呈现更明显的规模经济。

（3）保险业本身具有的网络特性也成为进入壁垒的一种重要形式，新进入的公司必须建立起能够维持运转的客户网络体系，这是一种短期内难以克服的壁垒形式，包括客户资料、营销网络资源、人才资源、信用资源、本土文化资源等。外资公司在中国业务的开展主要依靠中国现存的社会经济网络也是由于这一原因，如中法人寿的中国国家邮政网络的背景，海尔纽约人寿借助海尔公司的客源进行销售，由国家电网公司牵头组建的财险公司，有中国企业联合会和中国企业家协会组建的幸福人寿等。

（4）消费者偏好也对市场结构存在影响。作为时间的函数，消费者偏好存在着一种积累效应。保险企业的信誉、保险产品的内在品质、消费文化、广告宣传和促销手段等都会形成消费者偏好。这种偏好的形成并非一朝一夕，需要长期的连续的积累。要进入市场的新企业必须付出更多的成本，才能实现"赶超"。有数据表明我国广告市场的结构也具有集中度较高的性质。

（三）规模经济

规模经济是描述企业规模变动与成本变动之间关系的理论，是指由于经济组织的规模扩大，导致平均成本降低、效益提高的情况。规模经济产生的原因在于生产活动的"不可任意分割"和"附加利益效应"，即生产要素在合理匹配的情况下才会产生协同作用。

对于规模经济的度量在产业组织理论中有多种方法，如利润分析法、生存检验法、统计成本分析法和工程法等。在国外，很多学者都对规模经济进行了深入研究，但其中最有代表性的研究方法是生存竞争法。这种方法的一个基本假设是不同规模厂商的竞争会筛选出效率最高的企业。它测定最佳规模厂商的基本过程是先把某一产业的厂商按某种规模分类，然后计算各时期各规模等级的厂商在该产业产出中所占的比重，如果某等级的厂商所占的生产份额下降了，说明该规模效率较低，一般来说，效率越低则份额下降得越快。反之，如果某等级的厂商所占的生产份额上升了，则说明该规模效率较高，该规模处于规模经济的范围之中。

关于银行业的规模经济国内外已经做了很多研究，而对于保险产业的研究相对较少，但是保险公司作为金融企业，与其银行一样存在规模经济。原因在于：①保险产品是一种风险保障产品，它伴随着风险的出现而出现。因此，对保险产品的需求不会受到社会总需求量的限制。②保险企业同银行一样，经营的产品属于无形产品，并且企业的设立和经营需要的固定成本大，而可变成本相对较小，这种成本结构容易产生规模效应。③保险企业经营的产品具有同质性，保险产品以货币为载体更具有易模仿性。这使得保险公司经常必须支出更多的交易费用来营造产品差异。如果保险公司的经营规模扩大，就可以降低平均成本，提高规模收益。④如果保险公司的经营规模越大，覆盖区域越广，那么，一方面可以增加消费者对公司的信赖度，增加投保客户。另一方面可以集中更多的同质风险以符合大数法则的要求，提高经营稳定性，从而提高利润率，取得规模效应。⑤信息技术的发展为保险企业的规模发展提供了必要的技术支持，为其提高规模效益提供了条件。

但是，同其他企业一样保险公司的规模经济也是在一定范围内才能取得的，超过了一定的规模就会形成规模不经济。保险公司的规模不经济通常表现为效率低下，经营成本大幅上升，盈利能力下降。

二、我国航空业市场结构

(一) 市场集中度

市场集中度是对整个行业的市场结构集中程度的测量指标，它用来衡量企业的数目和相对规模的差异，是市场势力的重要量化指标，集中体现了市场的竞争和垄断程度。其中，行业集中度和赫芬达尔·赫希曼指行业内规模最大的前几位企业的有关数值占整个市场或行业的份额。计算公式为：

$$CR_n = \sum_{i=1}^{n} X_i \Big/ \sum_{i=1}^{n} X_i$$

其中，CR_n 表示产业中规模最大的前 n 位企业的行业集中度；X_i 表示产业中第 i 位企业的有关企业规模的数值，比如周转量、运输量、主营业务收入、职工人数、资产总额等；N 表示整个产业的企业总数。通常 n 等于 4 或 8，此时行业集中度分别表示产业内规模最大的前 4 家或 8 家企业的集中度。一般认为，如果行业集中度 CR_4 或 $CR_8 < 40$，则该行业为竞争型；而如果 $30 \leq CR_4$ 或 $40 \leq CR_8$，则该行业为寡占型。

赫芬达尔·赫希曼指数简称 HHI 指数，它是某特定产业内所有企业的市场份额的平方和，可以衡量企业的市场份额对市场集中度产生的影响。计算公式为：

$$HHI = \sum_{i=1}^{n} \left(\frac{X_i}{X}\right)^2 \times 10000 = \sum_{i=1}^{n} S_i^2 \times 10000$$

其中，X 表示产业市场的总规模，X_i 表示产业中第 i 位企业的规模，S_i 表示产业中第 i 位企业的市场占有率，n 表示产业内的企业总数。HHI 值越大，表明市场集中度越高。当市场处于完全垄断时，HHI = 10000；当市场上有许多企业，且规模都相同时，HHI = 1/n，n 趋于无穷大，HHI 就趋向 0。在现有文献综述中，采用 HHI 等作为市场集中度指标的情况很多，但是这些文献都默认了一个假设，即全国民航运输市场中每条航线是可替代的，这样才能用 HHI 等指数来计算市场集中度。但是根据对民航市场的研究，并不是每条航线都是可替代的，每条航线代表一个城市的市场，这个市场有着自己的市场集中度，是不是可以直接叠加，存在很大的疑问。因此，如果简单地以 HHI 的大小作为衡量市场的准绳，我们认为是不准确的，所以还需要从产品差异化和进入壁垒分析。

（二）产品差异化

随着航空运输业的不断发展，早先的传统点对点式航空公司逐渐演化为网络型或枢纽型航空公司、低成本航空公司。不同类型的航空公司在盈利模式、产品差异、目标客户群等方面都存在很大不同，网络形态正是这种差异化的根源。

1. 网络型航空公司

（1）运营特征核心业务：客货运输。

网络特征：采用中枢轮辐式网络，通过航线网络的扩张获取网络经济。

运营机型：拥有不同类型飞机，支线航线采取小机型，枢纽间航线采用大的宽体机。

网络地域范围：利用枢纽机场辐射附近的大片空域。国际上一般采用联盟形式加入到其他的中枢轮辐网络。

航班时刻：枢纽机场间提供高密度航班以供乘客选择。

产品提供：专注于商务舱与头等舱的服务，通过地面、空中服务、电子商务服务（如新近兴起的空中 WiFi 服务）等尽可能地进行产品差异化。

客户关系管理：一般都有经常性旅客计划，目的是加强与目标客户群的联系与沟通，增加旅客的购买意愿，增强旅客的旅行体验，最终达到可以提供个性化服务的目的。

价格：通过复杂的收益管理进行极精细的定价，从而实现网络收益最大化。

代表航空公司：国内以国航、东航、南航为代表。

（2）产品特点基于以上的分析，可以看出网络型航空公司依托。

自身强大的航线网络覆盖面，尽可能地满足各种旅客的需求，比如多种舱位的设计，中转抑或直达的位移方式，总的来看就是面面俱到地提供产品。

2. 低成本航空公司

（1）运营特征核心业务：旅客运输。

网络特征：点对点网络。主要经营城市对市场。

运营机型：低成本航空公司一般使用单一机型机队运营，这样可以有效降低机组的训练成本以及机务维修的成本。另外，低成本航空公司往往通过增加座位数来获取更多的收益，当然，乘坐的舒适度会受到一定的影响。

网络地域范围：低成本航空公司航线网主要由中短程的城市对航线构成，并且主要在大城市的二线甚至三线机场运营，一方面，这类机场的起降费和地面服务费相对较低，并且拥挤程度比大机场要减缓许多，有利于低成本航空公司减少成本并且安排高密度的航班；另一方面，二、三线机场为了吸引航空公司运营，也会主动地降低机场收费，并且地方政府也会对低成本航空公司的运营提供一定的财政支持，如税收的减免以及补贴。这样，低成本航空公司和二、三线机场就达到了双赢。

价格：普遍远低于网络航空公司，较低的价格是低成本航空公司最根本的吸引客源的手段。

附加服务：低成本航空公司通过提供各种附加服务来获得收益，如超重行李费、机上餐饮、广告、收费娱乐项目等。

代表航空公司：国内以春秋航空为代表。

（2）产品特点。基于以上分析，低成本航空公司对旅客需求有很强的依赖性，其点对点航线只能存在于需求较旺盛的城市。为了获取航班收益，低成本航空公司一方面必须用足够低的票价、高频率的航班吸引旅客；另一方面为了保证在低水平票价下仍然有利可图，必须在全环节进行成本控制，尽量避免无利可图的开支，并且，通过减少过站时间、利用非拥挤机场、不对号入座等手段使飞机使用时间最大化，提高飞机日利用率，进而提高航班收益。

（三）进入壁垒

1. 市场准入

我国航空运输业的市场准入经历了三个高潮期。第一次高潮期是 20 世纪 80 年代末到 90 年代初，新设立了大量的航空公司，同时中国航空运输业事故频发。1993 年，国务院强调要加强民用航空安全管理，对不具备条件的一律不得设立航空公司，新设航空公司基本停止，1993 年中国航空运输业共有航空公司 24 家。

2005 年 8 月 15 日民航局颁布了《国内投资民用航空业规定》，允许国内各种资本投资设立航空公司，鼓励民营资本进入航空运输业，由此 2005～2007 年是航空公司设立的又一高潮期，这期间就有 16 家新航空公司设立，其中绝大部分是民营或民营资本参股公司。2008 年国际金融危机爆发，中国航空运输业再次停止了新公司设立。

2013 年 5 月 20 日，民航局批准瑞丽航空的筹建意味着长达近 6 年的禁令终于解除。此后，民航局相继批准了青岛航空、浙江长龙航空、福州航空和九元航空的筹建。这 5 家航空公司都是民营资本，可以说民营航空公司又迎来新的高潮期。

2. 航线准入

2000 年之前，我国对航线航班全部实行许可管理，航空公司设立后，进入新的航线或增加航班必须取得许可。从 2001 年开始，对地区管理局辖区内的航线航班由审批制改为备案制。

2005 年，对国内航线按机场吞吐量的多少分为核准与登记报备两种管理方式，国内核准航线机场 2005 年确定为 40 个，此后逐年减少。

2009 年后核准机场减少到只有北京首都机场、上海虹桥机场、上海浦东机场、广州白云机场，即三市四机场。根据《关于印发 2010/2011 年冬春航季国内航线经营许可和航班评审规则的通知》，民航局负责对涉及北京、上海、广州三大城市区际的航线经营许可和航班实施核准管理，但对主运营基地设在三大城市的航空公司，除三大城市间的航线经营许可和航班实施核准管理外，其他机场往返三大城市区际的航线经营许可和航班实施登记管理。除涉及北京、上海、广州三大城市的航线外，其他航线经营许可和航班由各地区民航管理局实施登记管理。但无论是核准航线还是登记管理航线，对航班的总量仍有具体限定，例如，即使是登记管理的航线，如果已有公司经营，新进入航空公司原则上每周最多安排 14 个航班等。此外，航空公司航班计划执行情况、安全情况、航班正常率及服务水平都与航线航班许可取得挂钩。航空公司每个航季按经营航线类别提出新增航线或航班申请，取得相应核准或登记许可。

2013 年下半年，民航局继续放宽国内航线航班许可准入条件，给予航空公司更大的自主权，直至最终全部改为登记航线许可。

3. 票价管制

1997 年前，国内航线运输价格实行完全的政府定价，即内外有别的两种机票价格，国内居民适用折扣票价，对外国旅客实行公布票价。

1997 年 11 月，民航开始实行"一种票价，多种折扣"的票价体系，优惠幅度在 5% ~ 40%。

2004 年，经国务院批准，民航国内航线价格管理方式进行改革，国内航线运价由政府直接定价转为政府指导价为主，政府由核定航线具体票价的直接管理改为对航空运输基准价和浮动幅度的间接管理。票价上浮幅度最高不超过基准价的 25%，下浮幅度最高不超过基准价的 45%。

2010 年，航空公司头等舱和公务舱票价完全放开。

2013 年 11 月 6 日，对旅客运输票价实行政府指导价的国内航线，均取消票价下浮幅度限制。与此同时，国内不设打折下限的航线又新增 31 条。

在 2014 年全国民航工作会议上，民航局提出，将完善价格形成机制，逐步放开国内机票浮动上限。

三、我国航空保险市场结构

为了搞清航空保险市场秩序混乱现象的根源和内在机制，以及它们对经济效率的影响，必须首先搞清航空保险市场的结构特征。下面从产品、供给、需求几方面进行分析。

1. 产品方面

航空保险市场的产品，形式上是航空保险单，即航空旅客人身意外伤害保险单，实质上是以保险单形式确立的，为旅客承担航空旅行中由意外人身伤害引起的经济风险的合同。

由于航空保险条款相同，因此，不同保险公司销售的航空保险单本身并无差别。当然不同保险公司出险后的理赔速度可能有所差异，但由于航空保险的出险概率非常小（约八百万分之一），绝大多数旅客无法根据理赔的差异，判断航空保险的产品差异，因此航空保险市场可以看作经营无差异同质产品的市场。

2. 供给方面

航空保险是一种比较单纯的险种，经营这种产品的固定投资比较小，组织成本也小，因此，既不存在明显的规模经济，也没有明显的规模不经济。

由于经营航空保险不存在规模经济，并且在出险理赔之前，保险公司只有印制和销售保险单的成本，出险后才需要赔付成本，且这两种成本都不大，因此进入该市场的自然障碍很小。如果没有进入限制，该市场的竞争会很激烈，通常不会自然形成垄断或寡头垄断。但航空保险市场实际上是特许经营的，只有少数保险公司拥有经营权，因此合法经营的航空保险市场成为非自然寡头垄断市场。现实中因为存在非法经营，实际供给者比合法的经营者多。

3. 需求方面

只有航空旅客才可能购买航空保险，航空乘客数是航空保险潜在需求的极限。航空保险并不是强制性保险，旅客可以选择买或不买。由于航空保险费只占航空旅行总费用的很小一部分，并且许多航空旅客是公务旅客，因此通常多数旅客（70%左右）会选择购买。价格上升时，只要不超过某个限度，大多数旅客仍会购买；价格下降时，每个旅客也最少买一份保险单。

航空保险是一个比较特殊的市场，与它完全相同的市场也许不多，但纪念币、磁卡发行、金融、邮电通信、无线寻呼等许多行业，在容易经营、利润丰厚、限制进入和价格管制等方面，都与航空保险市场有相似性，并且这些行业也存在秩序混乱和效率不高等问题。对航空保险市场的讨论，对制订其他行业的政策和管理思路也是有意义的。

专栏

水运和航空保险市场格局和产品结构正在发生变化

苏黎世，2013 年 9 月 9 日，瑞士再保险最新一期 *Sigma* 研究报告——《解读水运和航空保险业的最新发展》回顾了水运和航空保险市场的最新变化。在过去的 10 年中，全球水运和航空保险保费规模几乎翻了一番，2012 年估计达到 440 亿美元。虽然仅占全球非寿险保费份额的 2% 左右，但是运输保险正在全球经济发展中发挥着重要作用。

1. 批发运输保险市场正不断演变

如果没有运输保险，意外事件所造成的不确定性可能会阻碍企业或个人进行商品买卖或外出旅行，因为这会带来经济损失。在这种情况下，贸易和经济活动也会受到严重损害。

一些风险可以通过个人保险获得保障，但是大多数运输保险是通过商业市场购买的。具体而言，水运和航空保险业务历来具有国际性，而伦敦市场在其中起到了十分关键的作用。时至今日，情况依然如此。伦敦劳合社和其他国际保险公司约占全球水运和航空保险保费的 20%。

然而，随着经济和运输格局的不断变化，运输保险业的结构也在演变。随着时间推

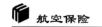

移，发展中国家的本地保险公司已越来越擅长于发起和保留相关运输风险，这说明他们在吸收相关风险方面的能力有所增加，专业承保和理赔能力也有所加强。

随着国际保险公司日益将业务扩张到新兴经济体，促进了那些新且重要的区域专业保险中心的发展，例如新加坡和迪拜等。随着时间的推移，水运和航空保险市场在区域分布方面也变得更为分散。

2. 很多保险公司的承保业绩有所改善，但依然疲弱

与几十年前相比，水运和航空安全性方面取得了很大进步，这也改善了承保业绩，因为高额理赔案出现的频率下降。然而，水运和航空保险行业的承保利润依然疲弱，这是因为运输保险市场持续过剩的承保能力造成了保费率的下行压力加大。大多数主要险种的综合成本率接近或超过100%，尽管不同保险公司之间的业绩表现差异也相当大。

3. 未来运输保险公司面临的挑战和机遇

在此背景下，运输保险公司必须要应对各种挑战。瑞士再保险经济师 Darren Pain 指出："鉴于运输行业的风险规模和复杂性都很大，发生严重损失的可能性程度依然令人不安。例如，运输工具越来越庞大、运载货物也日益昂贵，这些发展趋势都使得保险公司容易受到集中风险的影响。"因此，保险公司必须加强风险管理，尤其要致力于量化同一事件所带来的潜在累积损失。此外，保险公司不能再依赖于市场上保费费率的周期性上扬来提振盈利，而是必须注重加强承保纪律。

当然挑战中也蕴藏着机遇。Sigma 的另一位作者 Ginger Turner 补充道："面对不断变化的运输业风险，保险公司的对策就是在可保性范围内，提供新型或改进型保障范围或者推出新产品。"流程方面也有可能进行创新，如利用技术来更好地定位船舶和飞机以及货物等。此外，通过分享其他险种的经验和专长，运输保险的承保能力也可以更具效率。

4. 水运和航空保险业的长期发展前景

水运和航空保险业的长期发展与全球经济增长的前景密不可分。瑞士再保险首席经济师 Kurt Karl 指出："假如世界经济将持续复苏，而且全球贸易和资本流的再平衡过程能够顺利进行，则未来10年，水运和航空保险保费的预计年增长率将达到4%～5.5%。"预测的增长情况可能会略有差异，这主要取决于近期的金融危机对贸易和旅行密集程度的影响，以及保险保费对运输活动变化的敏感程度。

第二节　航空保险的市场效率

一、市场效率

市场效率是指一个市场实现其相应的功能（促进交易和收集发布信息）的效率。因此市场效率取决于转移商品或者劳务的所有权的难易程度（也就是交易成本）和有关交

易信息的质量。

市场效率与资源配置方式的关系是资源配置的优化会提高市场效率，而资源配置的优化在于配置方式的综合运用。资源配置的方式有两种：市场和计划。市场通过价格机制优化资源配置来提高市场效率；计划通过对市场信息的获取，制定出各种措施调节资源配置，改进市场效率。

二、我国航空市场效率

（一）影响因素

根据航空业的运营特性与生产特点，结合民航运输业和机场系统分析，我们将影响航空业效率的因素分成三大类，即内部影响因素（微观）、行业影响因素（中观）、外部宏观影响因素（宏观）。对机场运营效率的影响逐步放松，内层是直接影响因素、中层和外层是间接影响因素。

微观影响因素主要指在机场自身资源和能力，以及机场管理模式，对机场运营效率的影响最直接。机场自身资源主要包括机场人力资源、设备设施资源和财务资源；机场能力主要表现在资源获取能力、资源使用能力、生产运营能力、核心流程设计能力、组织管理能力；机场管理模式主要是机场的所有权结构、治理模式和运营模式。

中观影响因素主要指民航运输产业内和机场行业内，对机场运营效率有影响的各组成要素及其相互关系，这些因素对机场运营效率的影响是间接的，主要通过机场业的市场结构、航空公司战略、空管等民航支持保障部门的配合等影响机场的运营。各机场行业状况包括机场行业发展状况、机场布局、机场运营水平；民航运输业包括航空公司、空管、其他民航支持辅助部门与机场的关系；机场相关利益方主要指与机场运营有关的用户，如旅客、货主。

宏观影响因素指机场所处的外部环境，主要从外部经济环境、政府政策、要素输入等方面进行分析；机场业作为国民经济基础性、先导性行业，一国的民航运输产业政策环境、经济发展与需求状况、生产要素的供给、支撑部门（主要为飞机制造业）等外部环境因素，都将对机场运营效率产生影响。这些外部因素通过影响民航运输业内各单位（航空公司、空管等部门）的行为，进而影响机场的运营，最终对机场运营效率产生影响。

影响航空业发展的外部宏观环境因素包括政府政策、宏观社会经济、生产要素供给、产业支持与辅助部门。

1. 政府政策

政府政策是国家对产业发展进行引导、规范、管理和控制的主要方法和手段，因此机场发展和演进也会受到政府政策的影响。本书认为影响机场发展的政府政策主要有国家产业政策和行业标准（法规）。国家产业政策和行业标准及法规同样对机场业的市场结构、行为和绩效产生影响，对机场运营效率的提升起到正向或负向作用。国家产业政策是国家以市场经济为基本制度前提、以产业为激励和限制的直接对象，通过引导、规范和调控微观企业生产行为，部分化解市场对企业调节的失效，促进产业结构合理化、高级化，从而实现资源配置的帕累托效率和经济的持续健康发展。产业政策的实施对象是产业，是国家促进经济发展、调整产业结构的有力手段，产业政策在宏观上影响着产业发展的方向和潜力。而行业标准及法规则是由行业主管部门出台的一系列标准或法规体系，以规范产业内各企业的服务活动或产品规格，这些政策在微观上影响着企业的各类经营活动，保证企业可以按照统一、安全的标准向社会提供服务或产品。

国家产业政策对民航业的发展影响较大，对机场业影响比较大的因素是放松管制和机场商业化。民航运输市场的全球化趋势使许多发展中国家的民航业也被迫进行强制性制度变迁。所以，近十几年来，无论是发达国家还是发展中国家，都在对机场管制进行政策改革。比较典型的国家有：对国有机场进行商业化改革并同时建立激励性管制制度的南非；由成本加成管制向价格上限管制转变的德国；机场管制改革已深化到起降时刻的美国和欧盟；私有化刚刚起步并对机场管制有所涉及的印度和马来西亚等亚洲国家；放松机场经济管制倾向的澳大利亚等。

2. 宏观社会经济

经济的发展对民航运输产业而言是一种促进力，其直接影响运输需求，同时也促进供给。对于机场而言，持续快速增长的经济可以为机场带来机遇，机场所在城市的社会经济状况也会为机场的发展提供动力。本书主要从民航运输与国民经济发展的相关性、人均收入和旅游方面说明，外部宏观社会经济环境是机场发展的重要基础。

3. 生产要素供给和支撑产业

我国航空业的生产要素供给主要从以下三个方面分析：

（1）人力资源。对机场发展和运营影响较大的人力资源要素可以分为社会供给的一般劳动力资源以及民航专业技术劳动力资源。社会一般劳动力资源影响着机场服务产品的价格。社会一般性劳动力的数量和价格影响着机场行业中清洁、装卸等劳动力密集性环节以及其他没有特殊专业技术要求服务环节的成本控制能力，最终将反应到机场服务的价格中。民航专业技术劳动力资源的数量及质量是保障机场运营重要保证，如机务维修、空管指挥、机场建设规划人员等是机场业的核心专业人力资源。

（2）技术资源。对机场运营影响较大的技术资源有信息技术、机场内部专业技术和飞机制造技术。信息技术主要包括电子客票、自助值机等信息技术、机场信息技术和中央集成信息管理系统（CIIMS）。信息技术的应用和改进不仅提高了机场的服务质量和营运容量，同时提高了机场的管理水平；机场业务快速增长推动了机场内部专业技术水平的发展，机场对新技术的引进提高了机场的运作效率和水平，加快了机场的发展步伐。包括机场移动区域安全系统（AMASS）等机场地面探测技术。

飞机制造技术的发展影响到机场现有设施的更新，为以后机场的改造和扩建提供方向，比如机型的发展趋势为机场的改扩建提出了新的要求，A380、B787问世以来引起了世界航空界的强烈关注。飞机新机型与新技术发展，主要在两方面对民航运输企业产生影响：一是新机型的出现将对民航运输企业的运营成本与服务质量产生影响。新技术的应用能够使民航运输企业以更低的成本提供更好的服务，即可以进一步推动民航运输服务产品的"普适化"，让更多的人能够"坐得起"飞机。二是新机型的运用将影响民航运输企业现有设施的更新。

（3）空域资源。空域是飞行所占用的空间。空域是一种可以反复无限使用、不需再生的自然资源，每个国家领空就是每个国家的空域资源。机场的发展要受到所在地区空域资源的制约，尤其是对于枢纽机场而言，空域资源是制约机场生产的重要因素。空域资源主要包括机场空域大小、航路资源、机场净空条件等。

（二）发展历程

从发展历程看，经过几十年的建设和发展，我国机场总量初具规模，机场密度逐渐加大，机场服务能力逐步提高，现代化程度不断增强，初步形成了以北京、上海、广州等枢纽机场为中心，以成都、昆明、重庆、西安、乌鲁木齐、深圳、杭州、武汉、沈阳、大连等省会或重点城市机场为骨干以及其他城市支线机场相配合的基本格局，我国航空机场体系初步建立。

20世纪80年代末，民航开始市场化改革，尝试将航空公司、机场和民航行政部门独立运行，这为机场业的独立发展创造了有利条件。1998年10月，厦门机场下放给厦门市人民政府投资管理，机场属地化改革实践正式开始；1994年，虹桥机场下放给上海市政府管理，标志着机场属地化的改革方向在实践中得到了进一步的认可。20世纪末出台的《90年代国家产业政策纲要》，为地方政府和其他资本参与机场投资、建设和管理提供了政策和法律依据。自此，中国机场业走上快车道，地方政府积极参与机场业的建设发展，形成了机场投资主体多元化和机场管理模式多样化的格局。2002年1月，国务院通过了《民航体制改革方案》，决定对除北京首都国际机场和西藏区局所属机场外的129个民用机场全部实现属地化管理，山东、湖南和青海开始试点工作。2003年9月，国务院批复《省（区、市）机场管理体制和行政管理体制改革实施方案》，机场属地化工作全面展开。2004年7月8日，兰州、庆阳、嘉峪关、敦煌四个机场移交给了甘肃省，至此，机场的属地化管理全部完成。机场属地化改革发挥了地方政府的积极性，使机场融入当地区域经济，彻底改变机场单一的运输功能，实现机场与区域经济的良性互动，进而推进政企分开，使机场真正成为民航运输的市场主体，实现企业化管理和运作，从而提高了机场的运营效率。

（三）运营效率

航空公司作为机场最重要的客户和利益相关方，其运营战略（航线网络布局、基地选择、运力投放、与机场合作、机场航站楼业务流程设计）对机场的运营影响非常大。

机场与航空公司之间同时存在战略伙伴关系、客户关系和竞争关系。机场与航空公司同是民航运输的供给方，双方是战略伙伴关系。机场与航空公司各司其职，共同协作来满足航空市场需求，机场主要负责对基础设施的投资，而其总体规划和建设需要航空公司的参与；航空公司则主要提供航空器及相关服务，但其发展规划以及航线和航班的安排也需要机场的参与。航空公司是机场的重要客户，双方存在客户关系。从机场收入构成来看，航空业务的收费全部来自航空公司。机场与航空公司之间还存在着一定程度的竞争关系，特别是基地航空公司与机场管理机构之间存在着对市场控制力的竞争，主要体现在对设施资源的控制和对业务资源的利用上。

从以上航空公司与机场的关系可以看出，机场的运营必须有航空公司的大力支持，比如在航线网络规划（对于枢纽机场而言，就是中枢辐射航线网络规划）、运力投放（是否为基地航空公司）、航空地面服务等方面；同时高效的机场运营也可以更好地为航空公司提供服务，减少航班延误、提高航空服务质量、减少航空公司运营成本。

机场面对的航空公司可以分为基地航空公司和非基地航空公司。基地航空公司通常指在一个特定机场以基地进行运作的航空公司。基地航空公司往往会在机场当地注册成立总部或分公司，其飞机将在这个机场过夜，机场的多数始发航班都由基地航空公司经营，我国民航总局规定在北京、上海、广州等部分机场，非基地航空公司不能经营机场的始发航班。

非基地航空公司对机场的成功运营同样十分重要。受规模和航空公司商业模式的约束，基地航空公司的通航点是有限的，非基地航空公司的运营可以有效地弥补这一缺陷，大大地增加机场的通航点，满足航空市场需求，提高机场在航空网络中的地位。另外，非基地航空公司可以在一些基地航空公司开通的航线上增加航空公司之间的竞争度，提高航班频度，为旅客和货主带来更多的选择。

机场地面服务是机场与航空公司业务资源之争的主要阵地，是航空公司与机场业务竞争最直接的地方。机场地面服务对航空公司运营来说至关重要，不仅影响航空公司的运营成本，而且还关系到航空公司对旅客所提供的服务质量。地面服务的质量很大程度上决定了航空公司运营是否顺畅，以及民航运输整体流程的安全性。

根据前文的分析以及对国内外相关文献的研究可以看出，我国航空业运营效率主要受到来自内部与外部两个角度因素的影响。

内部影响因素包括机场自身资源数量以及对这些资源的使用能力，进而对机场运营效率产生影响的诸多因素。主要可以分为生产效率指标、财务效率指标和管理效率指标。其中，生产效率指标是机场运营效率最直观的反映，机场运营的过程就是机场管理者利用机场设施进行经营，实现一定产出的过程。对于同等规模的机场（如定位于大型国际枢纽机场）来讲，机场设备设施基本相同，如何高效率使用这些设备是机场运营效率的直观表现。虽然机场具有比较突出的公益性，但是为了实现更持久的发展，机场也要具有一定的收益性，这是维持生存和谋求发展的基础，本书从机场自身收益状况设置评价指标——财务效率指标，主要反映机场资产使用和机场设施运营的财务能力；在管理因素方面，则主要考察机场对其所拥有资源的利用，并满足机场客户要求的水平，这些管理因素直接导致了机场运营效率高低的变化，是航空业运营效率的来源。

外部影响因素主要是指机场边界外部的宏观社会经济状况、生产要素供给、技术、需求状况等因素对机场运营效率产生的影响。机场运营效率的不断改善和提高，也正是为了更好地适应环境及其变化，求得自身的生存与发展。

三、我国保险市场效率

（一）基本概念

对于保险公司来讲，效率是指其在经营活动中投入与产出、成本与收益的对比关系，是对其资源的有效配置。初期，对保险公司效率的研究只不过是用一些传统的关键比率来进行定性分析，如费用率、出险频度、资产利润率等。然而，这样的分析也存在着很多问题。首先，同一个保险公司所有的比率指标不可能都是最优的，这就对效率最好公司的确定带来了很大的问题。其次，在进一步比较保险公司效率的差异时，很难确定究竟该给哪个比率指标较大的权重。最后，传统的方法无法真正分析保险公司无效率的原因。

（二）行业演变

以人寿保险行业为例，该行业的改制重组主要集中在国有企业，特别是大型国企——中国人民保险公司。作为中国最大的保险公司，成立于 1949 年的中国人民保险公司是我国保险公司进行改制重组的关键。1996 年 7 月 16 日，中国人民保险公司重组为中国人民保险（集团）公司，包括财产保险、人寿保险和再保险三个相对独立的子公司；1999 年，集团公司开始进一步重组，三个子公司分别更名为中国人民保险公司、中国人寿保险公司和中国再保险公司；公司名称改变的背后是管理体制的转变，自此中国人寿的经营得到更大的独立性。1998 年我国保监会成立，金融分业监管模式正式形成，2001 年我国加入世界贸易组织，太平人寿在国内复业，关于国有保险公司的股份制改革开始启动。

2003 年是人寿保险行业发展模式在 1999 年开始新型产品转型后的一次明显调整，由规模扩展型向规模与效益并重型转变，多家寿险公司的发展战略管理理念、业务结构和销售策略进行了大幅的调整。2003 年，国有寿险公司的股份制改革取得实质性突破，2003 年 8 月 28 日，中国人寿保险公司重组为中国人寿保险（集团）公司和中国人寿保险股份公司。

2004 年是中国人寿保险行业发展的拐点，是行业在重新定位后的理性回归和发起点。2004 年，寿险产品结构得到明显改善，期缴业务增长加快，中国人寿、平安人寿、太平洋人寿等期缴业务比规模保险高出 22 个百分点；银行产品逐渐转型，风险保障产品发展加快。从行业发展模式来看，集团化与专业化日益凸显。中国人寿和平安集团上市，新华控股成立，集团化趋势开始凸显。平安养老、太平洋养老保险股份公司的批设，标志着专业化成为发展方向。2006 年，中国人寿表示欲与母公司中国人寿集团合资组建财险公司。

随着保险行业市场规模的不断扩大，市场的集中度也在不断的改变。通过计算市场份额排在前四位的人寿保险公司，中国人寿、平安人寿、太保人寿和新华人寿的市场份额可以发现，人寿保险行业的市场集中度在不断下降，从初期中国人寿处于绝对优势地位的情况，市场份额达到近 60%，到 2015 年市场份额只有 25% 左右。

可以发现，我国人寿保险市场从初期的寡头垄断阶段，逐步开始向垄断竞争过渡。早期市场中主要是中国人寿和平安人寿两个寡头，基本垄断了市场份额，总份额达到了 92% 以上，随着市场竞争的加剧和其他人寿公司的崛起，这两个公司的市场份额逐年开始下降，到 2010 年已经不足 50%。太保人寿和新华人寿等其他公司的不断壮大，推动市场竞争加剧，寡头的地位不断受到挑战，泰康人寿、太平洋人寿、生命人寿等公司也开始迅速发展，并抢占了一定的市场份额。

此外，我们必须认识到外资公司的市场份额在稳步提升，其度过适应期和发展期后，将会对中资保险公司发展造成巨大的威胁。事实上，外资寿险公司在经营上更为稳健，比较重视险种创新和经营管理水平提升，强调效益优先。因此，外资寿险公司多不会采取价格战等低级竞争方式与中资公司争夺短期的市场份额和业务规模，而更倾向于采用品牌的打造和推广等方式，以期获得更为稳固和高质量的长远市场占有率。

（三）运营效率

市场绩效是指在一定的市场结构下由一定的市场行为而生产的产品质量、产量、成本、价格、利润等方面的经济成果。根据传统的产业组织理论，市场绩效是市场结构和市场行为共同作用的结果，它反映了市场运行的效率和资源配置的效果。寿险业作为特殊的金融行业，其经营具有特殊性：寿险公司经营的是风险管理业务，为家庭与个人提供风险保障服务；寿险公司经营的成本具有不确定性，这是因为保险事故的发生具有偶然性，保险费率的厘定是根据过去经验数据计算得出的；寿险公司经营的资产具有负债性，实质上其资产很大一部分是对被保险人未来的赔偿或给付的负债。通过我国寿险业市场结构的分析可以发现，目前中国寿险业市场集中度较高。

按照保险经济学的盈利理论，保险公司的利润来自承保利润和投资收益两个方面。寿险公司经营绩效涉及财务效益、资产安全、资产流动性以及发展能力等方面。因此，从考察经营绩效的财务指标入手，综合考察我国寿险业主要寿险公司的盈利能力、偿付能力和稳健发展能力。持续盈利能力是寿险公司经营的目标和核心，充足的偿付能力是保证寿险公司资本安全性的基础，稳健发展能力是提高寿险公司经营绩效的途径和未来价值增长的源泉。通过承保利润率、投资收益率、保费利润率和资产利润率等指标分析寿险公司的盈利能力，运用资产负债率、退保率、赔付率等指标来分析寿险公司的偿付能力，选择保费增长率和费用率指标来分析寿险公司稳健发展能力。

投资收益是寿险公司将承保所获取的保费，即寿险公司现金流作为投资资金，通过银行协议定期存款，购买债券、股票、证券基金，不动产投资和股权投资等保险行业资管机构允许的其他资金投资方式而获得利润。保险资金的运用成为人寿保险行业发展中各人寿保险公司成长的关键，投资收益可以弥补人寿保险公司因承保寿险主营业务而带来的亏损，是人寿保险公司发展壮大的源泉。在世界主要发达国家成熟的寿险行业，因高赔付额和高赔付率以及高手续费使人寿保险公司承担着承保亏损，因此投资收益就成为寿险公司盈利的主渠道。

四、我国航空保险市场效率

从产品形式看，航空保险市场的产品形式上是航空保险单，即航空旅客人身意外伤害保险单，实质上是以保险单形式确立的，为旅客承担航空旅行中由意外人身伤害引起的经济风险的合同。由于航空保险条款相同，因此不同保险公司销售的航空保险单本身并无差别。当然不同保险公司出险后的理赔速度等可能有所差异，但由于航空保险的出险概率非常小，绝大多数旅客无法根据理赔的差异来判断航空保险的产品差异，因此航空保险市场可以看作经营无差异同质产品的市场。

由于经营航空保险不存在规模经济，并且在出险理赔之前，保险公司只有印制和销售保险单的成本，出险后才需要赔付成本，且这两种成本都不大，因此进入该市场的自然障碍很小。如果没有进入限制，该市场的竞争会很激烈，通常不会自然形成垄断或寡头垄断。但航空保险市场实际上是特许经营的，只有少数保险公司拥有经营权，因此合法经营的航空保险市场成为非自然寡头垄断市场。现实中因为存在非法经营，实际供给者比合法的经营者多。

总体来看，由于航空保险是同质产品，旅客对购买哪家保险公司的航空保险无差异，因此我国航空保险市场的效率相对较高。

专栏

平安飞机保险快速赔偿

飞机是世界上最安全的交通工具，但是最安全的不代表不会发生意外。所以，飞机出现意外事故后，保险理赔的工作也成为很多人关心的话题。飞机快速方便，如从上海到北京如果坐大巴的话至少要 20 小时，高铁也要 5 个多小时，还不包括等待的时间。如果乘坐飞机的话，只需要 2.5 ~ 3 小时。飞机是世界上最快的交通工具，特别是在现代社会，时间就是金钱。节省的时间就会创造出更大的价值。由于飞机的速度快，所以乘客一般不会感觉到特别疲劳。

很多统计数据表明，航空运动的安全性高于铁路、海运，更高于公路运输。由于近些年飞机技术的改造升级，失事率变得更低。平安飞机险案例也这样介绍过，不过每年仍有几千人因飞机失事而丧生。所以，越是经常乘坐飞机，越是要小心谨慎。

2009 年，我国雪龙号科考船租用的直升机在返回驻地时意外失事，平安产险在事故发生后启动了快速理赔程序，三天内就将几百万元的赔偿款送到了保险人手中。2010 年，黑龙江伊春的飞机失事事故，平安保险也是快速做出反应，第一时间确定遇难人数的投保情况。以上案例表明，平安飞机保险的运营效率较高。

本章小结

（1）市场结构是构成一定系统的诸要素之间的内在联系方式及其特征。在产业组织理论中，产业的市场结构是指企业市场关系（交易关系、竞争关系、合作关系）的特征和形式。

（2）一个市场的结构依赖于买者和卖者的数量以及产品差别的大小。依照市场上厂商的数量、厂商所提供产品的差异、对价格的影响程度以及进入障碍等特汇，市场被划分为完全竞争、垄断、垄断竞争和寡头四种市场结构。

（3）市场集中度是对整个行业的市场结构集中程度的测量指标，它用来衡量企业的数目和相对规模的差异，是市场势力的重要量化指标，集中体现了市场的竞争和垄断程度。其中，行业集中度和赫芬达尔·赫希曼指行业内规模最大的前几位企业的有关数值占整个市场或行业的份额。

（4）市场效率是指一个市场实现其相应的功能（促进交易和收集发布信息）的效率。因此，市场效率取决于转移商品或者劳务的所有权的难易程度（即交易成本）和有关交易信息的质量。

总体来看，由于航空保险是同质产品，旅客对购买哪家保险公司的航空保险无差异，因此我国航空保险市场的效率相对较高。

思考题

（1）常见的市场结构有哪些？

（2）什么是市场效率？

（3）我国航空保险市场的效率如何？

附　录

附录1　中国人民财产保险股份有限公司
无人机机身一切险及责任险条款

本保险合同由风险问询表、保险条款、投保单、保险单、保险单明细表、保险凭证以及批单组成。凡涉及本保险合同的约定，均应采用书面形式。

第一部分　机身一切险

1.1　保障范围

1.1.1　在保险期间内，保险人负责赔偿保险单明细表所列被保险无人机在保险合同期限内由任何原因导致的意外毁灭或损坏，除非该损失是由本保险合同的除外责任造成的。保险人有权选择货币赔付、重置或修理等任何一种方式进行赔偿，但保险人依本保险合同承担的赔偿责任不超过保险单明细表第三部分所列被保险无人机的保险金额，并扣除本条款第1.3.3项所规定的金额。

1.1.2　对丁保险单明细表所列被保险无人机，保险人将在保险金额之外另行赔付被保险无人机毁坏或紧急迫降后为保证无人机即时安全而发生的、必要的、合理的应急救助费用，此费用赔偿以不超过保险单明细表第三部分所列被保险无人机的保险金额的10%为限。

仅适用于本部分的除外责任，本保险合同不负责赔偿下列损失：

1.2　仅适于本部分的除外责任

1.2.1　无论由于任何原因导致的被保险无人机任何单元的自然磨损、渐进损坏、机械故障、内在缺陷或失灵，以及由此引起的限于该单元范围内的任何后果损失；

1.2.2　由于电路或电池损坏导致的被保险无人机机身的损失；

1.2.3　由于机身进水、水浸、进油或其他异物导致的被保险无人机机身的损失；

1.2.4　被保险无人机失踪和丢失；

1.2.5　在恶劣的环境下操控导致的损失，如大风天、雨天、沙尘天等；

1.2.6　在复杂电磁环境或强干扰源环境下操控导致的被保险无人机的损失，如矿区、发射塔、高压线、变电站等；

1.2.7　在超过安全起飞重量下起飞造成的损失；

1.2.8　在零部件发生老化或损坏的情况下强制飞行造成的损失；

1.2.9　在进行维修，检查或维护保养过程中或因任何后期改装造成的损失；

1.2.10　违反被保险无人机操作要求所造成的损失；

1.2.11　无人机的技术资料损失、毁坏、不完整或残缺；

1.2.12　本保险合同中载明的免赔额以及按本保险合同中载明的免赔率计算的免赔额，两者以高者为准。

1.3　仅适用于本部分的条件：

1.3.1　如果被保险无人机发生损坏：

1.3.1.1　未经保险人同意，被保险人不得对被保险无人机进行拆卸或修理，除非出于安全考虑的需要，或是为了防止被保险无人机进一步的损失，或是为了遵守有关当局的指令而采取的行为；

1.3.1.2　除非保险人对被保险人另有书面许可外，保险人仅负责赔偿以最经济的方式进行的修理和运送人员及材料的费用支出。

1.3.2　被保险无人机全损或推定全损的情形下，如果保险人行使选择权，对被保险无人机进行货币赔付或重置，则：

1.3.2.1　保险人可将被保险无人机（包括所有相关记录、注册和所有权的文件）作为残值收回；

1.3.2.2　保险合同本部分针对该架无人机的保险保障终止，即使该架无人机出于价值或其他考虑仍由被保险人保留；

1.3.2.3　除非保险人与被保险人另外达成协议，重置的无人机应当与原无人机型号、构造相同，且在合理范围内具有相似的状况。

1.3.3　除被保险无人机发生全损情形外，对于本部分第1.1.1项下发生的索赔，应当做下述扣除：

1.3.3.1　保险单明细表所列免赔额；

1.3.3.2　对于任何被修复或更换的单元，其大修费用按已使用时间占大修寿命的比例计算所得的部分。

1.3.3.3　除非保险人选择将无人机作为残值收回，否则被保险无人机在任何时候都应当被视为被保险人的财产，保险人有权不接受被保险人的委付。

1.3.3.4　保险合同本部分承保的无人机损失或毁坏发生后，如果被保险人在其他保险项下也可以获得赔偿，并且该保险是被保险人或其代表在本保险合同保险人事先不知情或没有同意的情况下生效或将要生效的，则本保险合同对于该损失或毁坏不予赔偿。

1.4　免赔额（率）

1.4.1　每次事故免赔额（率）由投保人与保险人在签订保险合同时协商确定，并在保险单中载明。

1.4.2　同时约定了免赔额和免赔率的，免赔金额以免赔额和按照免赔率计算的金额二者高者为准。

第二部分　第三者责任险

2.1　保赔范围

在保险期间内，保险人负责赔偿对于由被保险无人机或从被保险无人机上坠落的任何物品对第三者（不包括无人机操作人员）造成的人身伤亡或财产损失，被保险人应当承担的法律赔偿责任（包括被保险人被判决需要支付的费用，但不包括惩罚性赔款）。

2.2　仅适用于本部分的除外责任

保险人不负责赔偿下列损失：

2.2.1　被保险人或其业务合作伙伴的任何董事或雇员在其为被保险人工作或履行职责的期间所遭受的人身伤亡或财产损失；

2.2.2　任何参与被保险无人机操作的人员所遭受的人身伤亡或财产损失；

2.2.3　被保险人拥有或由被保险人照看、保管或控制的财产损失或毁坏；

2.2.4　行政行为或司法行为造成的损失或损坏；

2.2.5　自然灾害造成的损失或损坏；

2.2.6　被保险无人机在进行喷洒或空投作业时，喷洒物对第三者造成的人身伤亡和财产损失；

2.2.7　非人民法院以判决方式做出的精神损害赔偿，但保险人事先书面同意的不在此限；

2.2.8　窃取他人数据所造成的损失及应当承担的赔偿责任；

2.2.9　侵犯个人隐私或者擅自闯入他人住所所造成的损失及应当承担的赔偿责任；

2.2.10　对于2.2.8和2.2.9，如果是由于无人机有记录的操作失控或坠毁起火或相撞引起的，该除外责任不适用；

2.2.11　罚款、罚金及惩罚性赔偿。

2.3　适用于本部分的赔偿责任限额：保险人对于本部分承担的保险赔偿责任不超过保险单明细表所列责任限额，并要扣除保险单明细表所列免赔额。此外，对于第三者就保险合同本部分项下承保的补偿性损害针对被保险人进行的索赔诉讼，保险人还将另行赔付被保险人为抗辩而发生的、经保险人书面同意的法律费用。但是，如果被保险人为解决上述索赔而支付的或被判决的赔偿金额超过了保险合同规定的责任限额，则保险人对于该法律费用的赔偿责任仅限于责任限额除以实际补偿性赔款金额之比例部分应分摊的法律费用。

第三部分　除外责任

3.1　本部分除外责任适用于整个保险合同以下情形，本保险合同不负责赔偿：

3.1.1　被保险无人机违反适航规定的情况；

3.1.2 被保险人及第三者的任何间接损失；

3.1.3 被保险无人机用于非法目的或用于保险单明细表声明用途之外的目的；

3.1.4 被保险无人机的飞行范围超出保险单明细表的规定，或在禁飞区域飞行，但因不可抗力所致的情况除外；

3.1.5 被保险无人机由保险单明细表列明或规定的操作员以外的人操控飞行，但有相应操作资质的人员在地面操作被保险无人机的情况；

3.1.6 被保险人及其代表的故意行为或重大过失造成的损失；

3.1.7 利用被保险无人机从事违法或违规活动而导致的损失及应当承担的法定责任；

3.1.8 被保险无人机由任何运送工具进行运输时，但因被保险无人机遭受了本保险合同第一部分承保的意外事故而需要对其进行运输的情况除外；

3.1.9 被保险无人机起飞或降落以及试图进行起飞或降落的环境不符合无人机制造商建议的标准，但因不可抗力所致的情况除外；

3.1.10 被保险人通过任何合同或协议承担的责任，除非在没有该合同的情况下被保险人仍然要承担责任；

3.1.11 被保险人可以在其他保险合同项下获得赔付的索赔，但不包括假设本保险合同不生效时，超过被保险人在所述其他保险合同下可以获得赔偿的金额部分；

3.1.12 除非出于有利于被保险无人机的考虑，本保险合同不负责赔偿因刮痕、雾气或者机械故障而导致的摄像器材的损失；

3.1.13 对于任何被修复或更换的单元，大修费用按已使用时间占大修寿命的比例计算所得的部分；

3.1.14 本保险单中载明的免赔额，或按本保险单中载明的免赔率计算的免赔额；

3.1.15 本保险合同所附《核风险除外条款》（AVN38B）除外的损失；

3.1.16 本保险合同所附《航空战争、劫持和其他风险除外条款》（AVN48B）除外的损失；

3.1.17 本保险合同所附《噪音、污染及其他风险除外条款》（AVN46B）除外的损失；

3.1.18 本保险合同所附《日期识别风险除外条款》（AVN2000A）除外的损失；

3.1.19 本保险合同所附《石棉除外条款》（LSW2488AGM00003）除外的损失；

3.1.20 本保险合同所附《合同（第三方权利）法1999除外条款》（AVN72）除外的损失。

3.2 适用于整个保险合同的前提条件

被保险人必须遵守并履行以下条件，这是保险人在本保险合同下承担责任和支付赔款的前提条件：

3.2.1 被保险人应恪尽职守，随时保持足够谨慎，采取一切合理可行的措施防止事故发生，避免或减少损失。

3.2.2 被保险人应遵守管理当局和无人机原始生产商发布的涉及被保险无人机安全

运行的全部有关航空飞行和适航的法令和要求，并保证满足以下条件：

3.2.2.1 每次飞行开始时，被保险无人机在各方面都处于适航状态；

3.2.2.2 所有现行法规要求的、与被保险无人机有关的航行日志或其他记录都应保持时时更新并且不能编辑修改，并在保险人或其代表要求时及时提供；

3.2.2.3 被保险人的雇员及代理人应遵守上述法令及要求。

3.2.3 对于可能在本保险合同项下产生索赔，被保险人应立即通知保险人，在任何情况下，被保险人都应做到：

3.2.3.1 书面提供该事件的全部细节，立即发出索赔通知，并提交有关的信函或文件；

3.2.3.2 及时通知保险人即将发生的诉讼；

3.2.3.3 应保险人合理要求，提供进一步的信息和协助；

3.2.3.4 不能以任何方式损害保险人利益或使其陷于不利。

3.2.4 本保险合同的各项条款、条件、规定、批单得到严格的遵守和履行是保险人根据本保险合同履行赔偿责任的先决条件。被保险人必须尽最大努力保证遵守并持续遵守可能对被保险无人机有司法管辖权的任何国家的法律规定（不限于当地法律），并取得无人机合法运营所必需的全部许可。

3.2.5 未经保险人书面同意，被保险人不得擅自接受责任、同意赔偿、提出或承诺任何赔款金额。

3.3 适用于保险合同各部分的总则

3.3.1 保险人有权利自付费用以被保险人的名义并代表被保险人，就保险合同所承保风险造成的损失对被保险人提出索赔引起的起诉或其他法律程序进行抗辩，即使此诉讼请求是无根据的、错误的或欺诈的。

3.3.2 保险人在本保险合同项下履行赔偿责任后，在赔偿金额范围内代位取得被保险人的全部权利和应获得的补偿，被保险人应予以合作并采取一切必要的措施协助保险人行使上述权利和获得上述补偿。

3.3.3 如果作为本保险合同订立基础的风险性质或风险状况发生变化，被保险人应立即通知保险人，除非保险人已表示接受该风险变更，否则由此风险变更引发的损失索赔将不能从本保险合同下获得赔偿。

3.3.4 保险责任开始前，投保人要求解除合同的，应当按照合同约定向保险人支付手续费，保险人应当退还保险费。保险责任开始后，投保人要求解除合同的，保险人应当将已收取的保险费，按照合同约定扣除自保险责任开始之日起至合同解除之日止应收的部分后，退还投保人。

3.3.5 保险人、被保险人均有权解除本保险合同，但需提前14个工作日向对方发出书面通知。如果保险人解除本保险合同，应就保险合同未尽期间按日比例将相应保费退还被保险人。如果被保险人解除本保险合同，保险人应按短期费率退还相应保费。短期费率由投保人与保险人协商确定，并在保险单中载明。如果被保险无人机在本保险合同下已经发生了损失索赔或已经支付过赔款，则对于该架被保险无人机将不再退还保费。

3.3.6 除非保险人同意并出具批单加以确认，本保险合同及其项下的权利不得进行全部或部分转让。

3.3.7 本保险合同不是海上保险合同，本保险合同各方都明确同意不得按海上保险原则及相关法律解释该保险合同。

3.3.8 与本保险合同有关的以及履行本保险合同产生的一切争议处理适用中华人民共和国法律（不包括港澳台地区法律）。

3.3.9 合同争议解决方式由当事人在合同约定从下列两种方式中选择一种：

（一）因履行本合同发生的争议，由当事人协商解决，协商不成的，提交保险单载明的仲裁委员会仲裁；

（二）因履行本合同发生的争议，由当事人协商解决，协商不成的，依法向人民法院起诉。

3.3.10 如果本保险合同下包含的被保险人超过一方，无论这些被保险人是以批单还是以其他方式加入本保险合同，保险人针对任何一个或者全部被保险人的总赔偿责任均不超过本保险合同规定的责任限额。

3.3.11 如果被保险人明知某项索赔在金额或其他方面是错误或虚假的却仍然提出该索赔，则本保险合同失效，保单项下所有索赔权益将就此丧失。

3.4 定义

3.4.1 "事故"：指在保险合同有效期内发生的、导致人身伤亡或财产损失的一次意外事件或一种连续的或反复的风险，这种人身伤亡或财产损失既不是被保险人所能预见和期望的，也不是故意所致。

3.4.2 "单元"：指无人机上的一个或一组部件（包括其下属的全部附件），该部件或该组部件被作为一个整体规定了"大修寿命"。然而，发动机连同其在大修或更换时通常附于其上的全部附件，应当作为一个整体被视作一个单元。

3.4.3 "大修寿命"：指根据适航管理当局的要求，决定一个"单元"何时必须进行检修或者更换的使用量、运行时间或日历时间。

3.4.4 "大修费用"：指在一个受损或类似的单元达到"大修寿命"后进行检修或更换（无论有必要进行检修还是更换）所产生或需要产生的人工及材料费用。

3.4.5 "飞行"：指从被保险无人机为起飞或试图起飞而向前移动或弹射开始，包括在空中飞行，直到其完成着陆滑跑或伞降的全部过程。对于螺旋翼无人机，只要其旋翼在发动机带动下或在发动机动能作用下旋转，或者旋翼处于自转状态下，都应被视作"飞行"。

3.4.6 "无人机"：指利用无线电遥控设备和自备的程序控制装置操纵的不载人飞机，包括保险单明细表列明的无人机机身及飞行控制系统、动力系统和通信系统等飞行所必须的设备和系统，但不包括用于完成指定任务且与飞行无关的机载设备，如拍摄设备、传感器和监控设备等。对于正被拆离或安装至飞机的部件，按下列标准应被视为无人机的一部分：

　　1）"拆卸过程中的部件"——直到该部件从无人机上拆卸的过程完毕并完全与无人机分离，且安全接触地面、平车或专用支架时止。

　　2）"安装过程中的部件"——从将该部件安装到无人机上的过程开始，该部件脱离地面、平车或专用支架时起。

<h2 style="text-align:center">保险单附件</h2>

（本保险单附件属于主险一部分）

附件一　噪音、污染和其他风险除外条款（AVN46B）

1　本保险合同不负责由下列原因直接或间接引起或导致的索赔：

1.1　噪音（不论人耳是否能听到）、振动、音震及其他相关现象；

1.2　任何形式的污染和传染；

1.3　电子或电磁干扰；

1.4　对财产使用的干扰。

　　但是，如果上述噪音、污染或干扰造成了或来源于被保险无人机坠毁起火爆炸或碰撞或一次有记录的紧急空情造成的无人机非正常操作，本保险合同仍负责赔偿。

2　对于本保险合同中涉及保险人应对索赔进行调查或抗辩义务的相关规定，不适用于下列情况，保险人没有义务为之抗辩：

2.1　本条款第1条除外的索赔；或

2.2　本保险合同项下应负责的索赔与本条款第1条除外的索赔合并提出的一项或多项索赔（下文简称"混合索赔"）。

3　对于"混合索赔"，保险人将依照损失证明和本保险合同赔偿责任限额，就下列损失项目中可以归于本保险合同下保险责任范围的部分向被保险人进行赔偿：

3.1　法院判决被保险人应承担的损害赔偿；

3.2　被保险人发生的抗辩费用。

4　本条款的任何内容均不能超越本保险合同所附的任何放射性污染或其他除外条款的规定。

附件二　航空战争、劫持和其他风险除外条款（AVN48B）

1　本保险合同不负责由下列原因引起的索赔：

战争、入侵、外敌入侵、敌对行为（不论宣战与否）、内战、叛乱、革命、起义、戒严法、军事政权或篡权企图；

2　任何战争中使用的原子武器、核裂变、核聚变或其他类似反应或放射性力量或物质的敌对行为的爆炸；

3 罢工、暴乱、民众骚乱或劳工骚动；

4 个人或团体以政治或恐怖主义为目的之行为，不论其是否代表某主权势力，也不论损失是否为意外还是故意行为所致；

5 恶意行为或蓄意破坏；

6 政府、公众或地方权力机构对无人机所有权或使用权的没收、国有化、充公、管制、扣留、占用或征用；

7 在未经被保险人同意的情况下，无人机上的人员或团伙对无人机或机组人员的劫持、非法扣押或不正当控制，包括企图进行对此种占领或控制。

而且，对于被保险无人机在由于上述风险脱离被保险人控制的期间内发生的任何索赔，本保险合同不负责赔偿。当被保险无人机在保险单明细表"地域限制"除外地区之外的机场被安全归还被保险人并完全处于适飞状态时，该无人机应视为已恢复到被保险人的控制下（这种安全归还应指引擎熄灭、无人机停稳并已不再受任何胁迫）。

附件三 核风险除外条款（AVN38B）

1 保险人不负责赔偿直接或间接由下列原因引起的索赔：

1.1 任何爆炸性的核装置或其核部件的放射性、毒性、爆炸或其他危害特性；

1.2 任何作为货物在运输及其过程中可能发生的储存或处理中的一切放射性材料的放射性或兼有毒、爆炸性或其他危害性特征的放射性；

1.3 不论何种其他性质放射源的放射性或毒性、爆炸性或其他危害特性而产生的电离辐射或污染引起、导致或促成的：

1.3.1 任何财产的损失、损坏或毁灭或由此引起、造成的任何损失、费用或任何后果损失；

1.3.2 任何性质的法律责任。

2 上述第1.2款和第1.3款中所述放射性物质或其他辐射源不包括：

2.1 衰变完后的铀或自然状态的铀；

2.2 可用于科研、医疗、农业、商业、教育、工业用途的、已处于加工最终阶段的放射性同位素。

3 但是，只要涉及下述情况之一，本保险合同不负责赔偿任何财产的损失、损坏或毁灭以及任何性质的后果损失或法律责任：

3.1 本保险合同的被保险人同时是其他任何保险合同（包括核责任险保险合同）的被保险人或附加被保险人；

3.2 根据任何国家的法律规定，任何个人或组织被要求取得财务担保；

3.3 本保险合同的被保险人有权取得或者如果本保险合同未签发被保险人有权获得任何政府或其他机构的补偿。

4 对于本条款第2条未除外的核风险所引起的损失、损坏、毁灭、费用或法律责任，只有满足以下条件时，保险人才根据本保险合同其他条款、条件、限额、保证和除外责任负责赔偿：

4.1　对于任何作为货物运输，包括可能发生的储存、处理过程中的放射性物质发生的索赔，该运输必须全面符合国际民航组织制订的"危险品航空运输安全技术指引"的相关规范，除非此运输需要采用更加严格的法律规定并在各个方面都严格遵守了该法律规定；

4.2　本保险合同仅适用于保险期间内发生的意外事故引起的索赔，且被保险人向保险人或任何第三方向被保险人的索赔必须在该事故发生之日起两年内提出；

4.3　对于由放射性污染导致或促成的被保险无人机的损失、损坏、毁灭或丧失使用而产生的损失索赔，污染等级应超过下表所列的最大允许值：

放射物 （国际原子能组织健康与安全条例）	非固定放射性表面污染的最大允许值（污染面积平均超过300cm^2）
贝塔、伽马和低毒性阿尔法放射物	不超过4Bequerels/cm^2（10^{-4}微居里/cm^2）
其他放射物	不超过0.4Bequerels/cm^2（10^{-5}微居里/cm^2）

4.4　本条款所提供的保障可随时由保险人提前7天通知被保险人予以解除。

附件四　石棉除外条款（LSW2488AGM00003）

本保险合同不负责直接或间接由以下事件引起、导致或与之相关的任何索赔：

1　实际的、宣称的或威胁的有任何形式的石棉存在，或有任何其他含有或宣称含有石棉的物质或产品存在；

2　要求任何被保险人或其他人对于事实的、宣称的或威胁的有任何形式的石棉存在，或有任何其他含有或宣称含有石棉的物质或产品存在，进行检测、监控、清洗、清除、容纳、处理、中和、防护或以其他任何方式处理的任何义务、请求、要求、命令、法令或法规。

然而，本除外条款不适用于任何造成或源于被保险无人机坠毁爆炸起火、碰撞或一次有记录的紧急空降造成的无人机非正常操作的上述索赔。

无论本合同有任何其他规定，对于任何全部或部分被上述第1或第2款除外的索赔，保险人将没有义务负责调查、抗辩或支付抗辩费用。

附件五　日期识别风险除外条款（AVN2000A）

本保险合同不负责由以下原因（无论是直接或间接原因，也无论是全部或部分原因）引起、导致或促成的任何性质的索赔、损坏、伤害、损失、费用或责任（无论是源于合同、侵权、过失、产品责任以及误告、欺诈等）：

1　任何计算机硬件、软件、集成电路、芯片或信息技术设备或系统（无论为被保险人还是第三方所有）不能准确或完全处理、交换或传输与任何年份、日期或时间变更有

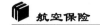

关的数据或信息，不论该种情况是在该年份、日期或时间变更之前、之中还是之后；

2 任何为预防或应对上述年份、日期或时间变更，而对计算机硬件、软件、集成电路、芯片或信息技术设备或系统（无论由被保险人还是第三方所有）实施或试图实施的改变或修改，或者任何与这种改变或修改相关的建议或服务；

3 任何与以上年份、日期或时间变更有关的、由于被保险人或第三方的作为、不作为或决定所导致的任何类型的财产或设备的弃用或不能使用。

本保险合同中关于保险人有义务调查或抗辩索赔的条款不适用于以上被除外的索赔。

附件六 合同（第三方权利）法 1999 除外条款（AVN72）

任何非本保险合同一方的人，根据《合同（第三方权利）法案 1999》（英联邦国家）之规定所拥有的，执行本保险的某项条款和/或使本保险未经其同意不得被解除、变更或修改的权利，在本保险项下不予保障。

附录 2　五个典型空难理赔案例

1. 马航 MH370 航班空难理赔

2015 年 3 月 24 日晚，马来西亚官方宣布 MH370 航班在南印度洋坠毁且无一人幸存。消息公布后国内保险公司即启动理赔程序。据不完全统计，此次共涉及国内保险公司 23 家，涉及客户 190 人次，预估理赔金额超 3000 万元。

其中，中国人寿确认此次事件涉及 32 名客户，共涉及有效保单 74 份，总赔付金额近 900 万元；中国平安在官方宣布总赔付金额超 1000 万元；太平洋保险涉及 12 名客户，总赔付约 404 万元；泰康人寿涉及 14 名客户，赔付金额达 449.5 万元；此外，中国人保、新华保险、友邦保险等多家公司都开通了绿色理赔通道。

2. 埃航 3·10 空难理赔

2019 年 3 月 10 日，埃塞俄比亚航空公司一架客机在起飞不久后坠毁，机上 157 人全部遇难，遇难者中有 8 名中国乘客。事故发生后，中国人保财险进行快速排查，确认 8 名中国遇难者中，有 2 人所在单位投保了雇主责任险附加短期海外公干保险，另有 1 名遇难者投保意外伤害险。接到报案后，中国人保财险北分公司于第一时间与雇主责任险被保险人取得联系，协助其做好家属安抚及后续理赔事宜。分公司于 3 月 12 日主动上门，现场收集资料并简化索赔单证。在单证收集齐全后的 6 小时内即向被保险人支付了 20 万元赔款（每名遇难者 10 万元）。同时，对另一名意外伤害险被保险人的赔付工作也已经全面启动，保险公司争取在最短时间内向家属支付赔款。

3. 洛克比空难理赔

1988 年 12 月 21 日，泛美航空公司一架波音 747 客机在从当时西德的法兰克福经伦敦飞往纽约途中，于苏格兰的洛克比上空发生爆炸，机上 259 人无一生还。飞机空中爆炸的碎片还造成地面上 11 人丧生，这就是震惊世界的洛克比空难。

事件发生后，美英指责是利比亚人制造了这场灾难，但利比亚政府一直予以否认。1992 年联合国开始对利比亚实施制裁，但在 1999 年利比亚交出两名爆炸嫌疑人后，制裁被暂停执行。

利比亚与负责 1988 年洛克比空难遇难者家属的律师 2003 年 8 月 13 日签署一项赔偿协议，在国际清算银行专门设立一个账户进行清偿。根据协议，利比亚在该银行账户内存入 27 亿美元，并向联合国安理会递交书面声明，正式承认对 1988 年一架泛美航空公司客机在苏格兰洛克比上空爆炸事件负责。在利比亚履行协议后，美国和英国将提议安理会永久解除对利比亚的制裁。在政治解决方案产生前，民事赔偿问题已进入实质性操作阶段。此前，遇难者家属和利比亚双方的代表律师以及国际清算银行的代表已在巴黎举行了一系列会谈，会谈决定由总部设在瑞士巴塞尔的国际清算银行设立一个中转户头，以便利比亚能通过这个账户向每名遇难者家属支付最高 1000 万美元的赔偿。

4. 韩亚航空事故理赔

2013 年 7 月 6 日，韩国韩亚航空公司 214 航班，由波音 777 - 200 型客机执飞，从仁川国际机场飞往旧金山国际机场。航班在美国当地时间 6 日 11 时 28 分，在美国旧金山机场降落时，失事滑出跑道，机身起火。客机最初降落时正常，已放下起落架，但就在着陆前出现异常，机尾着地，一些飞机部件脱落，飞机偏离跑道，起火燃烧。客机载有 291 名乘客和 16 名机组人员，其中包括 141 名中国人（含 34 名高中学生和 1 名教师）、77 名韩国人和 61 名美国人。共有 3 名中国学生在本次空难中遇难，均为 "90 后" 女性。

根据韩国金融委员会发布的消息，LIG 共买有 23.8 亿美元的航空保险，其中飞机保险 1.3 亿美元，事故责任赔偿限额 22.5 亿美元。当然这是最高保额，并不是最终赔付的额度。

管理韩国保险业的韩国金融监督院曾预计韩亚航空的保险公司将总计支付约 1.76 亿美元，其中 1.31 亿美元用来更换飞机，4450 万美元用来赔偿乘客和旧金山机场。

5. 法航客机坠毁事故理赔

2009 年 6 月 1 日凌晨，法航 447 航班突然消失在巴西海岸外的大西洋上空。搜寻工作同样迅即展开，但直到 5 天后，巴西空军方才在离海岸约 1100 千米处发现乘客遗体、行李箱以及班机上的座椅等物。随后关于客机坠毁原因的调查又持续了两年多。

法航 447 航班的理赔工作持续了很长时间。其中主要的分歧点在于航空公司对每一位伤亡乘客的赔偿部分，尤其在国际性的空难中，由于乘客国籍、理赔地等的不同，最终获得的赔偿也可能会相差很大。这些赔偿，最终主要来自飞机投保航空保险的保险公司，主要险种包括机身一切险及责任险、第三者责任险和战争、劫持险等。其中，恐怖劫机一般是一切险的除外责任，即便有特殊约定，保额一般也比正常保额低。

截至 2012 年 11 月 28 日，法航 447 航班数亿美元的预估赔付额中，仅有机身险全额赔付 9000 多万美元，乘客责任险赔付 2.67 亿美元，飞机制造相关产品责任险赔付 2300

万美元。

在这次空难中，有 5 名中国乘客在国内保险公司购买了保险产品，并迅速获得了赔付。其中，一位在此次事故中失踪的人保寿险客户，于 2008 年购买了该公司的一款年金保险产品，保险金额为 24 万元。根据条款规定，如客户发生航空意外，将可以获得 40 倍保险金额的赔付。最终，此遇难者家属获得了 960 万元的保险赔付，成为中国保险史上赔付最大的个人保险理赔案。中华联合财险确认的两名意外伤害保险客户和太平洋保险的两名意外险客户的受益人，分别获赔 50 万元。

而来自航空公司的赔偿则往往拖延很长时间，甚至会引发多起诉讼。法航 447 空难发生后的两周，法国航空公司首先通过为公司承保的保险公司——法国安盛保险集团（AXA），先行赔付每名遇难者家庭 1.75 万欧元。法国安盛保险集团相关负责人随后称，法航空客 A330 客机上了多个保险，法航将获得总计 6740 万欧元的理赔金，而每名遇难者的赔偿金额确定在 11.6 万欧元。

根据当时法国媒体的报道，法国安盛保险集团是承保法航 447 航班空中客车 A330 - 203 客机的主承保商，分担整个保险份额的 12.5%。承担同等赔付责任的还有美国国际集团（AIG），其次是全球最大的航空险承保公司 Global Aerospace（7.5%）以及德国安联保险集团（Allianz）。

参考文献

［1］郝秀辉，刘海安，杨万柳．航空保险法［M］．北京：法律出版社，2011.

［2］肖艳颖．航空保险［M］．北京：中国民航出版社，2008.

［3］刘潭槐．航空保险［M］．北京：中国金融出版社，2016.

［4］庹国柱．保险学（第8版）［M］．北京：首都经济贸易大学出版社，2018.

［5］永安财产保险股份有限公司机场资产定制保险（2014版）．

［6］孟生旺，刘乐平，肖争艳，高光远．非寿险精算学（第4版）［M］．北京：中国人民大学出版社，2019.

［7］肖争艳．精算模型（第3版）［M］．北京：中国人民大学出版社，2019.

［8］孟生旺《非寿险精算》授课用PPT［EB/OL］．https：//pan. baidu. com/s/1c2fXAAs？errno = 0&errmsg = Auth% 20Login% 20Sucess&&bduss = &ssnerror = 0&traceid = # list/path = %2F.

［9］韦晓．《非寿险精算》授课用PPT.

［10］马健．日本"地产地消"战略推进的路径、经验及成效［J］．世界农业，2020（1）：81 - 90，131.

［11］李颖．平台"捆绑销售"购机票多留心［J］．中国质量万里行，2017（7）：64 - 65.

［12］刘路．欧盟航空承运人责任制度研究——以与国际公约的继受与竞合为中心［J］．北京航空航天大学学报（社会科学版），2016，29（4）：28 - 36.

［13］唐金成，张亚．新形势下中国航空保险发展研究［J］．西南金融，2016（1）：42 - 46.

［14］高嵩．中国通航市场发展空间巨大［N］．中国保险报，2014 - 08 - 15（002）．

［15］刘伟．航空保险你知道多少［N］．北京商报，2014 - 07 - 23（E01）．

［16］Broader Offering of Insurance Solutions for Aviation Sector ［J］．New Media Publishing，2019（4）．

［17］Yan Liu，Xiaowen Wu．A Cost - based Method for Formulating Military and Civilian Joint Insurance Inventory Standards for Aviation Equipment ［J］．Academic Publishing House，2018，6（6）．

［18］Agency Information Collection Activities：Requests for Comments；Clearance of Reinstate Approval of Information Collection: Aviation Insurance [J] . The Federal Register, 2018, 83 (110) .

[19] Yeun Young Sung. A Study on Introduction of Air Mutual Aid Association [J] . Korea Civil Aviation Association, 2016 (16) .

[20] Agency Information Collection Activities: Requests for Comments; Clearance of Renewed Approval of Information Collection: Aviation Insurance [J] . The Federal Register, 2016, 81 (211) .

[21] Aviation War Risk Insurance and Its Impacts on US Passenger Aviation [J] . Journal of Transport Literature, 2013, 7 (2) .

[22] Obama, Barack H. Memorandum on Provision of Aviation Insurance Coverage for Commercial Air Carrier Service in Domestic and International Operations [J] . ProQuest, 2013 (7) .

[23] Ana Cristina van OijhuizenGalhego Rosa. Aviation or Space Policy: New Challenges for the Insurance Sector to Private Human Access to Space [J] . Elsevier Ltd, 2013, 92 (2) .

[24] Oliver Schoffski and Andre Georg Wegener. Risk Management and Insurance Solutions for Space and Satellite Projects [J] . The Geneva Papers on Risk and Insurance, 1999, 24 (2): 203 -215.

[25] Pamela L. Meredith. Space Insurance Law – with a Special Focus on Satellite Launch and In – Orbit Policies [J] . The Air & Space Lawyer, 2008, 21 (4) .

[26] Ilias I. Kuskuvelis The Space Risk and Commercial Space Insurance [J] . Space Policy, 1993 (5) .

后　记

　　本书编写中得到了中国保险学会姚飞副会长、郭金龙副会长的悉心指导和大力支持，也受益于河南省保险学会牛新中主任所作耐心细致的审校，还得到航空保险相关专家的大力支持，其中包括中国民航大学郝秀辉教授、中国民航干部管理学院肖艳颖副教授、北京直方律师事务所刘潭槐律师。郝秀辉、肖艳颖、刘潭槐从航空保险法律、条款等专业背景方面给予本书较多滋养。在此，笔者一并深表谢意！